本书由

闽南佛学院

浙江香海慈善基金会

资助出版

本专号是北京大学佛教研究中心与闽南佛学院合作课题『太虚研究』项目的阶段性成果

太虚

近代中国与世界 II

王颂 主编

北京大学佛教研究中心主办

北大佛学

杨曾烈

002

Journal of Buddhist Studies, PKU

社会科学文献出版社
SOCIAL SCIENCES ACADEMIC PRESS(CHINA)

北大佛学
Journal of Buddhist Studies，PKU

第 2 辑

2020 年 10 月

目　录

史海钩沉

《北大佛学》第 2 辑

第 3~28 页

太虚世界佛教运动中的日本"朋友圈"

——以太虚与稻叶圆成的交往为中心

何燕生

内容提要 与近代史研究领域充分利用档案或手稿、日记的研究范式相比，近代佛教史研究领域特别是关于太虚的研究，长期以来，更多的仍然是对《太虚全书》《海潮音》《太虚年谱》这些业已公开的文本倾注着极大的热情，很少看到对档案、手稿、日记这些"边缘"材料的发现和运用。笔者认为，太虚研究需要在范式上有所突破，而近代史研究领域业已取得的成果，可以成为我们效仿的范例。基于这一考量，本文提出了对太虚"朋友圈"进行研究的新路径。太虚的世界佛教运动，是在国内和国际友人的支持下展开的，而聚焦其中的一些具体人物，考察他们之间的交往，可以帮助我们更为客观地了解太虚世界佛教运动的多元面向及其背后复杂的关系网。有鉴于此，本文具体聚焦稻叶圆成这位以前不被注意的日本学者，透过稻叶圆成在华期间的旅行日记和日本相关报刊报道等，考察稻叶圆成与太虚早年的交往情况。

关键词 太虚 世界佛教运动 稻叶圆成 佛教教育

作者简介 何燕生，武汉大学国际禅文化研究中心主任、讲座教授，日本郡山女子大学专职教授。

前 言

太虚与日本佛教关系密切，在日本拥有许多朋友，如稻叶圆成、佐伯定胤、木村太贤、常盘大定、铃木大拙、水野梅晓、胜平大喜、小林正盛、向出哲堂、藤井草宣、江户千太郎等。其中，既有佛教学者，也有一代高僧和政界人士，可以说是一个不小的"朋友圈"。这个"朋友圈"，在太虚的世界佛教运动中，以不同的方式、从不同的角度发挥过这样或那样的作用，有的甚至传为佳话。因此，研究太虚，特别是考察太虚世界佛教运动，我们不应忽视他在日本的"朋友圈"。聚焦其中的某个人物，考察他们之间的交往，可以帮助我们弄清一些鲜为人知的事实。本文将具体聚焦稻叶圆成。

1923 年，太虚开始恢复庐山大林寺，举办暑期讲经活动，并发起成立"世界佛教联合会"的倡议。太虚的举动很快引起了日本佛教界的注意，大谷大学稻叶圆成专程来大林寺拜访太虚。太虚向稻叶坦言，成立"世界佛教联合会"，"有联合中日佛教徒，以联合进行传布佛教于欧美之意思"。[①] 稻叶圆成为何此时特来庐山会见太虚？对此太虚未做交代。迄今关于太虚的一些研究，也似乎都是转述太虚的文字而已，并未深入探究。印顺的《太虚法师年谱》除转述太虚本人的记载外，还引用了《海潮音》关于太虚与稻叶圆成在庐山大林寺会见的谈话报道。但对稻叶圆成的身份和此次庐山大林寺之行的背景，印顺未做任何说明。

稻叶圆成此时出现在庐山大林寺，并且太虚与他会谈。据《海潮音》报道，太虚甚至安排稻叶担任"世界佛教联合会"第二位主讲嘉宾，可见稻叶圆成当时在太虚心目中的地位。

---

① 印顺编著《太虚法师年谱》，宗教文化出版社，1995，第 87 页。

一　《海潮音》中的稻叶圆成

《海潮音》作为太虚主编的杂志，尽管带有主观上的倾向性，但对于报道太虚及其身边的事件，应该说是及时而又较为全面的。通过查阅《海潮音》第 4 卷第 7 期（1923 年），我们可以发现几则关于稻叶圆成的消息报道。一则是《日本东京大谷大学教授稻叶圆成来沙市佛教会参访之问答》，内容非常详细。问答是在 1923 年 3 月 20 日进行的。稻叶圆成当时"同侨沙日商数人，联袂至会"。① 而与稻叶谈话的是沙市佛教会的陈安清。应陈安清的要求，稻叶圆成依次向陈介绍了日本佛教的现状，如"现今修净土、禅宗的人最多，次就是密宗和法华宗（亦曰日莲宗），其余不多"，② 等等。二人还讨论了学问与修行的问题，其间，陈安清提到太虚，说"现今武昌太虚法师所办的佛学院，其教旨正与贵国解学、行学兼顾的相同"。稻叶圆成在谈话中也透露了他访问中国的信息，如说："鄙人于民国六年曾游贵国"，"昨年秋再游浙江省，今又游贵省"。可知这次访问湖北省是稻叶继"游浙江省"之后的一次旅行，最早一次是在民国 6 年（1917）。稻叶最后还说，"鄙人明晨就要乘轮往游湖南，以后归国"。据该报道，当时二人"历谈三小时之久"，有"中外信士约二十余人"。可见二人谈兴甚浓，场面隆重。分别时，陈安清以《佛教讲演》一卷相赠。③

还有一则以《世界佛教联合会第一日开讲之盛况》为题的报道，称"六月初十日起为开讲之期。是日也，天气清朗，凉爽宜人……来宾遂相继而至，入席者男女约二百余人，内有西人二十余，日人六，济济一堂，极法会之

---

① 慧龙、陈安清：《日本东京大谷大学教授稻叶圆成来沙市佛教会参访之问答》，《海潮音》第 4 卷第 7 期，1923 年，转引自黄夏年主编《民国佛教期刊文献集成》第 156 卷，全国图书馆文献缩微复制中心，2006，第 428 页。以下简称《集成》。按，此标题有误，大谷大学不在"东京"，在"京都"。

② 《海潮音》第 4 卷第 7 期，1923 年，转引自《集成》，第 428 页。

③ 以上引文均参见《海潮音》第 4 卷第 7 期，1923 年，转引自《集成》，第 430 页。

盛"。第一日只有太虚一人演讲，讲题是《佛法》。该消息还透露说："闻有梁任公、黄季刚、汤用彤及日本稻叶圆成诸名流等，将陆续来讲。"稻叶圆成的演讲，其实被安排在第二天进行："其第二日，为稻叶圆成教授（日本大谷大学天台宗主讲）演讲。"依次是太虚（续讲《佛法与科学》）以及王森甫（汉口佛教会会长）和常驻讲员等。第四日为汤用彤（时任国立东南大学哲学系教授），讲题为《西洋对于印度之研究》，等等。[①] 但这则消息未提到稻叶圆成的讲题。

再一则是以《记日本大谷大学教授稻叶圆成来访太虚法师之谈判》为题的报道，比较详细地交代了稻叶圆成的生平简历和来华的经过及演讲的题目。称稻叶圆成是日本真宗大谷派佛教大学的教授，"生于僧家，幼习佛事，好佛前跪拜，具有凤根者。长入真宗之佛教中学，升入大谷大学，毕业后即充母校教授，已及十三年。专精于天台宗之学及中国之佛教史。近年尤注意于观察中国佛教之情形，来华两次。曾经历天台、普陀、绍兴、镇江、扬州、南京、九华山、南岳、沩山、天目山、玉泉寺诸胜。此次庐山牯岭大林寺世界佛教联合会，于原历六月初十起开始演讲。适先生游牯岭之暇，公请演讲《中日两国佛教之现状与比较》"。[②] 该报道还叙述道："先是前数夕先生来访本会主讲太虚法师于迎宾室内，谈次各极投契，因录其所语。"接下来便是我们在印顺《太虚法师年谱》中所看到的二人的对话记录。不过，该谈话记录的末尾有一按语："世界佛教联合会第一次讲演之第二日，曾公请先生讲一次，题曰《中日两国佛教之比较观》（讲稿另刊），由何竞存君译出日语，听讲者咸各满意云。"不过，据《海潮音》第4卷第8期《世界佛教联合会之通信》报道，担任现场翻译的，则是日人增田文。而稻叶圆成的《中日两国佛教之比较观》的讲稿，后来也不见《海潮音》杂志刊出，似未正式刊出。

---

① 《世界佛教联合会第一日开讲之盛况》，《海潮音》第4卷第7期，1923年，转引自《集成》第156卷，第417～418页。

② 《记日本大谷大学教授稻叶圆成来访太虚法师之谈判》，《海潮音》第4卷第7期，1923年，转引自《集成》第156卷，第458～459页。

据《海潮音》杂志第 4 卷第 7 期，稻叶圆成与太虚二人的谈话是通过笔谈的方式进行的。二人谈话记录如下：

法师符号（1）　　先生符号（2）　　（按此皆用笔谈）

（1）先生至中国游历甚久，对于中日佛教，有何联合进行之计划乎？

（2）中日佛教之联合，以两国佛教之情形互相开晓为先。两国佛教徒共谋意思疏通，推广佛化，今遂有世界佛教联合之动机。我国佛教徒既有贵国佛教巡历之"计画"和"观光"，大概今秋三十余名一团可来华。次留学生交换亦为一法，予回国后，劝说朋友，选二三学生，拟使留学佛学院，以得如贵校之高野山留学生为快事。

（1）本会之设，有联合中日佛教徒，以联合进行传布佛教于欧美之意思；但现在日本佛教徒，对于传教欧、美，已有如何之办法乎？

（2）敝国佛教徒之欧、美布教未完备，但英文佛教杂志"东方佛教徒"，为敝校月刊。此外佛典，英译、德译、法译，三四部既刊，尚有续刊之企划。至本愿寺开教使，留美国者三四十人，主旨为对日侨布教，兼及美国人布教，故信仰之者亦渐多。

（1）中日国民，近来隔碍殊甚。唯佛教原无国界，且中日两国素为佛教盛行之地，中日之佛教徒，当如何设法以融化两国国民之隔碍，以发展东亚之文明，而得与欧、美人并雄于世界乎？

（2）贵说同感，切希中日佛教徒亲和疏通，为两国亲善之先驱。布教世界人类，俾佛日增辉，法源常流，一洗西人神我的物质的头脑，实世界全人类之幸福也！①

如前所述，这次谈话是稻叶讲演的"前数夕"在大林寺迎宾室进行

①　《记日本大谷大学教授稻叶圆成来访太虚法师之谈判》，《海潮音》第 4 卷第 7 期，1923
　　年，转引自《集成》第 156 卷，第 458~459 页。

的。二人的谈话至少传递了这么三个信息：一是太虚希望中日佛教能够"合作"；二是作为日中佛教"联合"的具体之策，稻叶提议互派学生留学；三是太虚希望从稻叶那里听取日本佛教在海外传教的情况。从谈话记录看，二人的谈话的确投机而坦诚。

以上是我们从《海潮音》中可以了解到的关于稻叶圆成此次庐山之行前后的全部信息。稻叶在来庐山之前，于三月去过沙市，来庐山会见太虚，则是六月，说明稻叶此次中国考察的时间长达 4 个月之久，其间在湖北和江西停留的时间应该最长。那么，稻叶为何此次在中国（湖北和江西）停留如此之久？又为何此时出现在庐山？要解答这些疑问，我们需要从日本方面寻找线索。

二　日本《中外日报》的线索

《中外日报》作为日本发行量最大的宗教报纸，不仅报道日本国内宗教的消息，对海外的宗教，特别是与日本有关的海外佛教的消息，一般也都及时地予以报道。我们查阅该报，发现 1923 年 11 月 16 号、17 号、18 号和 20 号分四次刊载了稻叶圆成的《支那佛教界出现的伟人》（《支那佛教界に伟人现る》）的访谈。从刊载的时间看，该谈话记录应该是稻叶在结束庐山之行回到日本后整理而成的。上述报道传递了许多重要的信息，以下分别予以介绍。

刊载在 16 号的访谈中，稻叶首先介绍了中日佛教的差异，说中日对宗派的认识有出入。接着谈中国佛教的动向，说最近七八年来，江南长江一带的佛教，突然呈现了一些活力；社会动荡刺激了许多僧侣奋起。其中，著名的僧侣，稻叶具体列举了"宁波的谛闲、普陀山的因［印］光、金山寺的融通、武昌的太虚、北京的道楷［阶］"，说他们"盛倡佛教复兴运动"等。①

---

① 《〈支那佛教界に伟人现る〉（一）》，《中外日报》1923 年 11 月 16 日。

　　11 月 17 号的访谈以"沩仰宗的再兴"为题，介绍了太虚为了接收湖南省沩山密印寺所付出的努力，说太虚年仅 33 岁，是一位德才兼备的人物，在湖南境内有一种类似"活佛"的地位，受到信徒的敬仰，被视为"天才式的英雄僧"。接着重点介绍了太虚在武昌创建佛学院的情况。说当时武昌佛学院有百余名学生，是中国唯一的采用新式管理方法的佛教专门学校。学校开设英语、日语、哲学和历史等一般课程，"依照新思想，以复兴中国佛教"。特别是"汲取日本佛教的长处，以补中国佛教的短处"。可以说基本上是模仿日本的佛教学校形式。在教科书方面，有《小乘佛教概论》教材，上卷其实是舟桥水哉的《原始佛教史》的翻译，下卷是斋藤唯信的《俱舍论讲义》的翻译；《印度佛教史》教材，其实译自境野黄洋的著作。稻叶指出，从这些例子看，太虚有着浓厚的亲日情结，这令他很感动，这有利于缓和中国的排日情绪，同时希望中日佛教徒携手联合，以抵抗西方文化。还指出，太虚得知日本关东发生大地震后，作为发起人，主修祈祷法会，并且积极地发起募捐救灾金活动，等等。①

　　接下来在刊载于 11 月 18 号的访谈中，稻叶具体介绍了"英雄僧太虚"的活动情况。其中提到，太虚有很多成就，但值得关注的是"今年夏天的世界佛教联合会"。可知这篇访谈录是稻叶在参加庐山大林寺"世界佛教联合会"之后执笔而成的。稻叶以其亲临现场的切身体会，介绍得非常具体，很有现场感，颇富资料价值。如说太虚为了恢复大林寺而举办"世界佛教联合会"，该寺是联合会的本部；庐山以前虽是佛教中心，在今天的中国，却变成了唯一的避暑地，一到夏季，散布在中国各地的基督教传教士都要聚集到这里，或召开大会，或召开讲习会，庐山几乎成了基督教的中心地、外国人的宗教王国。又说，就是在这样一种情形下，太虚重振慧远密藏的遗迹大林寺，向外国人宣传佛教，可以认为，这应该是深契时机的创举；1923 年夏因是第一届，效果虽然不是太理想，但得到

---

① 《〈支那佛教界に伟人现る〉（二）》，《中外日报》1923 年 11 月 17 日。

了一流政治家、学者梁启超和前任总理张绍继、思想家章炳麟等人的赞同和支持，或派来代表。稻叶还说，太虚此外还在各地设立佛教会，以图统一联络之便利。太虚还就日本佛教界的情况，表达了自己的看法："日本是以'本山'作为中心来统一'末寺'，所以非常方便，但中国没有一个统一各地佛教徒的组织，做任何事情，都非常不方便，因此，需要在各地设立佛教会，实行地方上的统一。"在该访谈中，稻叶还指出汉口佛教正信会是各种佛教会中最兴盛的一处，这里约有 3000 名会员，其大半受过五戒，一辈子吃素，口不沾肉，修行态度认真。会员网罗了各界人士。特别值得介绍的是，稻叶说他"虽然在上海踏上了归国的路途，但在之前去访问时，太虚说自己想在这里（庐山——引者注）创办一所佛教主义的学校，所以忙着校舍的建设"，还说"我在佛学院和庐山都见过太虚，而觉得支那僧侣最了不起的地方是，无论着装还是日常生活，都极其简朴，他们的僧衣，都跟小和尚并无二样。太虚在来庐山的路上，不见他有炫耀身份的举动"。① 稻叶对太虚的观察，可谓仔细。

　　刊载在 11 月 20 号的访谈中，稻叶先讲述了他从太虚那里知晓的关于收复沩山密印寺的故事。接下来以"日华佛教徒联盟之必要"为题，介绍了太虚对中日佛教联盟问题的看法。太虚曾对他说："贵国有（佛教）组织，所以，即便突然遇到客人造访，都能顺利地出来接见，但是，如果在中国，突然遇到客人造访，只有知客僧出面会见，但见不到寺院的主人，这样很不好。希望将来利用各地的佛教会，相互交流，以实现日华佛教联盟。"对于太虚的提议，稻叶表示赞同。在访谈录最后，稻叶总结说："日本人如果能与支那的佛教会建立关系，得到其拥护，这有利于日本企业家在支那的居留……将来如果佛教徒中出现一位伟人，一方面为居留的日侨的安抚而努力，另一方面与支那佛教徒结盟，致力于日华亲善，必定会发生效果，而这不仅仅是佛教徒需要

① 《〈支那佛教界に伟人现る〉（三）》，《中外日报》1923 年 11 月 18 日。

做的事情，同时，作为政府，如果能够积蓄一批经费，以充当文化事业之经费，那是最好的事情。"①

　　以上是《中外日报》分四次刊载的、稻叶圆成的访谈的大致内容。通过这个访谈，我们可以确认稻叶在来庐山之前，在武昌佛学院见到过太虚，而且去庐山，他们二人似乎是一道前往。稻叶通过对太虚的直接接触，对太虚似乎有了更为直观的认识。而且，从二人的谈话中，我们还可了解到太虚当时对日本佛教充满好感，还向稻叶表达了急切想建立一个全国性统一的佛教组织的愿望。而这些是我们在上述《海潮音》的报道中所看不到的重要信息。

　　然而，我们对稻叶此次来到湖北的目的和居留时间如此之长的原因，还是难以知晓。不过，从稻叶的访谈中，我们似乎可以找到一些蛛丝马迹。比如，在11月20号访谈录的末尾，稻叶表示，希望日本佛教徒中出现一位伟人。一方面，为了"安抚"在中国居住的日本人，如为因"排日"而死去的日本人举行葬礼、诵经等；另一方面，与中国的佛教徒建立联盟，致力于日中亲善活动，希望日本政府能够予以经济上的支援；等等。可以说，这为我们提供了一个暗示：稻叶此次分四次发表访谈，其目的是为日本佛教在中国传教的必要性和正当性说话。我们知道，所谓既"安抚"在华的日本人，从事亡灵超度活动，又希望能与当地的佛教徒搞好关系，这种角色，其实就是日本在华的"布教师"。至于之所以稻叶说希望能够得到日本政府的支持，是因为日本佛教在华的传教活动并未写入当时日本与中国政府签订的"二十一条"条约，一直缺乏"合法性"。因此，我们从日本佛教在华，特别是在武汉的"布教"情况中，或许能找到稻叶圆成此次来湖北的真正意图，乃至与太虚的关系。

―――――――――――

　　① 《〈支那佛教界に伟人现る〉（四）》，《中外日报》1923年11月20日。

三 "汉口本愿寺出张所"、稻叶圆成及其他

出版于 1918 年的《支那开教沿革史》① 一书,系统记录了日本真宗自明治时代至 1918 年在中国开办寺院、从事传教活动的基本情况。据该书记载,净土真宗本愿寺派于 1906 年在湖北设有"汉口本愿寺出张所",地址在"汉口独逸民留地胶州路","主任布教使"是田中哲岩,1913 年赴任,信徒达 2400 人。在布教方面,有"周日说法"、"军队布教"(面向"对中支派遣的团队")、"常例布教"(每月 16 日)、"出张布教"(面向商店、公司)、"地方布教"(范围包括江西省九江、湖南省长沙、湖北省沙市和宜昌、四川省重庆和万县)、"妇人会"(1913 年创设,每月 16 日举行佛教和卫生等其他说法活动)、"星期日学校"(1913 年创设,每周日有讲故事、训话、唱歌活动)、"佛教研究会"(1913 年开设,已讲完《四十二章经》《法华经》)。

关于"主任布教使"田中哲岩,据日本在伪满创办的《满洲教报》第 10 卷第 7 期,有以《无量光》为题的"纪念号"(即专刊),其中收有田中哲岩的《汉口十三年》一文。文章回顾了田中自 1906 年来到汉口,之后转任成都、长沙、上海,以及 1913 年再次来到汉口并担任"主任布教使"的经过,其中重点记述了其 13 年来在汉口从"蓬草茫茫的沼泽地"搬到与"各国相竞争的长江沿岸、面向京汉铁路而拥有七八条街道"繁华市区的"发展史"。同时强调指出,"目前正在申请大殿的建设",希望把它建设成"中支一带日本佛教布教的根本道场",这是"如来赋予他的大使命",这也是其与"汉口的深缘之所在"。② 从田中哲岩的记述,可知"汉口本愿寺出张所"后来确实迁移到预定的日本租界,不到 5 年,

---

① 常光浩然编《支那开教沿革史》,满洲教报社,1918。
② 田中哲岩:《汉口十三年》,《满洲教报》第 10 卷第 7 期,1918 年。

信徒多达 2400 人。"汉口本愿寺出张所"的改建与发展与田中哲岩个人的努力有甚深的关系。

另外，据一些旅行记，"汉口本愿寺出张所"通常被称作"汉口本愿寺"，并且还为来汉访问的日本净土真宗人士提供住宿。比如，1922 年常盘大定"踏查"中国佛迹，来到汉口时，就是寄宿在"汉口本愿寺"。据常盘记载，当时的住持便是田中哲岩。常盘这样记述他看到的"汉口本愿寺"的情况：

> （11 月 4 日）下午 1 点（乘船）抵汉口，乘松屋的汽车，在田中君的迎接下，我住进了本愿寺。本愿寺尚未完全落成，寺内因工人施工，显得杂乱，但建筑基本竣工，不失为汉口的名胜。陆陆续续有洋人、支那人前来参拜。据说庆典那天，在郊外古德寺的龙波印清和尚的指导下，一百余名支那僧绕道行经，受到支那人的好评⋯⋯
>
> 翌日星期日，上午有讲座，田中君代我讲，晚上由我做学术讲演⋯⋯
>
> 晚八点开始讲座。知识阶层，会集一堂。①

接下来，常盘记述了他在"汉口本愿寺"住持田中哲岩的引路下，翌日一起去古德寺观摩授戒仪式，其间目睹了"烧戒疤"的全过程。

不仅常盘来汉口时住在"汉口本愿寺"，之后似乎来汉口的其他与净土真宗相关的人士也都是寄宿在该寺，并且大都由该寺住持做向导，参访武汉地区佛教寺院。比如，1924 年《海潮音》第 5 卷第 1 期有一篇题为《佛学院之日僧来访》的报道，称"又有汉口本愿寺住持偕同龙谷大学教授兼图书馆长秃氏祐祥及龙谷大学教授杉紫朗至院参观两次，皆曾与太虚

---

①　常盘大定：《支那佛教史迹踏查记》，东京，龙吟社，1938，第 490～492 页。

院长略谈片时云"。① 可见"汉口本愿寺"不仅是日本净土真宗在汉口的传教中心,而且是日本净土真宗人士来汉时的活动据点。那么,稻叶圆成是不是也住在"汉口本愿寺出张所"呢?

我们这里看一篇介绍稻叶圆成访华的纪念性文章,题目为《稻叶圆成师の渡支》,作者是稻叶圆成的学生诹访义让,刊载于《大谷学报》第 30 卷第 2 期(1952 年 5 月)。文章称,稻叶圆成访问过中国三次。

第一次是 1917 年 7～9 月,稻叶圆成一行三人,由上海入境,先后到过杭州、苏州、宁波、台州以及目的地天台山国清寺,然后去过普陀山、天童寺,经南京、九江,后登庐山,接着乘船去武汉三镇,北上参访洛阳龙门石窟,沿着铁路线,经开封、天津、北京,参访北方文物古迹,9 月 13 日离开北京,然后访问奉天、开城、釜山,同月 20 日返回日本京都。据该文载,稻叶圆成此行三人皆为同窗师友,结伴而行,对庐山和天台山充满着憧憬,在离开庐山的 8 月 28 日那天,稻叶在日记中这样描述同行的住田智见:"在船中像与恋人分别似的,依依不舍,拿着望远镜一直看到庐山从镜头中消失。"第一次访华留有《支那佛迹巡礼日志(一)》,但未刊(见图 1)。

第二次是 1922 年 10 月至 1923 年 8 月,稻叶单独行动,时间长达 10 个月,留有日记(见图 2)。10 月 22 日由上海登陆,以位于上海武昌路的日本东本愿寺别院为根据地,以浙江、江苏为中心,从事中国佛教史迹的考察与研究。先后去过镇江、扬州、绍兴、宁波、奉化、温州、天童山、南京(其间还再次访问过镇江)、嘉兴、湖州。1923 年 4 月由南京乘船到汉口,先后去过宜昌、沙市、荆州、长沙、衡山、沩山。其中,关于嘉兴和湖州的考察成果,稻叶后来以《嘉兴と湖州との佛迹——灵峰より云栖へ》(上)(下)分别发表在《佛教研究》第 5 卷

---

① 《佛学院之日僧来访》,《海潮音》第 5 卷第 1 期,1924 年,转引自《集成》第 158 卷,第 166 页。

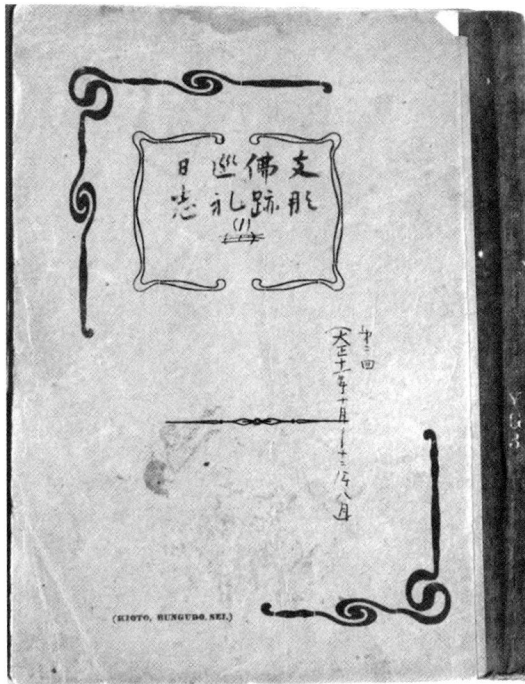

图1　稻叶圆成《支那佛迹巡礼日志（一）》封面

图片采集人：何燕生。

第 1 期（1924 年 3 月）和第 3、4 期合刊（1924 年 12 月）。稻叶于同年 5 月 30 日由长沙乘船，在日记中只写道："5 月 31 日，阴。"之后，日记不见有后续。不过，根据上海东本愿寺的记录，其于 6 月 10 日参加了东本愿寺长等神立轮番的葬礼，并担任葬礼的"大导师"，还说"8 月 10 日稻叶教授归朝"。由此可知稻叶于 5 月 30 日离开长沙后便去了上海，8 月 10 日返回日本。如前所述，在返回日本之前，稻叶再次去了汉口，然后与太虚一起去了庐山，并受邀在庐山为"世界佛教联合会"做了演讲。

　　第三次是 1927 年 8 ~ 9 月。此行的目的是带领大谷大学的学生参拜五台山（见图 3）。据道端良秀后来回忆，道端自己也在这批学生之列。

　　《稻叶圆成师の渡支》一文，是诹访义让根据稻叶圆成的访华日记撰写的，所记述的内容，应该可信。根据该文，稻叶先后两次去过庐山和汉

图 2　稻叶圆成《支那巡历日志（二）》封面

图片采集人：何燕生。

口，而且第二次去汉口时，在汉口滞留的时间更长。该文还说，稻叶与太虚是"1923 年 4 月在武昌佛学院访问以来的好友"，后来太虚邀请稻叶在庐山"世界佛教联合会"讲演，"由于这一契机，所以才有了翌年木村、佐伯两师的访华"。

　　然而，这里值得我们注意的是，《稻叶圆成师の渡支》一文还提到稻叶圆成在汉口期间，在"汉口本愿寺"为该寺青年会举办了 5 天的连续佛教讲座：先生"这段时间，在汉口本愿寺，应田中哲堂（'堂'，'岩'之误——引者注）之要求，为青年会举办了 5 天的连续佛教讲座。这好像是为了纪念本愿寺日式建筑落成的一次活动"。因此，我们可以肯定，作为净土真宗大谷派创办的大谷大学教授的稻叶圆成此次来汉，就是住在"汉口本愿寺"。稻叶在汉期间，一方面，在

图3　1927年8~9月稻叶圆成率领大谷大学访华团访问中国时的
照片〔地址不详；前排左一为稻叶圆成，前排右二
为道端良秀（当时是大谷大学学生）〕

图片采集人：何燕生。

"汉口本愿寺"举办佛学讲座；另一方面，以"汉口本愿寺"为活动据点，或去武昌佛学院会见太虚，或去沙市访问沙市佛教会，展开其在湖北省内的日中佛教"亲善"活动。稻叶此次来汉口的目的，虽曰之"研究"，其实，很大程度上，在于试图利用"汉口本愿寺"的人脉，加强与武汉地区及其周边各地中国寺院与僧侣特别是与太虚之间的关系，并且试图通过这些活动，为通过住持田中哲岩的努力而开始走向发展之路的"汉口本愿寺"做宣传。稻叶圆成此次汉口之行的目的，应该说是多重的。

那么，稻叶圆成又是如何认识太虚的呢？

前述常盘大定说他在"汉口本愿寺"应邀举行过一次讲座，讲座结束后，翌日由田中哲岩领路，曾去古德寺观摩了授戒仪式，其间目睹了"烧戒疤"的场面。常盘问古德寺住持"烧戒疤"的习俗始于何时，但对方答非所问，不知所云。常盘自己认为此习俗应该兴起于元代之后。据常盘记述，"日后，田中向武昌一僧打听，曰：'起源于清朝。'然也"。①
"武昌一僧"对"烧戒疤"起源的答复，让常盘感到满意，说明该人应该
是一位熟谙中国佛教史的学问僧。那么，他到底是谁？常盘"武昌一僧"
之言，颇耐人寻味。

然而，当时担任"汉口本愿寺"住持的田中哲岩的《汉口本愿寺创
建颠末》② 一书给我们提供的线索，似乎更有价值。

翻阅这本不厚的小册子，我们惊奇地发现，该书不仅记述了常盘大定
来该寺落脚和举办讲座的事情（这与常盘本人的记载相吻合），还记述了
古德寺住持印清和尚和太虚法师率领僧众参加了 1923 年 10 月 27 日举行
的大殿落成庆典法会。原文意思如下：

> 10 月 27 日上午，武汉三地的支那寺院为了庆祝大殿的新修落
> 成，古德寺的印清和尚、湖北省佛教学院院长太虚和尚等率领一百
> 余名支那僧，都穿着二十五条袈裟，立幢幡，绕道诵经，有敲钲
> 僧，有打鼓僧，有敲磬僧，有敲木鱼僧等，列队前行来到本寺，在
> 大殿本尊前诵完经后，来到庭院内，一起用了事前准备好的茶果，
> 休息片刻后，接着进入大殿，诵经，绕行三次，完毕下殿，又绕各
> 殿堂一周，退散而去。回想起来，此举承蒙好意，得到如此众多僧
> 侣的参加祝贺，这是各地所不曾看到的，当属空前，故特记下，以
> 表谢意。

该小册子还附有"汉口本愿寺"落成后的照片以及"支那僧"参加
法会时的照片（见图 4）。

这里所谓"湖北省佛教学院院长"，当是"武昌佛学院院长"之误。

---

① 常盘大定：《支那佛教史迹踏查记》，第 492 页。
② 田中哲岩：《汉口本愿寺创建颠末》，汉口本愿寺，出版时间不详。

本堂全景

主任布教使△建业委员　　　　　　　　支那僧＼賀　参

图4　"汉口本愿寺"以及参加法会的"支那僧"

图片采集人：何燕生。

如果这里的记载属实，那么，可以确认，"汉口本愿寺"与太虚之间一直保持日常法务上的往来关系。与此同时，我们再结合前述《海潮音》第5卷第1期题为《佛学院之日僧来访》的报道，还可确认当时凡是到访"汉口本愿寺"的日本人士，尤其是学者，他们想去武昌佛学院拜访太虚时，一般是通过"汉口本愿寺"的领路或者引荐。因此，解答常盘大定关于"烧戒疤"的起源问题的那位"武昌一僧"，也很可能就是太虚（或者其弟子）。换言之，就当时的武汉佛教界来说，能够解答类似"烧戒疤"起源的学术问题的僧人，在住持田中哲岩心目中，似乎只有武昌的太虚或其弟子了。

按照常理理解，共襄法会盛举，请教学术问题，这些只有在形成一种相互了解和彼此默契的信赖关系的前提下才有可能。因此，稻叶圆成与太虚的相识，应该说与"汉口本愿寺"和武昌佛学院之间所建立的相互了解和彼此默契的信赖关系，不无关系。反过来，就太虚来说，其通过"汉口本愿寺"这个"特殊的平台"，结识了包括稻叶圆成在内的许多日本人，同时了解了许多日本佛教的信息；"汉口本愿寺"成为太虚当时了解日本佛教的一个重要窗口。这么思考，应该合情合理。

其实考察稻叶圆成第一次访问中国时的日记（见图5），我们知道稻叶圆成就是通过"汉口本愿寺"去拜会太虚的。日记为日文，此试中译如下：

4 月 19 日，半晴。……11 时半，在古德寺龙波和尚的带领下，参观武昌的佛教学院。学院在武昌街区之外，规模较大。当时院长太虚和尚正好去武昌讲演，不在学院，见到了空也、慧圆居士（史一如）、悟幻、松林等教员和法师。空也和尚为我们做介绍，参观院内。讲堂、行持室、自修室、寝室、佛像图书馆、斋堂等完备不缺。学生有 70 余人，主要是僧侣，有主动到自修室自修者。行持室有礼拜堂，安置阿弥陀佛像，墙壁贴有行持法规。图书馆除《频伽藏》外，还备有《日本大藏经》一部、《日本佛教全书》一部，其他藏书不多，没有值得注意的东西。不过，备有三四种佛教杂志，可以了解目前中国刊行的杂志之名。

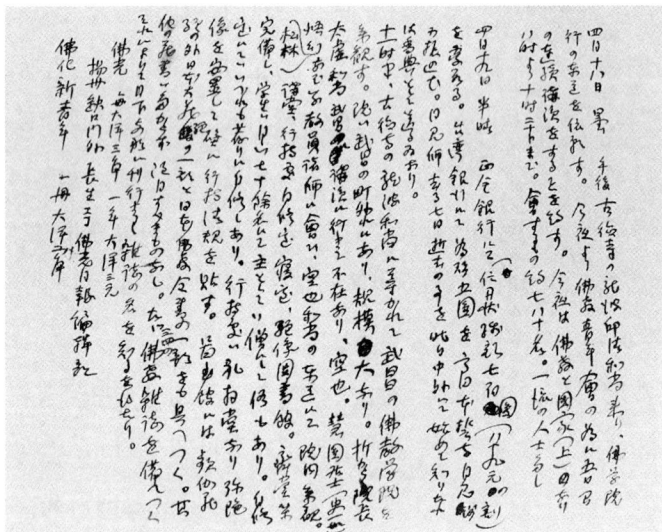

图 5 稻叶圆成《支那佛迹巡礼日志（一）》

图片采集人：何燕生。

在日记次页，稻叶圆成记载说，他在返回的路上见到了太虚，二人"相谈甚欢愉"。总之，"汉口本愿寺"一方面为来自日本的人士提供住宿之便，另一方面利用其在汉口的人脉关系，根据需要，介绍日本人与中国僧侣特别是与武昌佛学院太虚相识,而稻叶圆成就是在这种"因缘"条件下与太虚相识并得到太虚信赖的。前述稻叶圆成去湖北省沙市拜访沙市佛教会陈妄清以及宜昌之行,其实也是利用了太虚方面的人脉关系。[1]"汉口本愿寺"住持田中哲岩扮演了为中日佛教双方"牵线搭桥"的角色。这在日本在华传教一直"名不正言不顺"、缺乏合法性的情形下,正如稻叶圆成在《中外日报》中所强调的"日本佛教伟人"的理想形象一样,合乎日本佛教"布教师"所需具备的重要条件。[2]

四　稻叶圆成与太虚的书信往来

稻叶圆成和太虚之间后来还保持着书信往来,并且切磋学问。

如前所述,稻叶圆成结束庐山"世界佛教联合会"的演讲活动后,于8月10日返回了日本。然而,不到一个月,9月1日日本发生了"关东大地震",损失惨重。闻讯后,太虚立即给稻叶圆成写信表示慰问,稻叶圆成也很快给太虚回了信。稻叶的回信后来被刊载在《海潮音》上。从稻叶的回信,我们知道太虚曾两次去信稻叶。

> 太虚大法师慧照:惠书两俱奉悉。然前函辗转遗误,收读时已逾贵院可插班三名学生之期限;故未能将学生如约送来也。后函承轸念敝国之大震灾,莫名感谢。但敝学地处京都,只微震而已,无何损害。而被灾之地,死人数十万,倒屋无量数,诚振古未有之国难。而见闻者,均有感于有为转变之世相,深信释迦佛之说法。敝

---

① 据《太虚自传》十七,陈妄清乃太虚皈依弟子。《海潮音》当时用长篇幅报道稻叶圆成沙市之行,事出有因。

② 《共同研究　中国の居留地と租借地における浄土真宗本願寺派開教と日本人子弟教育》中,由野世英水氏执笔的《真宗本愿寺派の武漢開教と漢口本願寺》一文,对"汉口本愿寺"的情况进行了考察,可参考,http://opac.ryukoku.ac.jp/webopac/KJ00003963231.＿? key＝FLZWKU。

国于佛教之真信念，其由此渐兴乎？而被灾者，因贵国官民之同情救济，深感邻谊；两国亲善之机，其从此而契合乎？则因灾害而反为转祸为福之兆瑞也。

　　肃此，敬叩

神安

　　　　稻叶圆（按，文献中错印作"田"——引者注）成顿首①

　　所谓"插班三名学生"事，如前所述，是稻叶在与太虚的那次庐山谈话中，作为"中日佛教之联合"，为了"两国佛教徒共谋意思疏通"，由稻叶提出的计划。但因太虚的信寄达稻叶手中，已逾武昌佛学院接收插班生的期限而未实现。虽然我们无从了解太虚信函的具体内容，但是，二人后来还保持着书信往来，相互确认之前的承诺，说明他们当时的谈话富有诚意，二人也是讲诚信的。而由第二封给稻叶圆成的慰问信可知，太虚与稻叶圆成之间业已建立了深厚的友谊。邻国日本的地震灾害，牵动了太虚的心：天灾人祸，感同身受。稻叶圆成与太虚之间的交流，已不再仅仅是停留在工作层面。

　　1924 年《海潮音》第 5 卷第 1 期以《致太虚法师书》为题，刊载了稻叶圆成致太虚的信。据该信，太虚主编的《海潮音》杂志后来似乎每期都寄给了稻叶，太虚还把自己的新作赠予稻叶，稻叶在回信中，除表示感谢外，同时对太虚著作中的一些说法，也提出意见，相互切磋，现摘录如下：

　　　　太虚大法师台鉴：《海潮音》随刊随赠，名论卓说，每志满揭，随喜感叹。复赠阅《佛乘宗要论》一部，既收到一阅，了书中论现代时弊，说佛教需要，剀切批评西洋哲学，堂堂论阵，有

---

① 《五、日本通讯・大学教授》，《海潮音》第 4 卷第 9 期，1924 年，转引自《集成》第 157 卷，第 172 页。

天马行空之慨，不胜钦佩。至本论第三章第十节，大乘果门派中，以日本三宗为果门派，亦无异议。但叙净土真宗中云："赐号见真，故名净土真宗"（七十八页）。此不是赐号见真，为数十年前净土真宗之立名。盖立名已经过七百余年。所云净土真宗者，净土中真实之谓也，日本净土宗专以西方愿生为宗旨，以持名念佛为行要，有自力，又有他力。但自立念佛者，未信乐弥陀本愿，以持名口唱为本，故曰非真宗。他力念佛者，以信乐本愿为要，既先信而后任运持名，即他力念佛真宗之号，所以立也。我宗以信为本，决不变持名念佛。

　　读余，随意即报，未暇顾读，狮子法座，请谅焉。复申佛学院印行《小乘佛教概论》，原著者舟桥水哉、斋藤唯信两位，现在大谷大学教授职，敝衲之师友也。两位顷日欲获该书一部，嘱予即刻送本为祷，如邮敝衲乃可。

　　专此，即颂

道安

　　　　　　　　日本稻叶圆成和南谨启①

　　太虚后来似乎也给稻叶圆成写了回信。《海潮音》同期将太虚的回信附在了稻叶圆成的信后，但内容似乎是不完整的，现摘录如下：

　　净土真宗曰真宗当凭此意，以为改正。另，小乘佛学上下编，即检寄，希转舟桥、斋藤二公为荷。太虚复②

---

① 稻叶圆成：《致太虚法师书》，《海潮音》第 5 卷第 1 期，1924 年，转引自《集成》第 158 卷，第 207 ~ 208 页。

② 稻叶圆成：《致太虚法师书》，《海潮音》第 5 卷第 1 期，1924 年，转引自《集成》第 158 卷，第 208 页。

　　不仅稻叶圆成能够收到太虚寄赠的《海潮音》杂志（见图 6）以及太虚的新近著作，太虚也能收到稻叶圆成寄来的、由大谷大学主办及铃木大拙等主编的英文杂志 *The Eastern Buddhist*（《东方佛教》）。例如，在稻叶返回日本后不久，大谷大学图书馆便寄来了由该校主办的《东方佛教》杂志，其中还附上了署名"D. T. Sugulsi"[①]的来信。1923 年《海潮音》第 4 卷第 12 期以《日本大谷大学东方佛学杂志社来函》为题，将该信原文予以发表。信中提到稻叶圆成（Prof. Inaba），除感谢太虚寄赠《海潮音》杂志外，还询问是否收到由稻叶教授代寄的期刊，并介绍《东方佛教》是日本目前唯一的英文佛教杂志，但正遇到经费困难，因此，欢迎太虚以及他的朋友成为该杂志的会员；日中两国，一起推动佛教的研究和传播；等等。据《海潮音》，来信原文如下：

图 6　稻叶圆成住持的净土真宗大谷派觉顺寺所藏部分《海潮音》

图片采集人：何燕生。

---

　① 很可能是 D. T. Suzuki，即铃木大拙，疑《海潮音》编排之误。

The Eastern Buddhist

THE LIBRARY, OTANI BUDDHIST UNIVERSITY

Muromachi – Kashira, Kyoto, Japan

The Hankao Buddhist Society,

November 15, 1922 Hankao, China.

Gentlemen:

I am in receipt of a copy of your magazine, *Hai Ch'ao Yin* and thank you very much for your kindness. Prof. Inaba, I understand, mailed you some of the recent numbers of ours, *The Eastern Buddhist* which I hope are in your hands by this time. Ours is the only Buddhist periodical in English pnblished （published 之误——引者注） in Japan. I trust the object of this publication is already definitely known to you, and I have no doubt that you are in full sympathy with us in this respect. In an undertaking like this, cooperation is most needed. Would you kindly see to it that we can have some subscribers among your friends, as we are in need of much financial support.

We shall be glad to have your valuable paper on our exchange list if you are so disposed as to oblige us.

As Christians say a light ought not to be kept under a bushel. If the Dharma is the doctrine of enlightenment, it ought to be made to shine throughout the world, it ought not to be confined in the corners of the Far-East. China and Japan are nations of one literature and culture. They must unite their efforts in the elucidation and propagation of the Buddha's teaching.

Fraternally yours,

D. T. Sugulsi[①]

如前所述，稻叶与太虚在庐山会谈时，当太虚问到日本佛教在欧美的传教情况时，稻叶便提到了这本《东方佛教》杂志，说它是"敝校月刊"等。可见对于太虚当时所关注的问题，稻叶回国后一直牵挂在心，并没有因为日本国内突如其来的大地震而暂时放置一边。

据《海潮音》载，稻叶圆成回国后不仅嘱托大谷大学相关部门寄赠杂志，而且似乎向太虚提供过日本佛教相关学校的名单和日本佛教各宗相关大寺院的名单。1924 年《海潮音》第 5 卷第 2 期刊载的、署名"圆成"的《日本佛教大学校表》和《日本佛教大寺刹表》两篇，似是由稻叶圆成提供的。是否受到了太虚的嘱托，不得而知，但可以承认，日本佛教的学校教育以及各宗派的主要寺院情况，正是太虚当时亟须了解的。

同时，稻叶圆成论述中国佛教的文章也在之后的《海潮音》杂志上刊载。比如，1924 年《海潮音》第 5 卷第 1 期就刊载了稻叶圆成的《支那之念佛》一文，由"大哀译意"，便是其一。从内容看，这篇文章似是由讲稿译出，并不是一篇严格意义上的学术论文。主要讲到稻叶圆成一年前去温州地区考察时了解到的当地居士群体中关于"念佛"的一些现象以及稻叶的感想，其中稻叶结合实地采访，特别介绍了一位叫吴璧华的居士的"念佛"事迹以及"闭关念佛"的情况。文章同时与日本的"念佛"相比较，很有资料价值。

结　语

以上我们通过中日双方的相关报刊资料，特别是日本方面的资料，对

---

① 《日本大谷大学东方佛学杂志社来函》，《海潮音》第 4 卷第 12 期，1923 年，转引自《集成》第 158 卷，第 69~70 页。

稻叶圆成自受邀参加庐山"世界佛教联合会"演讲以来与太虚之间的交往情况进行了考察。

稻叶圆成，1881 年出生于爱知县觉顺寺，1904 年于日本真宗大学（今大谷大学）毕业。1912 年任真宗大学教授，1915 年就任觉顺寺住持。稻叶圆成学重天台，兼治日本净土真宗。主要著作有《天台四教仪新释》（法藏馆，1922）、《佛陀より人间へ》（佛教学会编，1929）等。1923年，稻叶结束第 2 次长达 10 个月的来华考察而回到日本。第二年，被推举为净土真宗的"大僧都"僧职，同年被选为大谷大学学部长。1939 年被推举为净土真宗"权僧正"（最高僧职）。1942 年退休。1950 年，净土真宗设立同朋大学，稻叶被选为同朋大学创校校长，同年因心脏病逝世，享年 70 岁。稻叶圆成一生，无论是在净土真宗内部还是在大谷大学，一直担任重要职位，在信徒中具有很高的威望。

稻叶与太虚的相识与交流，从目前所掌握的史料看，时间即 1923 ~ 1926 年，前后似不足 5 年。然而，这段时期前后，恰恰是太虚的佛教事业开始走向国际的转折时期，稻叶圆成的出现，无疑很快成为太虚国际佛教发展格局中的一股重要力量，或邀请演讲，或共商中日佛教"合作"谋略，或交换刊物，或切磋学问。而稻叶圆成本人通过与太虚的接触，了解到太虚对日本佛教抱有许多的"期待"，加上净土真宗在华传教需要中国佛教界的支持，需加强同中国佛教的"亲善"，于是向太虚伸出了"援助"之手。太虚与稻叶圆成二人之间的交流，各取所需，互通有无，虽然充满着"诚意"、彰显着"友谊"，但我们也不能完全排除其中渗入有"相互利用"的因素。

1925 年，太虚率领中国佛教代表团参加在日本东京增上寺举办的"东亚佛教大会"，其间太虚一行曾去京都参访。据载，太虚一行在京都住了 10 余天，二人在京都南禅寺重逢。[①]"东亚佛教大会"的盛大召开，

---

① 佛教联合会编《东亚佛教大会》，京都，佛教联合会出版，大正 15 年（1926），第 724页。

注入了太虚与稻叶二人并不平凡的交流历程，双方复杂的心理情感于此交汇。庐山"世界佛教联合会"暑期演讲会上，稻叶圆成作为第一位被太虚邀请的日本嘉宾，而且被安排在太虚之后登台演讲，当然有其背景与历史脉络，我们在考察太虚与日本佛教的关系，特别是庐山"世界佛教联合会"这一重要历史"事件"时，不应忽视这位日本学者的存在；而且，稻叶圆成与太虚之间的这段故事，已经超出了两人之间的一般往来，可以说是中日佛教交流史上的一段佳话，意味深长。

《北大佛学》第 2 辑
第 29～56 页

太虚大师的友好访印之旅：
中印间佛教纽带之再续[*]

〔印度〕沈丹森（Tansen Sen）著　纪　赟译

内容提要　1940 年著名的中国革新派僧人太虚与佛教居士、高官戴季陶先后访问印度，本文即以前者访印为基础，讨论太虚此行的社会与宗教背景。太虚此行之中不但访问了佛教圣地，还与印度国民大会党的高层会面，这开启了印度与中国在多个层面与不同目的上的交往和互动。两国间的这一系列互动，部分要归因于 20 世纪初在当时大环境之下，双方知识与政治阶层间努力想要弘扬一种亚洲团结一体的思想。而太虚的此次出访也与近代政治环境紧密相关，并且是中国的佛教徒想要证明他们对于现代社会具有重要意义的一次尝试。

关键词　太虚　印度　佛教　近代中印关系

作者简介　沈丹森，上海纽约大学历史系教授；纪赟，新加坡佛学院副教授。

---

*　本文译自 Tansen Sen, "Taixu's Goodwill Mission to India Reviving the Buddhist Links between China and India," in Nayanjot Lahiri and Upinder Singh, eds., *Buddhism in Asia: Revival and Reinvention*, New Delhi: Manohar, 2016。在此感谢沈丹森教授允肯此文汉译。本文为北京大学佛教研究中心王颂教授所主导之太虚研究计划中海外搜集新文献之一环，借此机会谨向王颂教授与本团队中的同人表达敬意与谢忱。沈丹森，现任上海纽约大学环球亚洲研究中心主任、历史系教授、纽约大学全球特聘教授。研究领域为亚洲史和宗教，尤其是中印往来、印度洋关系和佛教研究方面。代表作有 *Buddhism, Diplomacy, and Trade: The Realignment of Sino-Indian Relations, 600 – 1400*（2003；2016）和 *India, China, and the World: A Connected History*（2017）等。纪赟，现为新加坡佛学院副教授，兼任教务主任、图书馆馆长与《新加坡佛学研究学刊》（*The Singaporean Journal of Buddhist Studies*）主编。

　　对于中印之间的佛教交往而言，1940 年是一个重要的时间节点。而此年对于中国与印度民众各自继续与帝国主义的斗争而言，也是一个至关重要的时间点。此时印度人民正在努力结束近 200 年的英帝国殖民统治，而中国人民也仍遭受着残酷的日本军国主义的侵略。佛教在过去曾经见证了中印两国间佛教与商业的交往，而此时又为两国间的恢复交往提供了可能。并且，在数世纪之间，中印两国的佛教都已衰落，20 世纪初亚洲主义思想的发展，促使人们重拾古代佛教的交往，以作为新亚洲（国际关系）的模式。正是在此一背景之下，1940 年两位中国佛教界的领军人物造访了印度，以恢复两国间的旧有联系。1940 年初，中国革新派僧人太虚（1890 ~ 1947），领导了一支南亚友好访问团；同年 11 月至 12 月，佛教居士、高官戴季陶（1891 ~ 1949）也在印度访问了几处圣地，并与印度国民大会党（Indian National Congress）的高层会面。

　　本文认为，这两次访问，开启了印度与中国在多个层面与不同目的上的交往和互动。这些交往互动包括：在圣地尼克坦（Santiniketan）修建的印度国际大学（Visva-Bharati University）中国学院（Cheena-Bhavana）的首任院长谭云山（1898 ~ 1983）与印度的摩诃菩提学会（Maha Bodhi Society）之间的联系；中国的僧俗前往印度佛教圣地的朝圣活动；中国僧俗前往中国学院去学习与从事研究等。政治动机与地缘政治上的考量，常常只是这些活动之中的部分要素。不过，必须注意的是，关于此一时期印度佛教僧侣在中国活动的记录则寥若晨星。这种差异的产生，可能要归之于下文将要讨论的印度与中国佛教徒之间在思想上的歧异，以及中国当时混乱的局势。

　　这种中印间佛教互动的复苏，部分要归因于 20 世纪初在当时大环境之下，双方知识与政治阶层间努力想要弘扬一种亚洲团结一体的思想。这一思潮最初是由冈仓觉三（1863 ~ 1913）、罗宾德拉纳特·泰戈尔（Rabindranath Tagore，1861 – 1941）与梁启超等发起并大力推动的。[①] 对这三位知识精英而言，佛教的传播能够带来印度与中国之间"兄弟般的情谊"，并在面对欧洲殖民主义之时促进亚洲内部的和平互动。他们相信，这种交往的重构，不仅可以让中印间重新交流起来，也可以构建一个和谐的世界。[②]

太虚、戴季陶与谭云山，是想要实现上述泛亚洲主义的三位领军人物，他们力图借此来推动印度与中国之间的文化与教育交流。不过，他们所生活的世界，要比冈仓觉三、罗宾德拉纳特·泰戈尔与梁启超所处时期复杂得多。20世纪30年代，日本对于中国的入侵，严重地挑战了"泛亚洲主义"的思想。再者，在印度与中国，佛教皆具象征性之影响。故而，其目标在一方面，包含了印度与中国间"兄弟般的情谊"的重新构建；另一方面，要共同面对日本帝国主义的威胁，并促使佛教在其所生活的那个混乱的世界之中发挥重要作用。事实上，特别是太虚，他曾深深地卷入中国的佛教复兴运动之中。正如太虚及其中国的追随者所相信的，佛教应该对于社会有所裨益。笔者将在下面的部分揭示，他们想要改革中国的佛教僧伽，并建立一种新形式的佛教。此种佛教是入世的，而非出世的。他们的努力就催生了现在的人间佛教或者人道主义佛教的思想流派。

---

①   具体见 K. Okakura, *The Ideals of the East, with Special Reference to the Art of Japan*, New York: Dutton, [1903] 1920; R. Tagore, *Talks in China*, New Delhi: Rupa & Co., [1925] 2002; 与 Liang Q., "Introduction," in Rabindranath, ed., *Talks in China*, New Delhi: Rupa & Co., [1925] 2002, pp. vii – xxx.

②   关于泛亚洲主义，有一个非常好的综述，见 S. Saaler and C. W. A. Szpilman, eds., *Pan-Asianism: A Documentary History*, 2 Vols, Lanham: Rowman & Littlefield, 2011。关于在此一背景之下印中之间的交流，则可参见 Tsui, B., "The Plea for Asia: Tan Yunshan, Pan-Asianism and Sino-Indian Relations," *China Report: A Journal of East Asian Studies* 46.4 (November, 2010): 353 – 370 与 C. Stolte and H. Ficher-Tiné, "Imagining Asia in India: Nationalism and Internationalism (c. 1905 – 1940)," *Comparative Studies in Society and History* 44.1 (January, 2012): 62 – 92。

一 中国佛教的复兴诸问题

尉迟酣（Holmes Welch）的著作，其题名即为《中国佛教的复兴》（*The Buddhist Revival in China*），在此书的开头就有一节质疑用"复兴"这个词来描述晚清、民国这一历史时期（约 1850~1949）佛教内部的变化是否恰当。他写道："确实，'复兴'这一术语可能并不允当，但之所以在此书之中使用它，只不过是因为它是用来指称 19 世纪后半叶与 20 世纪前半叶，中国佛教之中各种发展的最为方便，且又约定俗成的方式。"尉迟酣对于"复兴"这一术语的态度可谓矛盾重重，因为他不太确定"当这种复兴开始之时，中国的佛教是否处在衰退之中"。①

在此书的结尾有名为"复兴的意涵"一章，其中，尉迟酣又重新回到了此一问题。在此章开篇尉迟酣指出，"中国佛教的复兴"这一概念是在 1913 年初次被西方文献所提及的，并且被西方的传教士们发扬光大。这些人包括艾香德（K. L. Reichelt）与何乐益（Lewis Hodous）。② 尉迟酣接着解释道，1850~1950 年，佛教并未恢复到（唐、宋或更早的）佛教状态，也无"艺术上佛教创造力的复兴"。尉迟酣还恰如其分地指出，甚至在唐、宋时期，也还是有若干佛教活动，比如佛教僧团的商业化等，对于佛教正统派而言，这可能在道德与伦理上显得不太合宜。他指出，到 12 世纪为止，"相互融合而非革新式的变化，就已然进入一种宗教成熟阶段的平静状态了。但这并非表明佛教已死或者行将就木。它只不过是过了它最初的、兴奋的、具有创造力的阶段，而开始发挥中国社会所需求的功能，因此其自身就相对处于静态"。③

基于上述看法，尉迟酣总结道，"说'中国佛教的复兴'就显得让人

---

① H. Welch, *The Buddhist Revival in China*, Cambridge: Harvard University Press, 1968, p. 1.
② H. Welch, *The Buddhist Revival in China*, p. 254.
③ H. Welch, *The Buddhist Revival in China*, pp. 262 –263.

格外误导"。他指出了得出此一结论的三点原因。

首先，此一时期所发生的事件中，绝大多数并非复兴过去的佛教，而是有着一系列的革新；它并非宗教上的复兴，而是由宗教向世俗的转向。其次，它就总体而言并未对整个中国民众产生整体性影响。在家人之中绝大多数是"偶尔性的佛教徒"，他们与占僧人绝大多数的"应付僧"，都并未参与此一运动。最后，它还掩盖了其中的若干倾向，这些倾向如果一直持续，可能就并非意味着佛教会更获生机，而是会使其作为现存的宗教而最终消亡。①

显然，虽然尉迟酣给这本书起了如此一个名字，但他并不认为中国佛教在 19 世纪末 20 世纪初经历了"复兴"。其趋势反而似乎是一种教义教理的世俗化，特别是对于像太虚这样的僧人而言。事实上，在尉迟酣眼里，正是太虚制造了这样一个具有误导性的概念，即通过他的宏富著作以及与外国人的广泛交往，中国的佛教得以"复兴"。

在更新的研究之中，学愚指出他对尉迟酣的观点不敢苟同，② 但是，在很多方面学愚扭曲了尉迟酣的观点，尉迟酣实际上非常明确地拒绝使用"复兴"一词来描绘 1850～1950 年中国佛教所经历的变化。对学愚而言，"复兴"这个词太过于简单，并不能描述现代中国佛教的复杂历史进程，此一过程实乃"制度性佛教之中辞旧迎新的渐变过程"。学愚主张取而代之的，是用"觉醒"的理念来描述"与自 1842 年鸦片战争结束之后，为达到国家自强，而在当代社会、政治以及知识层面推进的民族觉醒运动相结合的佛教发展变化"。③ 依照学愚的主

---

① H. Welch, *The Buddhist Revival in China*, p. 264.

② Xüe Yu, *Buddhism, War, and Nationalism*: *Chinese Monks in the Struggle against Japanese Aggressions*, *1931 – 1945*, New York: Routledge, 2005, p. 15. 对尉迟酣的其他批评，特别是对尉迟酣的太虚研究所做的批评，见 J. R. Ritzinger, "Taixu: To Renew Buddhism and Save the Modern World," M. A. thesis, Lawrence University, 1999 与 D. A. Pittman, *Toward a Modern Chinese Buddhism*: *Taixu's Reforms*, Honolulu: University of Hawai 'i Press, 2001。

③ Xüe Yu, *Buddhism, War, and Nationalism*: *Chinese Monks in the Struggle against Japanese Aggressions*, *1931 – 1945*, p. 16.

张，现代中国史与鸦片战争之后的中国佛教发展是密不可分的。他对此做了如下阐述：

> 假如中华民族觉醒是由于内在的自我蜕化与外在的外国入侵，假如中国的民族主义在学习外来科技以推进现代化的意义上是与国际化紧密关联的，那么佛教的觉醒也是由于外在来自基督教、日本佛教传教士的冲击，再加上庙产兴学与僧伽的日趋沉沦，故而就向基督教的慈善工作与日本佛教的改革来取经。中国佛教所面临的危险就促使很多佛教僧众与俗众，去意识到自我革新对于佛教的生存与复兴的重要性，因此他们就积极投身于佛教知识研究与社会公益事业。他们相信，假如僧尼继续龟缩在寺院之中而置身于世外，那么佛教在中国就会消亡。①

学愚主张使用"觉醒"一词，并以之来勾勒鸦片战争之后的中国佛教，这会有若干问题。首先，他似乎在暗示中国的佛教徒在 19 世纪之前从未觉醒。假如他确实不是这个意思，那么他可能是想要使用"再次觉醒"，来表明中国的佛教徒曾经"沉睡"，并生活在"幻境之中"，这正如他在解释佛教中的概念"觉"、"觉悟"、"悟"、"醒"与"觉醒"之时所表明的。不过，学愚从未澄清过，到底是什么时候中国的佛教徒"沉睡"了，并且开始生活在"幻境之中"，因此需要回到现实之中。

其次，学愚观点的第二个问题与他的居士佛教的概念有关。他的讨论焦点主要集中在"居士佛教知识阶层"，诸如谭嗣同（1865～1898）、梁启超与章太炎（1869～1936），或者是居士、达官如戴季陶，以及那些与 19 世纪末维新运动密切相关者，还有民族与国家这些话语等。学

---

① Xüe Yu, *Buddhism*, *War*, *and Nationalism*: *Chinese Monks in the Struggle against Japanese Aggressions*, *1931 – 1945*, p. 17.

愚的分析并不涉及生活在村庄、乡下，以修行为日常行为的数以百万计的芸芸众生。对这些人而言，佛教的教义与思想就是他们传统生活方式的一个组成部分，而并非一个死板并独特的宗教形式。确实，对这些民众而言，"国际主义"与"自我现代化"，甚至是僧团内部的腐化堕落都意义不大，所有这些关注也对他们如何举行仪轨与仪式没有多少影响。

正是由于这种关注面上的狭窄，学愚的"觉醒"，可能就只是与中国社会中的居士精英成员有关。与这种"觉醒"相关的佛教僧侣，也就只是那些与国家有密切联系，并被称为"革命僧"者。这些人中包括释宗仰（1865～1921，此人在上海非常激进地推动教育活动）和释太虚。但并不能让我们知道，那些并未参与精英阶层知识话语的形成的僧尼到底是怎么想的。

再次，学愚也没能指出此时人们关心的僧团腐化、国家对佛教支持的削弱，以及佛教与同时代社会和政治脱节等问题，对于中国佛教而言，这些问题都绝非全新出现的复杂情况。自从佛教进入中国，这些问题中的很多一直反复出现。比如，在宋代（960～1279），中国的僧人赞宁（919～1001）就为中国的佛教徒树立了一个走自己的路，而不信赖来自印度的思想的榜样。① 其他一些僧俗，为国家与僧团之间的正确关系而争论不休，并争论是否中国的僧人需要完全遵从在印度形成的全部佛教戒条。换而言之，中国的佛教一直处在重新调整、重新发明与重新觉醒之中。1850年到1950年，只不过是佛教要去适应中国变化了的政治与社会环境的另外一个阶段而已。

虽然有如上这些问题，不过，学愚的研究还是需要加以肯定的，因为他强调了若干僧界领袖对于中国内部所产生变化的因应之策。这些变动的

① T. Sen, *Buddhism, Diplomacy, and Trade: The Realignment of Sino-Indian Relations, 600 – 1400*, Honolulu: University of Hawai'i Press, 2003, p. 137.

根源是政治动荡与外界入侵，并且对这些僧侣所实践之思想产生了冲击。一方面，这些僧界领袖对于政府管控僧伽以及没收庙产的行为忧心忡忡；另一方面，他们需要竭力应对中国大众之中日益传播扩散的民族主义，这种民族主义随着中华民国的建立与 1937 年全面抗战的爆发而获得强化。这些"革命僧"意识到了，佛教应关乎中国城市居民的当代需求，而与在乡村从事的以及民俗层面的佛教并无关涉。依照他们的观点，佛教需要与国家层面的接触，并且参与到反抗外国侵略者的斗争之中。太虚就是将中国佛教转变为在社会与政治上具有参与性的宗教的领袖之一。

二　太虚及其使命

太虚，原名吕沛林，出生于浙江东南一个贫苦家庭。太虚之父为砖瓦匠，在太虚一岁时就去世了。太虚之母将他拉扯大，而在家教育太虚者为其舅舅与外祖母。由于身体欠佳，作为一个十来岁的少年，他无法做工。可能是意识到了自己会成为家庭的负累，他就在 15 岁时出家为僧。作为一名僧人，太虚不仅习禅入定并念诵佛经，也大量阅读了中外知识分子的各种著述。比如，他早年的阅读作品之中，就包括康有为（1858～1927）、梁启超与卡尔·马克思（1818～1883）的著作。[①] 在数年之中，太虚与那些寻求改良中国佛教僧伽制度，并提倡为僧侣提供现代教育的僧人相得甚欢。等到 1912 年清帝逊位之际，太虚前往南京这个新成立的中华民国的首都，此时他不过 20 岁出头，已然成为"革命僧"的领袖之一。

到 1911 年辛亥革命之前，中国经历了数十年的动荡。鸦片战争中被西方殖民列强战胜之后，清政府从 19 世纪中叶开始就一片混乱。在同治

---

① 　J. R. Ritzinger, "Taixu: To Renew Buddhism and Save the Modern World," p. 4.

（1862～1875）以及光绪（1875～1908）朝大权独揽的慈禧太后（1835～1908）决定退居北京的颐和园。当甲午战争战败于日本时，就表明在科技与教育发展方面，中国已经明显落后于其他政治体。光绪帝于1898年发动了所谓的百日维新。这些维新主张的目的就是要通过教育、政治与工业方面的变革来使中国实现现代化。百日维新的代表中就有康有为，而太虚对其著作非常稔熟。慈禧太后反对康梁新党所主张的改革举措，在仅仅103天之后就重新返朝听政，并扼杀了百日维新。康梁一党要么逃离中国，要么被软禁在家。康有为最终逃到了英属印度的大吉岭（Darjeeling）。

百日维新运动失败后不久，中国就爆发了反抗帝国主义的义和团运动。这一由清廷支持、反对外国侵略的运动最终成为一场灾难，殖民者联合起来屠杀了义和拳民。慈禧太后与光绪帝被迫逃离北京，并最终与外国列强签署了城下之盟。

这些斗争，无论是宫廷内部的，还是席卷全中国的，都严重地削弱了清王朝的统治力量。1908年光绪帝与慈禧太后的去世，使得清廷走上了穷途末路。在孙逸仙（1866～1925）推翻清王朝，就任中华民国临时大总统之际，中国在政治上还是四分五裂，在地方上则依然是军阀的天下。20世纪30年代的日本侵华战争，更是让中华民族饱经磨难。事实上，甚至在太虚去世的1947年，中国的稳定与和平前景也依然是一片黯淡。

经历了所有这些阶段的动荡与惨伤，佛教团体与僧侣也同样面临他们自身的困境。与早前中国历史上的情况类似，晚清的不少法官也质疑佛教寺院的财富与产业。[①] 此外，清廷也通过严格限制授戒来控制僧侣的数量。声称自己为耶稣基督的弟弟的洪秀全（1814～1864），其所领导的太平军起义也摧毁了不少佛教寺院。虽然太虚大师经常赞扬国民党政府保护

---

① D. A. Pittman, *Toward a Modern Chinese Buddhism*: *Taixu's Reforms*, p. 29.

佛教，但在民国时期，佛教的境遇其实并无多少改善。有若干国民党官员质疑佛教在现代社会之中的合法性，有的人则甚至直接侵占了佛教寺院，并将之变成了政府的办公场所。

佛教僧侣以及居士精英也开始关注僧人的道德标准，以及被他们视为愚夫愚妇的各种迷信活动。事实上，1925 年，太虚就对僧俗的若干行为大加挞伐。他指出，在中国，

[佛教有以下弱点：]利济社会事业及教化社会事业，极不发达，仅无识之侣与群众所生荐亡、求福等斋会经忏关系，短一；诸僧寺虽标别禅、讲，相承有宗派源流之异，但其内容或毫无实际——若禅寺并不参禅等，或混合鲜专精之修学——若虽参禅学兼传戒作经忏等，短二；习称方外，对于世事视若风马牛之不相及，为治国者所轻忽，短三；缺乏科学知识，于代表现代之西洋思想，鲜能了解，呆板陈腐，说法不能应当世之机，短四。[考虑到这些弱点，他们就不能以能够吸引现代民众之方式来弘传教义][1]（译者按：此节英文乃译自 1925 年夏天太虚所作之《敬告亚洲佛教徒》一文，然而并非直译，且有添加。凡方括号中则为太虚原文中没有的）

在此后的 22 年中，太虚的精力就主要放在纠正这些缺点之上，并提倡那些中国僧团需要采取的步骤。他所强调的两个重点，就是中国的僧侣需要像样的教育，并且佛教也需要与当代社会保持接触。就前一点而言，太虚为僧人设置了严格的课程，并重组了僧团。在日本侵华战争爆发之后，佛教需要深入社会的问题就成为重要的议题。太虚大师对于中国僧人

---

[1] J. B. Pratt, *The Pilgrimage of Buddhism and A Buddhist Pilgrimage*, New York：Macmillan, 1928.

不问国是的批评，就变得比任何时候都更为切要了。学愚征引了若干例子，以证明太虚以及其他"革命僧"为何认为中国的僧侣需要参军抗战以保家卫国。[①]

太虚还认为佛教社群需要对中国的外交事业有所贡献。太虚的这一观点，以及他鼓动僧伽加入抗战的队伍，鼓励僧人爱国兴教的努力，以及事实上其在此前曾与外国僧侣、知识分子有过互动等诸种原因，使得国民政府挑选他来组建太虚国际访问团，前往缅甸、印度与锡兰（今斯里兰卡）。

太虚国际访问团去参访这三个"佛教国家"，以便让这些国家的领袖知悉中国抗击侵略战争的真相。其目标还包括孤立日本的佛教社群，后者并没有做到强烈反对日本的侵华罪行。就事实而言，日本佛教徒可被视为日本军国主义的帮凶。缅甸、印度与锡兰之行，为太虚大师提供了一个机会，让他得以展示其爱国主义情操，同时得以将其所提倡的佛教应该积极干预社会与政治的主张付诸实施。

三　重建佛教联系，构建佛教世界

9～10世纪时，中国的佛教信仰就已经与南亚形成的佛教教义渐失联系，开始建立自己独特的教义传统。甚至在中国建立了"圣地"以供朝圣，这些"圣地"不仅有中国的僧人前往，甚至吸引了外国的僧人与官员。据载，来自南亚的僧人去这些"圣地"朝拜文殊师利与地藏菩萨等佛教神祇。[②]

与此同时，中国也开始意识到印度佛教正处在衰退之中。中国朝

---

① Xüe Yu, *Buddhism, War, and Nationalism: Chinese Monks in the Struggle against Japanese Aggressions, 1931–1945.*

② T. Sen, *Buddhism, Diplomacy, and Trade: The Realignment of Sino-Indian Relations, 600–1400*, chapter 2.

圣者的一些记录之中，就描述了在若干重要的佛教城镇里面，佛教寺院日益荒废，故而也就让这种印度佛教正在衰亡的观点在中国日益形成。再者，虽然在 7 世纪时怛特罗教（密教）就已经开始对中国产生影响，甚至在 8 世纪与 9 世纪在唐代帝王间非常流行，但中国的僧人还是觉得很难将之引入中土的信仰系统。事实上，中国人将怛特罗教与佛教思想上的衰落相联系，并强调中国佛教需要寻求自己的哲学传统与修行实践。因此，到 7 世纪为止，印度佛教与中国佛教之间就已然形成了巨大的差异。

这些发展并不意味着 10 世纪之后印度与中国的佛教就处在衰落之中，而是应该说，中印成为分裂了的佛教世界，并且拥有不同的中心，每个中心都有自己独特的思想倾向、联系网络与影响范围。①一方面，印度佛教的中心就怛特罗教思想的传播而言，与中国西藏的寺院保持着密切的联系；另一方面，禅宗与其他大乘佛教的教派组织则吸引了来自日本与朝鲜的僧人。斯里兰卡则建立了一个上座部的网络，横跨孟加拉湾，并与缅甸、泰国与柬埔寨保持了密切联系。

随着 14 世纪来自阿富汗与中亚军队的洗劫，整个北印度的佛教寺院损毁严重，中国与印度之间的佛教交往也就可以忽略不计了。差不多四个世纪之后，从 18 世纪晚期开始，关乎印度与中国间佛教互动的三个新的倾向浮现。第一，中国华侨移民前往南亚，使得汉传佛教的教义、图像与寺院被引介到印度。这主要是发生在加尔各答，18 世纪80 年代至 20 世纪初，在此地数以千计的华侨定居下来。这些移民修建了数座供奉观音与其他汉化佛教偶像的寺院，这些汉化佛教偶像中包括阮子郁（1079 ~ 1101）与梁慈能（1098 ~ 1116）。此二人被来自广

---

① T. Sen，"The Spread of Buddhism," in *The Cambridge History of the World*，Volume V：*Expanding Webs of Exchange and Conquest*，*500 CE – 1500 CE*，eds.，B. Z. Kedar and M. E. Wiesner-Hanks，Cambridge：Cambridge University Press，2015，pp. 447 – 479.

东省四会县的移民社团供奉为佛。①

　　到 20 世纪 50 年代为止，这些在印度的中国人社群，几乎在印度的每一处主要朝圣地点建立了佛教的寺院。每逢农历春节期间，这些社群的成员就前往这些"中国"的佛教寺院朝圣，并举行各种宗教仪式。在印度，牵涉这些营建活动的一个关键人物就是谭云山，他也是罗宾德拉纳特·泰戈尔 1937 年在圣地尼克坦发起兴建的印度国际大学中国学院的首任院长。谭云山是太虚大师的授戒弟子，并与中国的其他僧界领袖及居士、高官来往密切。② 在太虚大师前往印度访问一年之前，谭云山在新加坡慈善家李俊承的资助之下，在鹿野苑重新修建了汉传佛教的中华寺。③

　　不过，在太虚 1940 年前往印度访问之前，印度与中国的佛教社群之间似乎并无多少联系。在印度，由华人华侨所兴建的佛教寺院庵堂很少有印度族人光顾。除此之外，由于至公元 1000 年为止所发生的教义分歧，在印度僧人与中国僧人之间也没有多少共同的哲学话语。因此，那些通过华人华侨引介到印度的无论哪种佛教思想，还是佛教形象，都只限于华人华侨的圈子之内。

　　第二个发展倾向则关乎 19 世纪与 20 世纪初叶，中国知识精英领袖对大英帝国殖民统治之下印度的崩溃所做的讨论。在 18 世纪晚期，中国人突然意识到了来自欧洲殖民强权的军事威胁，在此时大英帝国入侵印度，并且中国人察觉到了印度文明的衰落，这成为中国城市居民讨论的重要话题。印度被他们描绘为一个"亡国"，或者"奴隶国"。

---

① Zhang, X., "Buddhist Practices and Institutions of the Chinese Community in Kolkata," in Tansen Sen, ed., *Buddhism Across Asia: Networks of Material, Intellectual and Cultural Exchange*, Singapore: Institute of Southeast Asian Studies and New Delhi: Manohar, 2014, pp. 429 – 457.

② Tan, C., ed., *In the Footsteps of Xuanzang: Tan Yun-shan and India*, New Delhi: Gyan Publishing House and Indira Gandhi National Centre for the Arts, 1999.

③ 李俊承：《印度古佛国游记》，台北，佛教文化出版社，1964。

对很多中国人而言，印度文明的衰落及其臣服于大英帝国，是印度的种群制度区隔以及政治地理上碎片化的结果。佛教的践行，最有可能是因为佛教强调非暴力，这也被当成一个重要的原因。正如 20 世纪初，《北京女报》上有如下一段：

> 你们认为印度就好吗？嗯？那么何以有亡呢？这是因为他们耽于迷信……当大英帝国进入城市之时，他们〔印度人〕只是枯坐念佛……祈祷其城市不被破坏。你们怎么想？这些印度人笨否？抑或其他？他们应该死吗，抑或其他？不久，他们就成为大英帝国的奴隶，却仍在迷梦之中……

> 噫，同胞们！我问你们，是想成为一个伟大独立国家的国民，还是想成为一个失败国家的奴隶？假如你想要后者，则我无话可说；假如想要前者，则你们应该扔掉那些泥土制成的菩萨像……你们应该将烧香的钱用来为孩子提供教育……

> 假如你们不信我，那么看吧：那些红缠头就也会缠上你们的头。①

这种认为佛教的和平主义导致了印度衰落的观点，当时可能在中国非常流行。有若干中国知识分子，将矛头指向印度，认为佛教"非仅无用，而且有害于国"。② 这些评论者支持没收寺产，也支持严格限定僧尼的数量。为了对此反驳，有一些中国僧人认为印度的衰落，并不是佛教教义的逆来顺受所致，而恰恰是因为"抛弃了佛教，并导致印度失掉了民族身份认同与民族精神"。③ 这些僧人以日本为例，认为日本正是因为尊信佛

---

① 英译见 R. Karl, *Staging the World：Chinese Nationalism at the Turn of the Twentieth Century*, Durham：Duke University Press, 2002, pp. 163 - 163。

② Xüe Yu, *Buddhism, War, and Nationalism：Chinese Monks in the Struggle against Japanese Aggressions, 1931 - 1945*, p. 57.

③ Xüe Yu, *Buddhism, War, and Nationalism：Chinese Monks in the Struggle against Japanese Aggressions, 1931 - 1945*, p. 57.

教，故而崛起成为强国。他们还强烈地感受到，中国应该在重新引介佛教进入印度，并将印度从殖民铁蹄之下拯救出来之中扮演一个重要的角色。

第三个倾向，则正如上面所言，是当时印度、中国与日本的知识分子，希望即使在欧洲殖民列强统治之下，也去构建某种"亚洲主义"。① 这种"亚洲主义"的宣扬，始于20世纪第一个十年。他们将以前佛教在亚洲不同地区所构建的纽带作为榜样。比如，梁启超与章太炎就撰写了多篇研究文章，讨论中国佛教的发展历史与佛教在中国社会转变之中所扮演的角色。他们也特别强调佛教在中印两国文化互动之中所起到的重要作用。事实上，梁启超强烈支持回归中印两国文化交流的早期阶段。也正是梁启超，邀请了诺贝尔奖获得者罗宾德拉纳特·泰戈尔，促成了其1924年的中国之行。印中两国在历史上有过频繁互动，以及需要恢复这种互动来建立或者重建一个和谐、和平的亚洲，在此两点之上，罗宾德拉纳特·泰戈尔与梁启超存有共识。

与"亚洲主义"思想紧密关联的，是佛教僧人希望在东亚与南亚建立一个联合的佛教世界。19世纪后半叶，以亨利·奥尔科特（Henry Stell Olcott，1832 – 1907）为首的神智学者（theosophist）就想要在斯里兰卡、印度、日本与中国的佛教徒之间建立联系。奥尔科特的支持者与继承者为锡兰人达摩波罗（或译"护法"，Anagarika Dharmapala，1864 – 1933）。达摩波罗曾前往日本与中国，并且最终想将比哈尔邦的菩提伽耶建成佛教世界的中心。1891年，达摩波罗在斯里兰卡的科伦坡（Colombo）所创立的摩诃菩提学会（the Maha-Bodhi Society），成为从事佛教复兴运动的一个国际性先锋组织。②

来自日本的僧侣，以及后来太虚自己，都积极地参与到了理查德·杰

---

① C. Stolte and H. Ficher-Tiné, "Imagining Asia in India: Nationalism and Internationalism (*c.* 1905 – 1940)," *Comparative Studies in Society and History* 44. 1 (January, 2012): 62 – 92.

② 摩诃菩提学会的本部此后就搬到了加尔各答。

飞（Richard Jaffe）所说的"紧密联系的环球佛教文化"之中。[①] 事实上，在 1924 年 7 月，太虚在他所创建的"世界佛教联合会"开幕式上，指出这个联合会的成立宗旨："一、中国国内各省之联合；二、东亚有佛教各国之联合；三、将东亚佛教真精神传及欧美各国乃能成事实上之世界佛教联合会。"[②] 到了 1925 年，太虚大师在东京参加了东亚佛教大会，并提交了一篇文章，题为《敬告亚洲佛教徒：唯佛教能救今世》。[③] 此次有很多东亚僧人参与的盛会，其结束之时寄希望于东亚佛教大会能够"成为印度、锡兰、暹罗、缅甸、欧美等地佛教徒充分参与之国际佛教大会之先声，此国际佛教大会也将会在不久之后召开。此一大会亦为世界和平与人道主义切望之物"。[④]

等到太虚大师前往印度之时，正如上面所言，中国的僧人，已经开始质疑日本的佛教团体在促进世界和平之中所扮演的角色。事实上，前文已提到，太虚访问团的一个重要目的就是为中国的抗战寻求国际支持。因此，太虚的访问就并不只是一种宗教朝圣，或者是想要团结中国与印度的佛教徒，此次出访也与近代政治形势紧密相关，并且中国的佛教徒想要证明他们对于现代社会具有重要意义。

四　太虚的政治朝圣之旅

当达摩波罗 1893 年访问中国之时，他要求中国佛教徒参加在上海附近的一次会议，以显示其"对在印度重兴佛教的支持与同情"。达摩波罗

---

① R. M. Jaffe, "Seeking Sākyamuni: Travel and the Reconstruction of Japanese Buddhism," *Journal of Japanese Studies* 30. 1 (Winter, 2004): 67.

② D. A. Pittman, *Toward a Modern Chinese Buddhism: Taixu's Reforms*, p. 107.

③ 见 Snodgrass (2009): 143 and D. A. Pittman, *Toward a Modern Chinese Buddhism: Taixu's Reforms*, pp. 109 – 112.

④ "Japan Far Eastern Buddhist Conference," *The Maha-Bodhi* 34: 81.

说："印度把佛教传到了中国，现在我恳求你们在印度需要之时提供帮助。"① 此时招待达摩波罗并将成为太虚老师的杨文会（1837～1911）提出，可以招募印度的僧人在华学习，"以便未来他们可以在印度传教"。② 虽然这一计划最终并未付诸实施，但达摩波罗的中国之行，最终促使摩诃菩提学会与中国的佛教团体有了密切的联系。比如，太虚在 1928 年就成为摩诃菩提学会的会员，随后更成为终身会员与赞助人。

因为摩诃菩提学会与中国佛教团体的这些历史渊源，太虚对印度的友好访问就在摩诃菩提学会的会刊——《摩诃菩提：摩诃菩提学会会讯》（The Maha-Bodhi：The Journal of the Maha-Bodhi Society，下文简称《摩诃菩提》）中有集中报道。此刊 1939 年 11 月号报道了太虚将访问缅甸、印度、锡兰与暹罗，其中就包括下述太虚对这些国家中的华人华侨所表达的期盼：

> 顷因国中文化界之启发，佛学人士之赞助，及海外各地佛徒之吁请，爰组织成立本团，将赴缅甸、锡兰、印度、暹罗等处，朝拜佛教诸圣地，访问各地佛教领袖，借以联络同教之感情，阐扬我佛之法化；并宣示中华民族为独立生存与公平正义之奋斗，佛教徒亦同在团结一致中而努力。因此佛教愈得全国上下之信崇，随新中国之成立，必将有新佛教之兴立，堪以奉慰吾全世界真诚信仰佛教之大众，洎崇拜赞扬东方道德文化者之喁望！③

虽然太虚写道，此次访问团是由中国的佛教团体所"计划"，但就实际而言，是由国民政府使派并赞助的，以此来赢取国外对于中国抗日战争的支持。海外华人华侨对于孙中山领导的辛亥革命有过极其重

---

① D. A. Pittman，*Toward a Modern Chinese Buddhism：Taixu's Reforms*，p. 43.

② D. A. Pittman，*Toward a Modern Chinese Buddhism：Taixu's Reforms*，p. 44.

③ "Rev. Tai Hsu's Goodwill Mission，" *The Maha-Bodhi* 47：517 – 518.

要的支持。以蒋介石为首的国民政府也希望在抗日战争之中获得这些海外华人团体在经济与物资方面的援助。再者，国民政府特别是蒋介石非常渴望获得印度自由运动领袖的支持。因此，除了访问若干印度佛教圣地之外，太虚不仅会见了华人华侨社团的成员，也会见了印度国民大会党的领袖。他经常将其访问活动之中的这些会见与进展向国民政府汇报。

1939 年 10 月 17 日，太虚向他的弟子谭云山发了一封信，通知他自己即将对缅甸与印度进行访问。前文已述及，自从谭云山 1928 年加入印度国际大学的中国学院开始，他就成为印度与中国之间文化与政治互动交流的一个重要角色。与太虚类似，谭云山也与国民政府的高官包括蒋介石过从甚密。在印度，谭云山与尼赫鲁（Jawaharlal Nehru）联系紧密，尼赫鲁是印度国民大会党的领袖之一，并在印度独立后成为总理。事实上，谭云山成了国民党与印度国大党之间沟通的关键一环。[1] 太虚大师的印度之行，谭云山相伴始终，并曾随太虚大师前往锡兰。太虚大师在印度的具体行程，他与印度政治人物的会见，前往佛教圣地访问与演讲等，可能都是由谭云山安排的。谭云山当时刚刚从中国返印，在中国时，谭云山参与到抗日的宣传活动之中。也有可能正是谭云山，才促成了太虚的国外访问活动。在 1939 年初，谭云山的主要赞助人罗宾德拉纳特·泰戈尔给在中国的谭云山写了一封信，其中提到"战场并非一个学者应处之所"，罗宾德拉纳特·泰戈尔敦促谭云山回印度，按照罗宾德拉纳特·泰戈尔的说法，在印度，谭云山可以通过"传播抗日战争的真实消息"而为其祖国"更好地贡献"。[2] 谭云山可能就是以此为主要目的之一，来筹划太虚的访问与行程。

1939 年 10 月 6 日，太虚一行通过滇缅公路抵达缅甸的仰光。在缅甸

---

[1] Tsui, B., "The Plea for Asia: Tan Yunshan, Pan-Asianism and Sino-Indian Relations," *China Report: A Journal of East Asian Studies* 46.4 (November, 2010): 353 – 370.

[2] Tan, Y., *Sino-Indian Culture*, Calcutta: Visva-Bharati, 1998, pp. 135 – 136.

期间，太虚在不同的场合向海外华人演讲，并会见当地的佛教社团成员，访问佛教圣地并与印度移民开展讨论。太虚在缅甸逗留了一个多月，在此期间他们与国民政府驻仰光的代表举行了数次咨询会议。在其中一次会议上，一位国民政府的代表表示他希望太虚此行可以联合印度与缅甸的佛教徒，以反对与日军合作并成为"屠杀无辜民众帮凶"的日本僧人。太虚的回答并没有提到日本僧人的角色，但他提到佛教徒会尽最大心力以获"世界和平"。①

1940 年 1 月 9 日早晨，由五人组成的太虚访问团从仰光启程乘船前往加尔各答。在船上，太虚会见了著名的印度汉学家与佛教学家师觉月（P. C. Bagchi），他也是从仰光返程。他们讨论了 1939 年尼赫鲁对重庆的访问、由穆克纪医生（D. Mukherjee）所领导的印度援华医疗队以及佛教思想的诸方面。太虚提到他曾经在中国会见尼赫鲁与穆克纪，也希望师觉月有时间能够去中国教书。②

经过三天的航行，1 月 11 日，邮船抵达加尔各答，有数百人前往港口迎接中国代表团，其中就包括在加尔各答的主要佛教社团的领袖、驻加尔各答中国总领事及领事馆的其他官员、华校的领导及随员，还有记者、谭云山夫妻，以及超过 200 名印度华侨。人们告诉太虚大师，圣雄甘地、尼赫鲁与苏巴斯·钱德拉·鲍斯（Subhas Chandra Bose）通过谭云山向中国佛教访问团表达其欢迎之情。

太虚在印度逗留了 43 天（1 月 11 日至 2 月 22 日），在此期间他造访了多座城市及佛教圣地，在若干重要的世俗与宗教机构做了演讲，并与印

---

① 《太虚大师全书》第 19 册，善导寺流通处，1998，第 31 页。

② 关于尼赫鲁的重庆之行，见 G. Samarani, "Shaping the Future of Asia: Chiang Kai-shek, Nehru and China-Indian Relations During the Second World War Period," *Working Paper*, No. 11, Centre for East and South-East Asian Studies, Lund University, Sweden, 2005, pp. 8 – 12。关于印度援华医疗队的专著，具体见 B. K. Basu., *Call of Yanan: Story of the Indian Medical Mission to China, 1938 – 1943*, Bombay: All India Kotnis Memorial Committee, 1986。此书原作者为印度援华医疗队的成员。师觉月最终于 1947 年来到中国，成为一名印度学教授。

度政治及佛教领袖进行了深入的探讨。第一周太虚大师逗留于加尔各答，随后数日，前往圣地尼克坦。在一次勾勒大乘佛教重要思想的会谈之中，太虚一开始就提到，"本世纪是印度精神觉醒之世纪，全印度将以此重光其古代之荣耀。现代印度文化就是印度的原始文化融合以西方之文化，并且愚以为，师尊天（Gurudeva，指罗宾德拉纳特·泰戈尔）正是印度目前文化与文明的最好代表"。[1]

1 月 24 日至 2 月 6 日，太虚访问团朝拜了在菩提伽耶、那烂陀、蓝毗尼、鹿野苑与瓦拉纳西的佛教圣迹。2 月 7 日，佛教访问团到达了卢克瑙（Lucknow），并从此地前往阿格拉（Agra）、马图拉（Mathura）、博帕尔（Bhopal）与山奇（Sanchi），于 2 月 12 日到达瓦尔德（Wardha）。在与圣雄甘地会面之后，访问团前往阿旃陀（Ajanta），并最终前往孟买。在孟买待了一个星期之后，太虚访问团于 2 月 23 日前往锡兰并继续其友好访问之旅。

访问团抵达加尔各答之后，太虚一行首先得出的印象，就是此地佛教僧侣与佛教纪念物的稀少。太虚访问团成员将印度与缅甸相比，认为："此地佛教僧人极少；也不容易见到佛塔与佛寺。"[2] 太虚大师与访问团其他成员将此明确作为印度佛教已然消亡的证据。太虚在印度的几乎每一次演讲之中，都会提到印度佛教的现状，并表达希望看到佛法在其诞生之地得以复兴。事实上，在不少场合，太虚强调汉传佛教可以在印度佛教的这一"复兴"之中扮演重要角色。

太虚在印度的首次演讲，其主题就是中国的佛教、佛教在印度的复兴、印度与中国之间重新建立文化交往联系，以及中国的抗日战争。[3] 1 月 12 日，在加尔各答的一家中国俱乐部，华侨社团为太虚访问团举办了一场宴会。

---

[1] B. K. Sarkar, "Tai Hsu on India and Buddhism," *The Calcutta Review* (March, 1940): 315 - 316.

[2] 《太虚大师全书》第 19 册，第 39 页。

[3] "Chinese Buddhist Mission in India," *The Maha-Bodhi* 48: 85 - 91.

在宴会上，太虚做了演讲，题为《中国佛教的近况》。太虚解释说："中国的佛教，在清季很是衰落，当时寺院的僧众，不能参加近代的文明事业，成为落后的宗教；受欧风美雨的摇撼，因此产生了种种摧残毁坏，认为僧众只是分利的，且误认为佛教只是迷信的遗留。"不过，太虚也认为中国的佛教"已由衰落而走上复兴的轨道了"，这是因为"恰当的宣传工作，强调教育僧伽，并建立各种佛教组织，积极参与社会公益"。太虚还赞扬国民政府保护并支持佛教，此一观点在太虚访问期间曾经被多次提及。

中国总领事在欢迎辞之中提到在印度要建一个中国佛学会的分支机构，此点在太虚的演讲之中获得了他的全力支持。太虚提到，建立此一组织，可以帮助中国的移民社群更好地获得佛教的知识。太虚还指出锡兰人与缅甸人在印度皆有他们自己的佛教组织。他建议，拥有一个类似的汉传佛教组织，就可以与这些组织及印度的其他佛教组织合作，以改善世界上佛教的现状与形象。①

次日在加尔各答的摩诃菩提学会演讲时，太虚指出："虽然近千年来，印度佛教已非复以前的兴盛，但佛教的精神，仍弥漫在每个人的心中。有孟加拉佛教会、摩诃菩提学会等努力重兴佛教，我想印度的佛教，不久当仍可为世界的佛教中心！"他还解释道，虽然中国的僧伽完全支持摩诃菩提学会，但因为"中国尚在再兴起中，力量还有限，无多大帮助，这是很抱歉的！"他还表示"中国现在正遭遇非常的国难，中国佛教的复兴，也要在国难解除以后"。② 此处所提到的国难，毫无疑问就是指日本军国主义的侵华战争。

摩诃菩提学会的招待会，其主宾为加尔各答的市长 N. C. 森（N. C. Sen），他在欢迎辞中指出印度与中国之间，在前殖民时代有着密切

---

① "Chinese Buddhist Mission in India," *The Maha-Bodhi* 48：85.
② "Chinese Buddhist Mission in India," *The Maha-Bodhi* 48：86.

的文化与思想联系。他还指出，印度国大党曾派遣援华医疗队帮助中国的抗战。以摩诃菩提学会会员为名义的欢迎辞是由其秘书长德瓦布里亚·瓦里辛哈（Devapriya Valisinha）念诵的。此欢迎辞中将太虚当成"自己人"，并感谢他此前对鹿野苑中的牟拉甘陀库底寺（Mulagandhakuti Vihara）的捐助。欢迎辞也对中国所遭遇的国难表示了同情，并希望"国难早日结束，并且中国可以再次为全人类的福祉扮演荣耀的角色"。在欢迎辞的结尾，太虚向摩诃菩提学会赠送了蒋介石要供奉在菩提场的银塔，"借表敬意"。①

太虚在加尔各答还参加了多次其他各种招待会，举办者为各地方组织，并会见了诸多社会名流，如土邦邦主普拉迪尤·鸠摩罗·泰戈尔（Maharaja Pradyot Kumar Tagore）、苏巴斯·钱德拉·鲍斯以及雅格·基绍·柏拉（Jugal Kishore Birla）。会见这些人之后，太虚前往圣地尼克坦面见罗宾德拉纳特·泰戈尔。下一个重要的会见地点是瓦拉纳西，1月31日，他在此处与尼赫鲁一起参加了阿育王日的庆祝活动。

太虚1月29日到达了瓦拉纳西，在火车站欢迎他的人群中有摩诃菩提学会、瓦拉纳西国民议会与印度教大斋会（Hindu Maha Sabha）的成员，此外还有其他组织与"百余人"。② 次日，太虚偕同访问团成员朝觐了鹿野苑，在此处太虚大师提议成立"复兴印度佛迹国际委员会"。就在同一天，太虚决定成为摩诃菩提学会的终身会员，并承诺将"继续与摩诃菩提学会一起努力，以致力于复兴印度的佛教"。③

1月31日早晨，尼赫鲁从他在阿拉拉巴德的住所前往鹿野苑，欢迎太虚访问团一行。尼赫鲁与太虚进行了两小时的面谈，在会谈期间，太虚强调事实上中国人对于当代印度所知甚少。太虚告诉尼赫鲁，他希望现代印度的若干文化能够传到中国，并且中国大乘佛教的教义也

---

① "Address Presented to His Holiness Tai Hsu," *The Maha-Bodhi* 48：92.

② "Chinese Buddhist Mission in India," *The Maha-Bodhi* 48：87.

③ "Chinese Buddhist Mission in India," *The Maha-Bodhi* 48：88.

可以经过翻译而重新传到印度。太虚补充道，中国人也可以向印度介绍"反殖民战争与建国的精神"。除此之外，太虚寻求尼赫鲁的协助，以复兴印度的佛教圣迹，以及建立一所国际佛教大学。太虚指出，这两项事业都与未来亚洲佛教国家之间的合作息息相关。尼赫鲁回答，实际而言，印度国民大会党早在（因为抗议英殖民当局单方面决定让印度加入第二次世界大战而）退出政府之前，就已经开始考虑复兴佛教圣地的问题了。尼赫鲁解释说，印度国民大会党在此刻还有很多其他任务需要完成。在若干圣地遗迹问题之中，还需要解决与之相关的土地产权方面的法律问题。关于国际佛教大学，尼赫鲁则称要兴建这一教育机构，首先要解决经费问题。①

在此次会面之后，尼赫鲁与太虚一起前往瓦拉纳西去参加阿育王日的庆祝活动。《摩诃菩提》报道了他们二人入城时受到的盛大欢迎：

> 瓦拉纳西的居民所给予的真是一次皇家的礼仪，用以欢迎在智者尼赫鲁感召之下的太虚访问团。从达萨斯瓦梅朵河坛（Dashashwamedh Ghat）开始，访问团的成员就被盛大的游行队伍簇拥到了市政厅，这一盛大游行既是为了欢迎他们的到来，也是因为阿育王日。尊敬的太虚大师（His Holiness Tai Hsu，译者：注意此一头衔在英文世界之中也被用来称呼"教皇"）与智者尼赫鲁坐在同一辆马车之中，一行之中的其他成员以及若干当地士绅与佛教僧侣则乘坐其他车辆。佛教的标志、国民大会党党旗、写着阿育王格言的标语牌以及僧袍的黄色使得整个游行队伍绚丽多彩。人们向太虚大师与智者尼赫鲁致献了无数的花环。整个游行队伍在经过了无数通衢大道之后，进入了市政厅广场，在此人们安排了一个群众集会。整个游行队伍经过的道路以及路两边的商铺，都装饰有凯旋拱门与花环。人群是

---

① 《太虚大师全书》第17册，第11~12页。

如此拥护，以至于游行队伍费尽千辛万苦方才抵达近四万人静待召开的群众大会之所。①

瓦拉纳西市政议会议长阿阇黎·那伦德拉·德夫（Acharya Narendra Dev）、尼赫鲁与太虚在群众大会上讲话。三人都强调了过去印度与中国间的良好关系，在当今更需要加强这种关系。太虚在致谢辞中说："敬祝阿育王的全盛时代，不久重见于印度！中国与印度，再现玄奘时代文化上的联系。"②

太虚第二天在瓦拉纳西印度教大学（Banares Hindu University）演讲时重复了这些话。他指出古代印度与中国有着密切的文化互动关系，正是通过这些交流，中国方才获得了对印度的深入了解。他说："但近千年隔绝，故中国对印度近代文化，尚需要了解、传布。"除此之外，他还建议："印度古代的佛教流传在各国，中国是最完备的，不同其他的国家，偏在一边。尤其龙树、无著发挥的大乘，实在有再传到印度的需要。"③

在太虚访问团巡礼诸佛教圣地之时，太虚感伤怀旧古代印度与中国的佛教关系，并希望能够复兴此一互动的心情溢于言表。欢迎辞与报纸报道也经常会将太虚访问团与 7 世纪玄奘的朝圣之旅相提并论。与玄奘一样，太虚不仅朝拜了佛教圣地，也会见了重要的印度政治领袖——在加尔各答会见了鲍斯，在瓦拉纳西会见了尼赫鲁，在瓦尔德会见了圣雄甘地；而玄奘也与曲女（Kanauj）城之王戒日（Harsa）王以及迦摩缕波（Kamarupa）国的婆塞羯罗跋摩（Bhāskaravarman）王关系笃厚。除此之外，玄奘与太虚二人似乎都成功地完成了其政治朝圣之旅，并且在回到中国之后，推动了印度与中国之间的佛教互动。

---

① "Chinese Buddhist Mission in India," *The Maha-Bodhi* 48：88.

② "Chinese Buddhist Mission in India," *The Maha-Bodhi* 48：88 – 91.

③ 《太虚大师全书》第 18 册，第 579 ~ 580 页。

五　结论：太虚友好访问之遗产

在回国路上，太虚法师在新加坡做了一次演讲，对其友好访问之旅的目标与成果做了如下总结：

> 在缅甸时，曾将我国抗战情形，详为报告。盖该处（指缅甸）为我国抗战命脉，关系至为密切，国际宣传未容或缺。经余解释后，缅即组织一访问团，赴华访问。后至印度时，则从事文化之探讨。吾人已明了印度文化，认为佛教即为其古代文化之精华；然一千余年来，印度文化中途衰落，与我国亦鲜往还，彼此（两个国家）甚为隔膜……赴印目的，即为研究印度近今文化及引起其研究吾华文化之兴趣。经锡兰，本团最大工作，为佛教联络……锡兰为欧、美交通孔道，且为佛国，实为国际宣传最佳地方，乃倡立"国际佛教联合会"，使与我华佛教联络，现已开始筹备（这个联合会）。①

太虚在演讲结束时指出："在此抗战期间，希望佛教徒大事改革，适合现代需要，为政府后盾。将来抗战胜利，造成一新兴国家；同时，造成一新兴佛教，则对我民族实多裨益。"②

确实，太虚友好访问团明显推进了太虚个人在中国所倡导的目标：让佛教与当代国内及国际政治紧密结合，在多种社会与文化之中让中国的僧侣获得具有深度的学习机会，以及团结亚洲的佛教团体。在太虚返回中国之后，所有这些方面也都继续获得稳步推进。

太虚领导的友好访问团出发不到九个月，戴季陶抵达了印度。自从

---

①　《太虚大师全书》第 18 册，第 600 页。
②　《太虚大师全书》第 18 册，第 601 页。

20 世纪 30 年代开始，戴季陶就是印度与中国文化交流的关键支持者。比如，罗宾德拉纳特·泰戈尔与谭云山所构想的中国学院，戴季陶就为其建造大力募集善款。就事实而言，在 20 世纪 30 年代至 40 年代，戴季陶都在为印度与中国间的教育与佛教交流筹集资金。[1] 他个人也曾为印度的多所佛教机构与组织捐款，其中就包括摩诃菩提学会。再者，他在改善国民党与印度国大党之间的政治关系上也扮演了重要角色。与太虚之行一样，戴季陶前往印度也有双重使命。首先，他希望宣传中国对日本军国主义侵略扩张的抗击；其次，戴季陶希望能够推动印度与中国间的佛教交流。

印度的佛教团体、知识阶层与印度国大党成员，包括圣雄甘地在内，都热情地欢迎戴季陶对印度的访问。戴季陶参加了鹿野苑的牟拉甘陀库底寺兴建九周年的盛大游行活动。[2] 不过，他未能会见尼赫鲁，因为后者此时已被英殖民当局逮捕入狱。即便如此，尼赫鲁还是在狱中发表了一个声明，让印度国大党与其他组织亲切接待中国的客人。[3] 他还请戴季陶为他向蒋夫人宋美龄女士转交了一封信函。[4]

戴季陶之行奠定了中国与摩诃菩提学会的关系基础，也为 1942 年蒋介石的印度之行铺平了道路。事实上，在太虚与戴季陶的友好访问之后，中国的僧人、来访者、外交使节特别是谭云山，开始积极地参加摩诃菩提学会的活动。这些人经常向摩诃菩提学会捐赠善款，成为不少活动的主宾，并向摩诃菩提学会的会刊《摩诃菩提》杂志积极投稿。比如，1947

[1] Tsui, B., "The Plea for Asia: Tan Yunshan, Pan-Asianism and Sino-Indian Relations," *China Report: A Journal of East Asian Studies* 46.4 (November, 2010): 353-370.

[2] "Ninth Anniversary of the Mulagandhakuti Vihara at Sarnath," *The Maha-Bodhi* 48: 460-463.

[3] J. S. Bright, ed., *Important Speeches of Jawaharlal Nehru: Being a Collection of Most Significant Speeches Delivered by Jawaharlal Nehru from 1922 to 1946*, Lahore: The Indian Printing Works, 1947, pp. 369-370.

[4] J. Nehru, *A Bunch of Old Letters, Written Mostly to Jawaharlal Nehru and Some Written by Him*, London: Asia Publishing House, 1960, pp. 454-455.

年，在太虚去世之前，他就给摩诃菩提学会的秘书长胜宝法师
（Ven. N. Jinaratana）写了一封信，以回应后者对他的募款请求，即在加尔
各答的摩诃菩提学会本部建造一座国际文化宗教中心。胜宝法师解释说，
建造此一中心，是为了"容纳那些从事国际文化与宗教活动之人，尤其
是在印度与中国间从事交流活动的教授与学生等"。①

　　太虚告诉胜宝法师，在他的请求之下，蒋介石同意为此事捐赠等同于
一万印度卢比的善款。为了纪念他的贡献，摩诃菩提学会决定在这座新增
加的建筑中为太虚设置一块纪念牌匾，并将此建筑命名为"中国楼"。此
一附属建筑的"奠基仪式"，其主宾为中国总领事，他指出："中国楼将
成为中国与印度学者会见之所，在此楼中中国与印度间的亲密与友谊将获
得加强。"② 这一奠基仪式举行之时，太虚已然过世半年。摩诃菩提学会
的会刊《摩诃菩提》在 1947 年 5～6 月号中，就刊登了数篇纪念太虚的
文章，并载有一篇悼词。

　　谭云山继续着太虚的未竟事业，并将太虚的数位弟子带到了印度。
这些人中包括法舫（1904～1951）、巫白慧（1919～2014）与周祥光
（1919～1963），所有这些人都曾在中国学院学习并教书。这三位似乎最
初都是被太虚在 1942 年 3 月 17 日"印度日"命名庆祝仪式上的演讲所感
召。太虚勾勒了两个地区间古代佛教的联系，谈到了当代两国政治领导人
之间的交往，认为需要在两国人民之间继续深化相互了解，并希望在取得
独立之后，两国能够携手共同推进全世界人民的福祉。③ 法舫、巫白慧与
周祥光，似乎都是为了完成太虚大师的重任，前往印度去完成太虚所勾勒
的宏图。

　　与罗宾德拉纳特·泰戈尔 1924 年的中国之行类似，太虚 1940 年对印
度的友好访问，是现代印中交流史中的一个重要事件。太虚正确地提到

---

①　"Correspondence," *The Maha-Bodhi* 55：210.

②　"Notes and News," *The Maha-Bodhi* 55：219.

③　太虚：《中印之回溯与前瞻》，《太虚大师全书》第 18 册，第 263～266 页。

了两个地区的交往有一个中断，特别是在 16 世纪至 18 世纪。相互的理解在这两个世纪之中急剧减少。鸦片贸易以及大英帝国军队对于中国西藏的垂涎，又在某种方式上促进了印度与中国的联系，但直到 20 世纪初，双方的文化交往依然有限。罗宾德拉纳特·泰戈尔的访问，激起了中国对于印度文学以及印中交流史的兴趣，极大地促进了双方的文化交流。

太虚的印度之行同样促进了两国间的佛教交流。他的很多弟子直接或间接地推动了这种联系。他们追随太虚更大的宏愿，努力使佛教在社会与政治上更加入世。确实，在一个印度与中国都被帝国主义强权蹂躏并急剧变化的世界之中，太虚成功地以佛教作为推动印中关系与双方合作的重要因素。这些交流，不仅牵涉两个国家的佛教社群，也牵涉居士学者与政治领袖，并且一直持续到了 1949 年，也即中华人民共和国成立之后。

太虚给他所会见过的印度政治领导人留下了深刻印象，这从尼赫鲁给他的女儿英迪拉（译者：Indira Gandhi，英迪拉·甘地，1917 ~ 1984）所写的信中即可看出。此信乃是尼赫鲁于鹿野苑会见太虚之后数日所写。信中，尼赫鲁如此说道："与访问团及其团长太虚法师进行了两个小时费力的会谈。说是费力，那是因为所有那些要通过翻译的会谈都不轻松并且累人。老法师——但他看起来并不老——是令人愉快的，并且有着天使般的面庞。越看这些中国人，我就越是喜欢。"①

---

① J. Nehru, *Selected Works of Jawaharlal Nehru*, Vol. 10, New Delhi: Orient Longman, 1972, p. 651.

《北大佛学》第 2 辑

第 57～79 页

《北平佛教疗养院致书太虚》考[*]

张雪松

内容提要 本文主要借助北京市档案馆藏民国北平卫生局档案《显宗等申请组织北平佛教疗养院请备案的呈和卫生局的批以及西双西广寺拟设施诊所请备案的呈（附佛教疗养院组织规程和西双寺施诊所简章)》等材料，分析了 1946 年底《海潮音》刊发全朗、倓虚等人给太虚的公开信《北平佛教疗养院致书太虚》的前因后果。北方佛教界将太虚领导的佛教整理委员会认定为佛教最高权力机关，并将其作为与政府打交道的中介。这一方面说明了抗战结束后太虚在教界、政界的地位不断提高；另一方面也说明了沦陷区僧人处境困难，向太虚示好，急于通过兴办慈善公益事业，在政府和公众面前改善社会观感。

关键词 太虚 北平佛教疗养院 张溥泉 全朗 显宗

作者简介 张雪松，中国人民大学佛教与宗教学理论研究所副教授。

---

* 本文受到中国人民大学2019年度"中央高校建设世界一流大学（学科）和特色发展引导专项资金"的支持。

　　民国佛教医药事业是前人涉及较少，但颇值得关注的一个研究领域，李铁华以民国佛教期刊为主要资料，将民国期间都市佛教医药慈善分为四大类：（1）创办佛教医院和施诊所；（2）开办药厂，创新药方；（3）创办宣传媒介，传播、普及医药卫生常识；（4）成立僧侣救护队，救治伤兵、掩埋尸体。[①] 这一概括符合近代都市佛教发展的实际情况。太虚法师生前对《药师经》多有阐发，在各地的演讲涉及佛学与医学、心理卫生等内容的论述很多，也用实际行动支持佛教医药事业，笔者在《北大佛学》创刊号上发表的论文《太虚退出中国佛教会声明发微——兼论太虚护法"旅华韩商"玉观彬》，就用较多篇幅讨论了太虚法师与上海佛慈药厂（1956 年迁往甘肃兰州）的关系。此外，太虚法师在僧制革新思想中，对佛教医疗设施的设立、布局多有阐发，也对各地的佛教医疗设施多有支持，特别是对重庆佛教中医慈济医院、上海佛教医院投入了较多心血，此外还有上海佛化医院、仁恩施诊所，南京佛教普利医院，武汉佛教医院等，但为人熟知的多为南方都市佛教医疗机构。本文则尝试主要利用民国档案来探讨太虚法师与一个北方佛教医疗机构的关系，即太虚法师担任北平佛教疗养院院董的相关情况。

一　引言

新近出版的《倓虚法师文集》收录《北平佛教疗养院致书太虚》：

　　虚公老法师慧鉴，敬肃（启）者：
　　远隔云幢，弥深企慕。恭维道洽人天，为无尽颂。窃查平市寺庙林立，僧侣云集，一逢疾病缠身，每苦无资诊治；因是有佛教疗养院之议，先为僧众免费诊治，次及贫苦民众。现经筹备就绪，业由北平

---

① 李铁华：《民国时期都市佛教的医药慈善事业》，《中医药文化》2013 年第 2 期。

市政府卫生局批准备案，伏思贵会为佛教最高行政机关，谨另备正式公函，恳祈法座向会方提出准予立案，并恳转函北平市政府允准立案，并请将原稿刊登《海潮音》，至为切祷。肃此切恳，伫盼　德音［敬］颂崇绥。

北平佛教疗养院董事会谨启

九月二十六日

董事全朗、倓虚、周阴人①

该信原刊于《海潮音》第 27 卷第 12 期，1946 年 12 月，第 35～36 页（见图 1）。

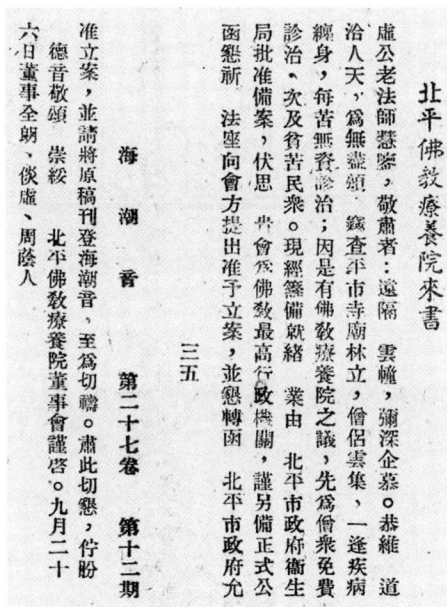

图 1　《北平佛教疗养院来书》

①　王佳主编《倓虚法师文集》第 3 册，宗教文化出版社，2019，第 1591 页。该书将周荫人误为"周阴人"。

　　实际上太虚本人也是筹备中的北平佛教疗养院的董事（见图2），北京市档案馆藏《显宗等申请组织北平佛教疗养院请备案的呈和卫生局的批以及西双西广寺①拟设施诊所请备案的呈（附佛教疗养院组织规程和西双寺施诊所简章）》记载北平佛教疗养院筹备申请等事甚详，可资考证。

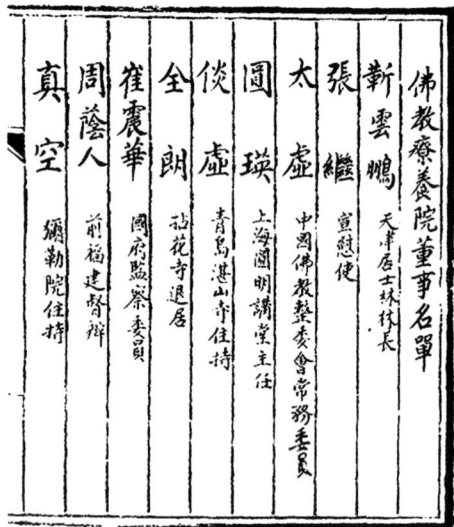

图 2　北平佛教疗养院董事名单

　　该档案②共计32页。主体部分为"为组织北平佛教疗养院以利僧伽贫民而重公共卫生仰祈鉴核准予备案由"，并附有"缘起一件，规程一

---

① 北京市西城区东北部有"双寺胡同"，东起旧鼓楼大街，西部南折至大石桥胡同，该胡同是民国年间从大石胡同分出的，因胡同内有两座寺院而得名"双寺"。《京师坊巷志稿》载："双寺，东曰嘉慈，西曰广济，明成化时建。"这两座寺院原本为一座寺院，始建于明成化元年（1465），由太监刘嘉林舍宅建寺，寺落成后赐额"广济寺"。成化十六年（1480）太监刘祥、高通等人出资改建，遂将原广济寺分为东、西二寺，东为嘉慈寺，西为广济寺。万历三十一年（1603）重修，命名双寺。故本文中引文里的"西双西广寺""西双寺""双寺""西广济寺"等，均指该寺。该寺现存，为区级文物保护单位。

② 《显宗等申请组织北平佛教疗养院请备案的呈和卫生局的批以及西双西广寺拟设施诊所请备案的呈（附佛教疗养院组织规程和西双寺施诊所简章）》（1946 年 4 月 1 日至 1946 年 4 月 30 日），北京市档案馆藏，档案号：J005 - 003 - 00911。本文对该档案的征引，不再注明出处。

件，职员名单一件，医师名单一件，院图一件"——以上共计25页；后面26~32页，是旧鼓楼大街大石桥西双广济寺1946年5月"为呈请西双广济寺为救济贫病起见，拟设立双寺施诊所，请予批准备案事"以及相关申请、批示、《双寺施诊所简章》。双寺施诊所跟北平佛教疗养院并无直接关系，但亦属于同时期北平佛教界同类性质的佛教医疗慈善机构，故本文最后对此略加对比论述。

二 北平佛教疗养院的选址与主要发起人

从佛教疗养院向当时北平卫生局的呈文，可以看到疗养院的选址是中南海万善殿，公推靳云鹏及张溥泉（张继）、崔震华等人为主要发起人。

> 呈为组织北平佛教疗养院以利僧伽贫民而重公共卫生仰祈鉴核准予备案事。窃查北平为历代都会，寺院林立，僧伽众多，每遇患病，辄以经济困难、无力医治而死亡者，时有所闻。加以事变已来，敌寇剥削压榨，物资统制，物价飞涨，一般贫民陷于生计，无法维持，一有疾病，只有束手待毙，更无余力以资治疗。凡此痛苦，罄楮难宣。同人等有鉴于斯，爰集合本市寺院僧侣、居士并各界名流，共发心，愿组织佛教疗养院。院址设于中南海万善殿，当于上年十二月六日召开筹备会，经全体发起人公推靳居士云鹏为董事长，并蒙中央宣慰专员张溥泉、监察委员崔震华等极力赞助。拟以中医为主，先疗治有病僧伽，待基金充足、设备周全，再普及社会民众。至内部主任医士均有正式许可证，分别主治内外各科病症，为此除径呈北平市政府备案外，理合检同缘起、规程、院图、职员名单、医师名单等件，具文呈请钧局鉴核，俯赐准予备案，以便早日展开治疗工作，实为公德两便，谨呈北平市政府卫生局。

附缘起、规程、院图、职员名单、医师名单，各一一件。

佛教疗养院院长显宗

副院长郭荫樵（人名章）

副院长姜子原（人名章）

内六中南海内万善殿内

中华民国三十五年四月

中南海万善殿的前身是明代的崇智殿，原本是道教场所，供笃信道教的嘉靖皇帝斋醮法事之用。崇智殿是椒园内的主体建筑，吴伟业《读史偶述》诗之二七"新设椒园内道场，云堂斋供自焚香"，便是描绘崇智殿做法会道场的情景。清初顺治皇帝信奉佛教，将崇智殿改建为万善殿，使之成为一座禅宗寺庙，并让一些太监剃度为僧，在万善殿内住持香火。顺治皇帝曾在此召见憨璞性聪，并赐"明觉禅师"的封号。万善殿在清代经过多次维修，特别是乾隆三十五年（1770）予以扩建，成为中南海东岸的一处名胜佳景，作为疗养院是极佳的选址（见图 3 至图 5）。

图 3　万善殿（1900 年）

资料来源：《帝京旧影》，紫禁城出版社，1994。

图 4　万善殿寺庙山门（1900 年）

资料来源：《帝京旧影》。

北平佛教疗养院的主要发起人靳云鹏，原系北洋军阀，曾两次出任国务总理，经营实业，财力雄厚。靳云鹏笃信佛教，早已为人熟知。与靳云

图 5　万善殿西门（与中海东岸水云榭相邻，民国年间摄影）

资料来源：喜龙仁《西洋镜：中国园林》，赵省伟、邱丽媛编译，台海出版社，2017。

鹏并列的两位重要发起人张溥泉和崔震华，是夫妻关系。靳云鹏在民国年间的华北佛教居士界具有举足轻重的影响力；张溥泉和崔震华则一直拥有国民党政府官员身份，且居住在当时的首都南京，为何参与北平佛教疗养院的发起工作，现略做分析。

张继与太虚法师交往颇早，1908 年太虚法师就受到张继无政府主义思想的影响。张继因受幸德秋水影响，积极参加无政府主义活动，1908年被迫离开日本，后去法国与李石曾等人创办《新世纪》杂志，《太虚大师自传》载："粤友中交有潘达微、莫纪彭、梁尚同等，大抵皆新闻记者，但其思想以社会主义或无政府主义为近，以是纷纷以托尔斯泰、巴枯宁、蒲鲁东、克鲁泡特金、马克斯、幸德秋水等译著投阅；张继等数人在巴黎编出的《新世纪》，亦时送来寓目。我的政治社会思想，乃由君宪而国民革命、而社会主义、而无政府主义。并得读章太炎《建立宗教论》、《五无论》、《俱分进化论》等，意将以无政府主义与佛教为邻近，而可由民主社会主义以渐阶进。"① 至迟 1919 年五四运动时两人就见面结识，《太虚大师自传》载："章太炎在民二曾晤于哈同花园，此时亦居长滨路，因时走访。记得次年五四运动初起的时候，我曾去访他，有张溥泉、宗仰

---

① 《太虚大师全书·杂藏·文丛（一）》，台北，善导寺佛经流通处，1998，第 194 页。

等在同座。"①

张溥泉，本名张继②，溥泉是他的字。张继早年留学日本早稻田专门学校（早稻田大学前身）学习经济，很早就参加革命，是同盟会会员。张继、章太炎、章士钊三人结盟，章、张同音，人称"三张"。中华民国成立后，张继当选参议院首任议长；张继留日时就与陈独秀交好，曾积极支持孙中山先生"联俄容共"政策，介绍陈独秀、李大钊、蔡和森、张太雷、张国焘等人加入国民党，③ 后转而成为西山会议派的重要代表人物。曾任国民党主席的连战，其父连震东早年即追随张继。张继之子张琨于 1945 年死于成都，④ 此后其为儿子办葬礼、超度等事，张继与佛教界接触越发频繁。张继 1947 年 12 月 15 日突发心脏病在南京逝世，逝世前还在为苏州寒山寺撰写碑文：因时为国史馆馆长的张继与《枫桥夜泊》作者唐代诗人张继重名，⑤ 于是画家吴湖帆辗转请友人——著名佛教学者濮一乘于南京求字，希望为古寺平添一段佳话。张继书写诗文后，撰写跋

---

① 《太虚大师全书·杂藏·文丛（一）》，第 229 页。

② 张继的生平可以参见经盛鸿《张继》，《民国档案》1993 年第 1 期。张继著述、日记等先后被整理出版，如《张溥泉先生全集》，台北，中国国民党党史会，1951；《张溥泉先生全集（续编）》，台北，中国国民党党史会，1982；《张溥泉先生回忆录·日记》，台北，文海出版社，1985。

③ 李继华：《1924 年初李大钊〈致张溥泉、汪精卫〉的信辨析——兼谈张国焘出席国民党一大的身分》，《北京党史》2009 年第 6 期。该文部分提到了当时李大钊、张国焘等人与张继的关系，以及当时国共关系等问题，可供参考。

④ 该案件的相关档案《成都地方检察官法院起诉书（1945 年 3 月 9 日）》《四川高等法院检察处致司法行政部呈（1945 年 4 月 14 日）》《四川高等法院致司法行政部呈（1945 年 5 月 3 日）》《林超南致刑事司司长邵奇函（1945 年 5 月 8 日）》《司法行政部致四川高等法院快邮代电（1946 年 10 月 12 日）》《司法行政部致蒋介石代电稿（1946 年 10 月 12 日）》《四川高等法院致司法行政部呈（1946 年 11 月 16 日）》《四川高等法院致司法行政部呈（1948 年 5 月 14 日）》《四川成都地方法院判决书（1946 年 12 月 18 日）》《最高法院判决书（1947 年 5 月 3 日）》《四川成都地方法院判决书（1948 年 7 月 27 日）》，均已公布，参见中国第二历史档案馆《张继之子张琨被害案件始末》，《民国档案》1993 年第 4 期。该案曾轰动一时，媒体对此议论颇多，参见《张继公子：张锟惨死案别记（转载〈新闻杂志重庆版〉）》，《时代生活》第 2 卷第 7 期，1946 年，第5～6 页；韦昭《张继公子之惨死》，《小日报》1947 年 10 月 5 日；等等。

⑤ 重名之事，当时已颇引人注目，多被人提及，如《古今三张继》，《真报》1947 年 12 月23 日。

语："余凤慕寒山寺胜迹，频年往来吴门，迄未一游。吴湖帆先生以余名与唐代题《枫桥夜泊》诗者相同，嘱书此诗镌石。惟余名实取恒久之意，非妄袭诗人也。中华民国三十六年十二月，沧州张继。"写毕，张继突发心脏病去世，遂成绝笔。① 张继之妻为崔震华，两人于 1912 年结婚。崔震华别号哲云，庆云人，国民党政府中央监察委员，制宪国大代表。崔震华是当时颇为有名的维新女性，曾在袁世凯称帝时痛斥"天高皇帝远，人少畜生多"，② 民国报刊常报道张继惧内的逸事。张继晚年与佛教接触比较密切；而且抗战结束后，张继主张迁都北平，③ 并积极提倡中医，④ 这应该也是张继夫妇关心北平佛教医疗事务，参与发起北平佛教疗养院的原因。

张继担任北平佛教疗养院董事时用的头衔是"中央宣慰专员"，张继和鹿钟麟两位宣慰使主要是 1945 年底至 1946 年上半年在华北地区执行宣慰任务。在北京逗留期间，张继还走访了北京部分古迹："张继谈：奉命宣慰华北，到平兼旬，时间甚短，对中央贡献悉见，伺工作完毕始可拟定。本人离平多年，对旧游之地，萦念殊深颇思借此来之便一作畅游，□□大街，即小胡同亦要蹓蹓，更想去天桥观光一番。"⑤ 可见张继对北京感情颇深，很可能是在这一段时间内，被邀请作为北平佛教疗养院的发起人之一。1946 年下半年，张继因为年老，一度决定退休；⑥ 但年底前，即 1946 年 12 月 18 日，被任命为国史馆馆长。⑦

---

① 其详细过程，可以参见高伯雨《寒山寺钟与诗碑》，《大家史说：历史文物趣谈》，故宫出版社，2012，第 65 ~ 69 页；张继《苏州寒山寺诗书后序言》，《传记文学》（台北）第 17 卷第 6 期，1978 年。

② 大风：《恤老怜贫·张继夫人大胆作风》，《香海画报》第 14 期，1946 年，第 7 页。

③ 张平：《张继主张迁都北平》，《沪报》1946 年 12 月 5 日。

④ 《张继提议设立"中医药管理委员会"旧案重提》，《中医药情报》号外，1948 年，第 3 页。

⑤ 《张继在北平想蹓蹓小胡同》，《立报》1946 年 1 月 3 日。

⑥ 《张继年迈决定退休》，《立报》1946 年 10 月 1 日。

⑦ 《张继任国史馆馆长》，《新闻报》1946 年 12 月 18 日。

北平佛教疗养院呈送的院董名单中，张继未用国史馆馆长的头衔，而是使用的宣慰使。张继参与北平佛教疗养院发起工作应是他担任宣慰使期间，约在1946年初。

三　佛教界与疗养院之关系

北平佛教疗养院向卫生局呈交的成立缘起中载，"虽云五蕴本空，死生如幻，其奈三心未了，业障常随"。佛法虽然讲求"人无我""法无我"，但在未成道之前，僧人仍需要调治身体，保持健康；并论述了下层僧侣生病后，孤苦无依的惨状，从而以与佛法教义关系、现实的需求两方面论证了成立佛教疗养院的必要性。

佛教疗养院缘启

盖闻假四大以为身，孰免业系之苦，损三焦而得病，有资药饵之投。惟疾是忧，慈爱之心如见喜占勿药，吉人之恙终瘳然。因僧俗之势殊而处境顿异，是以调糜量水，戚族之关心，食旨酌甘，僧无昆弟之存问。且也天南地北，暂作同参，背井离乡，孰为知己。甚者，喉干舌燥，盂水难求，更有病剧恙深，忧疴难愈，疗疾虽是福田，行持有几获瘥，全凭幸运。盼望维艰，遂致因疾苦而生退心，为病困而难精进，时恒有之，不足怪也。虽云五蕴本空，死生如幻，其奈三心未了，业障常随，难学老衲安心，孰是维摩示疾，同人有恫于衷，未容坐视，因有佛教疗养院之设，公推靳大居士翼青为董事长，集诸善信，刻日进行。拟先以中医为主，治疗有疾僧伽，俟基金充足，设备周全，再普及社会民众。惟是筹备既资群力，经费赖预筹所望诸山长老，十方檀越，同发胜心，共襄善举，度一切苦厄，合万善以同归，行看僧伽无疾苦之声，何殊医王在世，善信获福田之种，无惭德主之称，乃所愿也。岂不懿欤，是为启。

北平佛教疗养院先以中医治疗贫病僧人为主，日后业务扩大，再开设西医，施诊俗人。疗养院的主导机关是董事会，经费由董事会筹措，院长等重要人事安排亦由董事会决定。以下为《北平佛教疗养院组织规程》。

北平佛教疗养院组织规程

第一章　总纲

第一条　本院专以治疗清苦贫病之僧伽市民以示佛法大乘之精神为宗旨。

第二条　本院由佛教团体慈善机关及各界名流发起，定名为北平佛教疗养院。

第三条　本院暂设中南海万善殿。

第二章　组织

第四条　由各发起人组织董事会负责办理事宜：院务之监督，各职员之聘任，并经费之保管。

第五条　董事人选由发起人中推选，再由董事会推选。常务董事九人至十三人，由常务董事中推选董事长一人，副董事长二人。其董事会办事细则，另订定之。

第六条　本院设院长一人，副院长二人，由董事会中推选，统理本院一切事宜。

第七条　本院聘请卫生官署许可、素有经验中西医士淡然治疗。先以中医为主，治疗僧伽，待基金充足，设备周全，再普及社会民众。

第八条　本院敦请之名誉各职员，无定额，视事务之繁简定之。

第三章　经费

第九条　本院经费由董事会筹募之，并组织基金保管委员会，其委员由董事会公推，径任之，以昭慎重。

第十条　本院常年经费预决算，由（董）事会审核，通过实行。临时必需之款，得由院长提出，临时会议追加，并按月编造决算，以昭核实。

第十一条　本院各职员均系义务职，惟常川①负责住院职员由董事会审核酌给伙食、车马等费。

第四章　业务

第十二条　本院设左列各组分理其事，以专责成，计分；医务组、会计组、总务组，每组设主任一员，事务员若干员，其各组办事细则另订定之。

第十三条　本院设中、西医两部，负责疗治，其细则另订定之。

第十四条　本院备有病室，其住院规则，参酌各疗养院规则另定之。

第十五条　本规程如有未尽事宜，得由董事长提出，董事过半数以上通过修正之。

第十六条　本规程以呈请主管机关批准之日施行。

董事会是北平疗养院的核心机关，其院董成员，主要为社会名流、全国著名的佛教领袖，北京本地诸多寺院主事僧侣、居士，以及少部分民间教派首脑。

佛教疗养院董事名单

靳云鹏（天津居士林林长）

张继（宣慰使）

太虚（中国佛教整委会常务委员）

圆瑛（上海圆明讲堂主任）

---

①　常川为经常、连续不断之意。

倓虚（青岛湛山寺住持）

全朗（拈花寺退居）

崔震华（国府监察委员）

周荫人（前福建督办）

真空（弥勒院住持）

慈舟（极乐庵住持）

了真（万善殿住持）

慧开（自在庵住持）

李芳池（中将）

夏莲居（净宗学会会长）

胡观生（香山慈幼园院长）

周显真（居士）

陈德五（煤业公会会长）

宋云普（居士）

显宗（广济寺住持）

郭荫樵（红卍字医院院长）

姜子原（普济念佛会会长）

梵月（法源寺退居）

省然（遗兴寺住持）

徐子才（平易银号经理）

宋华卿（蓝卍字会会长）

刘世铭（工程师）

夏毓曾（红卍字会医院名誉院长）

等慈（天津大悲院住持）

寿冶（广济茅蓬住持）

圆福（慈恩寺住持）

慧三（广善寺住持）

玉山（广化寺住持）

广觉（广济寺法师）

邵金蒔（居士）

敏悟（宏庆寺住持）

清源（西双广济住持）

萧龙友（大夫）

张荣增（大夫）

王春园（居士）

杨晴宇（农工银行经理）

左悟净（居士）

李福田（居士）

殷良儒（居士）

王宗（地内华严寺住持）

周叔迦（华北居士林林长）

周大明（居士）

张馥乡（居士）

夏显喆（居士）

张祚延（居士）

李孝元（居士）

智德（法源寺住持）

圣泉（贤良寺住持）

海照（小拈花寺住持）

调林（真武庙住持）

源林（关帝庙住持）

宗观（广济寺知客）

济然（遗光寺住持）

觉澄（双塔寺住持）

宽性（广济寺监院）

梅逸凡（何记药房经理）

夏鲁南（居士）

杜传芳（万国道德会理事）

月朗（华严寺住持）

高乐园（居士）

杨子端（居士）

张伯麟（居士）

沙泳沧（居士）

崔竹亭（居士）

演诚（广慈寺住持）

悟隐（翠峰寺住持）

常和（白衣庵住持）

圣雨（通教寺住持）

在上述院董中，给太虚法师写公开信的、拈花寺退居全朗和尚，以及北平佛教疗养院的院长显宗（张正魁），尤其值得关注。全朗和尚是民国年间北京地区佛教的实力派人物。新中国成立后政协组织编写的"文史资料"中，多有对其的揭发，例如，上引名单中北平佛教疗养院董事、贤良寺住持圣泉晚年撰写的文史资料《拈花寺的生活见闻》载：

全朗在解放前，是拈花寺名盛一时的人物，也曾讲经说法，论述经典，传戒，当过北平市佛教会会长，在敌伪时期任过佛教同愿会的理事长，交游素广，与过去所谓"名流"、"达士"多有往来，与广济寺的现明和尚是同声同誉。现明为南派，全朗为北派，当时被称为一南一北，名闻全国；他们都依附于反动统治阶级，做了日本帝国主义和反动统治阶级的帮凶。①

1938 年 12 月 31 日在北京广济寺成立的佛教同愿会，其理事长是夏
莲居（后亦为北平佛教疗养院董事），并非全朗；现明法师、全朗法师
为副理事长，周叔迦（后亦为北平佛教疗养院董事）等人为常务理事。
佛教同愿会名誉会长有：太虚法师、印光法师、王克敏、靳云鹏、吴佩
孚、周学熙。② 太虚、印光等列名，应是冒用其名，借重其在佛教的影
响力。

又，全信《亲闻亲见的空门往事》载：

全朗是京兆宛平县田村人，俗家以养骆驼为生，在北京门华严
寺③出家。他既久据拈花寺的法席，又因临济宗风盛极一时，所以声
势异常煊赫。他的法徒很多，其中量源（河北邢台人）、慧深（河南
人）、龙宝（武清人）、本悟（北京人）、际安（北京人）等，都是
他的得力助手。从 1919 年左右，自北京佛教会成立以来，全朗一直
担任会长。不久，在京南方僧人认为全朗办会浪费，由观音寺住持觉
先、龙泉寺住持明净等倡议组织了南方佛教会。于是全朗把北京佛教
会改组为北方佛教会，自任会长，由上方山兜率寺（房山县）住持
清池任副会长，这就是北京佛教会南北分派的缘起。

北京西直门外有笑祖塔院（明代笑岩和尚坟），是北京临济宗的
祖坟，每逢农历清明、十月初一，这一派在京的僧伽，都到该处扫
墓，其仪式均由全朗主持。全朗通过这些关系，掌管了北京临济宗各

---

① 文昊编《他们是怎样出家的》，中国文史出版社，2005，第 95 页。
② 参见《本会成立之经过》，《佛教同愿会会刊》创刊号，1939 年 9 月 1 日，第 99 页。佛
教同愿会的相关研究可以参见张振有《华北沦陷期间的佛教同愿会》，华中师范大学，
硕士学位论文，2009。
③ 原文似有误，恐为北京西直门内华严寺。

寺庙。各寺更换住持，须由他确定。因此各寺庙每当僧人争做住持时，多有向他行贿的（全朗唯利是图，一向是从行贿多者中选）。贤良寺（王府井、冰碴胡同）是临济宗的寺庙，寺中僧人为了争做住持，互相倾轧。全朗因接受了双方的贿赂，无法确定人选，遂唆使两方起诉，他假手法院和解了事。当时所称的"僧阀"，全朗是其中之一。

    ……日军投降后，全朗、量源因逃避汉奸罪，到处躲藏，后曾一度被捕。解放后，师徒二人相继死去。[1]

前引两篇文史资料，虽然在表述方式和人物评价等方面带有明显的时代烙印，但其中一些基本史实还是可靠的。在民国年间，全朗确实通过临济宗的法脉谱系，控制了北京地区很多寺庙，现存北京档案馆关于关帝庙、铁佛寺等寺庙更换住持的档案材料也可以佐证这一点。[2] 实际上全朗不仅是临济宗人，也是华严宗重要的法脉传人，宣统二年（1910）四月初八，拈花寺秀山续峰法师付授贤首信衣、法卷给全朗普志，嗣典监院；1930年因本宗法长公推，全朗与法弟月潭量阔等人续修《宝通贤首传灯续录》。全朗传华严宗，门下有量源实淮、慧深生海、玉权本悟三位重要法子。[3]

民国年间北京地区所谓"南北派僧人之争"，亦与太虚、圆瑛两系有一定牵连关系。全朗原本与圆瑛一系关系密切，1928年全朗领导的北平佛教会改组自称章程多半取法于圆瑛所创之"江浙佛教会"，[4] 付海晏教

---

① 文昊编《他们是怎样出家的》，第393～396页。

② 《内五区新开路关帝庙僧人全朗登记庙产、发给寺庙凭照的呈文及社会局的批示》（1930年），北京市档案馆藏，档案号：J002－008－00048；《内五区铁佛寺僧人全朗登记庙产和发给凭照的呈文及社会局的批示》（1930年），北京市档案馆藏，档案号：J002－008－00142。

③ 参见任宜敏《贤首宗宝通有章元焕灯系法脉述要》，《人文杂志》2014年第4期。

④ 参见《北平佛教会呈报该会改组经过情形文》，《中国佛教会月刊》第5、6期合刊，1929年12月。

授认为北派全朗领导的北平佛教会与南派觉先领导的中华佛教平民教育联合会之间在 1929 年铁山寺案中有尖锐的矛盾，"由于觉先与太虚、全郎与圆瑛的密切关系，铁山寺案中北平两大佛教团体——中华佛教平民教育联合会、北平佛教会之离合，实是以太虚、圆瑛为代表的近代中国僧团内部矛盾与复杂关系的缩影"。[①] 不过，全朗一系与太虚法师一系保持着一定联系，即便在抗日战争期间，全朗还是挂名支持了太虚法师于 1941 年在重庆慈云寺设立中国佛教整理委员会预备处的工作。[②]

全朗原本与圆瑛法师关系更为密切，但在北平佛教疗养院筹备期间，却似更加仰仗太虚法师，并与倓虚法师等人联名给太虚法师写公开信《北平佛教疗养院致书太虚》，"伏思贵会为佛教最高行政机关，谨另备正式公函，恳祈法座向会方提出准予立案，并恳转函北平市政府允准立案"，将太虚法师领导的佛教整理委员会认定为佛教最高权力机关，并恳请太虚法师发公函帮忙北平佛教疗养院在政府备案。这一方面说明了太虚法师在抗战结束后，在教界、政界的地位不断提高；另一方面与全朗等人处境困难，向太虚法师等主流佛教界人士示好有潜在关系。

抗战胜利后，北平地区佛教界的格局有较大的变化。1946 年北平佛教整理委员会成立，会址在广化寺，次年改为中国佛教会北平市分会，会长为宣化观音院及西域寺住持纯山和尚。而原本北京南派僧人的大本营广济寺，其住持、北平佛教疗养院院长显宗在 1946 年 7 月被捕，"北平第一大寺中之第一号和尚显宗住持，前日以汉奸嫌疑，被当局逮捕。据悉，显宗在敌伪时期，为故都最显赫之僧人，与华北政委会委员长王逆揖唐，同出同入，分庭抗礼，为一'官僚和尚'"。[③] 另据当时的《申报》报道，

---

① 付海晏：《革命、法律与庙产——民国北平铁山寺案研究》，《历史研究》2009 年第 3 期，第 114 页。
② 当时的"整委会"委员九人是：太虚大师、章嘉活佛、虚云老和尚、圆瑛法师、昌圆法师、全朗法师、李子宽、屈文六、黄庆澜。
③ 《平"汉奸和尚"显宗已遭逮捕》，《申报》1946 年 7 月 28 日。

与广济寺住持显宗同时被捕的还有法源寺方丈梵月等人：

> 北平广济寺住持显宗，以汉奸嫌疑被拘，业志昨讯。兹悉与显宗同时被控者，尚有法源寺方丈梵月，同退居前方丈天方，现任方丈宝弗。当局将彼等一度拘讯后，已令取保候讯，全案移法院审理。据悉：显宗等被控汉奸嫌疑如后：（一）卅一年与巨奸董康，王揖唐等在广济寺开会，欢迎日皇御妹大谷夫人；（二）卅二年强迫平市僧众赴日游历；（三）与王揖唐等组织佛教同愿会；（四）卅三年曾献铜万斤与敌，并将庙中古物献与兴亚院。①

显宗、梵月等人的汉奸罪，是由宗镜告发的。1941 年春北京地区佛教南派首领现明去世，广济寺代理住持显宗、都监宗镜、首座梵月，三人都想继承广济寺法席，显宗、梵月是现明的传法弟子，宗镜是显宗在湖南的剃度弟子。② 三人竞争激烈，引发矛盾，按照全信在《亲闻亲见的空门往事》中的说法：

> 日本投降后，宗镜借题显宗、梵月等在日伪时期曾有过献桐③、献金、超拔"皇军"阵亡将士等等一系列汉奸行为，遂向国民党政权领导下的许多部门同时具文检举。法院将二人逮捕，扣押一年左右，后由显宗的法徒慧能恳求靳云鹏转托国民党要人居正设法挽救，不久法院就将显宗、梵月二人释放。④

---

① 《和尚做汉奸——显宗以外尚有多人》，《申报》1946 年 7 月 29 日。民国年间法源寺的住持传承，可以参见张蕾蕾《近代北京佛教社会生活史研究——以馆藏民国档案为中心的考察》，宗教文化出版社，2016。

② 传法弟子、剃度弟子，可以参见张雪松《佛教"法缘宗族"研究——中国宗教组织模式探析》，中国人民大学出版社，2015。

③ "桐"恐系"铜"之误。

④ 文昊编《他们是怎样出家的》，第 404 页。

　　1947 年 10 月法庭正式对显宗进行审讯，当年年底显宗遂以汉奸罪判处有期徒刑两年，关押在北平市宣武区自新路第一监狱，1948 年 10 月出狱。[①] 显然，梵月、显宗等人都是前列北平佛教疗养院的院董，而他们出狱请托的靳云鹏是北平佛教疗养院的董事长，居正则与前述张溥泉同为西山会议派重要人物。同样作为北平佛教疗养院院董的全朗等北京北派僧人，也面临同样大的压力；实则倓虚法师一系也存在类似的问题。[②] 显宗以广济寺住持身份名列北平佛教疗养院院董，并担任院长，应在其1946 年被捕之前。

　　虽然太虚法师早年对日本佛教存在好感并抱以学习的态度，但自1931 年九一八事变以来，其抗日态度是十分坚决的；[③] 尤其难能可贵的是，在抗战结束后，对被诬陷为汉奸的僧人，太虚法师能够采取实事求是的态度，多持同情，认为其背后原因复杂，多为将沦陷区寺院住持僧人诬为汉奸逮捕，以达到侵吞寺产之目的，这具体体现在太虚法师对上海玉佛寺[④]、广州六榕寺等多起案件的态度上。全朗、显宗等人发起组织北平佛教疗养院，一方面是动用自身财力兴办佛教医药慈善事业，在教界和社会各界提高自身形象；另一方面也是将其作为"试金石"，以此可以试探太虚法师等主流佛教界人士和管理机构的态度，借此与佛教整理委员会、政府部门建立起正规的制度性联系。1946 年 7 月，北平佛教疗养院院长显宗已经被逮捕，在 10 月法庭正式开庭之前，9 月 26 日全朗、倓虚给太虚法师发公开信《北平佛教疗养院致书太虚》。从 1946 年底太虚法师主导的《海潮音》仍然刊登这封公开信来看，太虚法师对北平佛教疗养院还

---

①　张士魁：《我任广济寺方丈前后》，文昊编《他们是怎样出家的》，第 58 页。

②　参见张雪松《定西法师在伪满时期的历史"形象"》，东北三老佛学思想研讨会会议论文，香港，2013 年 5 月 10 日。

③　日本学者末木文美士教授对太虚法师早年对于日本佛教的好感与后来对于日本侵略者坚决抵抗的态度进行过较为深刻的分析，可以参见 Sueki Fumihiko, "Chinese Buddhism and the Anti-Japan War," *Japanese Journal of Religious Studies*, Religion and the Japanese Empire 37（2010）：9 – 20。

④　付海晏：《上海静安寺"汉奸和尚案"研究》，《近代史研究》2017 年第 1 期。

是乐观的，并以"中国佛教整委会常务委员"的名义担任了北平佛教疗养院院董。

全朗及其弟子等人在北平佛教疗养院上投入的财力和社会资本是巨大的，不仅提供中南海万善殿作为院址，筹措资金，单是邀约前述北洋政府高官靳云鹏、国民党元老张溥泉，以及太虚、圆瑛、慈舟、周叔迦、夏莲居等佛教头面人物，也可见所下功夫之深。院董中有一些民间教派成员，如普济念佛会属于九宫道"外九天"所传的"五会"（东西南北中）系统中的"中会"，1935 年中会会主杨万春去世，其子杨少春从中会分裂出去，另立"五台山普济佛教会"，1941 年该会理事姜子原带来部分道徒又立"普济念佛会"，自任会长，并于 1943 年将其改组为"华北普济念佛会总会"，在京津、保定、石家庄、开封、济南、太原等地设立分会。[①]北平佛教疗养院还有红卍字会成员参加，红卍字会是道院兴办的慈善团体，在民国年间兴办宗教慈善事业，贡献良多。[②] 普济念佛会会长姜子原、世界红卍字会医院院长郭荫樵，还是北平佛教疗养院的两位院长。此外，北平佛教疗养院的医师，亦多仰仗红卍字会：

佛教疗养院医士

郭荫樵（世界红卍字会医院院长，北平国医学院董事，中医士字旧照一八二号，分诊新照四〇六号。住鼓楼后娘娘庙一号）

瞿书源（北平国医学院教授，中医士二九〇号，住南池子官豆腐房二十三号）

张荣增（中医士字一七二号，住内四护国寺棉花胡同四七号）

张保健（中医，整字四一二号，分诊执照三八六号，住护国寺棉花胡同四十七号）

---

① 参见路遥《山东民间秘密教门》，当代中国出版社，2000，第 298 页。

② 参见高鹏程《红卍字会及其社会救助事业研究（1922~1949）》，合肥工业大学出版社，2011；李光伟《世界红卍字会及其慈善事业研究》，合肥工业大学出版社，2017。

同北平佛教疗养院相比，与其归入同一份档案的西双广济寺筹建的施诊所，规模较小：

批

西双寺住持清源：

三十五年四月一日呈一件，为拟设西双寺施诊所请予备案由，呈件均悉。业经本局派员调查，据报尚无不合，仰即将所聘医士张伯言之开业执照送局呈验，以备核办。

　　　　　　　　　　　　　　　　　　　　　　此批

　　　　　　　　　　　　　　　　局长　韩□□

为呈请西双广济寺为救济贫病起见，拟设立双寺施诊所，请予批准备案事。窃查内五区大石桥西双广济寺僧，近感春暖阳发，预防春疫，持为福利社会，救济贫病起见，拟于寺中设立施诊。张伯言曾领有北京市公署卫生局中医执照整字第伍伍壹号。事关义举，会呈卫生局中钧局准予备案，实为德使，谨呈请北平市卫生局。

　　　　　　　　　　　具呈人西双广济寺住持清源（印）

　　　　　　　　　　　民国三十五年四月一日

双寺施诊所简章

一、定名：本所定名为双寺施诊所

二、宗旨：本所以福利社会救济贫病为宗旨

三、地址：本所附设于内五区大石桥西双广济寺

四、组织：本所设所长一人，医士一人，理事一人

五、经费：本所统属慈善事业一切费用，由热心慈善家及各机关团体随愿乐助，如有不足时，概由本寺担任。

六、医药：本所聘请中医义务施诊，如有成药，随症施舍

七、规则：细则另订之。

八、附则：本简章如有未尽事宜，得随时修改之。

实际上西双广济寺施诊所的规模是民国年间佛教医药机构的常态；而北平佛教疗养院选址环境优美，发起人在政、教各界影响力巨大，资金和医疗人员阵容都比较强大。甚至在北平佛教疗养院院长显宗已经在 1946年 7 月被捕的情况下，9 月份全朗、倓虚等人仍去函希望太虚法师能够推动备案事宜，可见北方佛教界筹建北平佛教疗养院的决心之大。虽然由于太虚法师圆寂、国共内战全面爆发等，北平佛教疗养院只是昙花一现，但它的成立在近代佛教史上确是一个值得关注的事件。北平佛教界僧人能够投入如此大的人力、物力和财力来筹建北平佛教疗养院，也与抗战胜利后原沦陷区僧人急于通过兴办慈善公益事业，在政府和公众面前改善社会观感，有一定的关系。作为抗战时期国统区重要佛教领袖的太虚法师能够出任北平佛教疗养院的院董，在《海潮音》上发表北方佛教界呼吁以其为代表的"佛教最高行政机关"中国佛教整委会协助北平佛教疗养院在政府备案的公开信《北平佛教疗养院致书太虚》，亦足见太虚法师对此的支持态度。

《北大佛学》第 2 辑
第 80 ~ 104 页

太虚与民国时期的佛教僧侣救护队

李铁华

内容提要 僧侣救护队是民国时期佛教界创办的战时伤兵及难民救护组织。该类组织借鉴国际红十字会的战时救护模式，并融入佛教的护国、护教和慈悲救世理念，在抗战前后的战争救护中发挥过十分重要的作用，为佛教赢得了良好的社会声誉。作为教界领袖，太虚利用自己在政界、教界及社会上的影响力，为僧侣救护队的发起、创办与发展，救护活动的开展，相关权益的争取与维护，救护成就的宣传与推介等提供了多方面的支持。本文将依托民国时期教内外报刊等相关史料，在概述抗战前后僧侣救护队发展脉络的同时，考述太虚参与支持僧侣救护队创办与发展的相关史实，阐明太虚在僧侣救护队创建与发展过程中发挥的重要作用，并就僧侣救护队在抗战前后的佛教护国与护教运动中的影响等进行简要讨论。

关键词 太虚 僧侣救护队 护国 护教

作者简介 李铁华，上海中医药大学科技人文研究院副研究员。

    救护队是 19 世纪中叶兴起于欧洲的红十字会创设的一种民间战时救护组织。僧侣救护队，又称僧伽救护队、僧众救护队，是民国时期佛教借鉴红十字会救护队模式创办的卫国护教组织。民国时期，佛教界组织了 30 多支僧侣救护队（包括掩埋队），在战时伤兵和难民救护方面发挥了非常重要的作用。目前学界关于僧侣救护队的研究，多集中在抗战时期重庆慈云寺僧侣救护队相关史实的考证及救护队所反映的佛教与抗战时期的社会现实的关系等方面，对僧侣救护队的早期发展及太虚等教界领袖在僧侣救护队组建及相关活动开展中所发挥的作用等问题则缺乏应有的关注和研究。[①] 本文将依托民国时期的相关史料，在概述民国时期僧侣救护队创建、发展概况的基础上，重点对教界领袖太虚参与支持僧侣救护队的相关事迹进行考述，并简要讨论僧侣救护队在民国时期佛教与政治、社会互动中的地位和作用。

一　太虚与抗战前的僧侣救护队

    受红十字会战时救护模式的影响，民国初年，中华佛教总会即有组织中华佛教会黄卍字会的尝试，[②] 但直到北伐战争期间，僧侣救护队才在太虚法师的倡议下得以真正创立，并在常惺等的组织下在全国范围内有了更为广泛的影响。这里首先考述南山佛化学校卫生救护队的创办过程，并简要介绍太虚与南山佛化学校卫生救护队的关系。

---

① 参见释东初《中国佛教近代史》，中华佛教文化馆，1974，第 937～947 页；杨孝容《护国即是护教　救人即是自救——从慈云寺僧侣救护队看宗教与现实社会的契合》，《世界宗教文化》2007 年第 4 期；学愚《佛教、暴力与民族主义：抗日战争时期的中国佛教》，香港中文大学出版社，2011，第 203～292 页；曾友和《抗战时期重庆慈云寺僧侣救护队成立始末》，《湖北档案》2012 年第 10 期；牛瑞芳《太虚大师与僧女（侣）救护队》，《文史月刊》2012 年第 S3 期；李湖江《抗日战争与中国佛教界的社会救济》，《宁德师范学院学报》（哲学社会科学版）2015 年第 2 期。

② 《僧人组织黄卍字会》，《申报》1914 年 2 月 20 日，第 10 版；《黄卍字会开成立大会》，《申报》1914 年 2 月 21 日，第 1 版。

（一）漳州南山佛化学校卫生救护队的创办经过

根据目前掌握的资料，佛教界最早发起组织的救护队是福建漳州南山佛化学校卫生救护队。关于该救护队创建经过等相关情况，《漳州南山学校校刊》所载《本校医药寮与卫生救护队之由来》一文对此有详细介绍。

沙弥学童在南普陀母院时，正国军将克复漳州之际，闻道院长有组织战地救护队之议。乃析楮为带，书大悲救护队队长队员名，分发同学，悬佩肩腰之间；截竹为杠，扣毯为床，郑重遣发，俨然作救护之状，但少药剂师耳。广箴师嘉其勇敢先人，即为之聘医师为指导，医士杜尊恩，并赠紧要药品以备万一。同时小规模之医药寮乃先成立，传球，传游，传教，广耻诸生分掌寮务，转逢、性愿、觉斌、常惺，诸师并捐金相助，以为之勉。至是院生有病，即由诸生看护与医治，然救护队尚未实际成立也。未几诸生过南山，寮亦随之而移。爱仁医院辛医士法名仁音，曾皈依太虚师为弟子，欣然发心为救护队兼医药寮指导，乃由爱仁医院购备药品能足供救护之用，并制备救护用品全具（两款均由南校与母院筹助）。至是卫生救护队乃正式成立，时民国十六年赴拥蒋大会日也。队之出发赴会场救护此为第一次，嗣此每有会必出队（漳州学生之组织救护队，殆以本校为始；上次常惺教务长留滇，为四众佛教会组织战地救护队，亦拓大此规模为之者。）而药品则由佛诞、佛成道两纪念节母院与两校师生捐助之所余，以资添购，临时不足则校内开支。医药寮规模亦缘此日隆。现时救护队队员十余人，每周由辛师调教其救护常识，□□□□□□□□□□ □□□□□□□。①

---

① 《本校医药寮与卫生救护队之由来》，《漳州南山学校校刊》第 1 卷第 1 期，1928 年；参见黄夏年主编《民国佛教期刊文献集成》第 129 册，全国图书馆文献缩微复制中心，2006，第 491 页。

据此并结合相关史料可知，南山佛化学校卫生救护队，又名大悲救护队，1926 年 11 月①发起于厦门南普陀寺，1927 年 4 月 9 日正式创立于漳州南山寺。②

漳州南山寺是临济宗喝云派祖庭，有"南州法窟"之称。晚清民国时期，更是名僧辈出，如会泉、转道、喜参、转逢、宏船、广洽等都在该寺出家或受戒。③因此厦门南普陀寺、泉州开元寺等闽南丛林与该寺多有渊源。随着以南普陀寺为首的闽南丛林由子孙庙改为十方丛林，大力推行佛教革新、创办佛学院等，该寺也深受影响，后来，在转道、常惺等人的组织领导下，将闽南佛学院的小学部迁移至南山寺，定名为南山佛化学校。南普陀寺和闽南佛学院在经费、教员等方面给予南山佛化学校大力支持，该校在实质上相当于闽南佛学院的分校。④南山佛化学校校长为转道，教务长为常惺，校务主任为转逢，性愿为事务长，广箴为事务主任，觉三为校务协理，辛清波、杜尊恩为校医，太虚、圆瑛、转道、常惺、性愿、转逢等皆为校董。该校的资金和物资主要来源于南普陀寺和转道、常惺、性愿及太虚门下诸信徒等的捐助，亦受益于新加坡、菲律宾等南洋闽南籍僧众的资助。⑤

因该救护队主要由南山佛化学校的学童组成，其组织领导者应与南山佛化学校相同。但据上述资料可知，实际负责人应是广箴、觉三和辛清波、杜尊恩等。广箴是福建南安人，毕业于安徽佛教学校，是常惺和觉三的学生。辛清波则是太虚法师的在家弟子。因此，他们在实践上颇能践行

---

① 北伐军于 1926 年 11 月 8 日攻克漳州城。参见曾宪林、曾成贵、江峡《北伐战争史》，四川人民出版社，1990，第 217～218 页。

② 据上海《晨报》等报道，所谓的"拥蒋大会"，即 1927 年 4 月 9 日召开的"厦门拥蒋大会"。参见《厦门拥蒋大会》，《晨报》1927 年 4 月 12 日，第 2 版。

③ 《南山寺志》，福建漳州南山寺编印，2001，第 5～9 页。

④ 后来该校改名为闽南佛学院第二分院。参见《本校大事记》，《漳州南山学校校刊》第 1 卷第 1 期，1928 年。

⑤ 《校董名录》《本校教职员名录》《本校大事记》，《漳州南山学校校刊》第 1 卷第 1 期，1928 年。

太虚及常惺两法师的理念。从南山佛化学校卫生救护队的装扮和组织形式等来看，应是对当时影响较大的红十字会救护队的借鉴与模仿。从其"析楮为带"挂于"肩腰之间"等装扮来看，类似于红十字会救护队佩戴的红十字标志；其组织僧众和学僧进行医疗和救护训练，教授救护知识，奔赴重要的集会和战地进行救护的组织和行动模式也基本上是对红十字会救护队相关模式的借鉴。

救护队开展的救护活动主要是负责各类会议的会场救护工作。如救护队甫一成立，即参与所谓的"厦门拥蒋大会"的救护工作，不久又参加了太虚任南普陀寺住持和闽南佛学院院长的欢迎大会会场救护工作，还曾参与五四运动纪念会会场的救护工作等。该救护队主要由南山寺的学童组成，除了参与过几次会场救护工作外，并没有参加过真正的战地救护工作。因此，漳州南山佛化学校卫生救护队，实际还算不上真正意义上的战地救护队。[①]

该卫生救护队依托南山佛化学校而建，随着转道、常惺、性愿、觉三等法师的离开，寺内僧团间的矛盾激化，南山佛化学校在 1933 年前后停办，卫生救护队至迟亦在此时停止。

（二）太虚与漳州南山佛化学校卫生救护队

漳州南山佛化学校卫生救护队的最初发起即来自太虚的倡议。上引史料中的"院长有组织战地救护队之议"，应是指太虚法师在 1926 年 11 月自新加坡返回上海途经厦门时所提组织僧侣救护队的倡议。

1927 年初，会泉法师在南普陀寺及闽南佛学院任满，力邀太虚主持南普陀寺及闽南佛学院工作。该年 4 月，太虚法师正式就任南普陀寺住持及闽南佛学院院长。《本校医药寮与卫生救护队之由来》一文撰写于 1928

---

① 从南山佛化学校卫生救护队的照片可以看出，救护队队员的年龄大都很小，是当时在南山佛化学校读小学的学员。参见《南山佛化学校卫生救护队赴拥蒋大会出发时摄影》，《海潮音》第 8 卷第 10 期，1927 年。

年，时年太虚仍在南普陀寺住持及闽南佛学院院长任上。因此，史料中所指的院长应该是太虚。而刊载于《海潮音》1926 年第 7 卷第 11 期上的《太虚法师莅厦记》一文可进一步证明"组织战地救护队之议"是由太虚提出的。该文云：

> 太虚法师前应星洲宣讲会之请，前往演讲佛学，及今竣事，乃乘德加太（大）轮回国。……日昨十八号晚六点钟，德加大轮抵港，有闽南佛学院院长常惺法师，南普陀会泉方丈，暨诸代表，下轮迎接太虚法师上陆。先到鼓浪屿日光岩休息十分钟，休息后，法师向欢迎各代表开示。谓现今国内战事，甚为猛烈。当此天气寒冷，负伤兵士及战线内难民，殷殷待救。我等以慈悲为宗旨，须从速组织救护队，前往战线以拯救伤兵，及一切难民。斋姑可作看护妇。出家人无家属之累，牺牲、冒险、耐苦，乃应尽之义务。当实行菩萨救众生之道，方是佛教之真慈悲也！若空谈学理，在寺岩中诵经拜忏，安受坐享，非真佛教之主旨，请诸君注意！①

太虚乘"德加大轮"于 1926 年 11 月 11 日自新加坡出发，于 11 月 18 日晚抵达厦门，受到厦门教内外各界的热烈欢迎。太虚在抵厦门当晚即有组织救护队之倡议。

太虚抵达厦门时，正逢北伐军与军阀孙传芳的军队在漳州、泉州等地激战，造成了大批伤兵和难民。太虚睹此时局，大发悲愿，契理契机地向僧俗信众提出了组织救护队的倡议。太虚强调佛教界应走出"空谈佛理""在寺岩中诵经、拜忏，安受坐享"的传统弘法模式，应以"慈悲为宗旨""实行菩萨救众生之道"，积极组织救护队，发扬出家人勇敢无畏的慈悲救世精神。太虚法师组建救护队的倡议得到了时任闽南佛学院院长和南山佛

---

① 《太虚法师莅厦记》，《海潮音》第 7 卷第 11 期，1926 年。

化学校教务长常惺等的支持，随即便有了南山佛化学校卫生救护队的创办。

总之，南山佛化学校卫生救护队是在太虚法师的倡议下，由常惺、转逢、广篛等领导创办的第一个佛教救护队。其宗旨、理念和救护实践，都深刻体现了太虚法师契理契机的人间佛教精神。该救护队虽然规模不大，存续时间不长，亦缺乏相对的独立性，且没有参加过真正的战地救护工作，发挥的救护作用亦相当有限，但它的创立在佛教界起到了开风气之先的作用。此后不久，曾参与其事的常惺法师，便将这一模式带到了云南、上海等地，后来，随着抗战形势的发展，僧侣救护队最终发展成为抗战时期佛教界创办的最具影响力的卫国护教组织。

二　太虚与抗战初期的僧侣救护队

1931 年 9 月，日军在东北发动九一八事变，后又于 1932 年 1 月在上海发动一·二八事变，其全面侵华的野心暴露无遗。日军侵略暴行激起全国人民的极大愤慨，各地民众除呼吁国民党停止内战外，还自发组织义勇军、自卫军、抗敌后援会等积极参与抗战，佛教界也不甘落伍，亦纷起响应，有的号召组织救国僧军，有的号召僧俗信众组织僧侣救护队参与战地救护工作。时太虚俗家弟子余乃仁等有发起组织救国僧军之呼吁，引发教内外广泛讨论，并最终在教界促成了以"僧侣救护队"代替"救国僧军"的趋向。面对国难，太虚亦经历了一个由组织僧军到呼吁组织救护队的转变。

（一）从佛教救国军到佛教青年护国团

九一八事变甫一爆发，即有江西、山西等地僧人积极参军或组织训练僧军，准备参加抗战。如江西有四名僧人脱去僧衣投效宪兵机关，参加救国抗日运动；[1] 五台山僧人于 1932 年"组织僧军救国会，挑僧人中年强

---

① 《北平僧徒组织救护队》，《威音》第 35 期，1931 年 11 月。

者训练抗日"①。时有军界居士余乃仁将军在报刊上通电太虚、谛闲、仁山、印光等诸山长老及全国各省佛教会、佛学团体、佛教学校等，呼吁佛教界组织救国僧军，参加抗战救国运动。余氏在通电"宣言"中称：

乃仁忝为军人，负卫国保民之天职，原本为信仰佛教之徒，爰于万不得已之中，本我佛如来大慈大悲救苦救难之精神，通电全国僧界，发起组织救国僧军，统名曰佛教救国军。此为我中国争存亡亦即为我佛教徒争存亡。若此番佛徒再不响应救国，则不独"罗汉痴狗，禅宗哑羊"久成诟病，今后佛教将为全国所共弃，永无立足之地矣。况世界各国征兵定制，除战时为例外，凡平时有室家之累者，得免除兵役，今我全国僧徒既已出家，即无室家之累，岂非在四民之中，最适于执行兵役者乎。幸蒙诸山长老纷纷来电赞成此举，诸大居士亦皆大欢喜，高呼开杀戒以救国。惟是乃仁于戒杀二字又不能不有所声辩。谨案《般若波罗蜜多·理趣品》曰："设害三界一切有情，不堕恶趣为调伏故。疾证无上正等菩提。"暴日古德所撰之《桧尾记》，竟作杀害三界。然杀害与设害，不过字面之微异，案其字义之实质，原无二致。足见为调伏贪瞋（嗔）痴三毒，虽行杀害之事，转得疾证菩提，是我佛如来目光远大，决不若流俗之近眼，拘拘于不敢开杀戒也。……将来我佛教徒自当与耶教一律平等，岂能尽以苦行头陀自居，若苗猺生番之伏处深山，而无人间立足地耶。总而言之，今日国民救国，即是自救，佛徒救国，亦即是自救，无往而非利害切身之一大事件。目前征兵制尚未实行，僧军即为一部分之民军，以僧徒道德高行，入伍则为兵员，退伍仍为僧人，绝不贻毫末之累害于国家，从此僧军能确立民军之模范，尤为莫大之期望……②

---

① 《五台僧人组僧军救国会》，《河南教育日报》1932 年 1 月 13 日，第 3 版。
② 《筹备佛教救国军》，《海潮音》第 13 卷第 5 期，1932 年。

余氏在上述宣言中，阐述了佛教组织救国僧军的必要性和可行性。其一，他认为佛教僧众也是国民之一分子，国家危亡亦事关佛教和僧众的存亡，组织僧军参与救国亦是自救；其二，组织僧军救国，可以改变佛教在社会上的负面形象；其三，从各国征兵制的普遍原则来看，僧众无家室之累，具有服兵役的优势；其四，他引述佛教经典，认为组织僧军杀敌是"调伏贪瞋痴三毒"的必要手段，"虽行杀害之事，转得疾证菩提，是我佛如来目光远大"的表现，不要为流俗观点所限；其五，他以史为证，介绍了明代少林僧军抗击倭寇的事迹，力证组织僧军有史可据。

余氏不仅发表通电，阐述组织僧军的必要性和可行性，而且在实践上进行了尝试。他曾于 1931 年底在南京发起组织中华佛教救国会，并组织率领僧人参与 1932 年一·二八淞沪抗战的战地救护工作，此后又于 1932 年 8 月赴北平、五台山等地宣传开办佛教救国军训练所等。①

余乃仁为河南开封人，于民国 14 年（1925）入日本士官学校，因学潮中途归国。又于民国 16 年入法国巴黎陆军大学学习军事学，同时考察了欧洲军务，于民国 18 年夏回国。余氏回国后，编著有《征兵制与中国》《大战后欧洲军务之一瞥》等军事学著作，② 将欧洲的近现代军事管理制度和征兵制度介绍到国内并力图在国内进行推广。

余氏在欧洲时即与赴欧弘法的太虚法师多有交往，还听记了太虚法师在德国发表的演讲。③ 因此，余氏的通电首先得到了太虚法师的回应：

> 余乃仁居士台鉴：电悉，发起救国僧军事，甚佩！虚适旅行他处，致稽复为歉！用我不入地狱谁能入地狱之大无畏精神，作民皆救国家、僧亦救国家之真有力行动，此其时矣。但以"佛教救国军"

---

① 《余乃仁谋组织二十万和尚军》，《京报》1932 年 8 月 9 日，第 6 版。
② 《军事学家余乃仁回国》，《申报》1929 年 6 月 11 日，第 15 版。
③ 《太虚大师全书》第 31 卷，宗教文化出版社，2005，第 334 页；太虚讲，余乃仁记《中国近代之民族生活》，《海潮音》第 10 卷第 2 期，1929 年。

或"僧伽救国军"为善。如何组织，如何出发，当在伟筹详画中耳！太虚。①

太虚对余乃仁倡导组织僧军参与救国的大无畏精神给予了肯定，但对名称和组织形式等持保留意见。

实际上，从太虚的复电中我们可以看出，面对国难他亦曾有组织佛教护国团的设想。只是他有着更为宏大的思考和设计。1933 年 5 月，在他撰写的《劝全国佛教青年组护国团》一文中，他仍然把从军护国看作国难时期国人最重要的护国工作，认为佛教青年亦有从军的必要。他说：

> 护国的工作，固然在国民各于其所处的地位所操的职业上，各尽其适宜的劳力；但从军终是护国工作中最重要的工作，不惟建设现代国家必须有现代军事，就专为自卫而抵抗强暴的外寇侵压，现今中国有志护国的佛教青年，亦应有从军的需要！②

太虚还为佛教青年护国团制定了"约章"，明确了该团可以从事的主要护国工作及应遵循的基本准则。约章将该团定名为"佛教青年护国团"，宗旨为"根据佛教护国原理，团结全国佛教青年，实行护国的工作"。另外还制定了"崇俭""尚勤""立诚""为公"四誓约。从整个约章来看，太虚设想的佛教青年护国团，可以分为前线从军和开展救护以及在后方从事后勤等三个方面的工作。青年护国团应为组织救护队、治疗队、慰祷队、宣传队、输送队、掩埋队等贡献人、财、物。太虚在约章中强调要"戒除违反护国、弘教、利群与其他一切无益无义之文字言说"，"努力参加各种护国及弘教利群之佛事"。③

---

① 《太虚大师复余乃仁居士电》，《海潮音》第 13 卷第 5 期，1932 年。
② 太虚：《劝全国佛教青年组护国团》，《海潮音》第 14 卷第 5 期，1933 年。
③ 太虚：《劝全国佛教青年组护国团》，《海潮音》第 14 卷第 5 期，1933 年。

从太虚制定的上述约章来看，其已经将僧侣参与战地救护和后方支援工作看作佛教护国的最理想方式。1940 年，太虚在汉藏教理院的一次演讲中亦强调他组织佛教青年护国团的设想是后来全面抗战时期僧侣救护队的滥觞。他说：

> 二十二年春间，曾提出 "佛教青年护国团" 办法，以赴救严重之国难，即提及出家僧众办救护看护等事。后来请训练总监部，免僧普通兵役，另受救护等训练，即为现今各地僧众救护队的滥觞。①

（二）组织僧侣救护队共识的达成

余乃仁呼吁组织救国僧军的通电发表后，在教内外引起了强烈反响。有人对此持反对意见，讥笑之为花和尚鲁智深再现，是说大话。②佛教界人士亦多不赞成，反而认为将佛教僧军改编为救护队更为适当。其中犹以河南佛教会的观点最为明确，该会在致余乃仁的公开电中称：

> 乃仁先生鉴，俭电敬悉。此次日军入寇，暴厉异常，烧杀抢掠，无所不为，而又肆彼毒计，使我中华之民族日趋分化，凡属血气之伦，未有不发指眦裂者也。是故数月以来，反日声浪已遍全国，义勇自卫等军，有如风起云涌，莫可遏抑，仿效恐后争先，独我佛教徒懦弱性成，安常处顺，放弃职责，视为固然。岂人人都安默证忍耶？阁下才兼文武，志切救国，以菩萨之心肠，施英雄之手段，因有组织救

---

① 《我的佛教改进运动略史》，《海潮音》第 21 卷第 12 期，1940 年，第 16 页。
② 《八十万僧军教头余乃仁》，《珊瑚》第 1 卷第 10 期，1932 年。

国僧军之提议，语重心长，高瞻远瞩，逖听之下，钦佩良深。惟兹事体重大，未易见诸实行，与其徒托空言之悔，何若组织"义勇救国军佛慈救护队"乎？查我国正式军队不下二百余万，各省民团警察，及保安剿匪义勇自卫抗日救国各部队，亦不下百余万，统计全国正式及临时军额，当有三百余万之谱，一旦与日宣战，兵力何虞单薄，所可虑者，枪械之不足、救护之乏人耳。是以敝会同人公议，拟请尊意略变方针，将全国年富力强之僧众编为战时之救护队，并施以相当之训练，训练完竣，即开赴前线，实际工作，以补军医院及红十字会、金卍字会之不足，既不感购备枪械之困难，又免佛教徒妄开杀戒之外谤，且于佛法上慈悲救世救人之意，吻合无间，功用之宏，正可与荷枪实弹喋血疆场者，等量而齐观。较之组织救国僧军，似觉轻而易举，裨益实际也。是否有当，敬乞慧察，是幸。河南省佛教会佛学社江印[①]

上述倡议，对余乃仁呼吁佛教僧众积极参与救国抗日的实际行动给予了充分肯定，但对以"僧军"形式参与提出了质疑。认为国家正规军和民团警察等已三百余万人，兵力已足够抗敌，而如果战事发生，真正缺乏的不是缺枪少械的僧军，反而是救护人员。因此，若改变方针，将全国年富力强之僧众编为战时救护队，加以适当救护训练，与红十字会、金卍字会等共同参与战时救护工作则更符合实际。同时，这样非但可以向世人展示佛教慈悲救世救人之精神，而且可以免除佛教徒妄开杀戒之诽谤。

河南省佛教会的上述意见为佛教界广泛接受。1933 年中国佛教会召开会议对组织救国僧军的提案进行核议后，通电全国要求各地将已组织的

---

① 《河南佛教会复余乃仁君电——拟请将救国僧军改编救护队》，《海潮音》第 13 卷第 5 期，1932 年。

僧军改为救护队。会议记录及相关通告云：

　　余乃仁、晏振初等建议组织救国僧军团案　议决佛教徒应用慈悲平等之手段得组织救护队由本会通令全国佛教徒知照并用少林派拳术习练体育。①

　　为通告事，近有佛教徒建议本会组织救国僧军团等一案，经本会常会核议，佥以我佛教徒应以慈悲平等心组织救护队，遇有军事奋往驰救，以拯疮痍，并得用少林派拳术练习体育云云。一致议决除将方案登入会报外，相应通告仰即一体查照，特此通告。②

佛教会通过决议通告全国各省佛教分会后，还要求各地已组织僧军的佛教会将僧军改为救护队。如该会曾发文要求浙江温岭县佛教会责成该会下属的祈祷会僧军改组为救护队。③ 此后，组织僧军之倡议遂变为组织救护队之主张。中国佛教会的倡议在佛教界也得到了积极回应，北京、上海等地的佛教界针对日军的侵略暴行组织僧侣救护队，积极参与战地伤兵和难民救护工作，在全国范围内引发关注，进一步推动了佛教界对以僧侣救护队形式参与抗日救国运动的认同。

　　随着局势发展，日军全面侵略中国的意图日渐明朗，国民政府也开始号召全民参加军训，准备对日作战。1936 年国民政府中央作训部下文，要求各僧道壮丁一体参加军事训练。针对此种要求，中国佛教会和太虚法师随即上书国民政府，要求依据佛教教规，允许僧众另行组织训练救护工作。对此次声请和交涉，法舫法师在《一九三六年的中国佛教》一文中

---

① 《中国佛教会第三届第十五次常务会议录》，《中国佛教会报》第 31～42 期，1933 年。
② 《为拟组织救国僧军团除将议案登入会报外相应通知由二十一年一月二十八日》，《鄞县佛教会刊》第 1 期，1934 年。
③ 《本会指令浙江省佛教会转报温岭县僧界组织祈祷会已令改组救护队呈请备查由二十一年二月十九日》，《中国佛教会报》第 31～42 期，1933 年。

曾有专门之讲述：

> 关于僧尼受军训的事，原来也和一般公民训练一样，后来为太虚
> 大师向林主席的请求和中国佛教会的交涉，才改为救护训练的。关于
> 此我曾访问过内政部长蒋雨岩先生，他说：不讲别的就是单锻炼体力
> 来说，僧尼也应受点教练，有了强壮的身体，修道不是很好的吗？此
> 事去岁在江浙两省已竟是积极进行了。因此事或者惹起一部份人的注
> 意，以为是中国僧伽的抗敌行为，其实这不过是一种国民应有之通常
> 锻炼。中国僧尼，在现今的时代里，是需要各方面努力，才有复兴的
> 期望呢。[①]

中国佛教会也特意致函国民政府与之进行了交涉：

> 中国佛教会，前以全国僧尼同属国民一份子，对于兵役法应受训
> 练，捍卫国家，自应同尽国民之责任。惟佛教以慈悲为本，佛教徒受
> 持戒律，首重杀戒，卫国固应尽其责任，奉教信仰，亦未便有所违
> 背，特呈请国民政府行政院训练总监部，请予变通办理，将全国壮年
> 僧人，请另予编制训练，担任救护工作，俾卫国奉教，两得其益等
> 语。去后，日前已奉国府文官处通知，奉主席谕交训练总监部核办，
> 兹悉训练总监部，已指令中国佛教会准予照办矣。[②]

在太虚法师及中国佛教会的声请与交涉下，国民政府明确发文同意进
行变通，要求佛教界另行组织青壮年僧众进行救护训练。国民政府作训部
针对佛教界的声请，特下达政令做了如下四方面的变通：

---

① 法舫：《一九三六年的中国佛教》，《海潮音》第 18 卷第 4 期，1937 年。
② 中国佛教会：《僧尼得仅受救护训练》，《佛学半月刊》第 133 期，1936 年。

（一）僧道受训得单独编组　（二）训练服装得用原有之短僧服
（三）前两项如有认为无须而照一般在俗参加者亦听　（四）僧道受训
后之编组不列入战斗部队仰即遵照办理为要　此令　总监　唐生智
中华民国廿五年七月①

国民政府的上述政令，可以确保佛教僧众不被各地方势力强制要求参
加军事训练，但佛教僧众应尽之救国义务则不能免。通过上述变通，佛教
界也以积极的态度组织出家僧众参与救护训练，为战时救护做准备。教内
外在僧界以何种形式参与国难救护工作方面基本达成了共识。

三　太虚与全面抗战时期的僧侣救护队

1937 年七七事变后，日军发动全面侵华战争，全面抗战爆发，全国
军民奋勇抗击日军的侵略暴行，战地救护工作任务十分繁重。在太虚、圆
瑛等教界领袖和中国佛教会的积极推动下，全国各地佛教会和寺院自
1936 年底即开展僧众救护训练工作，为佛教界参与战地救护做了准备。
战事一经爆发，各地佛教僧侣救护队便积极投入战地救护工作。全国各地
先后组织 30 余支救护队，活跃在各大战地。其中著名者如上海八一三沪
战期间的佛教僧侣救护队、重庆大轰炸时的慈云寺僧侣救护队等，都是在
全国范围内非常有影响力的僧侣救护队，它们为抗战救国做出的贡献受到
了国民政府的肯定和赞扬，也在社会上引起强烈反响。太虚亦通过各种途
径为僧侣救护队相关工作的开展提供多方面支持。

（一）积极与政府交涉，为救护队争取权益

全面抗战开始前，太虚已多次与国民政府交涉，并最终促使国民政府

---

① 《训练总监部指令国字第二六九号 令中国佛教会 为请将全国僧尼应服兵役俯准另行编制
训练俾卫国奉教两得其利由》，《中国佛教会报》第 7 期，1936 年。

允许佛教僧侣以救护队形式参与抗战救国工作。全面抗战爆发后，佛教界虽然创办了不少僧侣救护队、掩埋队等组织，积极参与抗战救国工作，但国民政府一些部委司局，仍然发布公告允许市县提取寺产用作慈善事业，并将此一政策的出台说成太虚法师的主张。针对此种情况，太虚不仅积极与国民政府进行交涉，还通过多种途径为救护队争取了资金、物资等方面的赞助和支持。

1944 年 1 月，他上书蒋介石，列举了佛教界举办的僧侣救护队等各类慈善事业，指出佛教为抗战护国做出的重大贡献，恳请蒋氏督请国民政府各级主管部门健全并保护佛教组织，推动各地佛寺自主兴办"壮僧救护队等慈善公益"事业，"俾佛教寺僧能配合抗建之需要，成为复兴中华民族中健全发展之一部门"。① 1944 年 3 月，太虚又亲访国民政府教育部长和军政部长，与之商讨汉藏教理院教员、学生和全国僧众救护队免服兵役之事，并最终获得同意。②

同时，太虚通过公开呼吁、借助他与政府要员间的私谊当面请托等方式，促请国民政府给予救护队以资金、药品及救护装备上的支持。抗战胜利后，他还向蒋介石及国民政府申请给予乐观法师及救护队以嘉奖。

（二）领导支持僧俗信徒创办僧侣救护队，开展救护工作

上海八一三事变爆发后，圆瑛、常惺、宏明、西竟与屈映光、王一亭等在上海组织僧侣救护队，宏明、西竟邀请访学回沪的太虚弟子乐观（原名悲观，1923 年肄业于武昌佛学院，参加僧侣救护队后改名乐观）参与组织领导救护队的相关工作，乐观随即向太虚请示，太虚摒弃前嫌，去信支持乐观参与上海佛教僧侣救护队的组织领导工作。③ 上海僧侣救护队

---

① 《太虚大师呈蒋主席全文》（1944 年元月），《佛化新闻报》第 317 期，1944 年 2 月 18 日，第 1 版。

② 《与海定等书（十四通）》（1944 年 3 月），《太虚大师全书》第 29 卷，第 105 页。

③ 《乐观法师致钟会长书》，《正信》第 11 卷第 1 期，1938 年，第 10 页。

因故在武汉解散后，乐观又在重庆发起组织了陪都僧侣救护队，乐观领导该僧侣救护队在日军突袭中勇敢参与伤员救护工作，赢得社会各界广泛赞誉，是抗战中后期最有影响力的僧侣救护队。乐观还撰写了大量报刊文章，并将上海和重庆僧侣救护队的相关事迹编印成册，为僧侣救护队救护事迹的宣传报道做出了非常重要的贡献。乐观领导的陪都僧侣救护队也得到了太虚在人力和精神上的大力支持，他派汉藏教理院学员曼林等参与陪都僧侣救护队的组织工作，即是对陪都僧侣救护队给予人力方面的重要支持。①

以太虚为导师的汉口佛教正信会，在钟益亭等的领导下组织了汉口佛教正信会慈济团救护队。1920 年，太虚联合汉口工商界居士李隐尘、王森甫等在汉口创立了汉口佛教会，又于 1929 年在太虚领导下将其改组为汉口佛教正信会。改组后的汉口佛教正信会创办有慈济团，专门开展救灾、送诊、施药等慈善公益事业，践行太虚的人间佛教理念。慈济团在 1930 年即设有送诊、施药两股，聘请汉口当地名医万鹤年、唐翰卿、胡月波等坐诊，熊子卿、彭良才等担任送药工作。② 1933 年，汉口佛教正信会拟组织东北救护队，赴东北救护伤亡军民。③ 全面抗战爆发后，1937 年 11 月 18 日，在钟益亭等的领导下汉口佛教正信会慈济团救护队得以创立。仅 1938 年 5 月至 8 月三个月时间内就救护了 3736 人。④

除了支持僧俗信徒创办救护队外，太虚还亲自领导创办了云南僧众救护队。《昆明防空司令部派员检阅云南僧众救护队》一文报道称：

> 本市佛教会理事长太虚，以国家兴亡匹夫有责，本团结一致之

---

① 参见中国第二历史档案馆《抗战初期佛教徒参加抗日救亡活动史料选（下）》，《民国档案》1996 年第 4 期；释惟贤《抗战期中活跃在南岸的僧侣救护队》，中国人民政治协商会议重庆市南岸区委员会文史资料研究委员会编印《重庆南岸文史资料》第 4 辑，1988，第 51 页。

② 《佛教正信会一年之工作报告》，《海潮音》第 11 卷第 9 期，1930 年，第 15 页。

③ 《本会将组东北救护队》，《正信》第 2 卷第 6 期，1933 年，第 12 页。

④ 《佛教正信会慈济团五六七八月份工作报告》，《正信》（抗战半月刊）第 11 卷第 8 期，1938 年，第 15 页。

心，共赴国难，以尽国民之责任，特组织僧众救护队，缮具简程名单，呈请防部备案，并祈赐发臂章符号，酌予发给药品等情，闻防部以所呈尚属可行，惟该部组织，能否合乎规定，业已派员订期于八月十二日（星期六）正午十二时负责前往检阅，并于事前令饬该会先期准备，齐集胜因寺听候检阅，至于臂章符号药品等，须俟检阅后方可分别酌发云。①

由此可见，云南僧众救护队是由太虚法师亲自领导组织发起的。他在《己卯日记》中也记述了他主持云南佛教会，开会研究"办医所，及僧侣救护队简章。推定安和尚为队长，就胜因寺办之"等与救护队有关的事项。② 太虚还在云南僧众救护队成立大会上发表训词，全面阐发了他多年来发起组织救护队的初衷和立场。

1944 年 12 月，太虚到湖南弘化期间，亦曾指导湖南耒阳当地僧俗信徒组织湖南僧侣救护队。③

（三）通过各种途径，宣传介绍僧侣救护队事迹

太虚不仅通过面谈或致函等途径向国民政府及其要员宣传介绍佛教僧侣救护队的相关事迹，还通过撰写介绍文章、公开演说等途径向社会各界宣传介绍僧侣救护队的相关事迹。

如 1941 年，他撰写《抗战四年来之佛教》，详细介绍了全面抗战前期全国各地僧侣救护队的情况：

　　　当佛教寺僧获训练总监部准免壮丁训练，而别受看护、救护、防

---

① 《昆明防空司令部派员检阅云南僧众救护队》，《海潮音》第 20 卷第 7、8 期合刊，1939年，第 28 页。
② 《己卯日记》，《觉音》第 20 卷第 7、8 期合刊，1939 年，第 28 页。
③ 《大师讲"佛教与人生"》，《海潮音》第 25 卷第 3 期，1944 年，第 20 页。

护等训练，江浙等省，在市县佛教会或佛学院等之策动下，已有青年僧众救护队等之组训；而上海之僧侣救护队，则已成立于二十五年，于八一三沪战开始，即受全国前进佛徒及上海慈善联合会等之支持，以勤奋英发之大无畏雄姿，出现东战场之伤兵救护，曾博得中外报章之腾誉。迨沪、京沦陷，该队于损毁之余，颠沛流离，展转以至汉口，因失去上海慈善界之后援，遂致夭折。在其同时，则有镇江超岸佛学院、竹林佛学院、焦山佛学院、淮阴觉津佛学院等学僧，参加医院看护伤兵慰劳等工作，亦表现相当成绩。继之而起者，则有南京栖霞寺、泰州光孝寺等之收容难民，达十数万人。汉藏教理院与四川省佛教会等救护训练，及汉口佛教正信会救护队，广州佛教卍字救护队等之实施救护工作，迨武汉沦陷而解散。然汉口之救护队僧众，仍转至西安，更成立西北僧侣救护队而继续工作。昆明与宁波等僧众救护队之训练，或崛起一时，或持久弗衰。而活跃于去年重庆大轰炸中之救护工作者，则有狮子山头之僧众救护队，曾上动最高领袖之称许焉。①

又如，他利用欢迎缅甸访问记者团的机会，向国内外介绍陪都僧侣救护队的英勇事迹。他说：

今诸君临吊我被炸四次全部毁灭之中国佛学会会址长安寺，其感慨当为何如耶？但正在敌机狂炸陪都中，我佛教徒以舍身救世之大乘愿行所组成之救护队，屹立于南岸狮子山，而出没于大小江南北之敌机狂炸下扶伤拯死，在陪都博得最勇敢之称誉。②

---

① 《抗战四年来之佛教》，《海潮音》第 22 卷第 9 期，1941 年，第 5～7 页。
② 《缅甸记者团访问缙云山太虚大师发表欢迎词》，《海潮音》第 22 卷第 2 期，1941 年，第 21 页。

（四）要求僧侣救护队在救世与护国行动中坚守佛教立场

太虚要求僧侣救护队必须坚持佛教立场，要把救世、护国与护教结合起来。他在云南僧众救护队成立大会上发表的训词中，要求僧侣救护队要坚持两个基本立场："第一希望你们要从国民的立场上来服务国家，第二希望你们要从佛教徒的立场上去宣扬佛教。"他说：

> 因为基于上述的立场和意义，我初提倡办僧众救护队的时候，就主张：一、在服装形式上，采取僧人所常着的僧短衣，使能摆脱通常的军队形式，而令人一见即知为僧伽之组织；二、在训练方法上，除教以普通应有的基本救护技能操法及纪律之外，更要严格的遵守佛教戒律，以佛教道德为内在的精神。因为能内守佛教戒律，充实严净道德，去从事于救护工作，必能博取舆论之赞美，社会的同情，这样就是达到宣扬佛教、振兴佛教、昌明佛教之目的了。
>
> 现在佛教之所以被社会人群蔑视，说僧伽是分利份子，就是因为僧伽不能代表佛教救世的精神道德，去作有益于人群社会，及服务国家的有利事业。而现在我们云南省僧众救护队的成立，就是为的要使佛教徒能够在佛教的立场上，来舍己利人，去服务于人群、社会和国家，使大慈大悲、救人救世的大悲无畏的佛教精神道德，能在事实上表现和发挥出来。反过来说，能够如此，即是佛教徒显扬了佛教，昌明了佛教。所以现在各队员的责任，就是要站在佛教的立场，本着僧伽的职责来充分地表扬佛教道德，发挥救世精神。①

在该训词中太虚全面阐述了他发起组织僧侣救护队的立场和初衷，反

---

① 《太虚大师对云南省僧众救护队之训词》，《海潮音》第20卷第9期，1939年，第8页。

复强调救护队要坚持佛教道德立场、展现佛教的救世精神，从而达到"宣扬佛教、振兴佛教、昌明佛教"的目的。

在该训词中，太虚还特别强调了僧侣救护队穿"僧短衣"的必要性。太虚始终认为僧侣救护队一定要着"僧短衣"，这最能鲜活地体现佛教特色、展现佛教的立场。他说：

> 我最初主张僧众救护队的服装不取普通军服形式者，其用意就在欲使人易见佛教僧伽大悲救世和服务国家的精神。因为果真着起僧短衣以救护于难区灾地之上，就是活泼泼地表现了佛教的无畏救世，僧伽的勇猛服务了。像这样做下去，则其结果一定是较之于用电影文字等等的宣传更多效力的；因为这是一幕活的事实的表现啊！现在虽然服装比上海僧侣救护队愈加不同（，）僧服的样式，不能如我最初的理想计划做到，但仍希望各队员能在工作中去求补救。这项责任应当负在实际负领导工作的副队长等的身上。就是，希望副队长和各分队长对于队员的教导和管理要格外严格、周到，要使各队员于受到普通救护队应受的训练之外，更教其明了佛教的道德精神，和遵守佛教戒律，也就是要求能以大慈大悲的佛教立场，用勤劳克苦勇猛无畏的精神去作救护工作，使能超过其它救护队的工作，超过一般国民的服务精神；要用这样的服务精神去服务国家，显扬佛教。更进一层说，僧众救护队能够以这样的勤苦精神去到灾地难区救护被难军民，也就是完成了佛教的救世责任，达到了利人的目的；而这也就是我所希望于各队员的要点了。[①]

太虚极为看重僧侣救护队的着装问题，曾计划为僧侣救护队设计僧衣样式。太虚认为穿僧衣参加抗战救护工作，既可以有效展示僧侣救护队佛

---

① 《太虚大师对云南省僧众救护队之训词》，《海潮音》第 20 卷第 9 期，1939 年，第 8 页。

教立场，显扬佛教无畏救世精神，也可以对僧侣救护队遵守佛教戒律、努力服务国家、承担佛教救世责任，起到督促作用。

四　结语

上文粗略梳理了佛教僧侣救护队从北伐战争时期的最初发起，到抗战初期影响的扩大，再到抗战中后期全面展开的复杂历史过程，主要对太虚在僧侣救护队发起、发展与壮大中发挥的重要作用做了考述。就目前所知，民国时期佛教界至少组织有30支僧侣救护队，本文利用的只是大量资料中的一部分，关于僧侣救护队的史料及相关具体问题还有待进一步深入地挖掘和讨论。这里仅就目前所见资料形成的一点认识，概括总结如下。

首先，僧侣救护队既是对传统佛教护教、利生、救国精神的传承和坚守，也是对现代慈善理念和模式的吸纳与借鉴，体现了太虚人生佛教的基本精神。历史上，佛教教团组织僧兵参加过护国、救世的军事活动，[①] 亦有善信参与元军征战中的伤兵救护工作，[②] 但以僧侣救护队参与战时伤兵和难民救护工作，则是民国之后新发展出的佛教弘法救世模式。这一模式是在借鉴国际红十字会救护队模式的基础上发展起来的，就组织形式看，与红十字会救护队模式十分相似，但从基本理念和实际行动上看又是对传统佛教基本精神的传承和坚守，如其对佛教大悲救世、护国护教、戒杀利生等精神的传承，对队员遵守佛教戒律的强调等，都体现了佛教的基本态度和立场。佛教界根据国家和社会发展的需要，在坚守佛教基本立场的同

[①]　隋末昙宗等少林寺13棍僧曾帮助秦王李世民打败王世充，此后少林寺便形成了寺僧习武传统，明代即有少林寺僧参与抗倭的事迹见诸史书。参见陈星桥《古代特殊的武装组织——僧兵》，《文史杂志》1992年第2期；曾维华、严耀中《从少林寺的几方碑塔铭文看明代僧兵》，《上海师范大学学报》（哲学社会科学版）1984年第2期。

[②]　李铁华：《元代涉医佛教信徒事迹考述》，怡学主编《元代北京佛教研究》，金城出版社，2013，第93～105页。

时，借助救护队这一现代慈善模式契理契机地开展服务大众、救国救难的活动，契合了太虚提出的人生佛教精神，是其在实践中的重要展开。

其次，僧侣救护队相关活动的成功开展，既离不开太虚、圆瑛等教界领袖的领导和支持，也离不开具体组织者对佛教立场的坚守和维护。全面抗战爆发初期，上海佛教界也曾组织僧侣救护队，圆瑛、太虚等教界领袖都给予了大力的支持，圆瑛甚至申请到南洋去为救护队募集资金。[①] 但上海僧侣救护队辗转武汉后，以失败告终，这既打击了青年僧侣的积极性，也严重损害了佛教的社会形象。究其原因，主要是缺乏德才兼备又能坚守佛教立场的组织领导者。上海佛教僧侣救护队的主要组织者宏明和屈映光等，是旧军人和旧官僚出身的法师和居士，没有接受过系统的近现代佛教思想教育，他们仍然无法摆脱对世俗名利的执着，对佛教立场缺乏真诚的维护和坚守。上海僧侣救护队在获得社会广泛赞誉的情况下，宏明法师旧式军人的陋习很快便暴露无遗。他在言行上的不检点，不仅导致自己身陷囹圄，最终痛悔抑郁而逝，而且直接造成了上海僧侣救护队在武汉被迫解散。旧官僚出身的屈映光等则过于看重个人名誉和官场规则，当僧侣救护队在武汉遭遇困境时，他并没有积极出手相救，反而置之不问，这是上海僧侣救护队最终被迫解散的重要原因。[②] 与之相反，无论风云怎样变幻，时局多么艰困，太虚及其门下的乐观、钟益亭等都会站在佛教立场上，契理契机地找出维护佛教发展的最佳途径。为了维护佛教立场，太虚可以做到公正无私，即便是其领导的佛教革新运动的反对者，只要其提出的意见是合理的，所开展的活动是有益于弘法护教与救世利生的，他都会给予大力支持。但是如若有损佛教或不利于佛教发展的，即便是爱徒无心的错误，他亦会给予极其严厉地批评。与宏明、屈映光等不同，乐

---

① 中国第二历史档案馆：《抗战初期佛教徒参加抗日救亡活动史料选（上）》，《民国档案》1996 年第 3 期。

② 参与领导上海僧侣救护队的正道法师对此有全面的回顾和反思。参见正道《抗战开始僧侣救护队之回忆》，《妙法轮》第 1～9 期合刊，1945 年。

观、钟益亭等太虚门徒曾在太虚创办和领导的佛学院或教团中接受过多年的近现代佛教思想教育，深受太虚人生佛教理念的影响。即便在遇到困难，遭受诬告陷害的情况下，他们仍然能够坚守佛教立场不计个人得失，去努力维护僧侣救护队及相关佛教组织的利益和形象。① 这也是抗战中后期，陪都僧侣救护队等相关佛教护国组织能在国内外为佛教赢得良好声誉的重要原因。

再次，组织僧侣救护队开展战时救护工作，是民国时期佛教界为协调佛教与政治、社会间关系而发起组织的重要弘法活动之一，但从其维护佛教形象和利益、沟通协调佛教与政治及社会关系方面的努力来看，其最终效果是相当有限的。从上述考察，我们不难发现，包括太虚、圆瑛在内的教界领袖力图将僧侣救护队作为协调佛教与政治、社会关系，为佛教发展营造有利政治社会环境的一个重要途径。佛教界组织的僧侣救护队在抗战护国事业中的努力和奉献，在佛教立场、权利和政策上的妥协等，在抗战期间确曾为佛教赢得了良好的社会声誉，但并没有为佛教发展换来社会各界的长期认同和支持。抗战胜利后不久，政局稍有好转，社会稍显稳定，政府官员、知识界和地方豪绅集团等，就开始提取寺产、驱赶僧众、破坏寺观，继续推进庙产兴学运动。这就充分说明，不从根本上改革佛教自身，不与不合理的制度和政策等做坚决斗争，只是在政治上一味迎合或妥协，过分依赖政商集团②等外部力量，要想为佛教营造持续发展的良好社会环境则是十分困难的。

最后，通过上述梳理和讨论，我们不难看出，从 20 世纪 20 年代僧侣救护队的最初发起，到抗战时期僧侣救护队影响的扩大及活动的全面展开，太虚都是这一护教、救国组织的重要领导者和推动者。太虚人生佛教

---

① 乐观法师：《僧侣抗战工作史——奋迅集》，护国禅院，1947，第 107～109 页。
② 当时报刊上即有人批评指出，圆瑛是仗腰"上海大亨、买办、财主"的商人和尚，太虚则是依靠"当今朝贵"的政治和尚。参见《太虚的事》，《南京日报》1936 年 9 月 7 日，第 4 版。

思想倡导的"契理契机"理念，宣扬的大慈大悲、救人救世的大悲无畏精神，为僧侣救护队相关救护活动的展开提供了重要的思想基础。太虚门下僧俗信徒如乐观法师、钟益亭居士等，以及他领导的教团组织如闽南佛学院、汉口佛教正信会等，是推动僧侣救护队发展壮大的中坚力量。太虚身体力行，不但亲自领导组织云南僧众救护队，还利用各种机会和途径，如公开演讲和发文呼吁、动用与政商各界的关系等，为僧侣救护队营造了有利的政治社会环境，赢得了政策、资金、装备及药品等方面的支持。

总之，僧侣救护队既是太虚人生佛教思想在实践中的展开，也是太虚推动佛教革新的重要尝试，充分体现了太虚在民国佛教革新运动中坚守的佛教立场和态度，也深刻反映了民国时期太虚人生佛教思想在实践中展开的复杂性与艰巨性。

《北大佛学》 第 2 辑
第 105～131 页

太虚与道德新运动[*]

李　翚

内容提要　晚清以降，中国思想界不断有道德重建之呼声。1946～
1947 年，太虚与《海潮音》倡导"道德新运动"，提出以组建五戒、
十善团体的方式，以"恶止善行"为准则推行佛教伦理道德以拯救
世道人心。此项运动虽因太虚逝世中道而止，但作为一次人间佛教理
论具体实行方案的尝试，它所提出的一些原则与方法，所坚持的佛教
中国化、伦理化与现代化的方向与道路，都可视为当代人间佛教运动
开展各类社会道德实践活动的先行者与探路者。

关键词　道德新运动　佛教伦理　太虚　《海潮音》

作者简介　李翚，《南京理工大学学报》（社会科学版）副编审。

---

* 本文为教育部人文社会科学规划基金项目"中国近代佛教报刊史研究"（18YJAZH041）
阶段性成果。

"道德新运动"，又称为"新道德运动"，是太虚生前倡导的最后一项佛教社会运动。1946 年《海潮音》第 27 卷第 9 期刊发了太虚的一篇小文《集团的恶止善行——新道德运动》，文中提出，要达成救世拯民的目的，"必集团之恶止善行"。① 该文主标题之后有一副标题"新道德运动"，以此显明该文"作道德重建之呼吁"。② 随后，主编尘空"在太虚的授意下"③ 于当年第 10 期《海潮音》发出征文启事，定于次年 1 月编发"人类的新道德运动"专号，恳请社会各界人士踊跃投稿，以响应太虚号召，推动道德新运动的开展。1947 年 1 月，《海潮音》第 28 卷第 1 期的"道德新运动"专号及随后的两期，共刊发了 24 篇征集与编选的相关文稿，作者有演培、妙吉祥、大醒、巨赞、茗山、善因、震寰、张耀华、杨泽中、涂本农、李观久、张翔凤等僧俗大德，热烈讨论"道德新运动"的内涵、意义与实施方案。根据太虚"以集团之恶止善行，造成恶止善行大集团"的设想，《海潮音》提出道德新运动的主要方式是采用佛教的僧团制度，组成五戒团或十善团，将这种组织推广到社会各阶层、各团体中，以期人人持五戒行十善，则世界人人皆为善友，人类生活普遍增胜。但随着 3 月太虚去世，此项运动中道而止。《海潮音》第 28 卷第 3 期刊发守培的总结性文章《海潮音道德新运动专号之总检讨》，可以看作运动结束的标志。

道德新运动可谓太虚一生开展佛教革新与社会运动"理论有余而实行不足"④ 的一个缩影：就像其领导的佛化教育新运动、新僧运动、救僧运动、人间佛教运动等一样，都提出了具有号召力的思想观点并得到积极

---

① 太虚：《集团的恶止善行——新道德运动》，《海潮音》第 27 卷第 9 期，1946 年 9 月，第 2 页。下文简称《集团的恶止善行》。本文引用的佛教期刊均出自黄夏年主编《民国佛教期刊文献集成》，全国图书馆文献缩微复制中心，2006。

② 印顺：《太虚大师年谱》，台北，正闻出版社，1973，第 530 页。

③ 周天裕：《尘空法师告之我二三事》，《荆门文史资料》第 8 辑，中国人民政治协商会议荆门市委员会文史资料委员会，1992，第 251 页。

④ 太虚：《我的佛教革命失败史》，《太虚大师全书》第 31 卷，宗教文化出版社，2005，第 58 页。

响应，却都"雷声大雨点小"，或为纸上谈兵，或仅"哄传一时"。虽其"运动"归于失败，但其"思想"仍一直在中国近现代佛教史上熠熠生辉，有重要的影响力，并在当代人间佛教运动中得以传播或实践。

目前尚未见学界对道德新运动做专题研究的论文，本文通过对《海潮音》"道德新运动"专号与相关文本的分析，以了解此项运动的始末、内容及历史价值。

一　道德新运动的主旨

《海潮音》"道德新运动"专号目录页的一段导读开宗明义：

> 集团的恶止善行，洵是一个道德新运动。然佛教在佛世时，律仪化的僧伽，便是恶止善行的集团。但今日的佛教僧伽，此种道德力量式微已极，且加入僧团的只能是少数人，故现今觉得需要来一个五戒十善的集团行动。向来受持五戒的或持行十善的只是个人的事，今应由持五戒的组成五戒团，行十善的组成十善团，对团内则互相监督，犯则当众悔过或摈除，对团外则普遍宣传劝导，展开运动。[①]

这个简短的导读题为《集团的道德新运动》，扼要阐明了"道德新运动"的主旨，署"本社"显然代表《海潮音》的立场与态度，也可以说是太虚的意思表达，因为它与尘空写的《卷头语》以及其他几篇文章事实上都是对太虚《集团的恶止善行》一文的发挥，这里就结合太虚的这篇"弘论"[②] 以关键词解读的方式来梳理"道德新运动"的初衷与特点。

第一，道德新运动。"道德新运动"，还是"新道德运动"？这两个词

---

① 本社：《集团的道德新运动》，《海潮音》第28卷第1期，1947年1月，目录页。
② 含文：《读太虚大师新道德运动》，《海潮音》第28卷第2期，1947年2月，第15页。

在《海潮音》的征稿启事与征文中都被使用过。这说明倡导方与响应者在理解上是略有差异的，或者说是有个变化过程的。如前文所说《海潮音》第 27 卷第 9 期太虚《集团的恶止善行》一文的副标题是"新道德运动"；第 10 期的征文启事为"人类的新道德运动"；第 11 期发布的"征文酬例"题为"道德新运动"，内文是"新道德运动"；第 12 期的预告"特别启事"又称"新道德运动"专号。但是第二年第 28 卷第 1 期正式出版的专号封面醒目标示的是"道德新运动"，卷头语也是"道德新运动"，并且做出了明确的阐释，从倡导者的角度统一了名称。尘空在《卷头语》中如是说："道德原无新旧，而实践之方法则有公私大小新旧之不同，故本刊所提倡者，非谓舍旧道德另倡'新道德'，乃是就道德原理加以'新运动'！"[1]

第二，恶止善行。既然是就"道德原理"加以新运动，那么道德原理是什么呢？太虚说："解之豁然大通之谓道，践之浩然均得之谓德，果有可解而践者乎？曰：是惟恶止善行而已矣。"[2] 石孚认为太虚的这两句话"道破了道德的极蕴，或可作为新道德运动欲达其登峰造极的指针"。他以苏格拉底的"道德者，知识也"（现在通译为"知识即美德"）来解读说："唯有知识愈益真确——解之豁然大通之谓道，则所见之行事才能益得此心，此理之同——践之浩然均得之谓德。"[3] 石孚的这种解读主要是他自己观点的发挥，后文再述。太虚原句的落脚点还是"恶止善行"。在他看来，"恶止善行"既是佛教的宗极，也是"道德之宗极"，是"人间超人间道德之大宗也"，是"人类能安乐生活之定则，舍此则人类安乐生活必不能得也"。那么什么是善恶？太虚给出了一个简明的界定——"害他为恶，利他为善"，并且指出实施的程序是由"恶止"而"善行"，恶不止，善不能实行，止一分恶就应行一分善，不能充实善行，恶也就不

---

[1]　尘空：《卷头语》，《海潮音》第 28 卷第 1 期，1947 年 1 月，第 3 页。

[2]　太虚：《集团的恶止善行》，《海潮音》第 27 卷第 9 期，1946 年 9 月，第 2 页。

[3]　石孚：《新道德运动与佛教》，《海潮音》第 28 卷第 1 期，1947 年 1 月，第 7 页。

能终止，"以恶止开导善行，以善行完成恶止"，也就是"以不害他为止恶行善之始"。继之，太虚以佛教的五戒十善之说对比儒家五常之论来说明，"若能遵五戒之佛律，其五常之儒行自在其中"，意谓佛教比儒学更为高明，更究竟，"要之，不害他而止恶，能利他以行善，始乎立人，终乎成佛"。① 在《海潮音》"道德新运动"专号上，太虚特别撰文《转凡小旧道德成菩萨新道德》进一步表述这个观点，认为传统中国儒道都是"为己之学"，是循着"为己"的路线修身养性，所谓儒家伦理是为人，其五伦实质也是"都在身家所系，君不过父之扩充，朋友不过兄弟的推广，皆仍倚重为己"，大乘佛教的出发点则与此完全相反，所以其过程与结果也大不相同。大乘佛教"其出发点是极端舍自（不为己）利他（为人）的，绝无一点为自己的心，唯为尽虚空、遍法界、一切众生离苦得乐的大利益而发菩提愿"。②

太虚在此所述的观点无论就他自己还是佛教界而言，都不算新鲜。他自己 1935 年 12 月在广州复旦中学的一次演讲（题为"佛学之人生道德"）中就已经做过较为系统的阐述，而"诸恶莫作，众善奉行"亦是佛教经典之论，故而太虚也说，这不过是"老生常谈"。虽然如此，就如鸟窠禅师以"三岁小儿都道得，八十老翁行不得"回答白居易的质疑一样，太虚也指出"其事无人不易知乐行，其量惟佛能究竟穷尽"。更何况当今世界虽是"政治莫尚于民主，经济莫高于共产，知识技能莫备于科学"，却依然"大地人类汹汹，危乱苦逼，益无以安其生乐其活者"，若要"救今之民，拯今之世"，就必须"使不害他之精神，融彻于民主、共产、科学，则危苦之害可除；使利他之精神，贯通于民主、共产、科学，则安乐之利斯得矣！"③

第三，集团。既是"老生常谈"，何以言"新运动"？新就新在"集

---

① 太虚：《集团的恶止善行》，《海潮音》第 27 卷第 9 期，1946 年 9 月，第 2~3 页。
② 太虚：《转凡小旧道德成菩萨新道德》，《海潮音》第 28 卷第 1 期，1947 年 1 月，第 4 页。
③ 太虚：《集团的恶止善行》，《海潮音》第 27 卷第 9 期，1946 年 9 月，第 2~3 页。

团"二字。太虚说："今日非个人恶止善行能达成救世拯民之目的，必集团之恶止善行乃能达成之也。"在太虚看来，其时民众或者陷溺于集团恶习惯，或者遭受集团恶势力之侵害，故而"必养成集团善习惯之对治，振兴集团善势力之弘利"，这样才能"以集团之不害他而止恶，以集团之能利他而行善。变革人群之危苦，造成民众之安乐"。① 根据太虚的这个设想，尘空提出了具体的实施办法：采佛教僧团制度，以浅近的五戒十善，组织五戒团与十善团，由曾受三皈五戒的在家信徒先行组织，对内则相规相勉共守信条，对外则宣传劝导普引加入。将此种组织推广到社会各阶层、各团体中，以期人人持五戒行十善，一国如是，他国亦如是，世界人人皆为善友，则人间暴戾之气必将转为祥和矣。②

从太虚之文与《海潮音》的组织运作来看，他们对本次运动非常重视与期待。《海潮音》创刊时立意与定位高远宏阔，不仅要做佛教界的"全国研究佛学、宣传佛法者精神上团结联合、融会通贯之机关"，③ 而且要面向全体大众"发扬大乘佛法真义，应导现代人心正思"。④ 在编辑方针上，以"博大"求"悠久"，每一期都编选学理、评议、新闻、历史、诗歌等多种类型的数十篇文稿，总页码基本保持在 120 页以上，"每季的第一月，更附出增刊一种"，⑤ 另外，每年还策划与组织各类专号与特号，如"唯识专号""禅宗专号""密宗专号""人间佛教特号"等。但是随着 1937 年 7 月全面抗战的展开，交通阻塞、物资匮乏，《海潮音》更是辗转奔波，"文章与经费两感缺乏，印刷条件尤属不易，故只求维持期刊"，自 1937 年 8 月号开始大幅缩减厚度，每期页码不到以往的一半，甚

① 太虚：《集团的恶止善行》，《海潮音》第 27 卷第 9 期，1946 年 9 月，第 3 页。
② 尘空：《卷头语》，《海潮音》第 28 卷第 1 期，1947 年 1 月，第 3 页。
③ 《觉社宣言》，《海潮音》第 1 卷第 1 期，1920 年 3 月 10 日，第 8 页。
④ 太虚：《海潮音月刊出现世间的宣言》，《海潮音》第 1 卷第 1 期，1920 年 3 月 10 日，第 2 页。
⑤ 太虚：《海潮音月刊出现世间的宣言》，《海潮音》第 1 卷第 1 期，1920 年 3 月 10 日，第 6 页。

至经常合并期号出版，到 1940 年每期已缩减至 30 页以内。故而尘空感叹，《海潮音》"无能作额外贡献者，已八九年矣"。本次发起"道德新运动"专号的征文，呼吁新道德的建设，得到踊跃响应，本拟增加篇幅，将征文一期刊完，但因"纸价飞腾"，甚至"旬日间京中无货无价"，只从友人那里得到陈纸一批，仍不够，不得已减少页数，分两期刊出。[①] 虽如此，这也是《海潮音》前后十年间编辑的唯一的"专号"，足见其对本次运动的看重。

虽然如前所述，作为一次运动，"道德新运动"基本上是失败的，但是作为一次主题征文活动，它可以说是成功的，佛教界第一次如此集中地就道德问题进行多角度的讨论。诸位论者以佛教义理为依据，用佛教的术语对道德的本质、起源与发展，道德的最高原则与标准、道德规范体系、道德的修持、道德与利益的关系，个人与他者、社会的关系，乃至人生意义、生活态度以及佛教道德与儒家道德的关系等诸多方面展开论述，发表了较为丰富的观点，在一定程度上体现了当时佛教界的道德观。以下三节即以这 20 余篇征文来具体分析其主要内容。

二　从现实需要说明道德新运动的必要性
与佛教道德的殊胜性

本次"道德新运动"因是由太虚《集团的恶止善行》发起的，征文启事中还特别指出要参考该文，故而大多数征文是在接受太虚对善恶界定的基础上展开讨论，所以主要论及的是道德新运动的必要性、佛教道德的殊胜性，以及如何能够善行恶止的修持与实行方法。

截至 1947 年 1 月，人类最惨烈的第二次世界大战与中国的抗日战争结束已一年有余，正是百废待兴之时。但"大战虽告结束，人心尚未复

---

① 《编辑后记》，《海潮音》第 28 卷第 1 期，1947 年 1 月，第 56 页。

苏，社会糜烂，道德沦亡，风雨如晦，鸡鸣不已"。① 从多篇征文中可以看出，对社会与人心做出这样的基本判断有一定普遍性，甚至认为此次大战后，"人心开了闸"，比以前"更贪污、更愤怒，沈（沉）醉、憍慢、浇薄、杂乱……愈趋愈下"，② 不仅如此，人们对未来也充满了困惑与忧虑，运悲在文章中断言，国家间的和平局面，绝不可能长久维持，因为"大家又在忙准备，抢基地，征兵演武，搅得每个人们心头都掀起不安的波浪，恐怖，怀疑"。③ 尤其是原子弹的巨大威力，让他们感到"人智愈发达，机巧愈逞凶；科学愈进步，苦痛愈剧烈"，④ "现在我们可以想到了，在将来的原子弹下，更要死掉亿万条的人命，若有发明比原子弹更厉害的武器出现，则我们全世界的人类都走向白骨露天，死无葬身的地步了"。⑤

造成这种"人类汹汹，危苦慌乱，惶惶不可终日"⑥ 状况的原因是什么呢？征文的作者们当然把"道德沦亡"作为一个重要原因。他们将矛头指向国内，从以下三个方面进行分析。其一，中国传统道德观念太落伍，流于保守而不能进取。杨泽中认为"道德落伍实是中国民族遭受屈辱，莫可言喻的艰难之最好解释"。他论说，中国的儒家也提倡道德，但是"道德在中国百分之百地形式化了"，只停留在胸中想、嘴上说、笔下写，而"不知实行为何物"。并且，儒家道德着眼于社会秩序的维持而不是发展，只有"消极的意义，而没有积极的意义"，"所以中国的文化像斯宾塞所说的只是一个僵壳"。⑦ 其二，对道德认识存在错误观念，认为道德是对自由的束缚，要予以打破。受到西方思想的影响，很多人片面地认为 20 世纪原子时代的人，当以"奋力争取自由平等，才是当今人类生

---

① 尘空：《卷头语》，《海潮音》第 28 卷第 1 期，1947 年 1 月，第 3 页。
② 茗山：《由恶止善行说到心理改造》，《海潮音》第 28 卷第 1 期，1947 年 1 月，第 43 页。
③ 运悲：《人类应该克服的弱点》，《海潮音》第 28 卷第 1 期，1947 年 1 月，第 42 页。
④ 尘空：《卷头语》，《海潮音》第 28 卷第 1 期，1947 年 1 月，第 3 页。
⑤ 含文：《读太虚大师新道德运动》，《海潮音》第 28 卷第 2 期，1947 年 2 月，第 17 页。
⑥ 尘空：《卷头语》，《海潮音》第 28 卷第 1 期，1947 年 1 月，第 3 页。
⑦ 杨泽中：《改造中国社会的一个新途径》，《海潮音》第 28 卷第 1 期，1947 年 1 月，第 17 页。

活的急务"，不必装什么"道先生""伪君子"！道德"似乎成了赘瘤了……不过使人多受些无谓的拘束和苦恼而已"，"于是掘开道德的藩篱恣情由性为所欲为"。[1] 其三，传统道德观念被打破，新道德观念未能建立。震寰提出，"我国一部分人民受了帝国主义的熏染，把原有数千年来的道德观念打破，而西洋国民的道德又没有养成"。[2] 他还引用蒋介石的话来说，近百年来，中国效法圣哲、崇拜英雄、尚友古人的风气，不仅趋于消灭，而且被人鄙弃，都去歌颂外国人物了。我们对于祖国的历史则共信沦亡，自信也失去了重心。

所以，论者附和太虚大师提出道德新运动"实为应时合机补偏救弊悲天悯人之倡导"，[3] "确为人类汹汹，危乱苦逼的当中，一味解毒散，一颗定神珠"，甚至是救世济民"唯一的善举"，[4] 进而将佛教道德，乃至于佛教推崇到至高无上的地位，称"最完美彻底的道德，首推佛教。举凡世间一切的道德，佛教无不包之尽而道之详"。[5] 接下来他们从不同角度予以说明。第一，佛教能从根本上对治道德沦亡的原因。在他们看来，世界战乱与人类罪恶痛苦，是因为人类自私的弱点，即"私我"二字。用佛教的话说，叫"无明""我执"，它"无始就跟着我们在生死的巨流中活跃。所以说，这自私的无明是先天的"，[6] 人们只要抱持着自私的观念，人我界限没有破除，就不可能实现和平，就会永久处在黑暗与罪恶的社会中。只有佛法的"无我"理论能对治此症。"为利人而能损己，即充分表现了'无我'的精神。"若时刻能做舍己利人的工夫，则"自我"的观念必日渐弱化，以"利人"来磨灭"自我"始能使"我相"尽净，智慧圆

---

[1]　石孚：《新道德运动与佛教》，《海潮音》第 28 卷第 1 期，1947 年 1 月，第 5 页。

[2]　震寰：《建设人间新道德》，《海潮音》第 28 卷第 2 期，1947 年 2 月，第 23 页。

[3]　茗山：《由恶止善行说到心理改造》，《海潮音》第 28 卷第 1 期，1947 年 1 月，第 43 页。

[4]　含文：《读太虚大师新道德运动》，《海潮音》第 28 卷第 2 期，1947 年 2 月，第 15 页。

[5]　张翔凤：《佛教与新道德》，《海潮音》第 28 卷第 2 期，1947 年 2 月，第 25 页。

[6]　运悲：《人类应该克服的弱点》，《海潮音》第 28 卷第 1 期，1947 年 1 月，第 42 页。

满，达于彼岸。① 第二，佛教融汇古今中外新旧道德学说。佛教传入中国后，就一直有通过援儒入佛来融汇儒家伦理以期获得更大发展空间的做法。前文已述及太虚在《集团的恶止善行》与《转凡小旧道德成菩萨新道德》两篇文章中也以五戒类比五常、将菩萨为人之心与儒家为己之学进行对比，认为佛教道德融汇儒家伦理，并更为殊胜究竟。本次征文中也有多位论者循此思路，或以儒释佛，或以佛抑儒。如含文在文中用儒家《大学》三纲领与佛教的自觉觉人来阐说道德，意在融汇。他说人生来就有一种向上的冲动、利他的冲动，"这一点向上利他的冲动，存之于心便是'德'，施之于物便是'善'，故'德'贵自觉，而'善'贵觉人。自觉就是'明德'，觉人就是'至善'"。② 通过对比崇佛抑儒，大醒则说佛教的慈悲与仁爱广大而普遍，不仅视"一切男子是我父，一切女子是我母"，还把仁爱扩大、推及过去和未来的因果，不但对人类如此，对畜类亦作如是观，"这种伟大的仁爱，试来比较儒家父慈子孝的伦理，宽狭相差诚不可以道理计矣"。③ 第三，佛教是宗教发展的最高阶段。张耀华给宗教的界定是"一种有宗旨的教化，是真善美。能够使人发生共同信仰，以统率人的精神生活"。人必须以信仰统率精神生活，由此而产生了宗教，并经历了多神教、一神教等发展阶段。这些宗教在客观上起到了统率人们精神生活的作用，"但是在实际上，是泯灭了我们人自己的智慧，自性，而失去宗教的性质"。而只有佛教"论无神以发掘人的自性，说无我以证实人与宇宙万物均为一体"。宇宙无量无边，人亦无量无边；宇宙无始无终，人我亦无始无终。故而真正的人生不是渺小、短促、虚无的，而是永恒的。它鼓励人们向上、向上，实现至高的向上。所以，"人类生活

---

① 际安：《人类的新道德运动偶谈》，《海潮音》第 28 卷第 2 期，1947 年 2 月，第 19 页。
② 含文：《读太虚大师新道德运动》，《海潮音》第 28 卷第 2 期，1947 年 2 月，第 17 页。
③ 大醒：《实行"为人"主义》，《海潮音》第 28 卷第 1 期，1947 年 1 月，第 34 页。

的新道德，亦唯从最上乘的佛教乃能成就"。①

要而言之，世界性的大战乱证明，道德在人类社会生活中发挥着巨大的不可替代的作用。它不仅是调节人与人之间关系的外在规范，更是人们自我修养的内在品性，一旦削弱或失控，人性本有的私欲和贪嗔痴便会膨胀，造成社会动乱，爆发国家冲突。西方的科学思想与技术进步非但不能治愈人类道德缺失之病，反而使战乱惨绝至极，甚至给人类的未来带来更多的危机与忧患。所以，重建道德是时代与社会之急需，而在世界人类文明所贡献的各种文化与道德形式中，佛教与佛教道德是最有针对性的，也是最全面、最优胜的。

三　以佛教义理阐发道德新运动的究竟性
与佛教道德的人间性

道德约定的是人们共同生活行为的准则与规范，是"应该"、"要求"与"必须"遵守的具体条目。但如果只知其然不知其所以然，不能回答"为什么要这么做"的问题，不仅行动本身不会具有自觉性与持久性，其准则与规范也会不断遭受怀疑、挑战，甚至变异。儒家道德学说的历史发展就证明了这一点。而作为一种以出世解脱为终极目标的宗教，佛教自创建伊始，就对人生与世界的终极追问给出了自己的回答，建立了丰富的理论体系，并因此具备了出世型的特点。所以，近代佛教推动社会运动之时，往往从两个方面来进行：一是强调其世间性、人间性以破除人们对佛教不问世事的误解；一是凭借其丰厚的理论体系阐发"为何如此"的依据。本次道德新运动，我们从征文中也看到了这两种思路。

尘空在《卷头语》中说："我们作此运动之理论：或曰因果必然，或

---

① 以上引文均出自张耀华《人生新道德与宗教》，《海潮音》第 28 卷第 1 期，1947 年 1月，第 9～11 页。

曰佛性平等，或曰缘生无性，或曰大悲普度。"① 此即对本次征文中运用的佛教理论的一个概括。尘空概括的这几条佛教原理既各成体系又紧密联系，与慈悲喜舍四无量心、四摄、五戒、六度、八正道等修行之道，构成了丰富的佛教道德体系。如张翔凤赞叹道"佛对于仁慈博爱讲得透顶极了"，认为"这种仁慈博爱的崇高伟大的精神，是化地狱世界为净土，导烦恼群伦入乐园的最高道德"。② 演培说"佛教是在智行合一基础上建立的一种德行的宗教"，③ 八正道中的正见是正确的智慧，属于善的理智，其余是正确的道德，属于善的行为。他把八正道与四摄分别作为律己的道德律与乐群的道德律，个人与社会应当依此来实行。释能知认为佛教的道德体系是以克己饶益一切众生为主旨，"故诸佛菩萨皆以'道德'为体，以'众生'为相，以'大慈大悲'为用"。④ 其余诸位论者也多有涉及且各有侧重。

　　较为系统论述佛教道德的义理依据的是《佛法与人类和平》一文。作者弘悲从当时人类最迫切、最需要的和平入手，提出"佛法确为现实性世界性的和平文化"。因佛法有三个特质——因果定律、无我原理与智悲方便，能够对治人类的三大缺陷：不平等、不自由与不和乐。他详细地解读了佛法这三个原理"特胜而重要的地方"。相对于其他学说几乎都有一个"宇宙万有的元始之因"或"真常之体"的理论，佛法则根本否认这种不从因生而能为因的元始真常之体。而是认为"因果相生，如环无端，即无实在的起始，亦无实在的终止，无始无终，才是因果的正理"。正因为没有超越性的万能始，所以一切的一切，唯由有情自主。即"大小显微善恶是非的一切事实，皆由吾人自己负责，不能假借分毫"。他认为这才是佛法因果律与其他学说因果律的不同之处，也才是"佛法因果

---

① 尘空：《卷头语》，《海潮音》第 28 卷第 1 期，1947 年 1 月，第 3 页。
② 张翔凤：《佛教与新道德》，《海潮音》第 28 卷第 2 期，1947 年 2 月，第 25 页。
③ 演培：《利己与乐群》，《海潮音》第 28 卷第 1 期，1947 年 1 月，第 21 页。
④ 释能知：《人间道德论》，《海潮音》第 28 卷第 2 期，1947 年 2 月，第 26 页。

律的真义与真价"。至于"无我"原理,他解释道,无我之"我",也可名自性、自相、自体,它是世间学者所执的"元始物",亦即哲学中所谓之"本体"。无我与因果的关系是:因果是无我的事,无我是因果的理。就是说,佛法因果律的原理就是"无我"。佛教净化人生的目的就是证真理以融事相,今人所追求的自由平等,就是佛陀所说的事事无碍法界。怎样达到这个境界呢?最根本、主要而又有统摄性的方法,就是"智""悲"二法。由此,弘悲给出的结论就是:达无我理显真平等;明因果律求真解脱;运智悲轮致真和乐。在具体论述通过认识佛法以对治人类缺陷最终才能实现世界和平、人生和乐时,弘悲多次使用了"只有""唯一""彻底"等绝对性词语来断定"佛法超胜一切"。[①]

中国佛教的心性理论十分丰富而深刻,但"心"这个范畴非常复杂,或指实体、本体,或指性质、功能,或兼而有之,在不同的经典、不同的学派宗派,乃至不同的语境之下,含义都有差别,多是指本体论意义上抽象的真如清净之心,或认识论意义上的缘虑思考之心。茗山则从心理学意义上的"心理"来解读佛教"心如工画师""欲得净土,当净其心"之"心",认为行为本于思想,万法源于心起,所以"欲恶之止善之行者,必改造其心理"。[②]他提出了六点:以施舍心改造悭贪心;以慈爱心改造嗔恨心;以智慧心改造愚痴心;以尊敬心改造憍慢心;以信谅心改造疑忌心;以正见心改造邪见心。而且根据太虚《集团的恶止善行》中的主张,不但要使自己心理改造,还要策励自己所在集团中人人心理改造。大醒也视佛教"唯心",说佛陀觉察到人之所以有如许烦恼而不知求其解脱,都是由于人心浮妄而不定的造作,于是拈出"一切唯心造"的原理,一切都用"唯心"来解释,认为做诸恶与行诸善莫不皆由于人之一心。"不特人民的一切烦恼都由心造,就是社会国家以及世界的一切动态与纷

---

① 以上引文均出自弘悲《佛法与人类和平》,《海潮音》第 28 卷第 1 期,1947 年 1 月,第 24~32 页。

② 茗山:《由恶止善行说到心理改造》,《海潮音》第 28 卷第 1 期,1947 年 1 月,第 44 页。

乱，也是人心所造成的。"① 所以佛陀提出"自净其意"的教化以安定人心。这样的解读虽然未必为佛经原意，但通俗易懂，具可操作性，利于佛教传播。

大醒的《实行"为人"主义》内容较丰富，最显著的特点是强调佛教与佛教道德的世间性。他将佛教概括成"为人"主义，说佛陀当初放弃王子的荣华富贵生活，甘愿去山林苦行，是因为看到了"整个世界都是恶浊的，整个人类都是苦恼的"，于是发宏誓愿，以救人类、救世界为己任，基于"慈能与乐，悲能拔苦""不害众生，无上仁爱"的观念，提出了"为人"主义的理论。其第一原则是"不害众生"，实行方法为"布施"运动。"为人"就是"利益一切众生""安乐一切众生"，简而言之，就是"度众生"。他特别指出，"一般的人把佛教出家的教徒，认做方外之民，这是很大的错误！"大醒解释说，诚然，佛教讲的出世法多，可是究竟的出世间法是不离开世间法的，若离开世法亦无出世法可说。比如，人世间若无一切恶法，则亦无一切善法可说了，这是相对的；佛说的法，大概都是相对论。出家的佛教徒，不过是研究佛学的教徒，纵然身居山林，心求出世，根本并未离开这个现实的社会，"方外"仅是一名词而已。进而，他严厉地批评当时社会上盛行的经忏法会、念佛七、买鱼放生、施粥埋尸等法事活动，称这些都失去了佛陀说法度生的原意，可以说是"差以毫厘，失之千里"，称为度己则可，称为度鬼亦可，称为"度众生"则万万不可！他认为"那简直是不懂得佛教的真谛！那简直是侮辱了佛教的伟大！"

大醒认为，在当前"道德沦亡，人心不古，世风渐趋日下，社会风气菱靡"的"万恶的社会"中，"改良社会风气的责任，今后是在我们佛教徒的肩上！"因为，佛法中讲的五戒、十善、六度、四摄、七觉支、八正道等方法，无有一法不是安定人心的单方！无有一法不是改善社会风气

① 大醒：《实行"为人"主义》，《海潮音》第 28 卷第 1 期，1947 年 1 月，第 33 页。

的良药！他提出在响应太虚"议政不干治"的号召前，用一部分力量做改善社会风气的宣传工作，以求佛教"为人"主义的实效。他概括佛教的社会观念是"不求自利，但求利他"的菩萨发心，佛教的政治主张是：以"利人"主义为经，以"利他"策略为纬。佛教主张以"正法治国"，正法就是一切善法，治国的"国"是广义的，指的是国际性（世界）的国家。而且佛所主张的世界政治机构，不是管理统治人民的，人民实行"为人"主义后，已无须政治的管理了，它们所做的完全是属于建设方面的，所谓"庄严世界"是也。①

　　总之，各位征文论者认为，通过新运动推进社会和谐与世界和平，最为究竟、根本的就是佛教道德。因为佛教精深的义理不仅以缘生无我论探明了世界的终极本源，也由因果循环看透了人生与社会的根本真相，还有慈悲喜舍、六度万行等一系列的方法通达无上境界。更重要的是，佛教道德注重的是人的修行，是以超世间的解脱智慧来观照世间的烦恼，融汇了中外古今各类宗教与文化体系的道德学说，人人都可以运用包括儒道耶等在内的宗教的各类世间修持方法来达到佛的境界。

四　引入西方价值观，提出佛教新道德观
并反思佛教革新之道

　　如前所述，本次征文多为附和或发挥太虚与《海潮音》之意，新见不多。但仍有几篇文章值得注意，它们表达不同的看法或提出独特见解，尤其是基于西方的民主、自由、平等、博爱等价值观念提出了佛教"新道德"，可以看作佛教丰富、发展与更新其道德观的一种新尝试，也可以看作佛教的一种新道德观。下面我们进行逐一分析。

---

① 以上引文均出自大醒《实行"为人"主义》，《海潮音》第28卷第1期，1947年1月，第33～37页。

　　石孚的《新道德运动与佛教》分为四节：道德为人类所必需；旧道德是因社会的需要而产生的；新道德的特质；佛教与新道德运动。① 从标题即可看出该文没有依循《海潮音》之《卷头语》中"旧道德新运动"的思路，而是直言道德有新旧之分。作者在以人不能脱离社会而独存的反推法来论证人们在社会中和谐相处不能不有赖于道德之后，提出了具有时代性的观点，认为"凡属适合科学的道德，才是真实的道德；不适合科学的道德，都可说是非真道德"。他以科学为标准来判断道德的真伪，甚至以科学为标准来验证佛教，他断言："宗教之中经得起科学考验的，足为新社会新生活的标准的，殆莫有过于佛教。"前文已述，石孚用苏格拉底的"知识即美德"来阐释太虚对"道德"的界定，这也是从知识论的角度，将真理作为道德的最高目标或者标准，他说"佛教，是信仰与理智合一的宗教"，着重伦理而以智慧为依归。所以他的结论是"我说欲药今世人们以真知识者，殆莫佛教若"。

　　自清末西学东渐以来，科学观念输入并逐渐成为中国社会思潮中占据主导地位的思维方式，尤其是五四新文化运动以后，"几乎做到了无上尊严的地位"，② 甚至成为评判一切学术的唯一真理标准，如蔡元培先生所言："科学发达以后，一切知识道德问题皆得由科学证明，与宗教无涉。"③ 佛教界也兴起了关于宗教与科学、迷信与理性之间关系的讨论，基本共识就是佛法符合科学、理性或者与科学不冲突而非迷信。石孚在此的论说是这一思潮的延续。但是第一次世界大战以后，尤其是第二次世界大战结束后，科学技术在战争中造成的越发严重的惨烈后果让中国学术界开始反思科学的绝对权威，认识到科学也有局限性，如石孚在该文中所指出的，科学"往往遗却主动的精神，以至役于物而不能役物……造成种

---

① 本段及以下三个段落的引文除标注外均出自石孚《新道德运动与佛教》，《海潮音》第 28 卷第 1 期，1947 年 1 月，第 5~8 页。

② 胡适：《序二》，张君劢等：《科学与人生观（二）》，辽宁教育出版社，1998，第 9 页。

③ 蔡元培：《蔡元培与〈新青年〉记者的通讯》，《新青年》1917 年 3 月 1 日，第 8 页。

种惨无人道的结果",所以他又说,科学仅能满足人类物质生活的一面,而社会生活,精神实是其主要部分,"欲求精神物质两种生活之平均发展,我以为能与今世科学和发明而更能补其偏救其蔽(弊)者,殆莫佛教若"。这里又将佛教作为科学的补偏救弊者,表明作者在阐说道德与科学、佛教与科学之间的关系时,逻辑上有些混乱。但这种探讨是有益于此问题的深入研究与解决的。

石孚在该文中提出的一个重要观点是"道德的生活,是随着社会的进步,而继长增高的",社会制度有新旧,道德也有新旧,"社会的制度古今有殊,道德的内容也就随各时的需要而异"。他认为:"旧道德的根本,主要是依于习惯;其次,则是依于团体的利益。流于保守,而不能进取……流于绝对,而不能自由。"哪一些是旧道德呢?在他看来,中国的三纲五常、西方的基督教道德等都属于旧道德。旧道德是不适宜今日之社会的。不过他也没有否认旧道德存在的价值,而是把它们当作"进入我们这新道德运动的一个必经阶段"。什么是新道德呢?石孚说:"新道德的生活在能以一己的良心与理想而与当前的社会习惯相衡,以辨别其是非善恶……不一往而以习惯团体的向背为唯一评定善恶是非的标准,这是新道德所以异于旧道德的地方。"他的意思是,新道德之所由生,必有与新时代、新社会相契合之点,而新时代、新社会的特征在于:独立、自由、民主、平等。所以,新道德的最根本特质就是尊重人格——每一个人,无论智愚贤不肖,都是有其独立自主的人格价值的,自由是人格独立的主要条件。

石孚对这个议题的论证也有些牵强与单薄,但是把独立自主的人格与自由意志的表达作为道德,尤其是作为佛教新道德建设的重要内容,也是一种非常有益的努力。早在民国初期,太虚与佛教界就达成了一个共识:佛教的发展必须顺应时代与社会的发展。他们发挥佛教中的众生平等、慈悲喜舍等观念,赋予其近现代西方的自由、平等、博爱等新内涵,推动佛教义理的现代化。石孚没有拘泥于太虚"恶止善行"的佛教道德观,而是引入康德的"自由意志"观念来说明佛教新道德，提出"新道德以理想与自由意思（志）为是非善恶的尺度，故能益进社会于进步，人类的自由"。这正是循着近代以来佛教革新与现代化的一个路径进行的建设性尝试。

另一位作者妙谈也认为道德应与时代相契合，他在《漫谈新道德运动》一文中认为道德"自己不会跟着时代进步，它是需要人们携带着它进步的"。① 随时代变化，应时代之需，就产生了新道德，他干脆断定"随着新时代进步的道德，就是新道德"。时代进步又体现在哪里？他说："所谓时代进步，就是由君权而进到了民权，由专制而进到了民主。"与此相应，那些老旧的道德就必须重新粉饰一番才可资利用。他以孙中山先生释读"忠"为例，古时讲忠是忠于皇帝，现在皇帝没有了，尽忠就不再是忠君，而是忠于国、忠于民。"这样一来，忠字的道德性便有些儿时代化了。"妙谈以此思路来理解新道德运动，套用"周虽旧邦，其命维新"提出"佛法虽旧，道德维新"。所谓佛法的"旧"，是佛教的历史；道德之"新"，是佛教的精神。"新道德运动，亦是发展我们佛教中固有的道德也。"质言之，妙谈是以新的理念来释读佛教的道德范畴，他以佛教的八正道作为新道德的标准进行了充分的阐述。但与以往或其他高僧大德以经释经或训诂字词完全不同，他是以新的观念、时代的话语来重新阐释八正道。如释"正见"，他说是要以锐利的眼光来观察社会的光明黑暗与是非邪见，总要有个清清白白的辨别，尤其要认清时代潮流，不要挡阻着潮流而把自己淹没。解释"正语"时，更是以民主社会的为民代言的理念来说明：我们发言的时候，总要以人民福利、众生安乐与世界和平为出发点，尤其要本着个人的公民权选举公正的省县参议员暨国大代表以代大众去发表公正的言论。

妙谈的这个观点与诠释方法实际上是用佛法的"旧瓶"盛入民主的

---

① 本段及下一个段落的引文除标注外均出自妙谈《漫谈新道德运动》，《海潮音》第 28 卷第 2 期，1947 年 2 月，第 19~21 页。

"新酒"，用他的话说是"用不违背时代的科学方法来培植与保障大家的慧命"，其目的是要使一切有情，从新道德里面，去开启新生活，再由新生活里面，去寻求我们的新生命。这种做法恰如此前佛化新青年运动"借科哲学理以转法轮，以世俗文字而作佛事"，因难以把握分寸而招致"徒欲利用佛法以行其所谓新思想新学术也"的批评，到底是以佛为本、宗佛之旨融贯新思想、新理论的"佛化"，还是消解了佛教本身的超越性理论特色与表现形式的"化佛"？看来，"这不仅是佛化新青年运动难以化解的悖论难题，也是近代佛教各项改革运动共同面临的困境"。①

还有两篇值得一提的文章——妙吉祥的《从社会基础革新佛教以促进人类之道德》与杨泽中的《改造中国社会的一个新途径》，二者都从佛教自身改革的角度来谈道德新运动。太虚与《海潮音》倡议的道德新运动是以僧团为样板，推而广之组织更大规模的五戒团与十善团，从而形成巨大的社会力量。但是明清以降，佛教从总体上说呈衰落态势，太虚曾断言，"迨乎前清，其衰也，始真衰矣，迨乎近今，其衰也，始衰而濒于亡矣"，② 仁山也说"吾教堕落已达极点，受人轻侮受人蹂躏"。③ 佛法僧三宝的社会形象与社会地位都非常低劣，佛教界在反省时就严厉地批评："上焉者厌世逃禅，冥心枯寂；下焉者假衣营养，贻玷梵林。无补世道人心，转为社会借口，所谓狮子身中虫，自啖其狮子之肉也，宁能与世界宗教竞生并存乎？"④ 所以自民初以来，革新佛教的声音与行动就此起彼伏。太虚被誉为近代中国的"马丁·路德"，自早年提出佛教的"三大革命"主张之后，他领导的佛教革新运动可谓名目繁多——佛化教育新运动、救僧运动、现代佛教建设、人生佛教等，其主要内容都离不开佛教僧

---

① 李聿:《"佛化"还是"化佛"：从佛化新青年运动看佛教改革的悖反难题》,《圆光佛学学报》（台北）第 32 期，2018 年，第 193 页。

② 太虚:《佛教史略（续）》,《佛教月报》第 2 期，1913 年 6 月，第 7 页。

③ 仁山:《佛教总会进行策》,《佛教月报》第 2 期，1913 年 6 月，第 11 页。

④ 宗仰:《佛教进行商榷书》,《佛学丛报》第 1 期，1912 年 10 月 1 日，第 1 页。

团自身的改革与建设，他认为，中国佛教改革的根本，就在于整理僧伽制度，"我历来的主张，是要在寺院僧众制度的改进上做起"。① 本次道德新运动也不例外。我们来看妙吉祥的阐述。

在文章中，妙吉祥首先明确"佛教社会是陷于遍身病态中。为要挽救佛教的危亡，必须实行改革，使之变迁至适应现实环境而止"。② 他分析佛教界存在四个主要问题：一是佛教典籍言辞太深奥，讲经也术语化，脱离日常生活；二是佛徒的功课流于形式；三是因滥行剃度，僧团鱼龙混杂，"乞丐、流氓、负债者、逃军，失意消极，不能生存，或不容于法（治）的人，即剃度改装而为僧尼"；四是有些被迫出家的僧尼不守戒律贻辱佛门。为此，他提出了改革的步骤：第一，要明了佛教社会的缺点，加以一种批评指摘，引起一般人士的注意；第二，规定改革的计划和新的适应方法，引起公众的讨论；第三，制造舆论，转变一般人士的观感态度；第四，要以身作则，引导同门进行。妙吉祥在深入阐述了自己的改革方案后，疾呼"改革佛教是当前的急务"，并指出"改革成这样的佛教才可作新道德运动，领导人类一般的社会道德进步"。综观近代众多关于佛教改革的论议，妙吉祥指出的佛教界问题与提出的改革之策，并不算新鲜、深刻，但他提出以舆论作为公开讨论与监督力量参与到佛教改革中，并在本次征文一片附和声中保持批评态度，是颇有价值的。

至于杨泽中的《改造中国社会的一个新途径》，从文末注明与编者按来看，并不是征文，而是转载自《新中国月报》上的一篇文章。该文认为"救中国之道有二：一为政治，一为教育"。③ 这里所说的教育又特指"培养人民道德的教育"，紧接着指出，"一个人如没有宗教信仰，则他的

---

① 太虚：《我的佛教改进运动略史》，《太虚大师全书》第 31 卷，第 64 页。
② 妙吉祥：《从社会基础革新佛教以促进人类之道德》，《海潮音》第 28 卷第 1 期，1947 年 1 月，第 13 页。
③ 杨泽中：《改造中国社会的一个新途径》，《海潮音》第 28 卷第 1 期，1947 年 1 月，第 17~20 页。

道德修养便难于成功；就是成功了，亦难维持之于久远"。作者并不否认中国有儒家道德，但他认为道德在中国徒具形式，完全没有真正实行，而且，儒家道德只有消极的意义，只着眼于社会秩序的维持，而不是发展，所以是有缺失的。不仅如此，道教、佛教、耶教，都有缺失。那么出路在哪里？杨泽中建言：创立新宗教。假如要给它一个名称的话，可叫作文化教。至于什么是文化教，该文论述并不具体、充分、清晰，只提出了几个原则：第一，宗教便是道德不竭的源泉；第二，新宗教的神须在未来，放在过去是倒退；第三，一般宗教看重目的，新宗教要看重达到目的的过程和方法。编者转发此文，并配发按语表示赞同此原则，"佛教从众生出发经菩萨而至成佛，是把佛（神）放在最后而不放在前，同时有许多理论极力破斥放在前的神。尤其本社社长太虚大师近年所极力阐扬的'人生佛教'的，注重从'人而菩萨'趋向佛果的方法和过程，且又是最理智的，可谓全合所需要的新宗教。我们从佛教以作新道德运动，意亦在此"。[1] 显然，编者刊发此文的目的不是要宣介"文化教"，而是借此表达：佛教，尤其是太虚的"人生佛教"，正是该文作者所说的这种"全宗教"——"全世界所需要之道德源泉的新宗教"。

概括地说，在千年未有之大变局的时代，用西方最新的理论成果与思想观念来释读佛教经义，或赋予佛教道德范畴以新内涵，是佛教顺时应世的契机之举，也是佛教革新与现代化的一个方向。同时，强调佛教的世间性、人间性，主动积极地参与社会变革，不仅用佛教义理来解释世界，也以佛教道德来改变世界，是近代佛教发展与改革的另一个重要方向。

五　道德新运动的历史背景与时代影响

标示 1947 年 3 月 1 日出版的《海潮音》第 28 卷第 3 期刊发的守培

---

[1]　《编者按》，《海潮音》第 28 卷第 1 期，1947 年 1 月，第 20 页。

的文章《海潮音道德新运动专号之总检讨》，说是总检讨，实则主要针对专号中的六篇文章进行述评，表达不同看法。其依据与《海潮音》立场一致：道德是人人本具，本无新旧，新旧依运动而言也。1947 年 3 月 17 日，太虚圆寂于上海玉佛寺。此后，《海潮音》连续几期都以刊发纪念太虚的文章为主，没有再刊发"道德新运动"方面的文章与相关活动的报道。随着《海潮音》一纸风行的"道德新运动"就此结束了吗？

并非如此。由著名报人陈无我创办于 1939 年的佛教报刊《觉有情》1947 年 4 月、6 月先后编发了两期纪念太虚的专号，尤其是 6 月出版的"太虚大师纪念特刊"厚达 56 版，其中刊发"大师遗教"数篇，前两篇就是《集团的恶止善行》与《转凡小旧道德成菩萨新道德》。1947 年 4 月 10 日，无锡佛学文化社创办的《佛教文摘》季刊也以"发展学术思想，提高道德程度"为办刊宗旨之一，征文简则更明确要"作现时代道德旗帜"。创刊号第一篇文章为编辑周圆和撰写的《宗教与人生》，其主要观点就是认为挽救世运需要佛教，"惟有倡导道德运动，实行太虚大师提倡的集团的恶止善行"。① 此后，该刊还有多篇文章讨论佛教道德观问题，并援引太虚关于道德与善恶的论述，如《宗教与道德》《善恶辨》《道德重建》等。最能体现道德新运动时代影响力的，是陕西佛化社的呼应。著名社会活动家康寄遥居士于 1948 年 3 月 17 日即太虚逝世周年纪念日，将已经办了 20 多年的《佛化随刊》更名为《大雄》重新出版，创刊号为"太虚大师示寂周年纪念"专号。在赵更生的纪念文章《纪念虚公忆及印公》中，作者说两位大师都认为中国国乱民弱是因缺乏道德、颓风积集，"所以太虚大师登高一呼，倡说集团的恶止善行，掀起新道德运动的巨幛"。② 5 月出版的第 3 期发表了畏因的文章《新道德运动缘

---

① 周圆和：《宗教与人生》，《佛教文摘》第 1 期，1947 年 4 月 10 日，第 3 页。
② 赵更生：《纪念虚公忆及印公》，《大雄》创刊号，1948 年 3 月 17 日，第 3 页。

起》，记录了陕西佛化社遵循太虚遗教推动新道德运动的情况，并发布了《陕西佛化社推行新道德办法大纲》。据此可知，陕西佛化社已经将太虚与《海潮音》的道德新运动从口号落实为行动。大纲要求陕西佛化社社员率先行动，先"研究道德要目内容义理，并立愿实行"，对亲友与社会各界，尽力宣传新道德意义。佛化社每月还组织一次汇报，召集指导员、各考核人员，互相听取报告，交换工作意见，以提高推行新道德的效率。[①] 7 月出版的《大雄》刊发的畏因的《为世界道德重整会进一言》，更是针对该会在美国召开第十届年会建言"应尊重东方文教，尤应以集团的新道德运动为法则"。文中再次详细介绍了太虚关于新道德运动恶止善行的论议，断言"惟佛教可以领导世界重整道德，任何国人若应用佛教的教义方可言重整道德，倘各宗教终合流于佛海，方可倡重整道德"。[②] 根据此文以及李子宽致康寄遥的一封信函，他们还委托苏慧纯居士将太虚的《集团的恶止善行》一文译成英文寄给世界道德重整大会以作参考。

当然，如果我们的目光仅仅停留于此，太虚与《海潮音》倡导"道德新运动"的时代影响与历史意义也就仅限于此。但是如果我们放宽视野，从近现代佛教发展的历史背景与当代人间佛教实践成果的角度来看，道德新运动所具有的历史价值与时代影响就大得多。以下从太虚人间佛教思想建构体系、佛教中国化与现代化、中国与世界道德重建运动三个角度来简论。

首先，道德新运动是太虚人间佛教（太虚多以"人生佛教"来表述，本文在此不做区分）思想付诸实践的必然，所体现的佛教伦理道德观更是其人间佛教思想体系建构的重要内容，甚至可以说太虚人间佛教思想的建构始于道德观，又完成于道德观。本文认为，作为现代

---

① 畏因：《新道德运动缘起》，《大雄》第 3 期，1948 年 5 月 1 日，第 6~7 页。

② 畏因：《为世界道德重整会进一言》，《大雄》第 5、6、7 期合刊，1948 年 7 月，第 3~4 页。

人间佛教思想的倡导者与理论建构者，太虚在早期致力于佛教改革与佛教组织的创立时就已经有了创建"新佛教"的想法，但将模糊、笼统的"新佛教"系统化、具体化为人间佛教理论，有着一个从实践到理论，再从理论到实践的反复思考提炼过程。一个非常重要而清晰的线索是"伦理道德思想是其重要的内容，他对佛教伦理问题有自觉的关注，将伦理道德修养看作是实现人生佛教、人间佛教和人间净土的重要途径"。① 太虚在 1914～1916 年闭关期间完成的《整理僧伽制度论》和《佛教人乘正法论》即已初步形成"根据教理、教史以树立佛教改进运动的理论"的人间佛教理论。明确"佛教人乘正法，即人伦道德也"之旨，融汇儒家五常思想系统阐发佛教五戒善法，欲"构成佛化的伦理、政治、经济的新社会"，"行为则以社会道德为基本，实行五戒十善之人间道德，改良社会、政治、文化、教育、风俗、习惯"。② 将佛教伦理作为人间佛教理论建构的必然内容与起始之点。此后，太虚建构人间佛教理论的代表性文论如《自由史观》《怎样来建设人间佛教》《学佛先从做人起》等，以及直接阐发佛教伦理的《俭勤诚公》《菩萨的人生观与公民道德》《佛学之人生道德》等文章，从个人道德到僧团道德，再到社会公民道德，都是在不断深化与丰富其人间佛教思想的伦理观。在《怎样来建设人间佛教》中还明确提出"佛教的原则与人类新道德"为"利他则自他俱利，害他则自他俱损"，指出菩萨就是"实行去救世救人，建设人类的新道德"，所以菩萨就是"根据佛理实际上去改良社会的道德运动家"。③ 晚年发起的道德新运动以及被视为遗作的《菩萨学处讲要》，更是将其人间佛教思想的核心与落脚点都放在了伦理道德之上，正如楼宇烈先生所言，太虚大师提倡人

---

① 董群：《太虚人生佛教的伦理观研究》，觉醒主编《佛教与现代化——太虚大师圆寂六十周年纪念文集》（上），宗教文化出版社，2008，第 149 页。
② 太虚：《我的佛教改进运动略史》，《太虚大师全书》第 31 卷，第 74～77 页。
③ 太虚：《怎样来建设人间佛教》，《海潮音》第 15 卷第 1 期，1934 年 1 月，第 14 页。

生佛教的根本宗旨就是以大乘佛教"舍己利人""饶益有情"的精神去改进社会和人类，建立完善的人格、僧格，太虚提出的"即人成佛""人圆佛即成"就是说"成佛就在人的现实生活中，就在人的日常道德行为中"。① 由此可见，在太虚的人间佛教思想建构中，以菩萨"利他"精神为核心的伦理观是一以贯之的。

其次，道德新运动是佛教中国化的典型案例与佛教现代化的一次有益探索。赖永海先生曾论说："佛教的中国化、本土化，主要表现为佛教的儒学化（其次为老庄化），作为结果，是中国佛教逐步走上也世俗化、伦理化的道路……到了近、现代终于演化出注重世间、强调人本的'人生佛教'。"② 本文循此思路认为，佛教发展到近代，实际上同时面临中国化与现代化两项挑战。20 世纪 20 年代初，随着唯识学研究兴起以及日本学者引发的质疑《大乘起信论》真实性的论议，出现以欧阳竟无、王恩洋、吕澂等为代表的一些佛教学人，怀疑甚至否定佛教中国化历程与成果，倡议回到印度原初佛教。佛教中国化的合理性以及佛教未来发展是否还要继续中国化以及怎样中国化，都成了需要解决的问题。太虚终其一生发动的佛教革新运动和人间佛教理论的建构与宣介，以"新与融贯"为旗帜，坚定不移地维护佛教中国化的道路、成果与中国化佛教的发展方向。道德新运动因其"在宗教主张上、在宗教实践过程中，表现出的对人的问题的关怀，对道德问题的关心，对世俗伦理的关注"③ 而体现出的佛教伦理化，正是对佛教中国化方向的坚持。此外，在西方思想与宗教的冲击下，佛教现代化以及如何现代化，也成为重要的迫切需要解决的问题。关于佛教现代化的具体内涵与标准，学术界有多种讨论。但至少有一点共识，即

① 楼宇烈：《太虚大师小传》，刘梦溪主编《中国现代学术经典·太虚卷》，河北教育出版社，1996，第 5 页。
② 赖永海：《近现代"人生佛教"与儒家的"人本"哲学》，《江苏社会科学》2000 年第 3 期。
③ 王月清：《中国佛教伦理研究》，南京大学出版社，1999，第 219 页。

人间佛教思潮与运动，"正是中国社会历史巨变在宗教界的反映，是佛教从古代社会向现代社会转型的产物，是中国现代佛教起步的重要标志之一"。① 就此而言，作为太虚人间佛教思想重要实践活动之一的道德新运动正是佛教现代化的一个发展方向。事实上，在风起云涌的当代人间佛教的道德实践运动中，如佛光山的"三好运动"中台禅寺的"四箴行"、法鼓山的"心六伦"、慈济功德会的"慈济十诫"等，我们无不能从道德新运动中找到思想渊源和实践踪迹。

最后，道德新运动是近现代中国乃至世界道德重建运动中的一股清流。面临"数千年来未有之变局"的清末民初，最大的危局是"存在与意义的双重迷失"，即在内外交困中，中国人丧失的是"道德意义与生命价值"。② 故而严复在译介西方思想之时，提出"新民德"为强国要务之一，以西方的自由、民主、平等观念革新民众的道德观。由此，从康有为、谭嗣同猛烈抨击"三纲"，到梁启超、陈独秀疾呼的"道德革命"成为五四新文化运动的焦点，针对传统伦理道德的批判与重建新道德，就成为近代中国思想与社会运动的一条重要发展轴，同时"呈现出回归儒教传统、倡扬佛教信念、追求西方近世伦理等三个思路"。③ 章太炎、梁启超、谭嗣同等都从佛教中找寻道德依据，也吸纳西方自由、平等、博爱等价值观念作为伦理资源。而太虚与道德新运动正是接续了这个思想路径，以佛教的心性平等、因果循环等理论为依据，赋予四无量心、四摄、六度等修持方法新的道德含义，更以《集团的恶止善行》作为行动纲领，倡议社会运动来落实佛教伦理道德，可以说是中国近现代道德重建运动中的一股重要力量。尤其值得一提的是，历经惨绝人寰的两次世界大战，以美

---

① 魏道儒：《略谈早期"人间佛教"的理论与实践》，http://www.fjnet.com/fjlw/200907/t20090701_126674.htm.

② 李向平：《救世与救心——中国近代佛教复兴思潮研究》，上海人民出版社，1993，第2页。

③ 李承贵：《道德何以可能？——晚清民初寻找道德本体的三个思路及其启示》，《南昌大学学报》（人文社会科学版）2003年第4期。

国牧师布克曼 1938 年创建道德重整会为标志，世界性的新道德运动蔚然兴起。无论太虚的《集团的恶止善行》是否被译介到世界道德重整大会上，太虚及其道德新运动都是一股清流，已经汇入世界道德与全球伦理建设的大潮之中。

《北大佛学》第 2 辑
第 132～146 页

正统性的探寻：太虚对扶乩"迷信"的批判与受容*

张　佳

内容提要　本文以《太虚大师全书》为基础，梳理了太虚对当时流行之扶乩信仰的看法。太虚早年尤为强调对扶乩展开批评，但出于多方面的考量，他在批判扶乩的同时，也逐渐透露出在一定程度上接纳扶乩与佛教并存的倾向。这种批判与受容，不仅反映了佛教自身发展与民间信仰之间的复杂互动，还体现出太虚将佛法弘扬于世的宏愿及其对佛法正统性本身的不断探寻。

关键词　太虚　扶乩　近代佛教

作者简介　张佳，东南大学人文学院助理教授。

---

* 本文为2017年度国家社会科学基金重大项目"汉传佛教僧众社会生活史"（17ZDA233）阶段性成果。

一　近代扶乩信仰的盛行及其对佛教精英的吸引

扶乩之术在中国源远流长，又称扶箕、箕卜、扶鸾。一般是指在乩坛设置神座、香案、沙盘，再由训练有素的乩手根据求问者疑难叩问神灵，并将神灵的乩谕写在沙盘之内，最后由专人辨识抄录。陈撄宁曾言："民国纪元，于今十稔，前朝旧习，大事变更，惟乩坛之设，几乎遍满国中，非徒未衰，反加盛焉。"① 早在清中叶，中国各地就已经乩坛遍布。清末民初，扶乩还渗透到许多传统民间教门甚至佛教之中，并成为当时绝大多数新兴宗教团体的信仰主体。就连一些著名的善堂和新式慈善团体，如极具全国影响力的道德会、红卍字会和中国济生会也都有扶乩的背景。② 据笔者考察，仅上海一地，包括仁济堂、果育堂、位中堂、广益堂、同仁辅元堂、普善山庄、救济会和联义善会在内的绝大多数传统善堂，几乎都曾涉及扶乩活动。为此，1929 年国民党党部和上海市政府曾通过"严禁各善会设坛扶乩、破除迷信"的议案。不过，对这些慈善团体来说，绅商名流的主持、普通民众的支持及兴办社会公益事业的成效，让政府禁令几乎落为一纸空文。③ 显然，扶乩并没有被当时科学化、现代化的浪潮所侵蚀和淹没。甚至从各界精英到普通民众，仍有相当数量的国人对扶乩抱有极大的热情。④

---

① 陈撄宁：《庐山小天池乩坛实录缘起》，《扬善》第 2 期，1933 年。

② 更多相关探讨可参考 Wang Chien-chuan，"Spirit Writing Groups in Modern China（1840 – 1937）：Textual Production，Public Teachings，and Charity，" in Vincent Goossaert，Jan Kiely，and John Lagerwey，eds.，*Modern Chinese Religion* Ⅱ，Leiden & Boston：Brill，2015，pp. 651 – 684。

③ 张佳：《近代上海绅商居士的宗教生活与佛教现代化转型——以王一亭（1867～1938）为个案》，香港中文大学，博士学位论文，2014，第 233～234 页。

④ 仅以《申报》为例，我们便不难发现扶乩活动早已渗透到民众生活的方方面面。如1911 年 12 月 2 日登载的《无稽之谈》一文，曾报道袁世凯在吕祖乩坛询问政事。1918 年 12 月 21 日的《某使署之扶乩》一文，也记录了某国驻京公使馆内的扶乩活动。

随着科学主义的兴起，扶乩甚至还引发现代知识阶层对它与科学关系的思考。《申报》曾登载《北京之新事》一文（1914 年 1 月 9 日），透露出作者在参与扶乩后的态度转变。其文言道："扶乩之事，记者初亦以迷信或谬妄视之。及日前实见，乃大惊异。或仙鬼实有之，或心理学上之潜在意识有如此作用，如催眠术等等者，然或于哲学等另有别解。若在外国，必成为学术上一大问题也。"1926 年 12 月 25 日，该报《记扶箕》一文也认为："近日学者，以科学昌明，多目为虚妄，然有时则凿凿有征，不能一概而论也。"实际上，早在民国初年，一些迷恋扶乩又接受过新学教育的知识精英，就曾试图将扶乩纳入现代科学知识的体系之中，借用西方学说开展灵学研究，探讨灵魂、鬼神、生死等问题与预测未来。①

这股扶乩的热浪也波及民国诸多佛教徒的信仰实践。不少佛教精英频频出现在乩坛之中，从事扶乩活动。② 如民国时期颇具全国影响力的慈善

1920 年 11 月 2 日的《扶箕》一文则称："今之士夫多悲观厌世，故喜谈仙鬼。有号称教育家者，亦沉迷于箕卜。"1923 年 3 月 20 日的《闸北巡警被人暗杀案之昨讯》，还记载了当时上海的警员、高官前往乩坛咨询破案。1931 年 6 月 16 日的《杨行镇灵慈会被查封　乡民男女大为扫兴》一文，则报道了以扶乩为信仰的吴淞灵慈会，因为向各处募集捐款、举行法会而遭到查封。据称，该会会员原本正兴高采烈地"拜诵经忏"，而遭到查封时，"一般乡民男女，莫不大为扫兴"。

① 有关近代灵学研究的探讨，可参看黄克武《民国初年上海的灵学研究：以"上海灵学会"为例》，《中央研究院近代史研究所集刊》（台北）第 55 期，2007 年；郑国、泮君玲《近代中国知识分子的一种信仰世界——伍廷芳与灵学》，《民俗研究》2017 年第 3 期；张洪彬《伍廷芳证道学研究》，《世界宗教研究》2018 年第 1 期。

② 范纯武在 1999 年就曾以生动的史料为基础，强调近代中国佛教研究过于注重佛教向现代宗教转化，会导致对佛教与民间信仰关系问题的忽视，同时论证了近代中国佛教曾受到不少以扶乩为主体的新兴宗教影响。可参看范纯武《近现代中国佛教与扶乩》，《圆光佛学学报》（台北）第 3 期，1999 年。其后，范纯武还以"来苏社"为个案进行探讨，可参看范纯武《"崭新菩萨宜今世、科学欧文都了晓"：试论 1930、40 年代上海佛教居士扶乩团体"来苏社"》，《民俗曲艺》2008 年第 12 期。尽管范纯武的观点直至今日仍未受到近代佛教研究界的普遍关注，但与此相关的著述已经形成一定积累。就笔者目力所及，包括：王见川在《清末民初中国的济公信仰与扶乩团体：兼谈中国济生会的由来》（《民俗曲艺》2008 年第 12 期）中分析了济公信仰和扶乩的关系；康豹（Paul R. Katz）在《一个著名上海商人与慈善家的宗教生活——王一亭》（巫仁恕、康豹、林美莉主编《从城市看中国的现代性》，台北，中研院近代史研究所，2010，第 275～296 页）一文中提及王一亭参与扶乩（该文的英文版亦被改编收入 Paul R. Katz,

团体——上海中国济生会（1917 年创立），即信奉"济公佛祖"并依赖其内部乩坛集云轩（1916 年创立）的降乩活动来开展社会慈善公益事业。济生会最主要的领导者，则包括著名的佛门护法王一亭（1867～1938）和黄涵之。此外，熊希龄、丁福保、屈映光、关絅之等其他绅商居士名流对此也多少有所参与。① 又如 1917 年前后，丁福保还曾与陆费逵（1886～1942，字伯鸿）等中华书局同人在书局内成立盛德坛和灵学会，进行扶乩活动和灵学研究。② 1919 年，丁福保在撰写其佛教普及读物《佛学指南》时，也援引扶乩的案例来阐释因果轮回等佛教教义。③ 1918 年 12 月21 日的《申报》，则记录了叶恭绰亦曾涉足乩坛。④ 1937 年前后，曾被印光视为弘扬净土五大弟子之一的江易园，更是对来苏社的木道人降乩活动生出迷恋，就连将自己的女儿嫁给其弟子游有维时，也要请木道人和济公降乩来证婚……⑤

对于佛教界内尤其是佛教精英之间逐渐盛行的扶乩之风，梁启超早在

Religion in China and Its Modern Fate, Waltham, Massachusetts: Brandeis University Press, 2014, pp. 109 - 165）；张雪松在《法雨灵岩：中国佛教现代化历程中的印光法师研究》（台北，法鼓山，2011）一书中曾论及印光与黄大仙扶乩信仰的互动；王见川在《近代中国的扶乩、慈善与"迷信"——以印光文钞为考查线索》（《中央研究院第四届国际汉学会议论文集》，2012）中梳理了印光文钞所展示的扶乩与佛教的互动；张佳在《近代上海绅商居士的宗教生活与佛教现代化转型——以王一亭（1867～1938）为个案》及《中国济生会所见近代绅商居士之济公信仰》（参见《宗教学研究》2015 年第 1 期）中继续围绕济生会深入探讨了上海绅商居士的济公扶乩信仰；前文引用王见川的英文论文"Spirit Writing Groups in Modern China（1840 - 1937）：Textual Production，Public Teachings，and Charity，" in Vincent Goossaert，Jan Kiely，and John Lagerwey，eds.，Modern Chinese Religion Ⅱ，专门探讨晚清民国的扶乩与慈善教化。

① 张佳：《中国济生会所见近代绅商居士之济公信仰》，《宗教学研究》2015 年第 1 期。
② 黄克武：《民国初年上海的灵学研究：以"上海灵学会"为例》，《中央研究院近代史研究所集刊》（台北）第 55 期，2007 年，第 113、123 页。
③ 如在"犯盗业之实证"一章中，丁福保记载了汤侍御夫人唐氏难产死亡后，汤侍御向唐氏父亲写信汇报唐氏之亡，却因时间仓促未写死因，故而唐氏之父设坛请乩询问原因，而唐氏在降乩时称自己前世盗用当时为其主人之汤侍御的银两，从而在此世转生为其妻还债而缘尽后死亡的故事。参见丁福保《佛学指南》，青莲出版社，1982，第 416 页。
④ 《某使署之扶乩》，《申报》1918 年 12 月 21 日。
⑤ 关于江易园和来苏社扶乩活动，可参考范纯武《"崭新菩萨宜今世、科学欧文都了晓"：试论 1930、40 年代上海佛教居士扶乩团体"来苏社"》，《民俗曲艺》2008 年第 12 期。

1920 年就曾表示强烈反对。其文有言：

> 中国人中迷信之毒本甚深，及佛教流行，而种种邪魔外道惑世诬
> 民之术，亦随而复活；乩坛盈城，图谶累牍；佛弟子曾不知其为佛法
> 所诃，为之推波助澜；甚至以二十年前新学之巨子，犹津津乐道之，
> 率此不变，则佛学将为思想界一大障碍，虽以吾辈夙尊佛法之人，亦
> 结舌不敢复道矣。[①]

显而易见，民国时期的扶乩热潮已经引起了佛学精英的警觉。当时
不少高僧大德都就此发表公开言论，像梁启超一样批判扶乩者尤其不在
少数。其中，太虚更是屡次发表言论抨击扶乩，斥其为妖怪外道、迷信
邪说。

二　太虚对扶乩的抨击

太虚对扶乩的较早批判，至少可以追溯至梁启超公开批评扶乩阻碍佛
学发展的 1920 年。当时，正在武昌讲经的太虚不仅将经中"欺世偷"一
词解释为"专指修行人用术欺诈庸俗而取财者"，还在此特别点名批评了
"圆光扶乩、踏罡布斗、设坛传道、通神查天"等术。在他看来，这些法

[①] 梁启超：《清代学术概论》，台北，商务印书馆，1994，第 166 页。当然，有趣的是，事
实上梁启超本人并不是完全不信扶乩。梁家至少在他的默许之下，不止一次借扶乩占卜
吉凶，并且梁启超对扶乩的结果也将信将疑，并未表示明确的反对。1927 年，梁启超在
美国留学的长子梁思成，长期没有与家中联络。梁启超让家人向其邮寄包裹，亦被退
回。梁启超为此颇为不安。其二夫人更是惊慌失措通过扶乩去询问三年前已经过世的梁
思成生母。在一封写给女儿梁思顺的信中，梁启超提及此事道："王姨急得去扶乩问你
妈，谁知请了半点钟，竟请不来。从前不是说过三年后便不来吗？恐怕真的哩！但前三
个月老白鼻（按：梁启超一子的绰号）病时，还请来过一次，请不到的实以此次为始。"
参见梁启超《与顺儿书》，丁文江、赵丰田编《梁启超年谱长编》，上海人民出版社，
1983，第 1146 页。

术"皆是精灵妖魅（皆畜生、饿鬼等所为）阴主于上，潜匿奸欺称善知识之邪师等阳煽于下，借释尊、孔子作招牌，将却病、延年为广告，烘动愚俗"。鉴于扶乩等术的盛行，他不无悲愤地感慨道："戢戢之氓，蚩蚩者众，坐陷其网罟陷阱之中而不知，犹日出其毒以自毒毒人，深可悲已！"① 1922 年，太虚在《海潮音》的佛教问答栏目中亦明确表示，济生会借扶乩行善的行为是"欺罔人世"，"皆迷信仙鬼者，与佛教初不相干"，② 并在翌年的另一篇文章中对这些"外道"做出批评。③ 1924 年，太虚还指出，正是因为"晚唐以来佛法之三论、唯识等学不昌于世"，"故种种妖怪亦多依附"。因此，他强烈呼吁，对附庸于佛教的扶乩、占命、占星等"妖怪"，"不可不挥科学之理智刀，及大小乘之法相慧剑，扫荡而廓清之也"。④

太虚对扶乩的"扫荡而廓清"，还表现在他对扶乩现象背后的机理展开分析和批判。在回忆陆费逵时，他提及自己曾拒绝前往上海灵学会乩坛，并向发出邀请者说明了理由。在他看来：

> 乩之二伪：一、人伪，乃纯出扶乩之作伪，觇写字、鬼照像等，往往而然。二、鬼灵精魅伪，虽不出扶乩人而确有潜灵运之，然要为游鬼老精，假称佛仙或古圣先贤，借得人歆供而啖饮食精气。所称某菩萨、某神圣鲜有非伪者。所登偶多奇验，亦山鬼所知，不出一年之类。若倾信之，每使人迷误。⑤

即认为乩坛降乩不是人为伪造，就是一些假称神佛的鬼魅借机获取供

---

① 太虚：《大佛顶首楞严经研究》，《太虚大师全书》第七编法藏·法界圆觉学（九），太虚大师全书影印委员会，1970，第 1896~1897 页。
② 太虚：《答觉非问（十三则）》，《太虚大师全书》第十七编酬对（二），第 363 页。
③ 太虚：《略评外道唐焕章》，《太虚大师全书》第十九编文丛（六），第 1403 页。
④ 太虚：《大乘与人间两般文化》，《太虚大师全书》第十四编论论（一），第 86~87 页。
⑤ 太虚：《忆陆费伯鸿先生》，《太虚大师全书》第十九编文丛（六），第 1332 页。

养，不应迷误相信。这样的观点，可以说一直贯穿于太虚的一生。例如，他在 1939 年的昆明佛学研究会上，也曾不无鄙夷地提到乩坛中所谓的"圣先贤或菩萨、罗汉降乩"，只不过是"既有小通，故亦能说验其小事"的"野鬼验魂""假名而来"。至于游魂野鬼之所以能降乩，则是出于"活人的心灵感通"。① 1934 年，太虚在论及伪经时，第一个点名批评的便是由乩坛写出的所谓"佛经"或"冒称佛说"。他进而强调，对于佛说之经典，必须先"考查其历史，是否佛说，是何人于何时翻译来华的"；"若历史不明，则不能令人起信，不能起信即不能依教奉行，此经即为无用"。②

太虚对扶乩背后的鬼神之说甚至灵学研究，也多有批评。1931 年，在《祛世人对于佛教的误解及唤起佛教徒的自醒》演讲中，针对"佛教是迷信的"质疑，太虚认为：

> 其实、佛教是一问题，鬼神又是一问题，至鬼神究竟存在与否，到现在、在科学哲学上还是一个待解的悬案。可是、最近的科学趋势上，大抵已有虚心去研究这个问题的倾向，即所谓灵学的研究，已不同那十九世纪的科学家武断为没有；而中国的圆光、扶乩等等，也时常发见和研究鬼神的地方。然佛教与鬼神却是没有关系的，如真正于社会学和宗教学有研究的人，他即能够知道世界宗教可以分作三大类：一、是多神教，即鬼神教；二、是一神教，即耶、回等天神教；三、是无神教，即是佛教。然中国一般无知的，却不能知道。我曾在欧、美和许多科学、哲学者谈过，他们知道佛教不是多神教和一神教，而认为是科学的和哲学的宗教；佛教不是鬼神教是无疑了。但佛教也不否定鬼神的存在，因为鬼神这样东西，是值不得人们崇拜的，

---

① 太虚：《第五次研究会》，《太虚大师全书》第十七编酬对（三），第 693 页。
② 太虚：《佛说善生经讲录》，《太虚大师全书》第二编五乘共学，第 51 页。

它的程度不比人高，还要以佛教去教化他哩。不消说、信佛教的是完全不崇拜鬼神的，而佛教所崇拜的佛、菩萨，与鬼神绝异。①

　　显然，太虚并没有否认鬼神的存在，甚至认为灵学、扶乩都是研究此一科学和哲学尚未解决问题的契机。不过，站在佛教是"科学的""哲学的""无神教"之立场，太虚又非常明确地抨击扶乩等"多神的""鬼神教"是低级的宗教，并极力试图撇清佛教与它们的关系。

　　1934 年，太虚在阅览最新翻译的《科学的人灵交通记》一书后，还直接引用浙西藏一居士为此书所作的跋语，在《海潮音》上再次表明自己对此类西方流行之"鬼语"学说的立场。在他看来，"以佛理而评订此书"，此跋"已发挥恰到好处而不须著他语"。兹节选其跋文如下：

　　　　鬼物之有无，与生死问题有密切之关系。我国旧说，大抵浮光掠影，学者不能无疑，即各处乩坛，本皆灵鬼所依托，鬼也而不自承其为鬼，宜为有识者所讥议。得此编以证明之，庶足发人深省。至于超出生死，不入轮回，八万四千法门，惟佛能知，惟佛能说，非人鬼道所能梦见……

　　　　然此中有数处犹可一论者，则其云层级之高下以震动之速迟为准，此之震动与佛说"业识"相当，层级即由一类一类相似业识所振；一类一类众同分业报，业报同则相见闻而同受用，业报异则不相见闻，而上一层级者可借通下一层级，皆颇符唯识之义。按佛书说鬼为九等，此与人交通等，殆鬼中之多财自由者，故能与人协作此团体之周旋。

　　　　然此中说为现亡不久之某某人者，或由其人死后适堕于鬼趣，或

---

① 太虚：《祛世人对于佛教的误解及唤起佛教徒的自醒》，《太虚大师全书》第十八编讲演（二），第 349~350 页。

由稍具五通之灵鬼扮演，非必真为已亡某人之鬼。大抵称为赫胥黎等名人，虽决非灵媒或试录者之作为，而不免出于鬼灵之假托也。以人死流转六趣，实非皆作鬼灵，且亦非皆从鬼灵投胎以来。其以人畜等鬼灵身为在人世身副本，亦属不当，谓以太身与肉身无关而无衰老，又谓鬼中小孩须教养，亦矛盾也。[①]

在太虚眼中，灵学尤其是乩坛上对鬼神的研究无疑能够让人去反省生死问题，其内容在某些方面也与佛法有一致之处。然而，由六道轮回等佛法观念出发，甚至从此书自身的逻辑来看，扶乩背后的鬼神学说不但颇有漏洞，更不能像佛法那样真正帮人超越生死。换言之，太虚批判扶乩和灵学的根本立场，归根究底还是在于宣扬佛教。

三 抨击背后的受容

尽管太虚数次严厉批评扶乩，但从上文也不难发现，他在一定程度上又肯定过扶乩在研究鬼神存在甚至引发世人思考生死问题方面的意义。这种肯定的背后，主要是出于对佛教因果轮回观念的宣扬。早在 1918 年觉社成立时，太虚就曾表示："夫流转轮回之理，古今东西圣哲所公认，中外古书所载因果报应之事，累累不绝，今以西洋之心灵学派、灵魂学派，及今中国之圆光、扶乩等得其证明者，益成坚确。"[②] 换言之，在他看来，西方灵学研究和中国扶乩、圆光等活动不但是前文提到的 "时常发见和研究鬼神的地方"，而且是对中外古书中因果报应之事的今证。1923 年，太虚虽然一边批判悟善社首领唐焕章，认为其和济生会、道院一样 "除信扶乩所录之说外别无秘传"，但另一边当他阅读唐焕章驳斥陈独秀非宗

---

① 太虚：《阅〈科学的人灵交通记〉》，《太虚大师全书》第十六编书评（一），第 371、375～376 页。

② 太虚：《觉社意趣之概要》，《太虚大师全书》第十九编文丛（五），第 1021 页。

教的言论后又表示：

> 外道乃确有其所修得之神怪之道者，其所发邪悟亦有迥非徒数习文史传说、或向外观测事物形表之凡夫学者所能及者……吾今虽破唐焕章之外道论，而陈独秀之凡夫论，则仍为唐焕章摧破而不能存立也。由外道破凡夫，由小乘破外道，由大乘破小乘，乃能发生正智了达佛法，故佛法终非凡夫所知也。①

由此可见，太虚认为包括扶乩在内的"外道"，在破除"凡夫"知见上仍然有一定的可取之处。更何况，站在反"非宗教运动"的立场上，佛教在某种程度上也能够和这些"外道"结为同伴。1929 年，太虚在《寰游记》中，亦曾提及当时莱比锡大学杜里舒教授，"尤注意灵学之实验，故对于佛学深感兴趣"。②

1934 年，太虚在南京与黄忏华谈论佛法后，还在《海潮音》发表《佛法建在果证上》一文，指出"诸趣流转之说，决非一般人所推测或想象得到的"，但是"科学家发现人灵交通，以及乩坛上先哲临坛降乩等事"，"在事实上"能够"发现人、畜生、鬼"。紧接着，太虚还说道：

> 因为我们的人类，不易解说证明一切，所以在佛法理论上的学说，未证得圣果位不易明了，更不易讲解得出来。所以我们在没有证得天眼通、宿命通以前，当然自身他身多身所行之事，皆不能够知道，而生死流转的诸趣，无始以来所造的业果，不断地熏习在阿赖耶识之中，因之不断地在生死苦海里面流转着，这在未有证得佛果的我

---

① 太虚：《略评外道唐焕章》，《太虚大师全书》第十九编文丛（六），第 1405～1406 页。
② 太虚：《寰游记》，《太虚大师全书》第十九编文丛（二），第 399 页。

们，自不容易了知个中真理。①

　　佛法关于生死轮回的道理在太虚看来很难全然为人类所论证。即便是到了 1940 年，太虚在汉藏教理院依然在探讨佛教能否存在、轮回是否成立的问题。他甚至再三强调："如果三世轮回的理论不能建立，则佛教在理论上也似乎没有存在的可能。讨论这问题，就是精神能不能继续到后世。"② 那么，如何让人们尤其是更多未修得"三明六通"的普通人去相信三世轮回、相信精神在此世之后的延续呢？显然，太虚认为扶乩一类的"外道"至少在某种程度上可以为此做出一点印证。

　　太虚在因果轮回的论证之外，基于密宗的角度也对扶乩有所受容。如 1923 年，他在武昌佛学院提及向西方布教时，曾指出西方"由物质之反应，近来渐多鬼神学、灵学、摧［催］眠术等"，故而"以时势观之"，与其相近的密宗较"易于通化"。③ 1924 年，太虚在呼吁对依附于佛教的扶乩等"妖怪""不可不挥""科学之理智刀"与"大小乘之法相慧剑"的同时，也考虑到密宗对这些技术的融摄，进而又特别指明，倘若没有彻悟"本空无性与随俗方便之理"，这些技术仍然只是"妖术"。④ 这也意味着，太虚对密宗基于佛法而做出类似扶乩的行为并无异议。

　　如果说因果轮回观念和密宗实践在一定程度上促使太虚并没有完全否定扶乩，那么，那些热衷于扶乩但又是佛门重要护法的居士名流，也无形中迫使太虚不可能对扶乩采取完全批判的态度。最典型的个案应当为太虚的重要支持者王一亭。太虚在追忆王一亭时曾写道：

---

① 太虚：《佛法建在果证上》，《太虚大师全书》第七编法藏·法界圆觉学（十一），第 2757～2758 页。

② 太虚：《从佛教能否存在谈到轮回》，《太虚大师全书》第七编酬对（三），第 616～617 页。

③ 太虚：《唯识讲要》，《太虚大师全书》第六编法相唯识学（二），第 766 页。

④ 太虚：《大乘与人间两般文化》，《太虚大师全书》第十四编支论（一），第 86～87 页。

民六，上海有组设中国济生会者，以所谓济公活佛主坛扶乩，颇施医药及推行赈灾等慈善事业，长者亦于坛皈依济佛，法名觉器，由是称佛弟子。而济生会推长者为会长，每年筹赈南北灾难，恒集资数十万数百万元，而长者遂为上海乃至全国慈善家之巨擘。沪上之各善堂与诸慈济事业，鲜有不借长者以为之号召者。靳君云鹏，历长军政，近年甚深佛学，其抱负甚高。民廿四抵沪，独下拜曰：三年一总统，而数十年数百年才有一菩萨，称长者为当今之一活菩萨，其善行为并世人士之倾倒如此。①

从整个行文来看，太虚并没有把王一亭在济生会的活动放在后面"余与长者道谊之情，则尤深在佛教之弘护"的部分。然而，他将王一亭信佛归因于在济生会皈依"济佛"，又称王一亭在慈善界的声誉得益于主持济生会的成就，显然没有丝毫批评王一亭作为佛教徒却主持济生会活动的意思，甚至还对济生会的慈善功绩表示了肯定。而早在鼓励僧众"广作教养及救济社会的教育慈善事业"时，太虚也曾表示"这一点最敬王一亭居士"。② 结合1922年太虚曾在《海潮音》上声称济生会借扶乩行善的行为是"欺罔人世"，"皆迷信仙鬼者，与佛教初不相干"③ 来看，太虚对济生会以济公扶乩行慈善的动机无疑是持否定态度的。不过，他对由此带来的慈善功效又表示了肯定，并且几乎并未直接反对作为大护法的王一亭参与此"外道"。

四　对佛教正统性的追寻

高万桑和宗树人在《现代中国的宗教问题》一书中曾指出，从西方

---

① 太虚：《追念王一亭长者》，《太虚大师全书》第十九编文丛（五），第1234～1235页。
② 太虚：《对于中国佛教革命僧的训词》，《太虚大师全书》第九编制议（一），第602页。
③ 太虚：《答觉非问（十三则）》，《太虚大师全书》第十七编酬对（二），第363页。

和日本传入的"宗教"与"迷信"观念、基督宗教所树立的宗教典范模型以及现代国家观念下的政府宗教政策，构成了包括佛教在内各大"中国宗教"现代化革新的主要背景。[①] 而在庙产兴学运动和反迷信思潮的威胁中，主流佛教界要塑造现代化的"独立宗教"（institutional religion）形象，就必须努力摆脱自身的"迷信"色彩，与包括扶乩在内的民间信仰划清界限，即如太虚、印光等人屡次在言辞中力斥佛教徒参与扶乩。[②] 1928 年，太虚在东吴大学阐释其宗教观时，认为"宗尚于自心所修证者而教化他人"名之"宗教"，又将世界上的宗教分为"从浅至深，从低至高"的三等。其中，同善社、道院这些崇尚扶乩、鬼神的宗教，即被他归为"最低限度"的"鬼灵教"。因为这些宗教"大多以祸福耸动于人"，其奉行崇拜者"多为迷信盲从无知识之人"。相比之下，"依自心信修所获之超常证验，认定惟是自心之心境，否认种种鬼灵及惟一无二能造作主宰宇宙万有的造作主宰"的"自心教"，才是太虚认为的最高等宗教。在划分了四类"自心教"后，太虚还指出，"发起求此正觉之心，即无上菩提心；此心情与无情悉皆平等，惟须由众生而至成佛，乃成正觉而得圆满"的大乘佛教，才是最精深、最高等的宗教。在太虚看来，"惟人世既长有不满足而邀求无限永存之心意，即宗教长有存在之余地"；但在所有宗教中，"惟除佛教外，其余多数在理智上不能存立，在证验上不能如实者，必将渐归于淘汰耳"。[③] 在此，太虚提出以理智为标准来衡量"宗教"和"迷信"，这无疑是他对当时启蒙运动高扬科学范式和民主精神的呼应。在知识界看来，符合实证科学、理性标准的传统信仰或许尚可

---

① 详见 Vincent Goossaert and David Palmer, *The Religious Question in Modern China*, Chicago: University of Chicago Press, 2011, pp. 43 – 65。

② 关于印光对扶乩的看法，可参考王见川《近代中国的扶乩、慈善与"迷信"——以印光文钞为考查线索》以及张佳《近代上海绅商居士的宗教生活与佛教现代化转型——以王一亭（1867～1938）为个案》中的探讨。

③ 太虚：《我之宗教观》，《太虚大师全书》第十三编真现实论宗用论（二），第 243～245、248～251 页。

暂时得以保存发展，否则将被视为阻碍进步、祸国殃民的迷信。因此，太虚势必需要顺应科学的潮流，来论证佛教的正统性以及社会合法性。

　　然而，现实中扶乩等鬼神信仰的盛行——尤其是这些信仰对佛教的"入侵"，又让太虚无比悲愤。在一次演讲中，他甚至有些偏激地批评道："中国信仰佛教的，完全为消极的迷信，而不能积极的自觉……十之八九所谓信佛者，差不多都是斋公斋婆式念佛、放生、迷信于神鬼生活了。"①1932年，当有居士询问他"欲将世界上之儒、道、回、耶各教，镕为佛化一炉，当用何法实施"时，他在肯定"儒、释、道、耶、回五教之教旨虽异，而其劝人为善则一也"的同时，也坚称"道教徒书符、炼丹、扶乩、示药、长生不老，足以惑人，故亦不易同化降佛"。② 显而易见，太虚屡次在言论中努力与扶乩等"外道""迷信"划清界限，最终目标都是凸显佛法的真义和佛教的正统地位。

　　整体而言，太虚早年相对来说更强调对扶乩的批评。然而，到了20世纪三四十年代，这种批判似乎逐渐夹杂了更多受容。尤其是在因果轮回的论证方面，他在某种程度上不仅默认扶乩可以与佛教并存，甚至还认可扶乩是辅佐佛教传播的工具。同样站在义学的角度形塑佛教的正统性，却出现太虚和梁启超二人截然不同的立场，背后的原因实际上正是太虚对西方科学主义的关注与回应。太虚特别重视科学实证主义的"验"和"证"——这一点在他的其他相关著作中也不难发现。更何况他作为佛教信仰的积极推动者，也一直期盼佛教能够受到来自世界不同角落的现代人的青睐。由此，至少就公共场合而言，他必然难以像梁启超一样立场鲜明地批判扶乩。如1937年，太虚在讲解《优婆塞戒经》时，谈及"由舍邪说而归投正法者"为"现时最多"，并特别列举了"由同善社、道院、乩坛等信从鬼神教者，以从理论上研究其说难得成立，所说多与事实不符，

---

　　① 太虚：《对于九华佛教的感想》，《太虚大师全书》第十八编讲演（二），第264～265页。
　　② 太虚：《大林答问（四则）》，《太虚大师全书》第十七编酬对（二），第474页。

乃舍却不符事实之邪教邪师，发心归佛、正知正见以修学"。① 1943 年，太虚在《海潮音》上探讨如何从传统儒、释、道民间教化中"去其渣滓"，提炼出"新颖的民间教化"，从而使中国适应现代"工业社会的新生活"，"使已堕落为污秽、浪漫、虚伪、自私、没有礼貌、无同情心的国民，变成整洁、朴实、热诚、服勤、尚公、健美之新国民"，同时特别强调，"尤非一笔抹煞民间教化为迷信的人能办得通"。② 这种批判与受容，正体现出太虚将佛法弘扬于世的宏愿及其对佛法正统性本身的不断探寻。

从扶乩的视角来审视太虚对佛教正统性的追寻，不仅反映了佛教自身发展与民间信仰之间的复杂互动，还表明近代佛教现代化面临重重困境。一方面，社会各界尤其是知识界对"迷信"和"宗教"的概念本身就不甚明晰，处于探索阶段；另一方面，扶乩信仰在民众生活中早已根深蒂厚，且在天灾人祸横行的民国时期尤为流行，就连众多支持佛教向现代宗教方向革新的重要居士也都深陷其中，甚至还一度给佛教带来扶乩化的趋势。更为重要的是，以佛教自身的立场而言，佛教若欲巩固自己因果轮回的信仰根基、吸引更多的民众皈信，同时将宗教重心从"度死"转移到世俗社会的"济生"公益之中，则难免被动地默许扶乩能够与佛教发展并存的事实。毕竟，扶乩之术不但在密宗中有所体现，佛教在某种程度上也能够分享扶乩为其带来的善果。例如，在崇奉科学实证主义的时代潮流中，扶乩对因果轮回思想所起到的印证作用。至于那些附庸于佛法、以扶乩行善的新兴救世团体，则不仅是以"外道"的方式实践了佛法的"济生"目标，还给佛教带来了不少潜在甚至重要的信徒。此外，这些信奉扶乩的大居士、大护法，始终都是佛教发展势必依赖的重要政治资源和经济来源。

---

① 太虚：《优婆塞戒经讲录》，《太虚大师全书》第八编律释（一），第 46 页。
② 太虚：《中国之民间教化何在》，《太虚大师全书》第十九编文丛（五），第 1359 页。

《北大佛学》第 2 辑
第 147～174 页

历史关口中佛教与政治的抉择

——太虚在北伐前后与政界的交往*

邵佳德

内容提要 太虚作为民国佛教史上的关键人物,其与政界的密切交往是考察近代佛教与政治关系的重要切入视角。太虚与政界的互动几乎贯穿其僧涯,其中在北伐前后与各方军政要员的来往则较少为人关注。但这一时期的政教互动恰恰能够反映一位佛门领袖如何在政局混乱、形势不明的历史关口争取佛教界的最大利益,对于我们理解太虚政教观念的前后承继与转变、佛教改革运动的社会政治背景,以及整个近代佛教与政治关系的不同互动模式,均有积极意义。
关键词 太虚 北洋政府 南京国民政府 政教关系
作者简介 邵佳德,南京大学哲学系宗教学系助理研究员。

---

* 本文系教育部人文社会科学重点研究基地重大项目"近代国家与佛教关系研究"
(15JJD770013)的阶段性成果。

一　引言：从太虚致水野梅晓的一封信说起

1925 年 10～11 月，太虚赴日参加东亚佛教大会，回国后颇有联合日本佛教界共同推进亚洲佛化之雄心。据《太虚大师年谱》记载：1926 年春，"大师应刘仁宜等请，约熊希龄、章太炎、王一亭等，发起全亚佛化教育社（后改名中华佛化教育社），作佛化运动。社址设虹口，由刘仁宜编《心灯》旬刊。大师则寓雪窦分院，或育王分院（息庐），就近指导"。① 此社希望通过提倡佛化教育，而革除动物教育、人伦教育、天神教育之弊，进而普及佛教于全人类，消弭人世战争。② 太虚曾于当年 2 月以全亚佛化教育社筹备处主任的身份致水野梅晓一函，内容包括两部分：一是通告水野梅晓、窪川旭丈关于全亚佛化教育社的筹建情况；二是附上三封新闻稿，希望托水野氏在日本的《支那时报》等媒体上刊载。这三封稿件的题名分别为：《支那要闻》《太虚法师致前教育总长张仲仁函》《太虚法师对时局之意见：致吴佩孚书》。《支那要闻》介绍了全亚佛化教育社的筹办情况，此社的建立颇得益于时任五省联军总司令孙传芳的支持。另两封信均涉及太虚对当时政局的判断和建议，致吴佩孚书是针对吴氏 1925 年 12 月 31 日在汉口发布的尊法通电所提出的意见，致张仲仁函则提出设立五个分区试验各种政治主张，以图日后联合统一。

太虚专程寄文稿给水野梅晓并请其翻译刊载上述时事，透露出他当时极为关心国内政局的发展，并对时局变化中佛教当如何应对有深入思考。事实上，太虚与当时高层军阀统帅多有往来，探讨 20 世纪 20 年代特别是北伐战争前后的这种僧俗互动，对于观察南京国民政府成立前的佛教与政

---

① 印顺：《太虚大师年谱》，台北，正闻出版社，1990，第 216 页。
② 《全亚佛化教育社宣言》（1926 年），中国第二历史档案馆藏，档案号：1001（2）－1752。

治关系有重要意义。① 可惜的是，这几封信件并未收录进《太虚大师全书》以及其他民国时出版的报纸期刊中，属于太虚之佚文。笔者将依据在日本搜集到的信函原件②对之进行解读，结合讨论太虚和其他政界高层互动所产生的影响，展示近代佛教与政治互动关系的多元层次。

二　北伐前后太虚与政界的交往

太虚作为僧界的领袖之一，与政界人物的交往颇为频繁，后来甚至被称为"政治和尚"。此种政教二界互动密切的印象，一度引起舆论对太虚的非议。但佛教与政治的关系，实则向来紧密。晚清民初政治格局的嬗变，对于佛教界的发展影响甚巨，一方面是对"宗教"的概念、性质开始出现新的定位，另一方面随之而来的是新的宗教政策不断出台、完善。这些新变化既有保护佛教信仰自由、寺僧财产权利的面向，也留下了对其造成冲击的诸多因素。③ 在此种背景下僧人积极谋求与政界的互动往来，这可看作在当时全新的社会背景下希望重新平衡政教关系的一种尝试。

追溯太虚与政界高层的来往，在 1910 年时他即"得粤中达官大绅推

---

① 目前关于民国时期佛教与政治关系的研究，关注点较集中在南京国民政府之后的时期或民国初年，总体而言，关于 20 世纪 10~20 年代北洋政府时期的论述较少。例如，陈金龙：《南京国民政府时期的政教关系：以佛教为中心的考察》，中国社会科学出版社，2011；许效正：《清末民初庙产问题研究（1895~1916）》，宗教文化出版社，2016；许效正：《社会治理中的佛教与国家（1895~1927）》，中国社会科学出版社，2019。

② 信件为日本埼玉县饭能市平沼弥太郎后人所藏。平沼弥太郎与水野梅晓关系密切，目前平沼家族的鸟居观音仍设有鸟居文库收藏水野梅晓的资料。该信的信封印有"上海海宁路世界佛教居士林内全亚佛化教育社筹备处缄"，邮寄地址为"日本东京麴町区下六番町五番地支那时报社"，收件人为"水野梅晓先生"，写信日期为 1926 年 2 月 12 日，内含印有"全亚佛化教育社筹备处用笺"字样的稿纸 8 张。目前，这些信函原件由南京建初寺大初法师收藏。感谢南京建初寺大初法师慷慨提供信函原件阅览。信件图片见文末附录。

③ Vincent Goossaert， "1898：The Beginning of the End of Chinese Religion?" *The Journal of Asian Studies*，Vol. 65，No. 2（2006）：307 – 336；Rebecca Nedostup，*Superstitious Regimes：Religion and the Politics of Chinese Modernity*，Cambridge，MA：Harvard University Asia Center，2009，pp. 27 – 66；Vincent Goossaert & David Palmer，*The Religious Question in Modern China*，Chicago & London：University of Chicago Press，2011，pp. 43 – 65.

重"而被举为广州双溪寺住持。当时广州革命党人活跃，太虚与他们多有来往，并因在 1911 年作吊黄花岗之诗而遭通缉，后来也是因为广东官绅相助才得以脱身。民国成立后，太虚第一时间赴南京晋谒孙中山，得与其秘书马君武晤谈佛教协进会之事。1916 年时孙中山还为太虚的诗集手题"昧盦诗录"。孙中山逝世后停灵社稷坛，太虚曾往谒遗体致敬，并作挽联："但知爱国利民，革命历艰危，屡仆屡兴成大业。不忘悟人觉世，舍身示群众，即空即假入中观。"① 可见其向来重视与政界高层的沟通，也对政治风向的变动保持高度敏感。到了军阀割据时期，政治局面更为扑朔迷离，各地佛教之发展也颇不平衡，极大程度地受到政局左右。太虚与蒋介石的交往，学界已有专文讨论，其与蒋氏的关系在 1927 年后比较密切。② 但在南京国民政府成立之前，太虚的政治交往其实是十分多元的，他与北洋时期各大军阀均有联络，试图为佛教界发展谋求利益最大化。

1919 年 6 月，太虚入京请愿撤销《管理寺庙条例》，后来陈定远从日本归来发起中国五族佛教联合会，太虚留京共同提倡。当时黎元洪已因张勋复辟的闹剧而息影津门，太虚专程赴天津与他"谈论佛理"。《太虚自传》记载："有湖北留日生陈君，因有西藏喇嘛被日僧携去日本为号召，回国邀觉先、道阶及我等发起中国五族佛教联合会，请张思缄、汤铸新、张仲仁、张仲膺、胡瑞霖等出面提倡，在象坊桥观音寺开会多次，并约我赴京同谒黎前总统。"③ 为此教界曾有僧人赋诗称颂："振锡初为上国游，千年大法中兴秋。悬知妙灿如来舌，顽石高低尽点头。三昧从来重辩才，大师晚出道能赅。中原改玉民风败，要借雷音为挽回。"④

后来 1920 年出版的第 1 卷第 1 期的《海潮音》刊名就是黎氏题写

---

① 印顺：《太虚大师年谱》，第 196 页。
② 侯坤宏：《太虚时代》，台北，政大出版社，2018，第 227~268 页。
③ 太虚：《太虚自传》，《太虚大师全书·杂藏·文丛（一）》，宗教文化出版社、全国图书馆文献缩微复制中心，2004，第 220 页。
④ 华庵：《闻太虚师应黄陂召入都喜赋》，《海潮音》第 7 期，1920 年，第 45 页。

的。① 其实黎元洪早在督鄂期间，就捐资修复过民元时因战乱被毁的汉阳
归元寺。1922 年后黎元洪再次出任总统，当时归元寺重建了藏经阁，黎
元洪还曾赠匾为庆。② 1928 年，黎元洪逝世，太虚作挽联缅怀："两度津
门佛理论，世呼菩萨岂无根。中原首议归人望，北海高眠系国魂。先后顺
时开总府，去来因势谢争衡。临终一电称朝野，尤见人心直道存。"③ 可
见他对黎的政绩评价颇高，同时对他的佛学修养也很称道。

　　1924 年 10 月，第二次直奉战争时期，冯玉祥等发动北京政变，囚禁
了大总统曹锟，成立以黄郛为总理的摄政内阁。④ 随后 11 月皖系军阀段
祺瑞联合张作霖等组织临时政府，并就任"中华民国临时执政"一职，
决定召开善后会议解决时局纠纷。段氏与佛教颇有渊源，初皈依北京净
莲寺宝一和尚，于佛法稍具信心，后读丁福保所编之《佛学摄要》，颇
受启发，便开始茹素戒杀、诵经念佛，曾捐资印送《佛学摄要》5000
册。1922 年起，倓虚法师在东北地区兴建大小寺庙，也多赖段祺瑞政

---

① 《海潮音》第 1 卷第 1 期，1920 年，封页。
② 太虚：《重建汉阳归元寺藏经阁碑》，《海潮音》第 4 卷第 6 期，1923 年，第 1 页。
③ 所谓"两度津门佛理论"一句，《太虚大师年谱》未提及太虚与黎元洪的见面次数，但
据重庆市档案馆藏"世界佛学苑汉藏教理院 1914 年至 1943 年的大事记"记载："七月。
陈定远约（陪）太虚法师谒黎前总统于天津。（晤谈二次。）"可见确有可能见面两
次，但括弧中内容后来收入尘空《民国佛教年纪》中时被删去。太虚：《吊黎黄陂》，
《海潮音》第 10 卷第 6 期，1929 年，第 4 页。
④ 黄郛（字膺白）与太虚相识于 1919 年，太虚赴北平讲经，路过天津，除了与黎元洪晤
谈外，时任浙江旅津中学校长的穆穆斋还借太虚访黄膺白，相谈甚欢。黄赠太虚以《欧
战之教训与中国之将来》《战后之世界》二书。之后太虚数次在路过天津时与黄晤面，
太虚虽然赠过他佛书，却未一起谈论过佛法。1927 年黄调任上海特别市市长后，曾以护
持佛寺与办佛校之事屡与太虚商讨，当年七一五事变后随蒋介石下野。1927 年太虚与蒋
介石相识，也是通过黄从中"称述"、介绍。1928 年黄郛曾从大愚在上海持咒，后退居
莫干山，多次与太虚"抵掌谈佛学"，太虚评价"近人能运用佛法于政治者，先生最
胜"。（参见太虚《廿载友谊十载佛缘》、黄沈亦云《黄膺白先生家传》，沈云龙主编
《近代中国史料丛刊》第 3 辑，台北，文海出版社，1966，第 149 页）黄郛 1936 年去世
后太虚挽联云："廿年友谊，十载佛缘，说法莫干山，遍正觉常常在忆；一代通才，万
方多难，惊心黄歇浦，太平洋水普腾哀。"（参见太虚《挽黄膺白先生》，《正信周刊》
第 9 卷第 23 期，1936 年，第 5 页）关于黄郛与太虚交往的资料，感谢南京大学哲学系
博士生颜峻的提示。

府之援助，段执政首捐 1000 元，以为倡导。① 段祺瑞在就任临时执政前（1924 年 11 月 21 日）通告全国的电文中称其"历秉大政，无补艰危，息影津门，栖心佛乘"，② 这也印证了他在此之前早已对佛教有所认识甚至信仰。

1925 年，段祺瑞执政召集善后会议期间，曾通电呼吁和平，文中有"谁本孔子一贯之旨，凛佛家造孽之诫"之语，太虚读后颇有感触，特地致书段祺瑞，③ 阐述了儒佛文化中为学、立行、施政的理念，希望执政者能有借鉴而图国泰民安。九一八事变后，段祺瑞隐居上海，1935 年，与汤住心、赵恒惕等发起成立"菩提学会"，专事修学藏密，并从事其他社会慈善事业，吸引社会名流贤达，皈依佛教。④ 1936 年段祺瑞去世后，太虚曾撰联缅怀："民国元勋惊忽逝，莲台上品卜高生。"⑤

1925 年 10 月，直系军阀孙传芳成立浙、闽、苏、皖、赣五省联军，自任联军总司令兼江苏总司令，控制东南地区。1926 年 4 月，因时局紧张，太虚在杭州致信孙传芳，阐述儒家王霸之道，呼吁孙氏转"争雄竞长之念"为"仁让协调"，借此止战消灾，以安百姓。⑥ 5 月孙传芳复信太虚称："奉书以悲天悯人之心，扶世翼教之说，剖晰详明，指示恳挚，盥诵一过，无任钦迟。近世学者，好倡为三教同源之论，其实不必同源，儒佛两教，理本一致，即耶教后起，义之精者，亦与儒佛无异……"⑦

当年 7 月，太虚过南京时遇王隆中，邀以偕访孙传芳，太虚自称二人倾谈颇洽。⑧ 是年冬太虚出访南洋归国后，又电孙传芳就其辖内宣传佛化

---

① 东初：《中国佛教近代史》，台北，中华佛教文化馆，1974，第 510 页。
② 段祺瑞：《十三年十一月二十一日通告全国马电》，善后会议委员会编《善后会议公报》第 1 期，1925 年 2 月，"公文"之"电一"，第 1 页。
③ 印顺：《太虚大师年谱》，第 196 页。
④ 东初：《中国佛教近代史》，第 513 页。
⑤ 太虚：《挽段执政》，《正信周刊》第 9 卷第 23 期，1936 年，第 5 页。
⑥ 太虚：《致孙总司令书》，《东方文化（上海 1926）》第 2 期，1926 年，第 9～10 页。
⑦ 孙传芳：《孙总司令复太虚法师书》，《海潮音》第 7 卷第 5 期，1926 年，第 1 页。
⑧ 太虚：《太虚自传》，《太虚大师全书·杂藏·文丛（一）》，第 273 页。

教育，得孙氏赞许。后来太虚成立中华佛化教育社，组织宣讲团向各界宣扬佛旨，并推刘仁宣亲赴南京与孙传芳商定巡回演讲之日程。① 本文开头提及的太虚寄往日本的信件中，有关组织全亚佛化教育社一事，当时就是得到了孙传芳的支持。1935 年，孙传芳在天津居士林遇刺身亡后，太虚还曾撰文《觉乎否乎可以觉矣》，表达了对孙的哀悼之情，赞颂了其对佛化事业的支持，并对其遇刺与业报问题进行了解释。②

1925 年 12 月 31 日，吴佩孚在汉口发布尊法通电，结束讨奉战争，矛头直指"废弃法统"的段祺瑞政府。太虚针对收军尊法致电吴佩孚，提倡礼让道义，主张"黜智尚明、息争贵让"之道，这就是本文初提及的太虚致水野梅晓信件中所附的致吴佩孚的电文。太虚之所以用《金刚经》等佛道文献向吴佩孚表达其对时局之意见，也非空穴来风之举，早在 1922 年时吴佩孚就与世界佛教居士林众居士等有所交往，他对于佛教有相当之了解。③

1925 年 3～4 月，太虚赴京讲经后决定朝拜五台山。5 月，太虚偕胡子笏抵太原，之前庄蕴宽、汪大燮、叶恭绰、许世英、孙宝琦、熊希龄、汤芗铭等人已致信阎锡山介绍太虚的情况并寄送其著作，希望太虚过境时能邀其晤谈或说法。④ 太虚抵太原后阎锡山约期相晤，纵谈两个小时，唯据《太虚自传》记载"意趣不尽惬洽"。⑤ 而 1927 年时太虚又致信阎锡山，信中对两年前的晤谈却有另一番描述，对阎在时局中的表现也颇称赞：

　　　　阎百川总司令仁者，忆前年过晋，备承优遇，在贵署畅情剧谈，举凡天人之故，政教之微，无不倾怀放抱而出之，诚快事也。别来忽

① 《太虚法师组织佛教演讲团》，《大云》第 74 期，1926 年，第 90～91 页。
② 太虚：《觉乎否乎可以觉矣》，《佛学半月刊》第 118 期，1936 年，第 19～20 页。
③ 吴佩孚：《吴子玉将军复书》，《世界佛教居士林林刊》第 1 期，1923 年，第 2～3 页。
④ 《庄蕴宽熊秉三先生与山西督办往来书》，《海潮音》第 6 卷第 10 期，1925 年，第 4 页。
⑤ 太虚：《太虚自传》，《太虚大师全书·杂藏·文丛（一）》，第 266 页。

三易寒暑矣，盱衡各方渠率，殆皆有蹶蹶以赴之概，惟仁者休休有容，卓然保持常度，且揭十三年来实行而不事空谈之三民主义，使中外钦服，然后益佩仁者之大过人也。今海内汹汹未即平者，徒以张君雨亭未宣布服从三民主义，冯君焕章、唐君孟潇未宣布讨共耳。而数月来每闻列强有进占吾国沿海诸省风说，今上海长江，军舰麇集，日本增兵华北，而各国亦将继之而进，此国族危急存亡之秋，吾国内群雄，当并集三民主义之下，一德一心，协抗外侮，岂尚容各竖旗帜以相逐乎？然非于各方皆仰景之仁者出而斡旋，又孰能扇以和风而消其积痞哉。惟善为融内以应外，使生民少受一分涂炭，亦佛法与乐拔苦之慈悲也。故冒昧言之，又太虚今将于赴坎拿大之世界教育会议后，游历美欧，讲演中华佛儒之文化，傥蒙示我南针，加以赞助，则何幸如之！萧此 祇颂勋绥

释太虚谨启①

从信的内容可见，太虚致信阎锡山的重要目的是为其游历欧美筹措经费，故对两年前晤谈的记述不同于他的自传也可以理解，阎锡山是否有所回应，笔者尚未找到资料。但 1927 年 9 月太虚与蒋介石结识后，蒋曾给予 3000 元作为旅费支持其出洋，所以太虚有可能是在此之前致信阎锡山的。

由此可见，北伐战争前后太虚与北洋各方军阀均保持联络或试图建立关系，而军阀中也不乏对佛法存有好感乃至信仰之人，如黎元洪、段祺瑞、孙传芳等。关于太虚与段祺瑞和孙传芳的佛缘，东初曾评论道：

这时，华北的段执政，华中的孙传芳，及华南国民政府，可谓三权鼎立。而段、孙实握南北和平统一的枢纽。太虚大师期以佛家和平

---

① 太虚：《致阎百川总司令书》，《海潮音》第 9 卷第 1 期，1928 年，第 1～2 页。

正觉思想，促其拥护南北和平统一，以慰孙总理在天之灵，乃分别致书段、孙二公……段孙二氏，经太虚大师以佛法宣化后，不唯日见其致力救国安民心殷，而倾向于兴世牗民之道更切。北伐成功后，段孙皆放下屠刀，息隐家园，诵经念佛，"修己以安百姓"，绝不谈政治，未始不是受佛法感化，及太虚大师规劝之结果。孙氏后任天津佛教居士林理事长。①

当然，东初的评论有因果倒置之嫌，事实可能是太虚意识到不少军阀要员对佛教有所好感，因此致书进谏，而这些建议的重要性显然是被夸大的。此外，当时舆论还流传曹锟、吴佩孚等人的信佛传闻，报载"曹锟、吴佩孚派薛仲献、李永贵二人来井，组织中华普济佛教分会，并委薛、李为正、副会长，吴致函徐永昌，请广结善缘，鼎力赞助"，"前五省联军总司令孙传芳，自下台后，蛰居天津……研习释典，绝口不谈他事。兹由班禅介绍，受戒于喇嘛，学习密宗，并决于日内赴北平至极乐庵，皈依月洗和尚为师"。②

至于太虚与蒋介石的交往，侯坤宏先生已有专文论述，梳理了其1927～1947年与蒋介石及国民党政府间的关系，讨论了两人初识的因缘、抗战时期的合作和战后的往来等问题。③ 故就二者交往的史实此处不赘，只就几个细节问题略加阐发。

首先，二者相识的时机及动机十分微妙。太虚与蒋介石第一次见面在1927年9月，正是蒋介石下野暂回故里奉化之时。尽管如此，当时蒋已

① 东初：《中国佛教近代史》，第511～513页。
② 《曹锟吴佩孚孙传芳信佛所闻》，《海潮音》第14卷第11期，1933年，第131页。
③ 侯坤宏《太虚时代》一书中关于"蒋介石与太虚关系"一章，详细记述了二人几次见面经过，但未记二人1934年、1944年两次晤谈。其实二人在1927年、1928年、1934年、1939年、1944年晤谈过六七次。另据《太虚大师年谱》记载，1932年1月太虚游奉化雪窦寺，时蒋中正辞职还里。太虚有《雪窦赠某君》诗："四登雪窦初飞雪，乍惜梅花未放梅；应是待令寒彻骨，好教扑鼻冷香来！"时值蒋介石第二次下野期间，未明确二人当时是否见面。

然成为国民党内迅速崛起的一方势力，而且 1928 年后很快复职，并独揽党、政、军三权。在下野期间，蒋介石完成了与宋美龄的联姻，这成为其东山再起的重要资本。而在此之前，获取原配毛福梅的谅解或许可，是他返回家乡需解决的一大问题。太虚经黄郛推荐成为蒋介石在此时召见的僧人，并为其家人讲解《心经》，或与此事有直接关系。[①] 彼时太虚虽活跃于江南一带，也与孙传芳等人有所来往，但与新成立的南京国民政府高层未有深交，所以他也未拒绝与蒋介石的会面，但对会面结果可能未有具体期待。后来印顺在年谱中记载"国民政府下之佛教，得以从狂风暴雨中复归安定，得以泄沓混日，确与此夜此人有关"，[②] 可见对于这次晤谈的重要性当时太虚也未必料得到。

其次，在初次见面后，太虚与蒋介石的交往开始变得频繁。1928 年春时蒋介石已复职总司令，曾与太虚等在杭州灵隐寺见面并有合影，后约定太虚出洋前再作晤谈。于是就有当年 6 月在南京的会面。由于北洋军阀统治逐步结束，以及蒋介石在政界的地位日益重要，太虚对蒋的期待也随之增加，中国佛学会的筹设就是当时晤谈的成果。太虚对这次南京之行曾赋诗："古贤今圣心理通，青天白日开鸿蒙。孙公倡之蒋公继，狐鼠豺狼一扫空。"[③] 俨然把蒋介石作为继承孙中山遗志的圣贤明公，而先前的各路军阀已成"狐鼠豺狼"。与之相对照，彼时对蒋介石来说立足未稳，时局复杂，佛教界的事务显然不是其关注要点，在他的日记中也未提及

---

① 邓子美、陈卫华：《太虚大师新传》，华文出版社，2017，第 121～122 页。与太虚晤谈后的当月，蒋介石即赴日（曾试图约太虚同往），一个目的是见宋美龄之母。出发前夕蒋在《申报》刊登启事，说明其婚姻状况："各同志对于中正家事多有来书质疑者，因未及遍复特奉告如下：民国十年原配毛氏与中正正式离婚，其他二氏本无婚约，现已与中正脱离关系，现在除家有二子外并无妻女，惟传闻失实易滋淆惑，专此奉复。"（参见《蒋中正启事》，《申报》1927 年 9 月 28 日，第 5 版）不过在找到确切的史料前，笔者对此事仍然存疑。

② 印顺：《太虚大师年谱》，第 240 页。

③ 太虚：《应蒋介石先生招赴首都汤山途次读灵华先生乐天却病诗次梦予原韵题天下泰平书》，《海潮音》第 9 卷第 6 期，1928 年，第 1 页。

1928 年 6 月与太虚晤谈之事。[1]

最后，太虚与蒋介石在 20 世纪 30 年代后一直保持信件往来并多次见面。可以说蒋介石成为太虚在政界的重要政治资源，太虚也对蒋介石及国民政府多有贡献。例如，张学良在西安事变后一度被软禁在雪窦寺附近，当时太虚已受蒋介石延请主持雪窦寺数年，他与张学良多有交谈，其中是否有蒋介石的特别安排亦未可知。又如抗战时期太虚率佛教访问团出访缅甸、印度等国，也是带有政府交予的政治任务的。[2] 尽管如此，太虚依靠与蒋的私交而为佛教界争取利益时，也并不能总是如意，这也促使后来太虚积极争取佛教界融入政治体制来合法争取自身权益。

三　佛教如何挽救时局

不论太虚与北洋政府军政要员交往的最终目的为何，他们在书信往来中讨论最多的议题就是佛教与时政。太虚念兹在兹的是如何通过包括佛学在内的中国传统思想资源，消除战乱杀戮、贫穷困苦，达到国泰民安、世界和平。

太虚对国家时局的变化始终保持高度敏感，时常关注政界人物的动向，他给几位军阀首领的呈书均是在获悉他们发布的电文后有感而发的。1925 年，太虚在致段祺瑞书中称："诵前致各省正军民长官一电，陈述销祸修德，移兵为农之微旨，莫名钦景。"继而他从所谓"体佛用儒"的华夏文化出发列举了他认为国事中最为重要的三纲——为学、立行、施政——希望能为执政者所采纳。在为学立说方面，太虚主张以诚正、明觉为标的，反对自高、相竞的邪说，认为这只能导致民生不安、国群多患。

---

[1]　胡佛研究所档案馆藏《蒋介石日记》（手稿本）未提及蒋介石 1928 年 6 月与太虚见面之事。

[2]　关于太虚抗战期间出访缅甸、印度等国的来龙去脉，新加坡佛学院纪赟教授和华南师范大学赖岳山博士已有专门研究（待刊）。

在立行方面，当以儒家的仁恕和佛家的慈悲为根本精神，"人与人竞、国与国争"的局面只有通过修慈心三昧，绳己之过而悯人之苦，方能扩充大悲至仁，到达粹然纯善。在施政方面，提倡以便利为准绳，也即因势利导、权其便宜。太虚以被定为特别区域的四川西康为例，认为假使加以垦拓，既能建设地方，又可安置兵民，就是便利施政的表现。①

1926 年初，太虚在获悉吴佩孚发布尊法通电后，又以"方外人"的身份致电一封陈述对时局之意见。他指出在当时谈论尊法与否，并不重要，因为当时各方对于法与非法并无一致的认识。他借用《金刚经》"法尚应舍，何况非法"的说法表明尊法也只是达到目标的工具而已。而要真正救国救民，必须遵循礼让道义之路，武力法统皆非其选。具体来说有两个要点。一是黜智尚明。太虚引《庄子》"知人者智，自智者明"之说，提倡当时各方军阀应各黜其知人之智，并自明其所有权力与所持主张，各尽其力，导德齐礼，辅以与民相安，不相侵扰，则内宁外和、和平统一可期。二是息争贵让。如果有人能做到自明而他人无法做到，继而妄相侵乱当如何处理？太虚认为那就必须彻底息争，"一让再让三让四让，虽让至仅存孑然一身亦应持头目髓脑而让之与之"。原因在于当时的纷争既无关夷夏，亦莫分仁暴，皆是国人之间的博弈，不必通过挥戈相杀而建立勋业，能做到这点就是国家和百姓之福。②

1926 年 4 月，太虚在杭州佛学会阅读孙传芳发布的筱电后又即去信建言。太虚认为治国要道在民之安居乐业，而"欲安百姓，断在修己"，这正是孔子"修己以安百姓"之道。所以当时局势的关键在于"转移各方当局者争雄竞长之念，易为仁让而相调协"，做到这一点必须"摄持善心"。但太虚并不赞同通过禳灾祈福、拜像讽经等方式来表现善心或是祈祷和平，而应当"约取佛法孔老之精要"来达至目标。太虚举出战国之

---

① 《太虚法师致段执政书》，《世界佛教居士林林刊》第 9 期，1925 年，第 1~2 页。
② 《太虚法师对时局之意见：致吴佩孚书》，太虚致水野梅晓信件所收。

道、霸道、王道之差别：认为以富强为目的，则争端即由之以起，这是当时国际国内战乱之祸源；而借富强为阶梯，最后所期在礼义廉耻，就是"仓廪实而知礼义，衣食足而知廉耻"的霸道；"足食足兵足信，不得已而去兵而去食，虽死而信不襄"，才是王道。太虚在此套用了儒家的政治学说，期望孙传芳能从于王霸之道，而使治下之东南数省风行草偃、近悦远来。①

北伐前后太虚除了关注时政并向各据一方的军阀积极建言外，还针对军警界发表过一系列演说、通电，阐明其对于军政当局角色的认识和期待。在《军警应知之佛法》一文中，太虚通篇开示的是佛教的因果报应与六道轮回学说，旨在劝诫当时军警人员不要只想此世的衣食财产等私欲，而罔顾后世的报应，他以佛教中所谓"不死的心"和"不灭的真我"规劝军警要在当世行善积德，所做之事要合理如法、不违佛制，如此则几万名军警未来就可成就几万尊佛。② 在《通电各省军民长官文》中，太虚专门向军民长官呼吁和平，同样以佛教人难得的世界观，劝说军政当局不应坐失成佛良机而去发动征伐，以致遭受报应恶果。

此外，针对当时流行的为内战辩护的几种观点，他一一进行了反驳。首先，有人认为军政当局亦是国民，互相征伐不尽是为私利，更多只是爱国救民的政见主张无法调和。太虚认为这只是文过饰非，真正的爱民者绝不忍目睹连年的手足相残。"惟有辞让修德，自求多福，可保身家，可安国民。"其次，有人认为各派势力南征北讨是为求得统一政府，如此方能行使内治外交。太虚认为国家是为民而设，关键在人民安生乐业，如果以统一国家的名义行征伐之实，无异于本末倒置。唯有行仁施义，统一联合方有可能自然成就。太虚主张可暂由各军区推一代表，于北京组一中华民国对外代表团，作为代表国家之名位。在太虚看来，无限无尽之真生命，

---

① 太虚：《致孙总司令书》，《东方文化》第 2 期，1926 年，第 9～10 页。
② 太虚：《军警应知之佛法》，《心灯》第 21 期，1926 年，第 8～11 页。

皆从止恶行善的拳拳心念流出，"可日臻上理，发达至于全能大觉"，当权者唯有从人民立场出发，方能达到国家繁盛、人世和平的目的。①

关于分区而治的观点，太虚在 1926 年前后不止一次提及，值得留意。在他寄给水野梅晓并托其刊登在日本报章的信件中，就有一封致原教育总长张仲仁的函，其中提到所谓"今日解决时局唯一之要道"，主张"孙吴冯诸帅，诚能彻悟，凭各有之主张与权力，于此时无一足以强求统一全国，乃退而各就其已成之军区内，修法图治，中央设一联区元帅府，谋对内之和平，及对外之一致，并设联省参议院，如尊议制宪之法，则目前可求息宁之效，将来庶有光明之路耳"。具体来说，可在全国依势力分布设五区，各自施行政制，观其成绩优劣，作为将来统一全国的基础。可见太虚反对当时诸帅各凭权力及主张"躁求统一"而杀伐不止，希望通过分区而治使国人稍获喘息。当然，他认为这也只是治标之法，最终治本的方式还是培养国民之性德。②

以上是太虚在北伐前后与军政警各界交往时，提及的关于佛教在彼时可发挥何种功用的种种观点。军政警各界的高层，是直接参与乃至发动战争的主力，故太虚当时对于劝诫这部分人群颇为用心。当然劝诫的内容和方式往往因人而异，故也不局限在以佛说理。不过对于佛教在灾祸频仍的时局中应如何发挥救济众生的功用，太虚是有过专门讨论的。他认为平常人的浅见以为通过军事可以安内攘外，但事实上立国之道除了军事更需要进一步良善的政治。太虚认为政治就是"正当的治理公众事情"，而各阶级、国家、民族之所以不能正当治理，是因为其都出于自私心理以自己为单位而维护既得利益，并侵占他者利益。所以要消除不良的政治现象先要破除自私自利的经济行为和习惯，而要破除这种行为和习惯又必须先从心理上进行改善，这就大可依靠佛法进行对治，

---

① 太虚：《通电各省军民长官文》，《东方文化》第 2 期，1926 年，第 1~4 页。
② 《太虚法师致前教育总长张仲仁函》，太虚致水野梅晓信件所收。

佛法的"无我"思想破除人执我执，实际就否决了人类自私心的根据。所谓"四大本空，五蕴非有"，佛教认为"我"的存在不具有真实性，只是和合而成的假相，由此世界是色蕴的假相，人生是五蕴的假相，太虚称之为"无我"的"缘生性空真理"。既然没有自我，自私的心理习惯就没有根据，如此则由自私心产生的经济的利益关系、政治的权威关系，根本上也都不存在。当然这还只是理论的推演，从实践上说，需要世人对此真实义常常观察体会，方可逐步革除自我私欲，增长大公之善，以至于凡做一件事情，起心都要以互相关系的公共利益为出发点，以无我、无自私自利为根本。而且太虚认为这种道理需依靠少数领袖的引导，大多数人民才会随顺而行。由个人而到于团体，由一乡一县而到于国家、世界，自可以成为良善的、和乐的大同世界；乃至于声闻、缘觉、菩萨等一切贤圣，也都从此做起，以成就清净极乐世界。① 所以军政要员的想法是尤为重要的。

1930 年，南京国民政府完全立稳脚跟后，针对国民革命军提出过军人革命精神与佛学的一致性，太虚曾在长沙第一军官讲习所做演讲。从发心来说，国民革命是为将人民从压制中解放而获得平均利益，这与佛教发慈悲心、行菩萨道的根本目标一致。从行动来说，佛学主张精于智能、忠于所信，也即要有过人的智慧和能力，加之以成佛者为行动标准努力践行，这与革命军精炼军事技能、忠于主义信仰也很一致。此外，学佛要勇于为公益牺牲而耻于因私利争斗，革命精神亦当如是。学佛还讲求戒定功夫，这与军人的严谨军纪也很契合。值得注意的是，当时的演讲表明太虚已经完全站在国民革命军的立场展开说法，对于几年前活跃的军阀，则将其视作压制人民的反面力量。②

---

① 太虚讲，法舫记《佛法根本教义与时局之关系》，《海潮音》第 15 卷第 10 期，1934 年，第 9～12 页。

② 太虚讲，绍斐记《太虚大师在长沙第一军官讲习所演说词》，《海潮音》第 11 卷第 5 期，1930 年，第 26～30 页。

从以上太虚对北伐前后军政要员发表的言论中可以发现，太虚作为僧人对时局保持密切关注并十分担忧国家、人民的命运。他的基本主张是各方军阀势力能够从大局和民众立场出发，克制私欲、停止征伐，通过推行仁义、为民谋利来获得政治上的合法性。对于一时难以调和的各方矛盾，太虚不止一次表达了对内各方分区而治、对外组成联合政府的想法，希望能通过表面暂时的和解，首先营造一和平发展的环境，进而在各区分别推行各自的施政理念，等待日后真正统一的时机。这种想法一直到北伐战争结束、南京国民政府成立并逐步统一全国后才有改变。太虚对军阀提出的建议，多从传统儒家治世思想中汲取资源，并未过多强调佛教理念，即便偶尔提及也是用因果报应之说进行规劝。这可能出于他考虑过军阀本身的知识背景而应机设教。实际上太虚对佛教如何拯救时局有过比较全面的思考，其基本思路是将世事纷乱归因于人的私心私欲，借由佛教"无我"思想对治破除，使家庭、国家、世界回归清净和平。这种思路一方面是晚清一批佛教居士以佛学救世的余韵，^① 另一方面又有鲜明的时代特色和实用考虑。

四　政治变局下的佛教改革运动

从以上讨论的太虚在北伐战争前后与军阀统帅和军政官员的交往中，可以看到他绝非以攀缘富贵为个人目的，而是有着明确的公共诉求。

首先，太虚希望能够通过与军政统帅的直接对话或往来，劝说他们以慈悲心停止杀伐、施行仁政。太虚与段祺瑞、孙传芳、吴佩孚等人的通信皆以止战息争为主要议题，劝诫当权者克制私欲、善用权力，为百姓福祉着想。这表现了北洋政府时期的时局特点，在当时平定战乱、休养生息无疑是太虚首要关心的问题，在政局不稳的情况下想要充分发展佛教自身，

---

① 相关人物及思想参见蒋海怒《晚清政治与佛学》，上海古籍出版社，2012。

显然是徒劳的。

其次，太虚结交或拜会军政要员的另一主要目的是为佛教界谋求利益。这种利益包含多重意涵，如成立佛教组织、保护寺僧权益、解决政教纠纷等。民初太虚晋谒孙中山，为的就是建立佛教协进会，这种试图通过获取政府高层认可进而便利行事的做法，在民国佛教史上几成惯例。太虚在 1919 年赴天津拜会黎元洪，虽然从文字记载中只看到二者谈论佛理，实则也与当时太虚等发起中国五族佛教联合会有关，尽管最后此会未能成立。中华佛化教育社的成立和运行则是在孙传芳治下得到赞助支持的。一直到南京国民政府成立之后，太虚数次与蒋介石的晤谈都涉及成立全国性佛教组织的议题，中国佛学会的成立就直接获得过蒋介石等官员的支持。此外，向政界高层请愿废止不利于佛教发展的法令条例、争取寺僧的合法权益等，也是太虚结交各方要员的重要目的。

最后，太虚的政治活动也对他个人地位的提高及权威的确立产生了积极影响。一方面，太虚在教外的地位日益提升，很多军阀统帅或军政要员乐意将这位热心时政、思想开明、代表教界新生力量的僧人作为佛教的代言人，与之谈佛说法，给予私人资助，甚至委以其建设佛教和处理政教关系的重任；另一方面，太虚在教内的权威也逐步确立，特别是当他可以领导一些区域性甚至全国性的佛教团体后，这种影响力的获得对于有效地推动他改革佛教的计划至关重要。

虽然佛教主张无我的空义及最终的涅槃解脱，但作为拥有几十万名僧众的民国佛教僧团，除了追求修行意义上的终极解脱，仍面临诸多实际的生活、管理、改革等问题，这都不可避免地需要与政界打交道。从这个意义上说，我们不应仅将太虚与政界的交往视作在世俗层面的"奉迎阿世"，而要看到这一过程背后仍有超脱世俗层面的宗教目标，以及打通世间、出世间的"回真向俗"的超脱境界。太虚本人对于这一点有着清醒的认识，因此对于外界评论他为"政治和尚"，太虚并不以为忤，甚至秉持欣然接受的态度。

在北伐前后的这段时期，太虚与军阀统帅的密集交往实际也影响了当时佛教的发展。这种影响至少表现在三个方面。

首先，当时全国性的革命氛围也促发了佛教界改革的呼声。太虚曾多次提及 1927 年前后国内"革命空气充溢"，不论是国民党还是共产党，都提倡社会革命。在这一大背景下，佛教界中也弥漫着改革的呼声，尤其以太虚为代表的僧人，提出了一系列革新佛教的主张。太虚说："在国民革命的趋势上说来，主张革命民权，不革命者无权，革命空气仍极浓厚，大有不革命不能生存之概！故僧众亦觉得有革命的需要，曾受过僧教育的僧众，咸以为：佛教不革命就不能适存，非来个佛教革命不可。"① 而政界也多有针对佛教提出的改革措施，如开展寺庙登记、颁布管理条例等。

其次，太虚应时局变化之要求，在 20 世纪 20 年代调整了其改革僧制的方向，甚至放弃了《整理僧伽制度论》中的很多改革设想，强调僧人的劳作和社会参与。在这一时期他发表了《人工与佛学之新僧化》《学佛者应知行之要事》《僧制今论》等一系列文章，提出"劳僧"概念，主张恢复中国佛教"农禅合一"的传统，冠以"人工与佛学"的新名称。他要求僧众"日作其资生利人事业，不得荒废偷惰"，"累人负己""寄生偷活"皆不应当，自利利他才是不违佛法。② 按照太虚的设想，僧人应从事的劳作包括：开凿山井，陶匠土石，采冶铜铁，种植竹木、棉麻、五谷、诸蔬、众药，造作道路、桥梁、屋宇、器皿、工具、农具、文具，制布作衣，造食制药等。僧人每天至少劳作六个小时，"凡男子能依照人工与佛学之规定作务修行者，由大众和合许令同住。同住中有不能依照人工与佛学之规定作务修行者，由大众和合摈令他去"。③ 在 1927 年的《僧制今

---

① 太虚讲，演培、妙钦、达居记《我的佛教改进运动略史》，《海潮音》第 21 卷第 11 期，1940 年，第 14 页。

② 太虚：《学佛者应知行之要事》，《海潮音》第 4 卷第 3 期，1924 年，第 1~3 页。

③ 太虚：《人工与佛学之新僧化》，《海潮音》第 1 卷第 3 期，1920 年，第 1~7 页。

论》中他进一步解释了提倡僧人劳作的原因是"时代趋势又侧重生计，僧众亦不能不为生利分子以谋自立于社会"。所以太虚主张当时各寺院、庵堂及其产业可"悉就地宜，作农修场、工修场、商修场，半作半修，为服务众之服务场。支提附设工场、商场，梵刹亦设工场。工、商皆以佛化用品及不违佛化者为限。此僧制之改设，要之令僧众于士、农、工、商各有一立身之地位，勿为世人诟病，且又能以佛法修己化人而已"。[1] 当然，这种设想更多是迁就时局的做法，并没有在僧团中广泛推广，太虚1930 年在《建僧大纲》中承认："当时所以有这种主张，以为由大多数僧伽从事生产，而供给少数僧伽以专心深造，则寺僧生活独立，可不须依赖民众，这是救济多数迁就时趋的办法。严格的讲，这种作农作工者，实不能谓之为僧；因既作农作工，就不能养成如上所讲的僧格，而行僧的职务，实不能称之为僧。"[2] 由此可见政治时局对佛教僧团的内部改革产生过直接影响。

最后，太虚对于当时国家分区建设的主张，也一度影响了他对佛教发展的判断。上文提及太虚多次建议各军阀统帅各守一方，停止战争，各自试验政制，而当时太虚针对全国佛教界的发展其实也提出了划分五大区的主张。在《僧制今论》中，太虚修正了《整理僧伽制度论》中对全国僧数 80 万人的判断，认为"新疆、甘肃、广西殆无汉族僧；奉天、吉林、黑龙江、贵州、山东，每省不盈千；云南、广东亦只千余；河南、陕西、湖北、江西、安徽、福建、直隶、山西，不及八千；唯浙江、江苏、湖南、四川，每省有二三万人耳"。故而提出"今以之分为五大区：（一）直隶、山西、河南、陕西、山东、东三省、甘肃、新疆区，（二）川、滇、黔、桂区，（三）湘、鄂、赣区，（四）浙、闽、粤区，（五）苏、皖区，每区可三万六千人而已"。[3] 这一分区发展的理念当然出于各省佛

---

① 太虚：《僧制今论》，《海潮音》第 8 卷第 4、5 期合刊，1927 年，第 1~3 页。
② 太虚讲，大醒记《建僧大纲》，《现代僧伽》第 2 卷第 43、44 期合刊，1930 年，第 34 页。
③ 太虚：《僧制今论》，《海潮音》第 8 卷第 4、5 期合刊，1927 年，第 1 页。

教发展的实际特点，但也考虑了彼时政治势力的划分。后来国民革命军北伐势头迅猛，成立南京国民政府进而形式上统一了全国，这使得太虚分区发展佛教的理念只停留在纸面。尽管如此，太虚在当时背景下设计佛教发展蓝图，其受政治力量影响之深刻可见一斑。

五　近代佛教与政治关系的三层次

从太虚在北洋政府时期，尤其在北伐战争前后几年间与军政界的交往案例可见，佛教与政治之间的互动关系是复杂多面的，我们在笼统地谈论佛教与政治关系时，得出的结论往往不甚可靠。

从晚清一批知识人热衷佛学而形成的所谓佛学的"伏流"或是"政治佛学"来看，似乎佛教与政治间曾有密切关联，这种形态甚至延续到民国，很多民国佛教居士本身就有官员身份。但实际上这种将世俗社会政治问题带入佛法思考，合内外之道以解决"俗世之问题"的"政治宗教语境"只是晚清特殊时代下的短暂风潮。[1] 而如果从民国反迷信及庙产兴学运动来看，政府对包括佛教在内的传统宗教的打压，似乎又变成政教关系中的主调。不过，目前最新的研究也指出所谓民国时期的佛教"法难"可能并不如我们想象的那么具有破坏性。政令的发布不能展示实践过程中佛教与政府、官员之间的复杂博弈，僧人通过请愿抗议、疏通关系等方式在地方上灵活缓解政治压力的例子比比皆是，寺院遭受的实际破坏并不如舆论宣传得那么严重。[2]

所以笼统地谈论近代佛教与政治高度融合或截然分离、尖锐对立，对于探讨真实的政教关系并无太大意义，也无法解释一些看似矛盾的

---

[1] 蒋海怒：《晚清政治与佛学》，第 271～274 页。

[2] 康豹：《近代中国之寺庙破坏运动的空间特征——以江南都市为重心》，《中央研究院近代史研究所集刊》（台北）第 95 期，2017 年，第 1～37 页；邵佳德：《近代佛教改革的地方性实践——以民国南京为中心（1912～1949）》，台北，法鼓文化，2017，第 139～141 页。

现象。观察近代佛教与政治的互动关系应当分层次讨论，同时注重其中的历史脉络。具体来说，晚清以来的知识分子试图在"救世"与"救心"方面通过佛教发挥效用，但这更多局限于将佛学知识作为政治资源利用，对于寺僧命运、应如何安顿他们并无过多考虑，这是佛教与政治关系的第一个层面。比如，谭嗣同、康有为、章太炎、杨度等人化用佛教义理比附近代科学、政治思想，从各种谬误中别开生面、重新诠释，试图寻求改革救国出路。但是这股思潮随着清帝国的覆灭和政治格局的变动，很快走向终结。到民国后虽然僧人们仍常以佛法格义现代思想，但更多是寻求自身面临现代性挑战时的出路，很少有以之左右政局的野心。所以太虚在给军阀统帅的信中，多以儒家政治理念进谏，谈及佛教时更多只是用"慈悲心"等老生常谈的教义进行规诫，其效果甚至不如以因果报应进行劝诱。而民国以来随着政教分离的原则进一步确立，佛学更难作为意识形态与政治统治发生关联。相反的，作为宗教形态的佛教组织和寺僧却因为政治体制的变革面临更多管控、不信任甚至威胁。当然面临这种困境也引发了佛教徒与政界之间的反复博弈，这是佛教与政治关系的第二个层面。

然而无论是作为思想资源的佛学，还是作为宗教实体的佛教，都是由僧人和居士作为承受者，只有具体到个体佛教徒的政治身份与观念，才能展示抽象的佛教发展是如何在具象的佛教徒的政治意识和政治交往中多元呈现的，这是佛教与政治关系的第三个层面。一方面僧众仍寄希望于佛学作为思想资源能够打破时代的精神困境和化解社会矛盾，另一方面又要为整个佛教寺僧的命运奔走呼喊。以太虚为例，他依靠佛学修养和宗教魅力所经营的与军政界的私人情谊有助于获得一些对寺僧组织的支持，甚至很多官员成为其皈依者，但幻想当局者用佛学理念来进行治国施政却没有可能。更重要的是，一旦太虚试图超越个人身份而代表整个佛教界发声，政治人脉资源的有效性就会打折扣，因为政局发展的复杂性远超出私人领域的情谊或信仰。太虚后来也逐步意识到这一问题，特别是在与国民政府的交涉过程中，有相熟的官员或许可以帮助某些寺僧摆脱暂时的困境，但这绝无可能成为打破整个佛教所面临困局的机制。印顺在评论太虚与蒋介石的关系时说："蒋主席与大师之友谊，久为近侍集团所碍，日以疏远。二十余年来，佛教为拘于理学窠臼之中国本位文化者，凭借美国路线之基督福音者所扼抑，处境日艰。大师于国民政府领导者，于执政之初，未能高瞻远瞩，求中日之协和，谋以东方文化，复兴全亚民族，招来东方文化、亚洲民族之大苦难，每不胜其感慨！"① 这种感慨既显示了私谊的不稳定性，也展现了个人影响难以深入制度、国策层面发挥长效作用。所以太虚在国民政府时期尝试转到制度层面参与政治，包括努力将僧教育纳入国民教育体系、鼓励僧伽组党和入党或作为国民代表参政议政，实际也是不再寄希望于以私人交往打破佛教的困局。

在国家对宗教有所警惕甚至敌视时，想要在制度层面打破佛教困境仍需要僧众作为"宗教家"的灵活手段。太虚作为一个佛教徒，他对政治的理解是具有代表性的。对于政教的分合，他认为锡兰、缅甸、暹罗、中国西藏等处本其原有文化生态，实行政教合一并无不妥。但中国的历史和现实决定了在彼时"还是政教分开好"。太虚称："我一向就主张：裁减僧数，提高僧格。这少数有高深智学的僧人，站于超然的地位，专门做些弘扬佛法、办理社会公益的专业。既不障碍于行政，且可补助政治之所不及；政治方面则负保护佛教的责任。如是，政教不合一，亦不是截然无关系；这种不即不离、相互裨益的政教关系，是最切合于中国的环境和情形的。"② 当然这种不即不离、相互裨益的关系不可能自然形成，而要靠双方的磨合与互动。所以他主张作为"宗教家"，"必须和统治者周旋"，这是应尽的责任。林同济曾谈及他对太虚在缙云山召开的"佛法能否改善现实社会"座谈会的看法，指出："宗教家固必须把他的经常工作，局限

① 印顺：《太虚大师年谱》，第 531 页。
② 太虚：《由青年路向问到佛教革兴》，《觉音》第 17 期，1940 年，第 12～14 页。

于狭义的宗教范围内。然广义说来，毕竟一切'人的事'都属宗教家'分内事'，关键在做事者与当事者的态度与立场必需是'宗教的'。而事之本身是否属于狭义的宗教性质，乃是次要问题。换句话说，我以为在非常场合下，宗教家可以——而亦应当——本宗教的立场，奋勇担任他所认为时势——环境——或义理上必须从权担当的'教外'性的事业，由一个经常的宗教家变为一个应权的政治家、社会工作家……"① 况且"僧人与政治接触，并不违反教义"，故对"政治和尚"这个外号，太虚觉得也不坏。② 从这些论述不难看出，太虚正是本着佛教权便的精神，以"宗教的"立场担负了政治家、社会工作家的责任，积极与各路当政者"周旋"。由此也才能理解为何太虚经常一边批评各种宗教政策的制定、实施，一边又积极与从中央到地方的政客密切交往，反之如果我们只是截取太虚的只言片语，断章取义，则很难了解民国佛教与政治间的复杂关系。

六　结语

在佛教与政治关系的研究中，高僧和政界高层的互动是最受重视的，包括僧人与帝王、后宫、要员甚至宦官的交往都有丰富的研究，近代以来帝制虽然崩塌，但此种互动从未停止。本文通过对新旧史料的爬梳，展示了太虚在 20 世纪 20 年代特别是北伐前后与各派军政要员的交集，从中可见其政治敏锐性和手腕灵活性。太虚在此时段的政治活动较少为学界所关注，而其实军阀混战、时局不稳的社会背景恰恰促成了太虚密集的政治来往，为我们观察近代政教关系提供了绝佳视角。

太虚在此时段的政治活动有以下几点值得特别留意。第一，这种交往体现了太虚的政教观，也即作为"宗教家"与政客"周旋"的灵活性和

---

① 林同济：《佛徒不宜拘守岗位》，《海潮音》第 25 卷第 11、12 期合刊，1944 年，第 14 页。
② 大风：《中国佛教革新运动——太虚法师》，《香港佛教》第 132 期，1971 年，第 7 页，转引自侯坤宏《太虚时代》。

必要性，故此太虚对政治人物的评判是否确当也不可一概而论。这一阶段太虚试图与各方势力保持良好关系而较少有政治上的成见，这与他在南京国民政府时期一心迎合国民党的统治形成对比，可以视作在局势不明的情势下为佛教未来发展争取利益最大化的努力。第二，这一阶段的政治活动总体仍局限在较为浅表的私人层面，甚至很多时候是太虚一厢情愿，交往或"周旋"获得的实效有限。在当局者眼中佛教更多仍是个人信仰领域之事，他们未将之放入政治层面加以思考、布局。这种困境也促使太虚在政局稳定后积极尝试将佛教纳入制度层面。第三，高层交往只是政教界互动模式的一种，且有其局限性和困难度。从形塑政教关系的角度来说，中下层的博弈未必最有效率，却更为广泛和有效，如地方佛教领袖与地方官员、精英的交流，底层教徒信众与民众日常生活的交集等。尽管如此，这种高层往来还是在时局混乱的年代传达了僧人的呼声，并影响了僧界的改革走向，为后期佛教发展留存了重要的政治资本。上下层不同的互动模式互有交集，共同塑造了近代佛教与政治关系的复杂样貌。

附录：太虚致水野梅晓信

图 1   太虚致水野梅晓信件信封

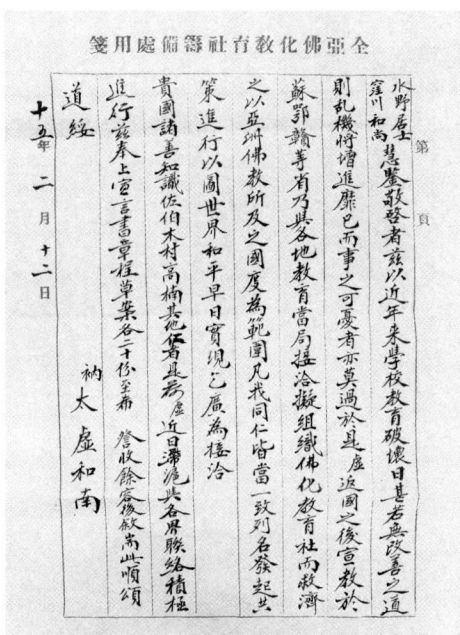

图2　太虚致水野梅晓信件内容（1）

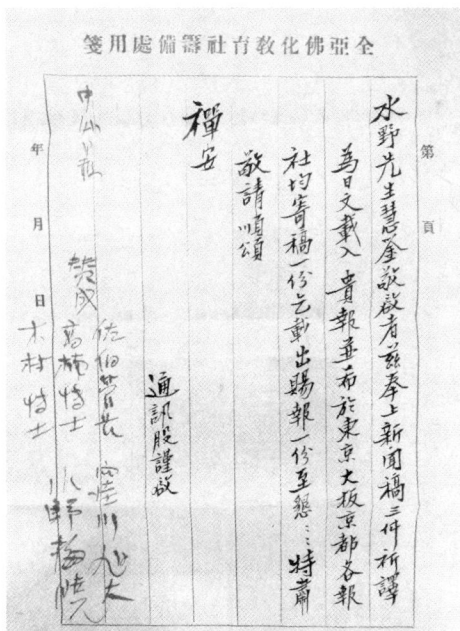

图3　太虚致水野梅晓信件内容（2）

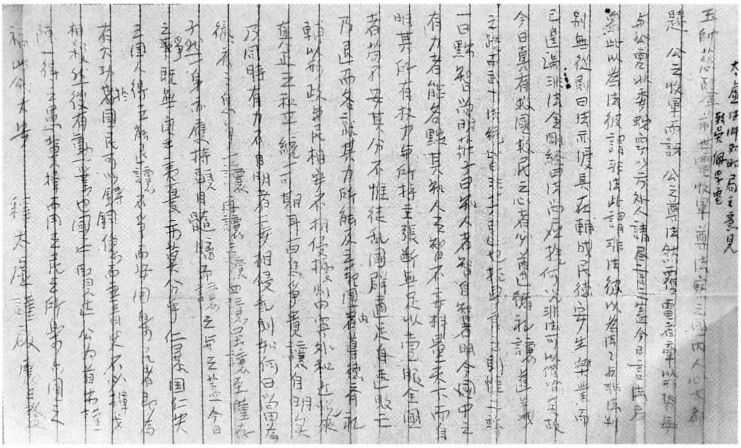

图 4 太虚致水野梅晓信件内容（3）

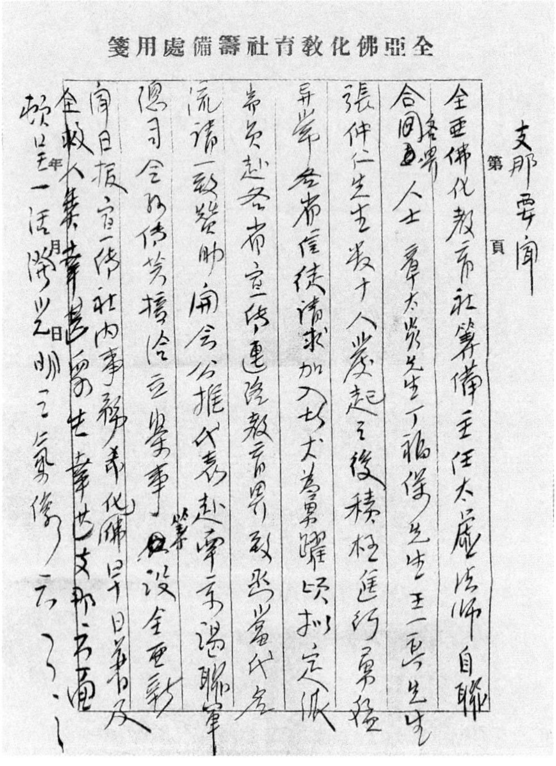

图 5 太虚致水野梅晓信件内容（4）

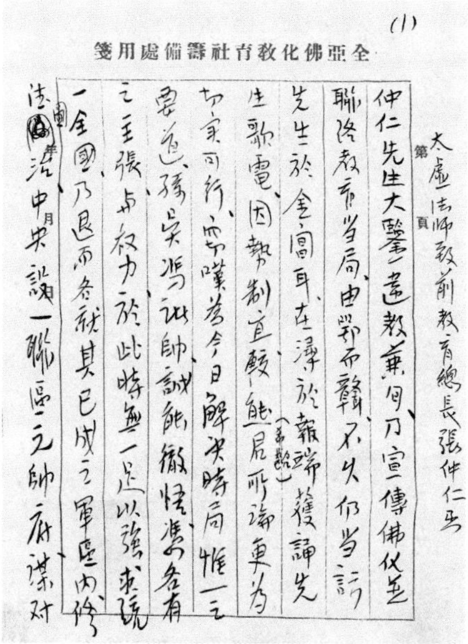

图6　太虚致水野梅晓信件内容（5）

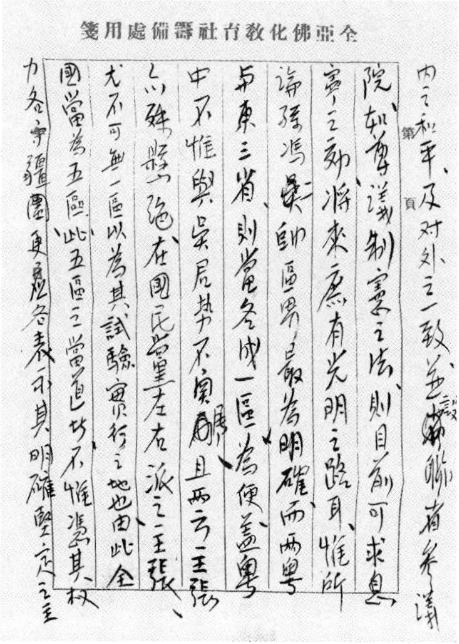

图7　太虚致水野梅晓信件内容（6）

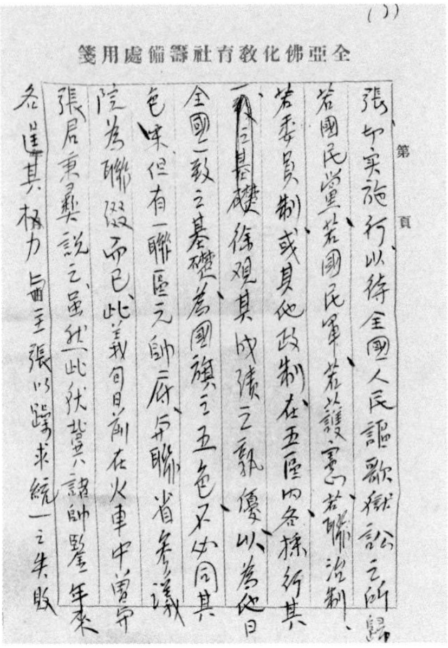

图8　太虚致水野梅晓信件内容（7）

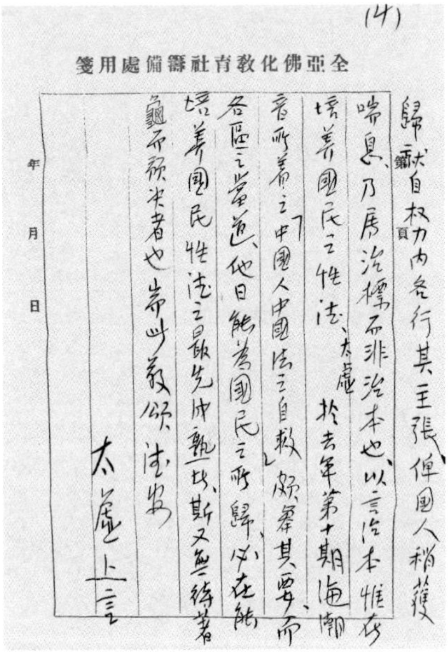

图9　太虚致水野梅晓信件内容（8）

《北大佛学》第 2 辑
第 175～196 页

太虚"佛教宗教师"理念

——兼论僧信建制与当代北美佛教宗教师专业[*]

能 仁　振 冠

内容提要　太虚在 20 世纪 30 年代初，提出了"佛教宗教师"理念。大师这一理念的提出，旨在倡导出家、在家并重的佛教制度建设，并以此为社会提供专业化宗教服务。本文对太虚提出的"佛教宗教师"理念及其与僧信建制构想中关联的专业宗教社服实践进行了梳理，并在此基础上，对当代北美地区近十几年来新兴的佛教宗教师专业进行了探讨。本文讨论了太虚"佛教宗教师"理念之僧信二制构想与专业宗教社服的关系，及其对建构当代佛学理论框架下北美佛教宗教师体系的可能性启发意义。

关键词　太虚　佛教宗教师　僧信二制　宗教社服

作者简介　能仁，北京佛教文化研究所研究员；振冠，美国汉传佛教国际文教中心执行秘书长。

---

* 本文主要观点曾以《太虚早期"佛教宗教师专业"思想——从理论到实践》（Master Taixu's Thoughts on Early Stage of "Buddhist Chaplaincy" —From Theory to Practice）为题，发表于由美国纽约哥伦比亚大学东亚语言与文化系、美国汉传佛教国际文教中心、中国人民大学国际佛学研究中心联合在纽约哥伦比亚大学举办的"佛教宗教师专业与以信仰为基础的社会服务"（Buddhist Chaplaincy and Faith-based Social Services）国际会议上。

在民国时期掀起的中国佛教复兴运动中，被视为领袖之一的太虚大师倡导了新佛教运动，并于其中提出了"佛教宗教师"的理念。大师"佛教宗教师"理念的提出，不仅在其所处时代佛教界中表现新颖，亦对其后半生致力的新佛教运动，有着重要的参考意义。主要表现在以下两个方面：首先，大师希望通过对"佛教宗教师"理念的界定，为汉传佛教在现代社会的转型及深入社会为各个领域服务提供理论和实践依据；其次，大师志在通过"佛教宗教师"体系的建立，规范僧信二众佛法教育与促进宗教社服专业化，目的是倡导出家与在家并重的佛教新制度建设。本文首先就太虚大师"佛教宗教师"理念对此两方面内容的影响展开讨论，最后对当代北美地区最近十多年来新兴的佛教宗教师专业体系及专业宗教社服实践进行了探讨。从中本文分析了大师"佛教宗教师"理念对当代佛学理论框架下北美佛教宗教师体系建构的可能性启发意义。

一　太虚大师"佛教宗教师"理念提出的
时代背景及其"新僧"体制建设构想

太虚大师"佛教宗教师"理念的提出及其"新僧"体制建设构想，集中见于 1930 年之后，目的在于挽救其时岌岌可危的中国佛教，以实现建立一个既适合新时代又符合佛制与僧制的佛教僧伽新体制，[①] 从教

---

① 太虚大师的得意门生印顺法师（1906～2005），曾就太虚大师新僧制思想形成的时代背景，依据其个人观察，做了如下描述："自从西洋的势力侵入，中国的一切都起着剧变。国家多事，简直顾不到佛教，或者不重视佛教，所以让它自生自灭地没落。佛教内部的丛林古制，老态龙钟，不能适应新的剧变。僧众的品质低落，受到古制的束缚、社会的摧残，迅速地衰落下来。……中国佛教进入了从来未有的险恶阶段。太虚大师看透了这点，所以大声疾呼，提倡教制革新。民国四年，写成了《整理僧伽制度论》。以后时势演变，又写《僧制今论》、《建僧大纲》等。以太虚大师的僧制思想来说，虽有时迁就事实，而根本主张，还是想合于佛制，僧事僧治，可以说是综合过去的二元的僧制——僧官制与丛林制，统一在新的僧制中。"参见印顺《教制教典与教学》，中华书局，2011，第 5 页。

育和实践上规范僧众进入社会为有需求者提供专业宗教社服。具体做如下分析。

（一）"佛教宗教师"作为适合时代背景的"新僧"理念

1931 年 5 月，国民政府在南京召开国民会议，准备通过《中华民国训政时期约法》。太虚大师代表中国佛教会撰《上国民会议代表诸公意见书》（以下简称《意见书》），就政府保护寺产、尊重佛教事宜，提出了建议。此《意见书》经国民会议代表九世班禅向会议提交。大师在《意见书》中提出："佛教之僧，与耶教、回教等宗教师相同，虽无高出一般人民以上之特殊地位，固应有一般人民平等之地位也。"① 虽然西方各教会委派的传教士在华传教有年，太虚大师的僧制及布道思想，受到西方传教士的影响，② 但这是大师首次公开将佛教僧众与基督教、伊斯兰教教职人员归为"宗教师"，并行诸文字。其目的显然是应对当时不利于佛教僧团图存的特殊社会政治环境，借国民会议讨论《中华民国训政时期约法》之机，谋求僧人在国家社会法律意义上的定位——同一般公民享有平等社会地位与选举权利。

关于这一点，1931 年 7 月，太虚大师在北平柏林教理院讲《僧教育之目的与程序》时指出：

> 前次国民会议之办选举，立法院曾讨论寺僧应否有选举权之问题，以为如以寺僧为宗教师，则应无选举与被选举权；否则，如以寺僧为普通居民，则应同有选举与被选举权……余以为今后假使仍有佛寺僧产之存在，则应规定寺僧为宗教师，僧寺为佛教教化之机关，在

---

① 太虚：《上国民会议代表诸公意见书》，《太虚大师全书》第十五编《时论》，善导寺流通版，1980，第 19 页。

② 参见〔美〕霍姆斯·维慈《中国佛教的复兴》，王雷泉等译，上海古籍出版社，2006，第 56 页。

国民中取得相当之地位，不被国民再视为废物，佛寺僧产始有巩固之希望，国民亦可借以明了佛教之真象。佛教（宗教）师——或名（佛教）布教师——在佛教教化机关执行其职务，亦应有其经费所从出之寺产。宗教师纵无何特别优崇之地位，然应与律师、医师、会计师、工程师等受同等之待遇。①

从上可见，太虚大师"佛教宗教师"理念的提出，在特定的历史背景下被赋予了特殊的价值与意义。既欲在"庙产兴学"的危机中拯救寺产，也致力于佛教僧侣社会地位和身份的重建。② 大师在引文中强调了"佛教宗教师"应与佛教师、布教师基本相同，③ 以此在国民中取得合法地位、保护寺产。此中大师对"佛教宗教师"的叙述，指向了佛教僧众的自身专业定位，并不涵括在家平信徒内容。

此外，值得注意的是，北平柏林教理院是当时佛教界的僧众教育机构，太虚大师在这样特定的场合，并没有从传统佛教的立场出发，对僧众地位做宗教神圣化的推崇和诠释，而是延续其此前参加国民会议时的理念，立足于社会公民平等权利意识，将僧众身份定位为"佛教宗教师"，将寺院定位为"佛教宗教师"的专业教化机构，将其所倡导的"佛教宗教师"理念中僧人的身份与社会上的律师、医师、会计师以及工程师等职业相类比。从大师当年的处境来观察，这是希望通过对"佛教宗教师"

---

① 太虚：《僧教育之目的与程序》，《太虚大师全书》第九编《制仪》，第 475 页。

② 根据维慈的说法，虽然民国政府在 1929 年叫停了邰爽秋没收全国寺院财产充公办教育的议案，但在 1931 年，邰爽秋与其中央大学的同道成立了"庙产兴学促进会"，重启旨在于全国范围内没收寺院财产以兴学的话题，这在当时再次引发了佛教界的整体危机感。参见〔美〕霍姆斯·维慈《中国佛教的复兴》，第 33、37 页。

③ "布教师"为民国时期常见概念，民国初年来华传日僧多为真宗布教师或曹洞宗布教师。譬如，清末民初在中国活动的水野梅晓即是曹洞宗布教师。太虚大师"佛教宗教师"，虽指佛教僧众，但在太虚设想中，其已被赋予了法律身份属性、四级训练体系和公共资格考试三层内涵。从此而言，太虚大师所使用的"佛教宗教师"概念虽与"布教师"大体相当，但并不完全等同。

的定义，来提升僧人在社会民众心目中的地位；意图通过这一方式把传统汉传佛教的僧伽制度引向现代化改良，谋求在新时代、新社会僧人身份的专职合法化，使僧人可以如社会上其他专业人士一样，行使自身话语权，步入在社会公共领域提供宗教服务的轨道。这一时期的太虚大师强烈希望通过"佛教宗教师"的理念，重新定义僧人作为现代化新国民的社会职责，改良传统僧伽制度及僧人生存状态，唤醒主持佛法的僧众，使其从宗教服务专职化、专业化角度，增强自身作为现代化新国民所应具有的公共社服意识与能力。

（二）"佛教宗教师"体制建设及专业宗教社服构想

在寻求僧众增强现代化新国民公共社服意识与能力的背景下，太虚大师提出佛教宗教师的体制建设，必须由"三级系统"构成，也即学僧、职僧与德僧的三级佛教宗教师体制。依据太虚大师的构想，在三级佛教宗教师的体制中，学僧为求学的佛教宗教师，此为僧众中的一般沙弥与比丘；职僧为现任佛教宗教师，即为教众、民众提供专职宗教服务的菩萨僧；德僧为年长的佛教宗教师，即为国民及佛教服务已久而荣退的长老僧，是教众和民众崇仰的典范，也是在职年轻佛教宗教师提高自身专业宗教社服能力的咨询对象［这有点类似当代北美佛教宗教师"督导"（supervisor）的性质］。在三级佛教宗教师体制建设构想中，太虚大师认为职僧是佛教宗教师的中坚力量，其职责为依"弘法是家务，利生为事业"原则，开展布教以及从事慈善、文化、教育等社会型服务事业。①

在太虚大师看来，如同社会上律师须经过严格训练，才能获得律师凭证，具备律师从业资格一样，学僧和职僧作为佛教宗教师，也应当通过严格的专业训练，才能取得佛教宗教师的资格。在大师的佛教宗教师体制建设构想中，如果学僧和职僧没有完成要求的教育部分，接受专业的田野实

---

① 太虚：《我的佛教改进运动略史》，《太虚大师全书》第十九编《文丛》，第 111 页。

践训练，则不能获得佛教宗教师的资格，亦不能被授予"学僧"和"职僧"的称号。也即，太虚大师认为作为现任佛教宗教师的职僧和准宗教师的学僧，其资格的获得，须符合教育上的严格规定和经过系统上的田野实践。两者结合，才可能形成培训合格佛教宗教师的有效系统。对此，大师依据当时佛教内部的实际状况，构想了三级佛教宗教师"四学级"与"三职级"的配属体系。"四学级"是指以律仪院、普通教理院、高等教理院以及观行参学处为佛教宗教师的四级教育体系。"三职级"则对应成为合格佛教宗教师之前的田野实践事务员、助教师、正式布教师等三级职。这有点近似于当代的专业实习生制度。

程序上，太虚大师认为意欲寻求佛教宗教师资格者，首先必须具备高中毕业水平及一定的佛教常识，然后才可以成为沙弥。在具备此前提条件的基础上，进入律仪院学习两年，获得僧伽的资格，经过实践成为佛教宗教师事务员；之后接着升入普通教理院学习四年，合格后可成为佛教宗教师的助教师；然后进阶升入高等教理院专修三年，学成之后方可认证、正式授予专职佛教宗教师称号；观行参学处则为佛教宗教师专修专习的实践进阶阶段。① 归纳而言，在太虚大师"四学级"与"三职级"的佛教宗教师体制建设构想中，其程序层层递进，具体是修完律仪院的学僧经过实践可进阶为佛教宗教师事务员；修完四年普通教理院的学僧，可获得佛教宗教师助教师资格……依此递进，通过完备的专业化教育和田野实践的学僧，才能最终升级为专职的佛教宗教师。依据大师的构想，专职的佛教宗教师在经过了 20 年的宗教社服之后，可入为长老僧，成为受教众和民众恭敬供养的德僧。此中，太虚大师认为作为合格的佛教宗教师的职僧，除了正式布教之外，还包括从事具体的社会专业服务工作，如成为佛

---

① 按太虚大师之意，僧人在律仪院、普通教理院、高等教理院、观行参学处四级在院学习阶段，都称为学僧；完成各学级训练之后，随其教育级别和服务年限不同而分出职僧的不同职级，共有九级，此不分别论述。详细参见太虚《僧教育之目的与程序》，《太虚大师全书》第九编《制仪》，第 478 页。

教慈善事业职员、佛教文化事业职员、佛教教务机关如佛教会办事职员等。①

    太虚大师认为三级佛教宗教师体制的建立,对于增强僧人的佛教专业社服以及公民意识,有众多的益处。因而,当他在 1931 年 8 月于华北佛教居士林讲《佛教应办之教育与僧教育》时,重申了这一思路,"僧在国民中属何种身份之规定,此则当由(民国政府)立法院于《民法》中规定,僧为宗教师",他甚至进一步设想把佛教宗教师资格认证推向国家公共化,"规定须经过(民国政府)考试院之宗教师(资格)考试"。② 在其佛教宗教师体制建设构想中,太虚大师甚至一度认为,除了通过正规的教育和训练成为佛教宗教师(律仪院以上之学僧)、现任佛教宗教师(律仪院以上之职僧)、退职佛教宗教师(长老僧)的僧人具有僧众资格之外,其余一切所谓的"僧人"皆可淘汰出僧众。对于新出家的僧人,大师认为也必须经过佛教宗教师体系的训练程式,完成之后才算合格。从此点来看,太虚大师的佛教宗教师体制建设,实质上涵盖了对佛教新僧制体系的规划,也是其寻求实现佛教僧众现代专职化转变的具体展现——"现代的僧,当然要依现代的时势所宜,而不必泥用古代僧制"。③ 其目的与宗旨是准备把佛教僧众推向现代化专业公共社服领域,创造出一套完整、可操作的佛教宗教师系统。

二   佛教宗教师与在家平信徒佛教正信会的建制构想

    太虚大师在 1931 年提出的"佛教宗教师"理念及其体制建设构想,是他 1928～1929 年在考察、参照了欧美基督宗教学院、大学宗教学科后,借鉴日本佛教"布教师"制度,并结合其早期佛教制度探索经验,重新

---

①   太虚:《建僧大纲》,《太虚大师全书》第九编《制仪》,第 212 页。
②   太虚:《佛教应办之教育与僧教育》,《太虚大师全书》第九编《制仪》,第 488 页。
③   太虚:《我的佛教改进运动略史》,《太虚大师全书》第十九编《文丛》,第 107 页。

提出的。① 虽然太虚大师佛教宗教师的体制建设构想以出家僧众为主，但也不可否认在其推进的佛教革新运动中，在家平信徒佛教正信会组织制度建构的提出及其在社会中的具体实施，共同构筑了太虚大师佛教宗教师制度设计的内容。太虚大师认为佛教专业社服功能的确立，必须"依已明佛理而作佛弟子之人，无论在家出家之佛弟子，皆须负建立之责任，以此等人对于佛教已有真确认识之信仰，其在家之男众、女众，应将佛法传布普及于其他之男女众，故我曾经提倡在家众之佛教正信会"。② 出家众的职责在于主持"佛法于不替"，在家众的责任在于"将佛法普及于世界"。③

（一）太虚大师对在家平信徒佛教正信会的建制思考

太虚大师认为佛教正信会的设立，是为了"都摄正信佛教之在俗士女，期与出家众相辅而（并）行者也。……凡教化之行，皆期普及，出家僧但住持佛教之一种特殊徒众，欲期普及之化，必都摄乎正信佛教之在

---

① 太虚大师成熟的僧制和僧教育构想来自其早期僧制整顿经验、日本佛教制度和欧美宗教制度三方面的整合重构。他自述"余在民初已着眼于僧制之整顿，而在民四曾有《整理僧伽制度论》之作。民六、民十四，至日本考察各佛教大学，及民十七、十八至欧美各国考察各宗教学院或各大学神学科之后，尤深知僧教育在国家教育制度中之位置"。参见太虚《论教育部为办僧学事复内政部咨文》，《太虚大师全书》第九编《制仪》，第490页。李雪涛、张化等认为，太虚大师在1930年前后的佛教革新设想，有学习借鉴基督教的背景。参见李雪涛《谢福芸笔下的太虚法师》，《读书》2019年第1期；张化《20世纪上半叶佛教学习基督教之新复兴——以上海为例》，汲喆、田水晶、王启元编《二十世纪中国佛教的两次复兴》，复旦大学出版社，2016。事实上，自1924年在庐山召开世界佛教联合会及1925年在日本东京召开东亚佛教大会之后，日本佛教一直是太虚大师佛教制度改革的重要参照对象。

② 1930年10月，太虚大师在四川遂宁公园所讲《佛法之原理修学及其建立》（《太虚大师全书》第十八编《讲演》，第320页）。太虚大师的佛教宗教师构想由于在国家和佛教内部两方面都缺乏实践基础而未能全面推行，不过在部分地区，则进行过具体的实践。譬如，在四川遂宁曾得到军政方面的支持，以遂宁县佛教会组织佛教职僧考试委员会，推行佛教宗教师制度实践。参见太虚《答赵伯福问八则》，《太虚大师全书》第十七编《酬对》，第457页。

③ 参见太虚《答赵伯福问八则》，《太虚大师全书》第十七编《酬对》，第457页。

俗士女而后圆满"。① 在太虚大师的认识中，佛教正信会与新僧制组织二者的成立相辅相成，形成斗拱之势。

太虚大师认为弘教不限于出家人，信修佛教正法的在家平信徒亦负重要责任，如说"僧徒既已出家，所先在于修己，宜于静而不宜于动，住持仪范是其专责，流布世间但随分行之。若在家者，既起正信即当以行菩萨道为先，所谓自未得度能度人者菩萨发心，故在家者首重在弘法利人之事"，大师又预测信修佛法的在家平信徒人数必然众多，故需要"组织佛教正信会，使有统系，然后由本国推行于他国乃至全世界，斯弘法之事业乃大"。② 大师对佛教正信会的期待是以摄化在家信众为目的，侧重将佛教思想和智慧普及于民间，这与僧团组织的建立构想有显著的不同，但又并行不悖。僧团的责任是主持佛法，而由在家平信徒组成的佛教正信会，在辅助僧团的前提下，则从事佛教的社会大众化普及工作。在太虚大师的设想中，依佛教伦理定位出家僧众作为教法中出世神圣的存在；在家平信徒则被定性为依据佛教精神参与世俗性社会活动，为社会有需要的民众提供相应的佛教服务。就出世神圣而言，太虚大师要求僧人提高自身僧格，加强对佛法的"修证"和体悟，能真正主持弘扬佛法，成为人们心目中崇仰的宗教导师。至于入世益众，大师要求在家平信徒，必于佛法的闻、思、修三法上下功夫。闻思上，大师主张平信徒必须研究信解佛法义理；实修上，则要求平信徒以社会伦理道德为根本依据，遵行佛教五戒十善，以起到移风易俗和改良社会政治、民生的功用。也即，近则导人向善，构建和谐社会、人间净土；远则"引人入圣"，深入佛法提升心灵层次，最后离苦得乐，成就佛法解脱功德。此无疑即大师成立佛教正信会构想中，在家平信徒能依法"起正信""行菩萨道"的宗旨所在。

太虚大师指出，以平信徒为主的佛教正信会组织系统，从自利利他的

① 太虚：《佛教正信会缘起》，《太虚大师全书》第十九编《文丛》，第1031页。
② 太虚：《佛乘宗要论》，《太虚大师全书》第一编《佛法总学》，第221页。

角度出发，可下设四大分支部门：佛教护持社；佛化教育社；通俗宣讲团；救世慈济团。首先，对于"佛教护持社"大师强调了"四大拥护"的纲领：对政府而拥护佛教；对社会而拥护佛教；对法律而拥护佛教；对言论而拥护佛教。①也即，太虚大师借此要求在家平信徒，必须立足于尊重国家、社会、法律与言论，据此形成由外对内（佛教与僧众）的拱卫。其次，对于"佛化教育社"的建设构想，大师认为佛教所办的中学、大学、研究院等教育研究机构，需侧重对佛教哲学义理以及社会科学知识的研习。最后，关于佛教"通俗宣讲团"和"救世慈济团"，依据大师的建设构想，二者属于佛教正信会对外提供专业宗教社会服务的直接有效团体。譬如，大师要求佛教救世慈济团，致力于救灾、济贫、扶困、利便等社会慈善救助活动；要求佛教通俗宣讲团，致力于深入监狱、工厂、医院等地，进行"劝导行善"和"劝化止恶"的道德伦理宣讲活动，以达到用佛法改变人心、造福社会的效果。②依此可见，佛教正信会"护持社"与"教育社"的成立宗旨，带有明显的"在家佛教宗教师"情怀，以佛

---

① 太虚：《建设现代中国佛教谈·在家佛徒之组织》，《太虚大师全书》第九编《制仪》，第 267 页。

② 20 世纪 30 年代，以太虚大师为导师的汉口佛教正信会，在其全盛时期，据说有会员数万人，先后皈依五戒弟子达 6 万人。受其影响，湖北孝感、应城、黄陂、鄂城、监利、汉阳、武昌等先后成立分会或念佛堂，其直接影响从武汉辐射至周边县城。通过太虚大师、正信会内外沟通及《正信》会刊的发行，汉口佛教正信会在当时享誉全国，而且知名国际。日本大田僧正、锡兰佛教代表打那拉法师、伦敦佛教会副会长鲍尔温博士等都曾到访。在太虚大师领导下，汉口佛教正信会以发扬佛教慈悲精神、济世利人为办会根本宗旨，积极组建慈济团，开展慈善事业，开办佛化学校，救助贫苦儿童。抗日战争期间，还曾组织佛教救护队、佛教掩埋队，巡回为抗日战场上的将士以及遇难者提供专业的宗教服务。其在家佛学研究社还联合了当时武昌佛学院力量（学僧与职僧），通过后者训练专业人员深入湖北第一监狱、武昌第一监狱、湖北陆军监狱所等武昌地区监狱，为在监人员提供专业的佛教咨询与心灵关怀服务。据说其间众多在监人员深受感化，正信会监狱弘法取得了很好的成绩，佛教正信会赢得了当时社会人士的广泛赞誉。详细参见武汉地方志编纂委员会主编《武汉市志·社会志》，武汉大学出版社，1997，第 204、205 页；汤湘林《民国时期汉口佛教正信会研究（1929～1949）》，华中师范大学，硕士学位论文，2014；《在监人信奉佛法之消息：致本会研究部李主任慧空函二件》，黄夏年主编《民国佛教期刊文献集成》第 62 卷，全国图书馆文献缩微复制中心，2006，第 110～111 页。

法教育,自行利他。至于具体行政机构功能层面的划分,则倚重于佛教"救世慈济团"与"通俗宣讲团"体系。此在当时已具备了为社会有需求者提供现代专业化宗教社服的雏形。依据大师的构想,佛教正信会的存在目的在于"作社会教育家、公益家、慈善家也;本会(正信会)慈济团、宣化团团员所应行",① 以及"令在家佛徒愈加通俗化……并职业化与家族(庭)化,使能以佛教道德建立新家庭、新社会,而令佛化普及人间"。②

从这一点出发,太虚大师认为,原则上可以不必追求出家僧众数量上的增加,但佛教正信会的平信徒数量则不妨多多益善,认为如此才可能"普及佛教于一般人民,起其信仰而摄化之"。大师指出:"在家出家各有组织之团体,则更须联合一致,立为协会,始为全备。且教无国界种界,尤宜从近及远,自东徂西,将来推行全球则佛法乃大利乐于人间世。是故僧徒之数不必加多,而正信会员则多多益善,虽全国全世界人共同组织可也。"③ 此处可见,对于佛教正信会的性质,太虚大师甚至从佛教平等利他的精神角度出发,意图构建一套现代化僧信融合共事、超越种族国界、致力于宗教公益慈善的专业化宗教社会服务体系,并延及国际化方向的发展。原则上,依据太虚大师的理念,在家平信徒之佛教正信会成员,可以是任何宗教信仰背景、国籍、种族以及职业的团体或者个人。显然,这种理念构想,在大师所处时代,不仅超前而且大胆,需要大师具备魄力从教义和实践两方面做出重大的突破,才可能有成功的希望。

此外,依据太虚大师的原先构想,由在家平信徒组织的佛教正信会,具有护持佛教和僧众的职责。因此,在具体实行上,加入佛教正信会需要有会员担保、年满 15 岁、没有犯罪记录、皈依佛教并受持居士戒律、自

---

①   太虚:《正信会会员格言》,《太虚大师全书》第十编《学行》,第 194 页。"宣化团"即"通俗宣讲团"。

②   太虚:《建设现代中国佛教谈·佛教制度概述》,《太虚大师全书》第九编《制仪》,第 275 页。

③   太虚:《佛乘宗要论》,《太虚大师全书》第一编《佛法总学》,第 222 页。

愿参与会员团体活动等要求。大师甚至认为，自愿退出僧众者，可以加入佛教正信会，从事其他部门的工作——譬如参加救世慈济团、研究佛学社、拥护佛教社等相关组织的活动。对于违犯法律、违犯佛教五戒十善，行为破坏佛法纲纪，乃至自愿退会的佛教正信会成员，则予以退出会籍。在人才结构上，大师认为，可依据佛教正信会成员的个人能力和德行的不同，依次划分出净士、胜士、开士、上士和大士等五个阶位。① 从专业的角度来讲，大师对佛教正信会组织结构的构想和设计，不仅具备了现代化的包容性，对会员人格尊严给予尊重，而且完整地体现了佛教正信会作为一个专业团队实践操作上的专业化。

（二）佛教正信会的精神宗旨及其专业宗教社服实践

太虚大师除了对佛教正信会的组织建立给予明确的规划和定义，对于佛教正信会的精神宗旨及其专业宗教社服规范，亦做了具体的阐发。譬如，在《我的佛教改进运动略史》中，太虚大师强调佛教正信会是以"极普遍极广泛的人群为对象，依着大乘菩萨精神的组织"。② 这里的"大乘菩萨精神"，依大师之意便是以《瑜伽师地论》中的"菩萨戒"作为精神旨趣。瑜伽菩萨戒的"饶益有情"专以"舍己利他为事"，这在大师看来无疑是"菩萨之入俗，佛陀之应世"的根本宗旨所在。太虚大师坚信，广泛实行瑜伽菩萨戒精神，是整兴佛教新僧制以及规范佛教正信会的关

① 太虚大师在1915年所著的《整理僧伽制度论》中设想："国群方面，则成立佛教正信会，以总持佛学研究社，及佛教通俗宣讲团，使皈信佛教之士女，皆成为有统系之佛教徒。并组成佛教救世慈济团，推广慈善事业，及立佛教拥护社等。凡佛教正信会应有之事，逐渐于十年内令臻圆满。"参见《太虚大师全书》第九编《制仪》，第182页。
② 太虚大师在《我的佛教改进运动略史》中指出："僧伽制度的整理，是在改组出家佛徒；而正信会纲要，是在组织在家佛徒。这纲要的提示，为依着人乘正法的理论去实行，目的是使在家佛徒对佛法由真正的理解，而起正确的信仰——对三宝起清净的信德，明因果业报，实行五戒十善。这不仅应用于个人，而且应用于家庭乃至社会国家之间，建立人与人间的道德能力，以这道德能力改造社会国家，构成佛化的伦理、政治、经济的新社会。这就是以极普遍极广泛的人群为对象，依着大乘菩萨精神的组织——佛教正信会。"参见《太虚大师全书》第十九编《文丛》，第181页。

键。反之,只有整兴佛教新僧制与规范佛教正信会,才能保证菩萨戒精神的贯彻落实。至于佛教正信会成员如何执行好宗教规范要求,太虚大师秉持了其在《人乘正法论》中所推重的行持"五戒十善"的观点。对此太虚大师弟子印顺法师曾经总结道:"(太虚)大师又作《人乘正法论》,以为在家信众(正信会)之道德轨范。使五戒十善之佛化,得以深入民间,而达改良社会、政治、风化之益。由此正信会之普及,与前住持僧之深入,期以实现佛教救世之精神。"此中体现了太虚大师在现代佛教僧信革新运动中,大力宣导了"人生佛教"对有效服务社会的意义及其重"(依五戒十善)人生之改善,并由特出者依之发菩提心,而趣于大乘之佛果"的宗旨。① 也即,太虚大师依佛法及佛教宗教师情怀,对入世服务与出世解脱,进行了双重建构。据此,大师所阐发的佛教正信会精神宗旨,以及对宗教规范的完善执行,无疑是其对"人生佛教"精神的具体落实与正面展开。

从现代佛教历史的进程来看,在中国 1911 年辛亥革命之后,社会各界人士出于各种不同的目的,对当时的佛教界充满种种偏见,佛教僧众普遍受教育程度低下,为社会人士诟病、看不起的情况下,② 太虚大师自民国初年始,即着眼出家僧制与在家信徒的组织整顿,并随后在 1915 年《整理僧伽制度论》中,提出初步的僧俗制度构想。③ 1917 年,太虚大师到台湾讲学,随后转道日本考察佛教制度,回国之后即有计划地开始思考如何通过僧信二制的建立,通过入世与出世的结合模式,使佛法更好地深入社会,为民众提供有效的专业宗教社服,以达到移风易俗、改变人心及社会的目的。譬如,大师指出:"此运动应用近代社会之组织,欲将出家在家之佛徒组织起来,分荷以佛法救世之任。出家佛徒曰佛教住持僧,旨在先经出世之修证,乃进为应世之教化,用标三宝清净幢相。在家佛徒曰

---

① 印顺:《太虚大师年谱》,《妙云集》中编之六,台北,正闻出版社,1980,第 82 页。
② 〔美〕霍姆斯·维慈:《中国佛教的复兴》,第 21 页。
③ 印顺:《教制教典与教学》,第 4~5 页。

佛教正信会，以敬佛法僧、信业果报、行十善法为旨，用之移风易俗，构成佛化之伦理、政治、经济的新社会。"① 太虚大师同时清楚地认识到，日本佛教的宗派制度，虽然有其僧信结合共事的长处，但是缺少统一的佛教信仰。所以，他强调由在家平信徒组织的佛教正信会，必须"对佛教要有统一的信仰，绝不能和（日本）僧寺一般的分宗，应以三宝为唯一信仰的对象"。② 大师此种依佛教与三宝为僧信二制建立统一信仰的理念，不仅强调了传统佛制中和合无诤的精神，同时指出了现代化的僧信二制建设，必须结合培养入世与出世佛教宗教师情怀的重要性。

三　北美当代佛教宗教师专业

佛教宗教师专业（Buddhist Chaplaincy），为最近十多年来在北美出现的一种宗教社服新专业。其特点有如下三个方面：从业人员由僧信二众构成；宗教师专业的养成，由学院教育系统结合佛法研习以及田野实践完成；服务领域不局限于佛教场所，深入社会各个领域——监狱、军队、医院、高校以及私人企业公司等。

（一）北美佛教宗教师专业的形成背景

"佛教宗教师"，英文为 Buddhist Chaplain，指在佛教宗教师专业领域工作者。这个词最早在 20 世纪 80 年代中期出现在北美及英国地区，起初从业者只是以"志愿者"的形式存在。佛教宗教师在北美成为一种独立的宗教社服专业，被社会事业单位认可，发生在 20 世纪末 21 世纪初。首先从来自纽约的马达琳－库艾－贝斯缇（Madeline Koi Bastia）开始。1993 年，贝斯缇女士在加州日本曹洞白梅宗系（White Plum Lineage of Soto Zen）受戒成为在家布教师

---

① 太虚：《告徒众书》，《太虚大师全书》第九编《制仪》，第 585 页。
② 太虚：《我的佛教改进运动略史》，《太虚大师全书》第十九编《文丛》，第 84 页。

(Lay Buddhist Minister)，在接受完当地佛教团体办的宗教关怀及田野训练后（当时全美大学尚没有开设佛教宗教师专业项目），通过美国宗教师协会（Association of Professional Chaplains）资格认证，获得医疗系统佛教宗教师执照。此为北美"Buddhist Chaplain"头衔第一次被正式机构认可和使用的记录。[1] 接着2004年7月22日，洛杉矶日本佛教净土真宗平信徒辛·简妮（Jeanette Shin），在大学获得佛学硕士研究生学位之后，[2] 通过层层考核，最终宣誓进入海军后备役服务，成为第一位被美军纳入体制内提供专业宗教社服的佛教宗教师。此事件的出现，标志着佛教宗教师作为一种规范宗教社服专业，被北美专业社服系统以及民众广泛认知。[3]

历史上，北美佛教宗教师沿用的"宗教师"（Chaplain）一词，最初由西方基督教神学而来。西方基督教在20世纪初建立了完善的专业化/职业化宗教师体系，在参与人员方面，比过往有了质的转变。从业者既有教会神父、牧师，也有受过神学训练的平信徒。他们代表自身教会到教堂之外的场所，为有需求者（主要是基督徒，也包括非基督徒）提供宗教服务。[4] 归纳而言，北美佛教宗教师作为一种规范的宗教社服专业，涵括了以下两个方面的内容：对当代专业社会服务技巧的有效获得与采用；在所属事业单位代表自身宗教特性。佛教宗教师"对当代专业社会服务技巧的有效获得与采用"，表现在接受系统性的学院教育以及专业化的宗教社

---

[1] 参见 Danny Fisher, *Benefit Beings!: The Buddhist Guide to Professional Chaplaincy*, C. A.: Off Cushion Books, 2013, pp. 41 – 43。

[2] 依据亨瑞柯·迪克森（Hendrick L. Dickson）2004年7月22日在"美国海军"（American Navy）网站的报道，当年辛·简妮申请入职海军后备役从事佛教宗教师工作，用的是佛教学硕士研究生学位（Master of Artsin Buddhist Studies），而非后来北美大学教育体系内统一要求的佛教宗教师硕士研究生学位（Master of Divinity in Buddhist Chaplaincy），可见在2004年北美的大学教育系统中，尚未设有佛教宗教师专业的教育项目。详细参见 Hendrick L. Dickson, "U. S. Navy Commissions Military's First Buddhist Chaplain," *Navy News Service* 22 (2004), https://www.navy.mil/submit/display.asp? story_ id = 14398。

[3] 参见 "Q & A with Lt. Jeanette Shin, U. S. Military's First Buddhist Chaplain," *Tricycle*, October 4, 2011, https://tricycle.org/trikedaily/q – lt – jeanette – shin – us – militarys – first – buddhist – chaplain/。

[4] 振冠：《北美佛教宗教师概念综述》，《佛学研究》2018年第2期。

服田野实践，合格之后受聘到社会事业单位成为全职带薪人员，为单位提供专业、有效的宗教服务。佛教宗教师在事业单位代表的"自身宗教特性"，是指其在佛学教育以及佛教田野实践方面的造诣达到了要求，具备了佛教教职人员的水平，足以代表自身宗教团体价值，发展事业单位精神文化，为有需求者提供服务。

　　佛教宗教师在北美社会的出现，目的以尊重人格尊严为前提，其到社会事业单位服务，旨在提升服务对象的灵性与心灵层次，方式是专业的宗教咨询（religious counseling）与灵性或者心灵关怀（pastoral/spiritual care）两方面。那么佛教宗教师专业是如何在西方基督一神教语境下出现，并随后立足于北美社会发展的？答案藏在现代西方神学自身的发展当中。主要是 20 世纪下半叶，实践神学（practical theology）与进程神学（process theology）在北美的兴起与推广，促使西方原先"宗教师"的定义从传统神学的狭义中走了出来，不再仅仅局限于教会委派的神父或者牧师等神职人员，而延伸到教会一般的平信徒。实践神学与进程神学的特点是把之前《圣经》主张"神"高于一切、人为神的创造物、没有权力对存在状况做任何决定或者选择的神学观点，依据人文主义精神，将"神权"归还人类自身。至此，"宗教师"不再被单一地定义为听从"天命召唤"（vocation）进入教堂，传播上帝福音，而被赋予了更为广泛、多元以及具有建构性、指向教会自身改良和发展多元社会服务的定义。也即，随着现代西方实践神学与进程神学理论的发展、观念的开放，基督教背景下的专业宗教师在忠于自身教会的同时，也以"牧者"的精神，结合社会科学、人文科学——比如哲学、心理学以及精神分析学等——专业社会服务技巧，更好地服务有需求者。①

---

① 参见振冠《北美佛教宗教师概念综述》，《佛学研究》2018 年第 2 期；另参见 Alastair V. Campbell, "Is Practical Theology Possible?" *Scottish Journal of Theology* 25，2（1972），pp. 217 – 227; Robin Gill, "The Future of Practical Theology," *Theological Investigations* 56，1（1977），pp. 17 – 22; Ian D. Bunting, "Practical Theology and Pastoral Training," *Evangelical Review of Theology* 4，2（1980），pp. 116 – 122; James W. Fowler, *Faith Development and Pastoral Care*, Philadelphia: Fortress Press, 1987, pp. 1 – 40。

实践神学与进程神学将传统的神学理论与现代社会科学、人文科学如神学之外的其他哲学、心理学、精神分析学等进行了融合、对比诠释，大大地提高了自身宗教在社会中的参与度，以及增强了为社会提供专业宗教服务的可靠性。在现有的佛教宗教师体系中，这一特点随处可见，并且从专业进化的角度来看，目前佛教宗教师为社会事业单位提供的服务，仅就日常专业术语使用方面，亦依据专业服务品质以及尊重服务对象人格尊严发生着变化。譬如，原先常用的"宗教/精神供给者"（religious/spiritual provider），逐步被"关怀提供者"（caregiver）替代；而作为被服务的对象，其专业用词亦从"客户"（client）转换为"服务寻求者"（careseeker）。① 这种日常术语上的转化，不仅加强了佛教宗教师为社会事业单位提供的服务的专业化、系统化，也照顾到服务对象的宗教信仰、种族文化的多样性；通过对自身佛教教理教义的理解与实践，结合专业社服技巧能力，以主客平等的模式，为有需求者提供有效的服务。

（二）北美佛教宗教师的人员构成、教育体系以及服务领域

就从业者的身份而言，北美佛教宗教师人员的构成，不局限于寺院内部的出家僧人，而可由接受过佛教宗教师专业教育、训练，经过本地具备资格的佛教协会授戒、认证的在家平信徒代表其所属佛教协会到各个世俗领域，以多元宗教文化以及包容面貌，服务佛教徒、非佛教徒甚至无宗教信仰者。也即，北美佛教宗教师由出家僧人与在家平信徒两方面人员组成，是僧信二众的结合。

就出家僧人而言，若想成为合格的佛教宗教师，首先必须接受完整的传统佛教僧伽教育，其次取得北美教育系统中的佛教宗教师硕士学位（Master of Divinity in Buddhist Chaplaincy），之后接受相关的专业社服技巧

---

① 参见 Larry Vande Creek & Laurel Burton, eds., "A White Paper, Professional Chaplaincy: Its Role and Importance in Healthcare," *The Journal of Pastoral Care* 55, 1 (2001), pp. 81 – 82。

培训。譬如，要想拥有北美专业宗教师执照授予机构（Board of Chaplain Certification Inc.）颁发的临床医疗系统佛教宗教师执照，必须到其指定的医院完成 2000 个小时的专业临床医疗宗教师实习培训。① 至于在家平信徒，除了需接受同等学院教育以及专业实习培训之外，还必须附属于一当地合法登记的佛教协会，接受该佛教协会僧人的指导，完成各式佛教日常宗教仪轨练习以及佛法实践修持，田野实践合格之后在该佛教协会的肯定下受戒（在家五戒或者菩萨戒），成为该佛教协会认证的在家布教师，此后才具备佛教宗教师资格，受聘进入社会事业单位，以全职带薪的形式，为有需求者提供专业的宗教服务。也因此，在家平信徒佛教宗教师，自身在道德伦理上接受其所属佛教协会制定的章程内容（如在家五戒或者菩萨戒）的制约；佛学修养与佛法实践方面，则需要定期接受所属佛教协会有经验的僧人的督导，并被要求以行诸文字的方式；定期向所属佛教协会做有关自己在社会事业单位从事佛教宗教师工作的报告，以确定其自身是否适合继续作为佛教宗教师，代表其所属佛教协会为社会事业单位提供专业的佛教宗教师服务。②

就目前北美僧信二众佛教宗教师体制中完善的专业教育和训练系统而言，有两类不同。第一类由大学学院教育系统构成，此有哈佛大学神学院（Harvard Divinity School）、纽约协和神学院（Union Theological Seminary）、纳罗帕大学（Naropa University）、加州伯克利联合神学研究院（Graduate Theological Union）以及美国加州洛杉矶西来大学（University of the West）设立的佛教宗教师硕士研究生项目。第二类由当地具有一定规模和影响力的佛教训练机构组成，此有位于美国东海岸的纽约禅修关怀中心（New

---

① 参见 Board of Chaplain Certification Inc.，"BCCI Certification," August 26, 2019, http://bcci. professionalchaplains. org/content. asp? pl = 25&contentid = 25。

② 以美国汉传佛教国际文教中心为例，该中心授戒、认证的佛教宗教师，必须依中心的章程规定，每年定期向该中心执行秘书长振冠法师提交年度报告，以为其继续作为合格佛教宗教师，代表文教中心为社会事业单位提供有效宗教服务的证明。

York Zen Center for Contemplative Care)、坐落于西南方新墨西哥州的尤帕亚禅修训练中心（Upaya Institute and Zen Center）以及北加州红木城（Redwood City）的正念佛学中心（Sati Center for Buddhist Studies）。[①] 大学学院教育系统的任务，主要是使佛教宗教师学员对不同宗教信仰价值观、多元种族文化进行对比分析以及研习社会科学理论；佛教训练机构则在此学院教育基础上，为学员提供全方位的佛教教理教义、宗教仪轨以及佛法实践训练机会。两者各有其侧重点及优缺点。

目前由这两类教育、训练机构培养出来的佛教宗教师，在完成与自身专业相关的培训并经过当地佛教协会授戒、认证，以及获得宗教师执照之后，都具备作为专业佛教宗教师，受聘进入社会事业单位服务的资格。佛教宗教师在北美当地提供服务涉及的领域，上至国会、联邦医疗、军队（海陆空）以及监狱系统；中及州立医院、高校、监狱以及国防部队（National Guard）；下至地区流浪汉救助站、戒毒所、机场以及私人企业公司等。就目前所知北美佛教宗教师专业而言，其教育及实践体制是一种僧信二制有效结合的模式。教育方面，如上所论；实践上，则以佛法的慈悲与智慧，超越宗教、文化、种族与国界，在社会各个领域为有需求者（个体或者团体）提供专业、有效的宗教服务。

四　余论：太虚大师"佛教宗教师"僧信二制与北美佛教宗教师专业探讨

综上所论，20 世纪 30 年代初，在现代国民公共社服意识背景下，太

---

① 振冠：《北美佛教宗教师概念综述》，《佛学研究》2018 年第 2 期；另参见 New York Zen Center for Contemplative Care，" Professional Chaplaincy Training CPE，" https：// zencare. org/contemplative－care－training－program/professional－cpe－buddhist－chaplaincy－ training/；Upaya Institute and Zen Center，"Buddhist Chaplaincy Training Program，" https：// www. upaya. org/social-action/chaplaincy/；Sati Center for Buddhist Studies，" Buddhist Chaplaincy Training Program，" http：//www. sati. org/buddhist－chaplaincy－training－ program/。

虚大师整理其早期出家僧众与在家平信徒制度构想，提出了新的佛教宗教师理念及体制建构设想。太虚大师的佛教宗教师理念及其建构，主要探索了佛教僧众的专职化构想。也即，实行学僧、职僧与德僧的三级佛教宗教师体制建设，配合以佛教律仪院、普通教理院、高等教理院以及观行参学处为主的"四学级"佛教教育体系完成。同时，为了统摄正信的在家平信徒，与出家僧众相辅并行，太虚大师提出了佛教正信会的制度建设构想，系统地组织在家平信徒佛教宗教师进入社会，为有需求者提供经过训练的专业化宗教服务。

在佛教宗教师的体系建制上，太虚大师 20 世纪 30 年代前期的构想，主要指佛教僧众专职化，30 年代后期，则逐渐具有了涵摄在家平信徒的面向，这与他从民国初年以来一直坚持僧信并建的佛教教制探索一脉相承。① 体系上，太虚大师的"佛教宗教师"构想，包含国家法律身份定位、四级佛教宗教师教育训练体系以及公共资格考试等层面的内容。太虚大师在三级佛教宗教师体系中，以学僧、德僧涵摄僧众传统角色，立"职僧"为"菩萨僧"，强调"事业弘布"和社会服务责任，赋予其现代意义；以律仪院、普通教理院、高等教理院以及观行参学处为主的"四学级"佛教教育体系，既重申佛教传统内学教育，又注重世间科学、礼俗、道德等外学研究。因此，太虚大师的佛教宗教师体系构想，在性质上，具有传统与现代融合的特色。

从建立宗旨来看，太虚大师构想中的僧信二制建立，在于倡导佛教僧信二众慈悲入世济众的菩萨道精神——深入社会，服务民众。从实践内容

---

① 1935 年，太虚大师作《建设现代中国佛教谈》，其在"佛教教制"部分，已将学僧、职僧、德僧三级佛教宗教师制度与在家佛徒组织佛教正信会做了更系统的整合。他指出："中国之佛教向借僧寺为躯干，在家佛徒亦只以仿学出家众所行为事，此为佛教不能普及令家族（庭）皆佛化之大障碍。今后之在家佛徒，当知其所行，应在以十善行改造新家庭、新社会。"在大师的认识中，僧众佛教宗教师与在家平信徒佛教正信会并行，两者兼容但又各有侧重，目的是"发挥其富容和及公天下之特殊性，庶其可成中国的现代佛教建设！"参见《太虚大师全书》第九编《制仪》，第 273、278 页。

来看，太虚大师所构想的出家僧信二制建设，不再仅仅局限于当时传统汉传佛教服务社会的模式。譬如，单一地举行讲经、共修、法会，以及传播佛教信仰、宗教修行等活动。其内容有了更为广泛、多元以及建构性的体现，并指向了当时汉传佛教的内部改良，发展多元宗教信仰，跨越国家、种族文化，提供专业化宗教社服内容。太虚大师佛教宗教师理念的提出及其体制建设构想，具备了当代北美佛教宗教师专业尊重多元宗教、文化以及种族的宗旨。

在僧信二制建立构想中，太虚大师强调了出家僧众的定位是"主持佛法"，保持佛教清净性与神圣性，履行为在家平信徒提供授戒、认证服务，以及督导其出世宗教修习、入世济人的职责。大师对于在家平信徒的定位是"护持佛教""护持僧众""将佛法普及于世界"，依据佛教精神履行积极入世、参与社会生活、服务民众的使命。依据大师的构想，在家平信徒可以进学上升为出家僧众佛教宗教师；反之，出家僧众佛教宗教师也可退出，下调为在家佛教徒正信会会员，实践在家佛教宗教师事务，专心从事宗教社服。此则僧信二众在宗教职能与专业社服面向上，相辅相成，并行不悖。此外，在僧信二制的建构过程中，需要厘定出家僧众与在家平信徒之间宗教道德伦理上的身份定位以及分工区别。同时，作为出家僧众的宗教教职人员本身具有"宗教师"专职性质，在家平信徒无法完全替代其功能，往往在家平信徒从事宗教社会服务工作只具义务性质，难以实现宗教身份上的专职化、宗教社服上的专业化。对于此问题的解决方案，太虚大师从"佛教宗教师"理念上的身份认同出发，以出家僧众佛教宗教师为在家平信徒佛教宗教师督导，并从"佛教宗教师"自身所具精神、宗旨以及实践内容，指涉了在家平信徒佛教宗教师专业建制的面向。

就此而言，虽然当代北美佛教宗教师专业与太虚大师所处的时代背景、文化环境不同，体现的实践面向也有所差异，但就太虚大师所提出的"佛教宗教师"理念及其僧信二制建设构想而言，无论是在理论铺陈、宗教师伦理设计、组织制度结构还是宗教社服内容上，都有着诸多不谋而合之处。譬如，北美人们目前获得佛教宗教师专业资格，必须接受与自身专业相关的教育、培训，并由当地佛教协会授戒、认证，接受有经验的出家僧人对其佛学修养、宗教情操、伦理道德的督导。这与太虚大师提倡的获得佛教宗教师资格的理念甚为一致，有异曲同工之妙，有可供借鉴的价值。太虚大师提出的佛教宗教师的"四学级"教育系统，对于目前依据北美基督教神学系统建立起来的佛教宗教师教育体系，如何在刻下和将来形成以佛学为体系的佛教宗教师教育，有着重要的参考和启发性意义。

思想发明

《北大佛学》第 2 辑
第 199～215 页

杨文会、太虚的佛教统合论
与《大宗地玄文本论》的评价

〔日〕石井公成 著　李　薇 译

内容提要　杨文会所建立的马鸣宗以《大乘起信论》为根本教理，并以《大宗地玄文本论》的五位判教来统合佛教各宗派与经典，认为五位包含一切教说，只要体得五位，各宗即可融通。《大宗地玄文本论》与《释摩诃衍论》关系密切，应同样成书于新罗。同时，杨文会借助这两部论书来融合各宗的立场，历史上与新罗元晓最为相似。虽然我们尚未能确定杨文会是否受到了元晓的影响，但应该注意佛教传播并不是中国影响日本、韩国这样的单向过程，而是双方相互影响的过程。杨文会对《大乘起信论》《大宗地玄文本论》的评价又影响其弟子太虚，太虚与杨文会一样，极为尊崇马鸣，认为这两部论书体现了大乘佛教要义。两人均希望借此两部论书复兴当时的中国佛教。

关键词　杨文会　太虚　《大宗地玄文本论》　五位判教

作者简介　〔日〕石井公成，驹泽大学佛教学部教授；李薇，北京大学哲学系博士后。

1904 年，杨文会在给李小芸的信中言道：

> 仆建立马鸣宗以《大乘起信论》为本，依《大宗地玄文本论》中五位判教，总括释迦如来大法。无欠无余，诚救弊补偏之要道也。[①]

杨文会试图建立的马鸣宗是以《大乘起信论》（以下略写为《起信论》）为根本教理的，并且以《大宗地玄文本论》（以下略写为《玄论》）中的五位判教来概括释迦的教法，主张去除不必要的教理，留下重要教理，因为唯此才能改善并修正中国佛教的各种问题。从"马鸣宗"之名就可看出他对马鸣的重视。杨文会正是想通过马鸣的著作来复兴中国佛教。1906 年，杨文会出版了《大宗地玄文本论略注》四卷，其中也将《玄论》原文刊出，这是他最大篇幅的著作。

楼宇烈教授在《中国近代佛学振兴者——杨文会》[②] 一文中，通过上引书信，最先指出了杨文会对《玄论》的重视。之后陈继东教授又有《杨文会与"马鸣宗"》[③]，其中多有高见。陈教授指出了杨文会以《起信论》的一心二门为根本，将《玄论》的五位与经、论、宗对应起来，具体如下：

1) 无超次第济转位→《华严经》《梵网经》《起信论》
2) 无余究竟总持位→《楞严经》、禅宗、密教
3) 周遍圆满广大位→《华严经》、华严宗

---

① 《等不等观杂录》卷 5《与李小芸国治书一》，杨文会撰，周继旨校点《杨仁山全集》，黄山书社，2000，第 439 页。
② 楼宇烈：《中国近代仏学の振興もの－楊文会－》（坂元ひろ子译），《東洋学術研究》1986 年第 25 卷第 1 号。
③ 陈继东：《楊文会と"馬鳴宗"》，《印度学仏教学研究》1998 年第 46 卷第 2 号。改订版收录在陈继东《清末仏教の研究—楊文会を中心として—》（山喜房佛书林，2003）中的第五章第三节。

4）一切诸法俱非位→《般若经》、禅宗

5）一切诸法俱是位→天台宗

陈教授指出，杨文会的这一教判只针对大乘佛教，特别是中国成立的宗派，而且他没有区别五位的高低、优劣，并强调在根本上这些都是一致的、都是佛说。陈教授还指出，杨文会在高度评价禅宗的同时，又严厉批判了现实中禅宗不读经论、不通教理的风气。又指出杨文会试图在"承认所有宗派思想的价值的基础上，统合各宗派"，所以与其说杨文会将"马鸣宗"作为"一个宗派"，不如说其"只是杨文会表达自己思想立场的一个媒介而已"。

陈继东教授的观点对理解杨文会的佛教观与近代中国佛教改革的状况很有帮助，但遗憾的是陈教授在这之后并没有再涉猎这些问题。另外，张文良教授在《杨文会的"马鸣宗"及其思想史意义》（《佛学研究》2018 年第 2 期）一文中对此问题也有相关论述。除这些以外，关于马鸣宗的研究比较少见，这或许是由于《玄论》的特质不甚为人所知。目前在中国尚未见到专门论述《玄论》的论文，也极少有论文详细论述与《玄论》关系密切的《释摩诃衍论》（以下略写为《释论》）。笔者曾论证作为《起信论》（被认为是龙树所著）注释书的《释论》是在新罗成立的，[①] 最近也开始了关于《玄论》的研究。陈继东教授和张文良教授也是笔者长期以来的研究伙伴，受他们影响，笔者打算进一步讨论杨文会及其弟子太虚如何评价《起信论》《玄论》，以及他们如何通过这两部论书来统合佛教。

一 五位对应表中揭示的问题

上面所归纳的五位对应表中，并没有包含净土信仰一系的经典和作为

---

① 石井公成：《〈释摩訶衍論〉の成立事情》，《中国の仏教と文化：鎌田茂雄博士還暦記念論集》，大藏出版，1988；同《〈釈摩訶衍論〉が依拠した教学—不二摩訶衍の成立を中心として—》，《駒澤短期大学仏教論集》1995 年第 1 号。

中国佛教一员的净土宗（莲宗）。杨文会在刻经之始，最先刊行了魏源编纂的《净土四经》，之后在《十宗略说》中却将净土宗列在十宗最后，断言"此念佛往生一门，为圆顿教中之捷径也"。① 他对于净土宗的看法随着与日本僧人的论争有所改变，他坚定的净土信仰却是持续一生的事实，不得不说这是很不可思议的。

自云栖袾宏以来，中国佛教有很强的禅净一致的倾向。深受云栖袾宏影响的魏源，他的净土信仰是否也包括禅宗在内呢？有学者指出，杨文会有意共存唯心净土与西方净土两说，并未完全吸收袾宏提出的唯心净土说。②

那么，《华严经》或华严宗中包含了净土信仰吗？杨文会在《十宗略说》中强调，应该重视《华严经》末尾的《普贤菩萨行愿品》，并将《起信论》作为极乐的皈依处。所以他可能认为《华严经》和《起信论》之中都包含了净土信仰，但是广为人知的是杨文会又很重视《观无量寿经》。

华严宗之中也包含了净土信仰吗？杨文会在《西方极乐世界依正庄严圆图跋》中批判那些只重视华严教学中难懂教理却轻视"莲邦"（即极乐净土）的"利根之士"乃是不理解"空有圆融"之徒，认为"娑婆即唯心所现，极乐岂外呼唯心"，③ 并重唯心说和极乐往生。而且，他认为既然是华严宗，相较极乐净土，更应追求莲华藏世界。

这里需要注意的是，杨文会的目的是借复兴中国佛教来兴盛中国。他去过欧洲两次，在那生活了六年左右，目睹了以基督教为支柱的西欧诸国之繁荣；也见证了曾经维持佛教诸宗派势力的日本完成了近代化，呈现与西洋列强并驾齐驱的势头；他还注意到日本也在不断推进佛教近代化教育的趋势。1894 年，他与英国殖民地锡兰（今斯里兰卡）、印度的佛教复兴

---

① 杨文会撰，周继旨校点《杨仁山全集》，第 155 页。
② 宫川敬之：《中国近代佛学的起源》，《中国哲学研究》1998 年第 12 号。
③ 杨文会撰，周继旨校点《杨仁山全集》，第 391 页。

运动的领导者 Anagārika Dharmapāla 在上海见面，第二年印度一方邀请中国佛教徒去印度交流，杨却痛感国内缺乏这样的人才，所以他为了复兴佛教，决意创办近代佛教学校。也就是说，杨文会虽然从本身信仰上祈望净土往生，在构思现实中国佛教的改革及推进中国近代化的时候，却并没有强调重视往生来世的净土信仰。

反过来说，为了复兴净土信仰，必须探索出可以增强当时中国国力的信仰模式。这时登场的就是太虚的"人间净土"思想。虽然一定会有其他的背景，但是不能否认太虚思想中有着尝试解决其师杨文会遗留下来的课题这一方面。

二 《大宗地玄文本论》

五位对应表中有很多需要讨论的内容。首先是其中所举经论以中国成立的为主。印度成立的经典只有《华严经》和《般若经》，其他《梵网经》①《起信论》②《楞严经》都是中国成立的。另外，与《起信论》并为马鸣宗两大支柱的《玄论》，关于其成书问题，究竟是新罗《释论》的作者所作，还是深受《释论》影响的人模仿《释论》文体而创作？笔者在2019 年 1 月论证过，认为《玄论》也是新罗成立的。

在日本江户时代，积极进行文献批判并试图复兴华严宗的学僧凤潭（1654～1738）认为《玄论》乃是伪作。在享保三年（1718）的《起信论幻虎录》中，凤潭就《大乘起信论·序》中的"玄文二十卷"指出"近世藏经载《大宗地玄文本论》为马鸣造，此亦伪造妄解不可迷之"。

---

① 船山徹：《東アジア仏教の生活規則　梵網経 – 最古の形と発展の歴史 – 》，临川书店，2017。

② 大竹晋：《大乘起信論成立問題の研究—〈大乘起信論〉は漢文仏教文献からのパッチワーク—》，国书刊行会，2017。

张文良教授对凤潭有非常出色的研究。① 凤潭重视法藏的《大乘起信论义记》，批判宗密等人曲解华严宗本来的教义。这对杨文会也产生了影响，使得杨文会认为从南条文雄处所得的、原始形态的《大乘起信论义记》才是《起信论》最好的注释，而不是宗密所改编的《大乘起信论义记》。

但章太炎似乎忽略了凤潭的《起信论幻虎录》。他在日本期间，于1908 年 2 月在《民报》19 号上发表了《大乘起信论辨》，认为《玄论》绝对是伪作。但是这篇文章似乎没有对杨文会产生影响。之后的太虚与其师杨文会一样，也重视《玄论》。虽然关于杨文会为何在之后就没有言及马鸣宗这一问题，还不甚明了，但如果他认为《玄论》是伪作的话，那么师从杨文会的太虚应该就不会对《玄论》进行评价吧。

日本真言宗开山祖空海很重视《释论》，日本历来盛行关于《释论》的研究，由此对与《释论》多有相似的《玄论》也有一定程度的研究。同时，在《起信论》的真伪论争之中，自称是阐释《起信论》"玄文"的《玄论》也备受关注，也有研究考察其与《释论》的相似性。② 中村正文氏曾指出，《玄论》有高丽本和明本两个版本，推测高丽本为早期形态。同时学界认为《释论》为新罗月忠所作，这样考虑的话，《释论》和《玄论》都与新罗相关。③

笔者一直主张使用汉字文献情报处理研究会开发的 NGSM 软件④。通

---

① 最新的成果有张文良《鳳潭の〈大乗起信論議記幻虎録〉について：その思想史の位置づけを中心に》，《インド哲学仏教学研究》2018 年第 26 号。

② 中村正文：《〈大宗地玄文本論〉について－特に〈釈摩訶衍論〉との関係を中心として－》，《印度学仏教学研究》1989 年第 37 卷第 2 号；远藤纯一郎：《〈釋摩訶衍論〉と〈大宗地玄文本論〉に於ける馬鳴論》，《大正大学大学院研究論集》1997 年第 21 号；《〈釋摩訶衍論〉と〈大宗地玄文本論〉に於いて共通する記述をめぐって》，《智山学報》1998 年第 47 号；《〈大宗地玄文本論〉と〈釋摩訶衍論〉の関係について》，《智山学報》1999 年第 48 号。

③ 中村正文：《〈大宗地玄文本論〉について－特に〈釈摩訶衍論〉との関係を中心として－》，《印度学仏教学研究》1989 年第 37 卷第 2 号。

④ 石井公成：《仏教学におけるN－gramの活用》，《東京大学東洋文化研究所付属東洋学研究情報センター報　明日の東洋学》2002 年第 8 号。

过这一软件比较《释论》与《玄论》，其部分结果表示如下。其中"释"表示《释论》，"玄"表示《玄论》，数字表示文献中出现的次数。

就～门中，则有～ （释：8 玄：10） ＊仅。

就～中，则有八门。云何为八。一者～ （释：1 玄：1）＊仅。

如其次第，应审思择 （释：1 玄：1） ＊仅。

如其次第，应审观察 （释：1 玄：1） ＊仅。

法尔道理性 （释：1 玄：1） ＊仅。

出无明藏 （释：1 玄：1） ＊仅。

"＊仅"是笔者添加的记号，表示在《大正藏》中，这一表达只在《释论》与《玄论》中出现过。通过以上的比较，可知两部文献在用语和语法上都是非常相似的。恐怕在今后的文献比较研究中，使用 NGSM 或类似的软件是十分必要的。NGSM 也对近代佛教研究十分有效，通过它可以了解同一人物不同年代的用语、语法的变化。关于杨文会的研究中，很多著作的成书年代并不清楚，使用 NGSM 则可以帮助学者确定其成书年代。

另外，《释论》与《玄论》中的语法与汉文语法多有不同。

《释论》序：可谓一山界中在两日月。一天下中在两皇帝。（592a）

＊"在"与"有"混同。这在新罗与古代日本的文献中多见。

《释论》：何故众生先有成佛。后有成佛。今有成佛。（637b）

＊应是"有先～""有后～""有今～"。

《玄论》：一切皆悉随时不移。（670c）

＊"随时不～"这一用法《大正藏》中只此一处。若是"不随

时~", 则多有用例。

《玄论》: 无伤护。(692b)

＊《大正藏》中只此一处。其他文献有 "无伤" "无伤害" "无伤病" "无伤无损" 等。"无伤（副词）＋（动词）" 这一用法是基于韩语、日语的语序的表现。

如上所见,《释论》与《玄论》中的表现很相似, 而且两文献皆用不正规的汉文书写。关于《释论》, 正如之前论述的那样, 其中不仅有法藏的影响, 亦见元晓及义湘的影响, 基本可以认定其是在新罗成立的。《释论》与《玄论》的相似之处, 除了用语及语法, 还有很多例子, 如两者都列举、引用了一些不存在的经典, 罗列一些奇怪的梵语, 还使用一些组合了则天新字和道教符咒的奇妙文字。所以笔者认为《玄论》应是与《释论》相同, 是在新罗成立的, 或就是《释论》作者所著, 或是有与《释论》极为相近的思想和文体习惯的人所作的。

三　新罗佛教对中国佛教的影响

由上文可知, 马鸣宗的两个基础文献《起信论》《玄论》分别成立于中国和新罗。当然, 杨文会认为两部文献都是印度撰述的。正如五位对应表中禅宗、密教、华严宗、天台宗所凸显的 "宗（派）", 杨文会所认为的理想佛教, 是中国佛教全盛时代的隋唐佛教。《华严经》《梵网经》《起信论》《楞严经》《般若经》作为隋唐宗派所依据的经典而被他重视, 同时他也从各宗派的立场来评价这些经典。

众所周知, 年轻时的杨文会因读《金刚般若经》而接触佛教, 读《起信论》而大受感动, 读《楞严经》增强了对佛教的兴趣。这三部文献也都在五位对应表之中。即言之, 他当时打下的对佛教理解的基础, 一直影响到了 1904 年。表中,《华严经》出现了两次, 可见其受重视程度,但也要注意，这是基于华严宗的，具体而言是基于法藏、澄观理解的《华严经》。进而言之，像杨文会这样视《起信论》为统摄佛教最高论书的人物，最早可溯至对唐代佛教有影响的新罗元晓。[①] 而杨文会最重视的《起信论》的注释是从南条文雄处得到的法藏的《大乘起信论义记》，其中法藏也大量引用了元晓的《起信论》解释。法藏虽然将《起信论》看作批判新译唯识说的有力论书，但也绝对重视作为圆教的《华严经》，他将《起信论》判为大乘终教。前所未有地重视《起信论》，并将其应用到《华严经》的解释之上的是法藏弟子慧苑及之后的华严宗人。法藏的著作传入新罗，进而产生了《释论》与《玄论》，之后《释论》与《玄论》又被带入中国。《释论》在辽代很受重视，出现过一些注释书，这些文献后来传入日本，被真言宗所用。

也就是说，唐代与新罗时期的佛教是相互影响的，这样的相互影响在近代中国亦反复发生。杨文会在《书起信论海东疏记后》中认为元晓与义想（义湘）为同一人物，原本应为"元晓义想"，就像憨山德清被认为是憨山与德清两人一样，是后人误解成了元晓与义想两个人物，所以虽然元晓未曾解释《起信论》，[②] 实际上是受了《起信论》的影响的。另外，虽然元晓重视《华严经》，但没有将其绝对化的倾向，他视大乘诸经典皆同样重要。元晓这一立场乃是继承了净影寺慧远与吉藏等的观点。吉藏曾强烈反对当时"视讲佛性的《涅槃经》为最上经典，轻视《法华经》"的风潮。而杨文会虽在五位对应表中两次列举《华严经》，但并没有因此而轻视其他经典。

元晓试图"和净"诸经论之异说，强调各种经论的特色。杨文会也与此相同，不只是经典的解读，也想将诸宗放在一个平等的位置。不过他将禅宗放在最高之位，但也批判过去禅僧轻视经论和现代禅僧没有学问等

---

① 石井公成：《華厳思想の研究》第 3 章第 2 节，春秋社，1996。
② 杨文会撰，周继旨校点《杨仁山全集》，第 392 页。

问题。他在亲近法藏的著作、尊重华严宗的教理的同时，又反对轻视净土宗的风潮。这样的一个融合各宗的立场，虽可能是杨文会自己探索出来的，但历史上与其最为相近的当属新罗元晓。

葛兆光教授曾说中国佛教不只是影响了韩国和日本，这种影响也是双方向的，就文化传播而言，"特别是近代日本与韩国文化对中国的影响，也许我们研究的还不够"。[①] 特别是在近代，还必须考虑与西欧诸国之间复杂的相互影响关系。笔者在 2019 年 2 月出版的《东亚佛教史》（《東アジア仏教史》）的开头也说过：

> 佛教本来就不是自西向东的直线传播。佛教史是各个国家、各个地区、各个民族之间复杂的相互交流、相互影响的历史，是这个传播过程中演变的历史。[②]

与太虚相关的研究，也必须考虑亚洲各国的影响。太虚在后来虽然常批判日本佛教，强烈抗议日军的侵略行径，然其所主张的应积极追寻"宇宙人生真相"，[③] 也可以看作受日本的影响。"宇宙人生"一语在中国古典的用例中极为罕见，在日本文献中却能找到很多用例，如被称为日本近代禅研究先驱者的忽滑谷快天（他所著的《禅学思想史》对胡适亦有影响）所写的《禅学批判论》（1905 年）中，第三章题目就是"宇宙人性论"；曹洞宗学僧加藤咄堂的《宇宙论》（1906 年）第二章题目就为"宇宙人生与宗教的修养"；净土真宗今井升道的《他力安心示谈》（1908 年）第四回为"宇宙人生的目的是什么""宇宙人生真正的意味""宇宙人生为我一人"。可见，在日本 20 世纪初的佛教界这个

---

① 葛兆光：《西潮又东风——晚清民初思想、宗教与学术十讲》，上海古籍出版社，2006，第 223 页。
② 石井公成：《東アジア仏教史》序章，岩波书店，2019，第 4 页。
③ 太虚：《生活与生死》，《海潮音》第 9 卷第 3 期，1928 年。

词语被广泛使用。当然，太虚是秉持自己独立的思考，进一步发展了"宇宙人生"。但是杨文会受到南条文雄等真宗僧人的影响，同时反对他们的净土观，进而形成自己的净土观，这之中却不能忽略日本佛教的影响。

另外，在神户英国总领事馆工作的井上秀天是曹洞宗的居士，他于1923 年前后将赞誉太虚的信并自己出版的杂志《东洋文化》以及否定神话般传承的《禅的新研究》一同寄给了太虚。太虚也回赠他三本书，其中《大乘起信论研究》的扉页上写了谢词。谢词中写到了太虚让武昌佛学院研究英语与日语的陈维东、陈济博等人翻译秀天的著作，共同计划"中日佛教联合"。① 井上秀天接触过社会主义，富有批判意识，致力于探索新时代的禅与禅研究，年轻时在台湾生活过，与大陆的关系也很密切。②

四 五位对应表所显示的信息

五位对应表中值得注意的是，杨文会没有将净土宗列入其中的同时，又将天台宗对应到"一切诸法俱是位"。《十宗略说》论及天台宗时，杨文会引高丽谛观的《天台四教仪》"以五时八教判释东流一代圣教，罄无不尽"之语赞誉智顗，末尾还说智顗临终时念佛、往生西方净土，特意强调了西方净土信仰的侧面。③ 法藏在《五教章》中提出"天台智者禅师立四种教，统摄东流一代圣教"，④ 高丽谛观将"四种教"改为

① 石井公成：《近代アジア諸国における〈大乗起信論〉の研究動向》，《禅学研究》2005年特別号。

② 石井公成：《日本における禅学の近代化と台湾仏教 – 忽滑谷快天と井上秀天を中心として –》，"佛教现代化在台湾的发展：探索宗教哲学的可能性"演讲原稿，台北，2019年10月21日。

③ 杨文会撰，周继旨校点《杨仁山全集》，第151 页。

④ 《大正藏》第45 册，高楠顺次郎等编，东京，大正一切经刊行会，1922～1934 年，第480 页。

"五时八教",① 进而形成了"以五时八教判释东流一代圣教"。杨文会说智顗尊重《法华经》，并赞赏他得到了法华三昧，在五位对应表中却没有放入《法华经》。

有鉴于此，五位对应表中放入了《梵网经》，除了《梵网经》以在家信者为对象授菩萨戒之外，或许与法藏曾著有《梵网经菩萨戒本疏》有很大的关系。杨文会在《梵网经菩萨戒本疏题辞》中言及天台注疏的同时，还赞赏《梵网经菩萨戒本疏》"深达戒经奥旨"。② 他高度评价法藏，却没有继承法藏对《华严经》的绝对重视，而将附有法藏注释的《起信论》视为最高经典。

《十宗略说》中所举十宗为律宗、俱舍宗、成实宗、三论宗、天台宗、贤首宗、慈恩宗、禅宗、密宗、净土宗，五位对应表中排除了律宗，应是因为已经有了菩萨戒经典《梵网经》。其实将三论宗放在否定立场的"一切诸法俱非位"之中也非不可，杨文会却将其排除在外；同样将慈恩宗放在支撑阶段修行的"无超次第济转位"亦是可以的，但也被他排除在外。

杨文会重视中国佛教教理的黄金时代，即隋唐的宗派佛教，但也只是重视其中的几宗。他不论这几宗的优劣，试图以新的形式为它们定位。而这样的判断依据，可以认为从《玄论》而来。

五 《大宗地玄文本论》的五位

《玄论》中说金刚地有五种位，其中有"五十一种名字"，即十种爱乐心、十种识知心、十种修道心、十种不退信、十种真金刚心、一种大极自然陀罗尼地，并且说这"五十一种根本名字"即"一切天地、

---

① 关于"五时八教"是否可以称为天台大师的教判的论争，可参考关口真大编《仏教の実践原理》，山喜房佛书林，1977。
② 杨文会撰，周继旨校点《杨仁山全集》，第 371 页。

一切父母、一切体性、一切所依"。杨文会将其中的五十心与十信、十住、十行、十回向、十地匹配在一起，将大极自然陀罗尼地等同于佛果，而且说这些位是"因果交彻"的，所以信位中就含有佛果的金刚位。他还强调这一理论比华严教学中所说的初住成佛更加优秀。[1] 同时，他经常用《起信论》的思想来论述，又因为"因果交彻"是华严教学的理论，所以可以认为他是基于华严教学来解释《起信论》及《玄论》的，由此《起信论》与《玄论》也成了包含《华严经》与华严教学的根本经论。

这五十一种名字相当于五十一个修行阶位。《大宗地玄文本论略注》（以下略写为《略注》）解释这个部分的时候，主张最初的信心阶段就已经具备了其他的五十位，即"诚圆中之圆，顿中之顿也"，这是基于以"十住初心便成正觉"为"圆顿极则"的中国佛教立场来论述的。杨文会认为此乃马鸣大士的主张，而佛教东流以来此论鲜为人知，故强调《玄论》的意义。[2] 从此来看，《玄论》之前在中国从未得到过注意。所以，杨文会一直重视《起信论》，又遇到了被认为同是马鸣所作的《玄论》，认为可由此论书统合诸经典的阶位说与中国诸宗。

杨文会在《大宗地玄文本论略注自叙》中，认为五位包含一切教说，只要体得五位，各种宗或教"皆不相妨"，他反对论争，说"何有分河饮水、互相是非之弊哉？"并且他认为这么重要的《玄论》千年以来都没有提倡者，只是因为其内容"非凡位所知，师家艰于应对"，[3] 即学僧、居士、禅僧皆不能理解，所以才隐秘至今。换言之，他强调只有自己看到了《玄论》的真义，并以此来明了诸经论及诸宗的特点、摆正它们的位置，以显示它们之间并不矛盾，进而复兴这些经论及宗派。故而给李小芸写信之时的杨文会将《玄论》视为与《起信论》同

---

① 杨文会撰，周继旨校点《杨仁山全集》，第 18 ~ 19 页。
② 杨文会撰，周继旨校点《杨仁山全集》，第 16 ~ 17 页。
③ 杨文会撰，周继旨校点《杨仁山全集》，第 384 页。

等重要的经典。

同时，重要的是与五位结合的阶位说，水野元弘先生曾指出阶位说非来自印度，而是在中国佛教中形成的。① 十地等概念很明显是菩萨上升的阶位，但在大乘经典中所说的十德目不过是菩萨行的十事而已，很多时候并不是指修行的阶段。水野先生还指出，阶位说从《璎珞经》等中国成立的经典中开始形成，由智颛将其统合，并总结为五十二位的阶位说。杨文会尝试在《玄论》中寻找阶位说之中国形成的依据，进而与他重视的大乘诸经典及隋唐各宗一一匹配起来，得出了《玄论》包含所有一切的结论。

中国成立的经典中，有伪经、疑伪经的说法。笔者采取了小峰和明老师的建议，从 2018 年开始将"模仿印度经典而成的文献"称为"拟经"。笔者在《东亚佛教史》中也使用了这一用语。若非释尊直说便不是真经，印度的大乘经典皆可称为伪经。又，730 年纂成的《开元释教录》收录1076 部 5048 卷，其中"疑惑再详录"有 14 部 19 卷，"伪妄乱真录"有392 部 1055 卷。疑伪经的卷数比例达到了将近五分之一，部数亦有三分之一之多。可见当时流行的经典有半数以上是中国成立的。不过，即使是在真经之中，《仁王般若经》《璎珞经》《梵网经》这样重要的经典也被包含其中。经典目录中虽判定为伪经，但被智颛这样的高僧或庶民重视的例子也不少见。因此，经典的内容虽优劣不一，笔者仍打算使用"拟经"一词来统称那些"模仿印度经典"的文献。

关于拟经，最重要的是中国思想的影响。《玄论》中将最高的阶位称为大极自然陀罗尼地，其中"大极"可能指的是太极，"自然"又是老庄思想的概念，这些与代表深奥智慧的陀罗尼结合在一起，表示最高的阶位。② 从这点来看，对《玄论》为汉译经论有所怀疑是很正常的。杨文会

---

① 水野弘元：《五十二位等の菩薩階位説》，《仏教学》第 18 号，1984 年。

② "陀罗尼"一词表示这样的智慧的例子亦见于义湘《一乘法界图》。

也写过一些评价老庄思想的文章，但正如楼宇烈教授指出的那样，杨文会认为老庄思想的本质与佛教是一致的。① 实际上，在《大宗地玄文本论略注》的结尾处，他也言及《玄论》因其深奥故称"玄文"，引用《老子》的"玄之又玄，众妙之门"，说"欲知玄妙法门，请观此论"。② 这种说法可能参考了智俨的《搜玄记》及法藏的《探玄记》，也是体现杨文会老庄式佛教理解的好例子。

六　太虚对《大宗地玄文本论》的评价

太虚在 1938 年 2 月发表了《华译马鸣菩萨所著书述要》。其中大力赞扬了《玄论》：

> 而此《起信》与《宗地》二论实为马鸣"大乘总持法门"之所存，《起信》弘扬最广而《宗地》尤富奥秘之义，惜尚鲜发挥者，对此二论，虽不少疑议，而察其气息沉雄，旨趣深厚。且非龙猛无著二大士之言所逮，除慈氏诸论莫与伦比者，设非不动地菩萨畴克臻此。③

他断言《起信论》和《玄论》都是包含了大乘佛教要义的论书，《玄论》富含秘密之义。虽然有不少人怀疑《起信论》和《玄论》是伪作，但《玄论》的深远主旨不是龙树、无著所能及的，只有弥勒的论作方可匹敌，也只有不动地菩萨才能到达这一高度。太虚此文作于《起信论》真伪论争之后，对真伪的判断自当慎重。但太虚在《评大乘起信论考证》

---

① 楼宇烈：《中国近代仏学の振興もの–楊文会–》（坂元ひろ子译），《東洋学術研究》1986 年第 25 卷第 1 号，1986 年 5 月，第 151～153 页。

② 杨文会撰，周继旨校点《杨仁山全集》，第 97 页。

③ 太虚：《华译马鸣菩萨所著书述要》，《海潮音》第 19 卷第 2 期，1938 年，第 41 页。

中亦是在明知时人多以《起信论》《玄论》是伪作的情况下，主张此论内容深奥，是马鸣的真作。①

《玄论》的用语和语法都很奇怪，于此也可看作从难解的梵文翻译成汉文而造成的。同时，太虚在接触了日称所译叙述密教弟子侍奉师父之法的《事师法五十颂》之后，言"观此及玄文本论。则密咒乘亦萌芽于马鸣菩萨者欤！"② 他认为马鸣不只写了《起信论》这样的大乘要义书，不仅日称所译《尼乾子问无我义经》这样的以尊龙树为前提论空无我的文献及昙无谶所译《佛所行赞》、鸠摩罗什所译《大庄严论经》这样的佛赞文学文献皆出自马鸣，密教亦始于马鸣。从这样的话语中，可见太虚与杨文会一样，极为尊崇马鸣。

太虚还进一步介绍了日称译的《十不善业道经》《六趣轮回经》和法护译的《佛说六道伽陀经》中的善恶业报思想，认为马鸣的著作③涵盖了广阔的领域，并总结出框架图，如图 1 所示。

总之，太虚与其师杨文会相同，意图以马鸣统摄全佛教，尤其对"大总持义（大乘要义）"的《起信论》和《玄论》非常重视并给予了高度评价。

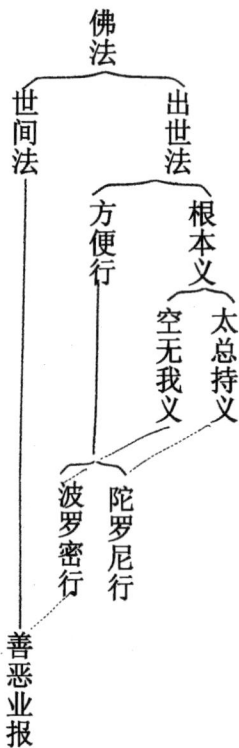

图 1 马鸣著作涵盖的论题

资料来源：太虚《华译马鸣菩萨所著书述要》，《海潮音》第 19 卷第 2 期，1938 年，第 42 页。

---

① 太虚：《评大乘起信论考证》，《海潮音》第 4 卷第 1 期，1923 年。
② 《海潮音》第 4 卷第 1 期，1923 年，第 47 页。
③ 近来，借助松田和信教授发现的关于马鸣的梵文写本，相关研究因而兴起。2019 年 9 月 8 日举行的"印度学佛教学大会"特设"马鸣"专场，学者们就此发表了诸多研究成果。

七　结论

从以上论述可见，杨文会和太虚都认为马鸣的《起信论》是佛教的根本论书，而同为马鸣所写的《玄论》也是有着与《起信论》相同的统合佛教的立场，并且是复兴中国佛教的重要论书。像这样重视《起信论》的前人可追溯到新罗元晓。元晓在《起信论别记》的开头就写道：《起信论》是"诸论之祖宗、群诤之评主"，[①] 贯通了诸经要义，能调和所有论争的只有此论而已。杨文会虽多言及法藏的影响，立场上却是与元晓相近的。

关于杨文会究竟如何读元晓、受其影响多大这些问题还应该进一步详细地考察，至今的考察结果可概括为：东亚佛教中，不只是《起信论》发挥了很大的作用，《起信论》影响下产生的佛教文献也发挥了重要作用。研究《起信论》及《起信论》的传播情况等问题，无论是对于近代之前的佛教还是近代之后的佛教，都是极其重要的。同时，还有一点就是东亚诸国的佛教研究中，无论是近代以前还是近代以来，从东亚佛教全体的视野来考察是十分必要的。近代之后，也应考虑到东亚与西洋诸国、南亚及东南亚诸国之间的关系。我们研究者亦是如此，在探索诸国间佛教复杂的相互影响关系的同时，也应思考我们自己的研究态度。

（方圆校译）

---

① 《大正藏》第 44 册，第 226 页。

《北大佛学》 第 2 辑

第 216~244 页

革命与顿悟：太虚的《世界之三大罪恶》[*]

〔美〕芮 哲著 闫 磊译

内容提要 太虚在青年时代便对"革命"观念及各种社会主义思想有所了解。但是，太虚参与激进主义运动的深度，至今仍有待探讨。实际上，太虚是民初社会主义与无政府主义的重要代表人物之一。本文考察了太虚参加中国社会党及其分支社会党的经历，聚焦于太虚当时最成熟的无政府主义思想的文章——《世界之三大罪恶》。该文由于未被收录在《太虚大师全书》之中而为佛教界所遗忘。在该文中可以发现两种交会的叙述：无政府主义的解放叙述与佛教的解脱叙述。此交会既是佛教思想跨越"现代性之门槛"的重要表征，也表露出两个思想体系的共鸣。

关键词 无政府主义 《世界之三大罪恶》 中国社会党

作者简介 〔美〕芮哲（Justin R. Ritzinger），美国迈阿密大学宗教学系副教授，哈佛大学宗教学博士，主要研究领域为中国近现代佛教。著有 Anarchy in the Pure Land：Reinventing the Cult of Maitreya in Modern Chinese Buddhism（New York：Oxford University Press，2017）。闫磊，北京大学哲学系宗教学系博士研究生。

---

* 本文系芮哲教授英文论文，译文经作者本人修订，并由纪赟教授复校。Justin R. Ritzinger，"The Awakening of Faith in Anarchism：A Forgotten Chapter in the Chinese Buddhist Encounter with Modernity," *Politics，Religion & Ideology* 15.2（2014）:224 – 243。

一　导言

在整个近代亚洲，各种形式的社会主义思潮激发了诸多民族中佛教徒的想象，[①] 中国的佛教徒概莫能外。太虚是卷入社会主义思潮的最著名人物之一。几乎在整个民国时期，他都是所谓"改革派"的中心。他与同侪的努力促进了近代中国佛教诸多关键性的革新，这其中包括人间佛教与人间净土观。频繁的巡回演讲、源源不断的出版物，尤其是诸多佛学院的兴办，培育出一代志趣相投的年轻僧侣。太虚传播了上述思想。因此，他对中国佛教产生了强大且持久的影响。

人们普遍认为，太虚思想之形成，与各种社会主义的影响有关。佛教学者经常提及他 1911 年辛亥革命之前与广州革命者的交往，特别是他对社会主义与无政府主义文献的阅读。然而，这通常被视为某个"阶段"性的产物——也即只是在这个时期，太虚曾短暂地偏离了他致力于改革佛教传统的事业。太虚参与革命的深度和持久性都被低估了。太虚通常被认为不过是革命派与激进派的松散同伴而已，他的参与在 1911 年辛亥革命之前就已经基本结束了。另一方面，研究中国无政府主义的历史学家们早就意识到，在辛亥革命后短暂的政治开放的繁荣期内，太虚在激进运动中扮演了重要的角色。然而，太虚对佛教的奉献以及此人生阶段在太虚一生事业之中所扮演的角色，则超出了他们的兴趣范围。

本文试图弥合上述二者的鸿沟。本文将表明太虚是"后辛亥革命时代激进主义"（post-1911 radicalism）的重要人物之一，同时也将说明这一时期在太虚的思想发展过程中具有决定性的影响。为此，本文将考订迄今

[①]　见 Justin R. Ritzinger, "The Awakening of Faith in Anarchism: A Forgotten Chapter in the Chinese Buddhist Encounter with Modernity," *Politics*, *Religion & Ideology* 15.2（2014）; Fabio Rambelli, *Zen Anarchism: The Egalitarian Dharma of Uchiyama Gudō*, Berkeley: Institute of Buddhist Studies and BDK America, 2013。

为止为中国佛教徒本来遗忘，也不为学术界所知的材料。这些材料是太虚
1912 年和 1913 年在激进派刊物上发表的一系列文章。本文将格外关注一
篇题为《世界之三大罪恶》的文章，这是太虚此系列文章的最后一篇，
也可以说是他当时激进主义思想最完整、最成熟的表述。笔者将说明，
《世界之三大罪恶》是中国佛教与现代性相遇的一个重要篇章，尽管这一
篇章可能已被遗忘。在这篇文章中，我们可以发现自由主义两种叙述的交
会：第一种是无政府主义的叙述，并且主要是基于彼得·克鲁泡特金
（Peter Kropotkin, 1848 - 1921）的思想；第二种是佛教的叙述，主要源于
《大乘起信论》，此论是中国佛教思想最为重要、最具影响力的文本之
一。① 此种交会与融合使得中国佛教思想跨越了所谓的 "现代性之门槛"。
这个门槛就是，人们认识到社会秩序并非天定，而是社会与历史力量交互
作用的产物。这种理解开启了通过人类的能动作用对社会相机而动进行重
塑的可能性。跨过这一认识门槛，社会便成了自身的课题。② 太虚这篇文
章揭示了克鲁泡特金基于社会权变论（social contingency）的自由主义课
题（liberatory project）与佛教基于存在主义权变论（existential
contingency）的救赎理论（soteriology）之间的惊人共鸣。这篇文章对后
者的拓展融摄了前者，使得中国佛教思想跨越了此 "门槛"，也为太虚此
后的思想奠定了一个模式。

---

① 在晚清和民国时期，《大乘起信论》是寺院课程的标准组成部分，也是传统讲经的主要
内容。在随后的几年里，当现代佛教学对该书是否创作于印度提出质疑时，引起了中国
佛教徒的大辩论，太虚是此论的主要捍卫者。关于该论相关历史，特别是 19 世纪和 20
世纪历史的概观，见 Francesca Tarocco, "Lost in translation? The Treatise on the *Mahayana
Awakening of Faith （Dasheng qixin lun）and its Modern Readings: 3,*" *Bulletin of SOAS*,
2008。关于中国人对该论真伪性的辩论，详见 Eyal Aviv, "Differentiating the Pearl from
the Fish Eye: Ouyang Jingwu （1871 - 1943）and the Revival of Scholastic Buddhism," Ph. D
diss., Harvard University, 2008, pp. 119 - 165。

② Shmuel N. Eisenstadt, "Multiple Modernities," *Daedalus* 129. 1 （2000）: 2 - 3. Eisenstad
follows Faubion's reading of Weber on the point, see James D. Faubion, *Modern Greek Lessons:
A Primer in Historical Constructivism*, Princeton: Princeton University Press, 1993, pp. 113 -
117.

二　太虚对无政府主义的"起信"

　　至少，太虚与激进政治思想的早期邂逅已较为人熟知。[①] 1904 年出家为僧之后，他被挑选出来，接受了当时十方丛林系统所能提供的最好的教育。太虚并不满足于他接受的讲经与禅修，为了专注钻研佛典，他搬进了西方寺藏经楼的阅藏寮。1908 年，他在那里获得了两次觉悟的体验。第一次是在读到《大般若经》时，他感觉自己第一次真正领悟了佛法。第二次发生在与两名年轻僧侣的谈话之中。起初，华山向他介绍了康有为（1858～1927）和谭嗣同（1865～1898）等维新派的思想。随后，栖云使他接触到了更加丰富的革命思想。这两个人激发起了太虚的救国志愿，使他从一条隐逸的修行之路转向了一条政治参与之路。[②]

　　1910 年春，太虚与栖云一同前往广州。最初，他们的目的是要组织一个新的僧教育会的分支机构，这个组织是为了避开清廷征用寺庙和利用寺庙建立现代学校，即"庙产兴学"计划而成立的。在这一点上，他们并没有取得成功，太虚在那里停留了一年多时间，沉湎于以城市为行动基

[①] 太虚 1911 年之前活动的主要材料是他的自传：《太虚自传》，印顺主编《太虚大师全书》第 29 册（台北，善岛寺佛经流通处，1998），第 163～311 页。在中文文献中，印顺的书是绝对权威的二手材料，江灿腾的书也是有效的补充：印顺《太虚大师年谱》，《印顺法师佛学著作全集》第 13 卷（台湾，印顺文教基金会，2006）；江灿腾《太虚大师前传（1890～1927）》（台北，新文丰出版公司，1993）。最新的中文传记还包括：陈永革《人间潮音——太虚大师传》（浙江人民出版社，2003）、邓子美《太虚大师全传》（慧明文化出版公司，2002）。在英文文献中，对于太虚早期生平最详尽的叙述者是郭瑞（Eric Goodell）：Eric Goodell, "Taixu's Youth and Years of Romantic Idealism, 1890 – 1914," *Chung-Hwa Buddhist Journal* 21（2008）：77 – 121。白德满（Don A. Pittman）将太虚放在其更广阔的事业背景中，是非常有效的：Don A. Pittman, *Toward a Modern Chinese Buddhism：Taixu's Reforms*, Honolulu：University of Hawai'i Press, 2001。要想更全面地了解太虚激进青年时期在其思想发展中所起的作用，特别是与弥勒相关的思想，见 Justin R. Ritzinger, *Anarchy in the Pure Land：Reinventing the Cult of Maitreya in Modern Chinese Buddhism*, Oxford：Oxford University Press, 2017。

[②] 《太虚自传》，第 178～193 页；印顺：《太虚大师年谱》，第 24～36 页。

地的革命党人的狂热状态之中。他与同盟会成员联系，并参加了秘密集会。在这段时期，随着太虚逐渐熟悉了西方伟大的无政府主义理论家——巴枯宁（Bakunin）、蒲鲁东（Proudhon），尤其是克鲁泡特金——的著作以及在《新世纪》杂志上发表的他们的中文译著，他的政治观点也渐渐变得激进起来。在这段时间里，太虚也阅读了一些马克思的著作，尽管他能够阅读到的最多不过是《共产党宣言》的节选。① 也许最为重要的是，通过对章太炎著作的阅读，太虚相信："将以无政府主义与佛教为邻近，而可由民主社会主义以渐阶进。"②

在由东京和巴黎的中国青年知识分子组成的无政府主义团体的支持之下，中国知识界对无政府主义的兴趣有增无减。东京团体成立于1907年，创始人是刘师培（1884～1919）及其妻子何震。他们已是革命派，1905年在上海触犯了法律，被当时中国革命同盟会杂志《民报》主编章太炎（1868～1936）邀请到了东京。正是在那里，他们发现了无政府主义，并开始与像幸德秋水（Kōtoku Shūsui）这样知名的日本激进分子交流思想。他们创办了《天义报》和《衡报》两种杂志，试图借此传播其对于无政府主义的看法。他们的看法是一种更加守旧的无政府主义，或可追溯到中国历史上均田地与无为而治的思想，并且他们发现了中国文化传统的巨大价值。③ 章太炎就是这个群体中的一员，尽管他的主张明显地自成一家。④

相比之下，1906年由吴稚晖（1865～1953）创立的巴黎团体，则更

① 印顺：《太虚大师年谱》，第44页。
② 《太虚自传》，第194页。值得注意的是，印顺在《太虚大师年谱》（第64页）中断章取义地引用了这句话，导致白德满将其误解为太虚"二次革命"余波中的观点。Don A. Pittman, *Toward a Modern Chinese Buddhism: Taixu's Reforms*, p. 81.
③ Peter Zarrow, *Anarchism and Chinese Political Culture*, New York: Columbia University Press, 1990, pp. 30-58.
④ 事实上，许多人质疑他在这些年里是否可以被视为无政府主义者；太虚将章太炎《五无论》作为无政府主义文本进行深刻解读。见 Wang Hui, "Zhang Taiyan's Concept of the Individual and Modern Chinese Identity," in Wen-hsin Yeh, ed., *Becoming Chinese: Passages to Modernity and Beyond*, Berkeley: University of California Press, 2000, pp. 231-259.

加国际化和反传统。与刘师培相似，吴稚晖也参加过中国的革命运动，为了逃避政府的镇压，他离开了中国，最终定居巴黎，李石曾和张静江向他介绍那里的无政府主义。他还与让·格拉佛（Jean Graves）建立了联系。让·格拉佛的杂志《新时代》（*Les Temps Nouveaux*）启发了他们创办自己的杂志《新世纪》。他们身处巴黎这座欧洲激进主义的中心城市，他们的无政府主义视野认为中国文化没多少价值，而更关注辛亥革命后的乌托邦社会，这一社会模型奠基于俄罗斯无政府主义作家克鲁泡特金的学说。[1]在很大程度上，通过他们的努力，克鲁泡特金的全部著作很快就被翻译成中文，发表在他们的杂志《新世纪》上，而当时马克思的著作只有部分短篇被翻译。[2] 虽然马克思主义对社会主义的诠释最终取得了胜利，但无政府主义仍然是中国 20 世纪 20 年代最为重要的激进意识形态，它对革命话语的形成产生了决定性的影响，此种影响在其消失很久之后依然存在。[3]

　　1911 年 4 月黄花岗起义失败，这使得太虚在广州的时光接近尾声。尽管大多数参加起义的人得以逃脱，但仍有 72 人被政府军杀害。太虚认识其中的许多人，可能包括一些遇害者，于是写了一首诗来纪念烈士。清政府在逮捕从越南走私枪支的栖云时，发现了这些诗句的副本。这使得他们怀疑太虚参与了起义，并且下令逮捕他。太虚逃过了清政府的围捕，最终在有权势的朋友干预下，被允许离开广东。[4]

　　通常认为，这场与法律的冲突，是太虚参与革命与激进政治的终结。近现代中国佛教史专家江灿腾认为，这段经历使得太虚转而把精力完全投入佛教复兴事业。[5] 当然，此时太虚的自传在叙述中把焦点转向了佛教问

---

① Peter Zarrow, *Anarchism and Chinese Political Culture*, pp. 59 – 81.
② Arif Dirlik, *Anarchism in the Chinese Revolution*, Berkeley: University of California Press, 1991, p. 27.
③ Arif Dirlik, *Anarchism in the Chinese Revolution*, p. 27.
④ 《太虚自传》，第 46 ~ 47 页。
⑤ 江灿腾：《太虚大师前传（1890 ~ 1927）》，第 96 页。

题，他只是含糊地提到了后来与激进分子的接触。① 印顺指出，在接下来的一年里，太虚仍旧同情并联系激进分子，但印顺没有提到太虚的参与程度。② 郭瑞更多地关注太虚在离开广州之后的活动，但他也认为太虚在广州的时光是"他（革命）浪漫主义的高潮"。③ 事实上，如果有参与的话，太虚的参与程度可谓越来越深。认识并复原太虚参与这些政治活动的其他情况，对于理解社会主义和无政府主义思想对他产生的全面影响，至关重要。

离开广州之后，太虚返回长江下游区域，在那里度过了接下来的几年时光。此后不久，武昌起义引发了一场革命，并于 1912 年 1 月建立了中华民国，这为政治参与和政治组织开辟了前所未有的空间。无政府主义者和其他社会主义者，与其他人一起，抓住了此次机会。例如，巴黎团体的成员创建了"进德会"，④ 刘思复（1884～1915，又名刘师复）则创建了当时最有影响力的无政府主义团体"心社"。⑤ 然而，就当前研究目标而言，更为重要的是江亢虎（1883～1954）创建的中国社会党。在思想上，该党是不拘一格、兼收并蓄的。江亢虎本人赞同一种温和主义和渐进主义的方式，即"社会政策"。该党中有些人认为，中国社会党应该支持选举，并寻求实现国家社会主义；另一些人则认为，中国社会党应该拥护他们所说的"纯粹社会主义"，并寻求共同终结国家。江亢虎本人也承认，大多数人可能对社会主义知之甚少。尽管如此，中国社会党的发展却非常迅速，据江亢虎所说，党员已超过 40 万人。⑥

---

① 《太虚自传》，第 195 页。

② 《太虚大师年谱》，第 50、54、64 页。

③ Eric Goodell, "Taixu's Youth and Years of Romantic Idealism, 1890 – 1914," *Chung-Hwa Buddhist Journal* 21 (2008): 107.

④ Peter Zarrow, *Anarchism and Chinese Political Culture*, pp. 189 – 191.

⑤ 关于刘师复生平的概况，见 Edward S. Krebs, *Shifu, Soul of Chinese Anarchism*, New York: Rowan and Littlefield, 1998。

⑥ Arif Dirlik, *Anarchism in the Chinese Revolution*, pp. 121 – 123.

　　太虚是此新组建政党的成员之一。太虚在自传中提到，当他看到江亢虎发表的党章时，他"即与响应"。[①] 印顺记述说："时大师以为：'无政府主义与佛教为邻近，而可由民主社会主义以渐阶进。'……实则大师虽适应而为政治活动，仍本诸（西方寺）悟解之心境。其风格似魏晋玄学之率真；社会思想近老氏重道之无治，而浪漫精神过之。"[②] 然而，针对该问题，两人都没有更多的论述。实际上，太虚很快就在党内崭露头角，成为纯粹社会主义派的一位领导成员，以及他们创设的《社会世界》杂志的编辑，并且也是一名定期的撰稿人。[③] 纯粹社会主义者，也被称为"狭义"的社会主义者，他们反对中国社会党意识形态的异质性，并试图将其引向我们所谓的无政府主义。这些术语在当时的中国引起了巨大的争议和辩论。然而，在纯粹社会主义者看来，"无政府主义"（no-governmentism）——中文对无政府主义的直译——只是他们政纲的一小部分而已；他们思想的核心是"三无"：无宗教、无家庭、无政府。他们认为此三项制度在民众中助长了错误的单位划分、压迫性的等级制度与恭顺文化。通过消除它们，一个以自由、平等、博爱为基础的新社会将会随之建立。[④]

　　正如我们将要看到的，太虚被党内激进派吸引的一部分原因，当然是一个乌托邦式未来的想象。然而，另外的原因可能是他对现状越来越失望。清王朝的覆灭和中华民国的建立，掀起了一股乐观主义的浪潮。对于

---

① 《太虚自传》，第 195 页。
② 印顺：《太虚大师年谱》，第 64 页。
③ 龚隽和赖岳山最近发现了太虚与另一个政党"统一国民党"（the United Nationalist Party），大约在这个时候可能有联系的证据。有关证据是一枚证章，刻有太虚与革命同僚白平曾使用的一个化名。虽然龚隽和赖岳山有力地证明了这枚证章属于太虚，但他们得出的结论是，这很可能表明太虚并没有入党，而是某些党员希望他入党。他们得出此结论的依据是，太虚在其著作中没有提及该党或该党的创建者王一寒。鉴于太虚此时正在升任社会党的领导层，笔者想说，这不仅是可能的，而且几乎是必然的。龚隽、赖岳山等：《"太虚档案"一：太虚法师与民初（1912～1913）政党》，《汉语佛学评论》2014 年第 1 期，第 5～34 页。
④ 社会党人：《三无主义之研究》，《社会世界》第 5 期，1912 年，第 7～12 页。

许多人来说，这似乎只是通往无限可能与进步之路的第一步。然而，没过多久，这些希望就破灭了。事实证明，新任总统袁世凯并没有全心全意地致力于共和理想。从一开始，他就削弱新政党的权力，确立他自身的独裁地位，以求将权力集中在自己的手中。一部分革命者反对袁世凯，另一部分人则为了荣华富贵或者个人企图而与袁狼狈为奸。蒋俊和李兴芝认为，这种对革命的背叛，是中国社会党某些圈子之中无政府主义思想吸引力日益增长的一个关键部分。他们对袁世凯政府的幻灭印象，变成对政府本身的拒斥。①

　　这种对共和的逐渐失望之情，在太虚这一时期的文章中很容易看到。早在 1912 年 5 月，太虚就感到革命成果已为自私自利的机会主义者所窃取。他说："人人思为革命史上有名之英雄，争权者有之，争利者有之，争名誉者有之。"结果却是，"真共和之幸福未见，伪共和之祸患相寻"。②我们可以看到，在他创作《世界之三大罪恶》之时，共和的失败被认为并非是个人错误的后果，而是任何形式的政府内在固有的问题。

　　这种幻灭之情，使得纯粹社会主义者与党内的另一个派别——国家社会主义派——发生了冲突。尽管两派都赞同无政府状态是终极目标，就像中国社会党章程所认同的一样，但他们在实现无政府状态的手段或方式上，存在着激烈的分歧。1912 年 10 月，在上海召开的一次党代会上，这场争论达到了高峰，当时太虚是纯粹社会主义立场的主要发言人之一。国家社会主义者认为，一个强大的国家，是中国政治发展的必备步骤。虽然无政府状态是终极目标，但国家社会主义必须先于无政府状态，正如有线电报必须先于无线电台一样。因此，中国社会党应该参加选举，并且尝试在政府之中贯彻他们的思想。只有强国并将其用于社会主义之目的，才能够最终达到无政府的状态。他们声称，纯粹社会主义

---

① 蒋俊、李兴芝：《中国近代的无政府主义思潮》，山东人民出版社，1990，第 148 ~ 149 页。
② 太虚：《均贫富浅言：以平等教育为手续，以共产主义为目的》，《社会世界》第 2 期，1912 年，第 5 页。

者缺乏"我不入地狱谁入地狱"的菩萨精神。国家即是地狱，但为了解救众人，便必须忍受它。对太虚及其同侪而言，这根本就是胡言乱语。在真正的无政府主义潮流之中，他们认为手段和目的必须一致，任何人都不能通过强化国家而消灭它。他们反驳说，缺乏菩萨精神的正是国家社会主义者。他们宣称国家即是地狱，但实际上却将它视为乐土。纯粹社会主义者并没有从这个浊世地狱中撤退，而是尝试将众人从地狱中解救出来。① 这种对于手段和目的一致性的关注，也是《世界之三大罪恶》的一个显著特征。

这一分歧很快导致党内的分裂，纯粹社会主义者于 1912 年 12 月退出，成立了社会党，而社会党之所以如此命名，就是因为它拒绝接受母党越发有限及狭隘的关切。此时，袁世凯的独裁行动如火如荼，未满一个月，这个国家就决定不再容忍一个不能容忍国家存在的政党。1913 年 1 月，当局调查并禁止了社会党。由于无法在中国管辖区内安全地行动，社会党撤退到上海拥有治外法权的外国租界的安全地带。② 在那里，他们得以继续经营了几个月，并创办了一本新的杂志《良心》，太虚就是编辑之一。③ 尽管该党仍然将他们的意识形态认定为社会主义，但该杂志显示出了一种更为明显的无政府主义倾向，其创刊号的封里装饰了一张克鲁泡特金的照片，并刊登了题为《有欲禁止暗杀，遂兴废除政治》的文章。

三　太虚对《大乘起信论》的无政府主义解读

在政治环境迫使其停止经营以前，《良心》共发行了两期。在其短暂

---

① 太虚：《社会党与中国社会主义党之八面观》，《社会世界》第 5 期，1912 年，第 34~57 页。
② 刘师复：《政府与社会党》，《晦鸣录》第 2 期，1913 年 8 月 27 日，第 1~4 页。
③ 《太虚自传》，第 208 页；印顺：《太虚大师年谱》，第 64~66 页。

的经营时间中，太虚以"乐无"的名义发表了两篇文章，其中之一便是
《世界之三大罪恶》。① 太虚发表在《社会世界》与《良心》的文章之中，
这篇是他将无政府主义和他对佛教的奉献结合起来的最为持久的尝试。这
篇文章载有列表和图表，显然是要撰写一篇全面而系统的宣言。以或显或
隐的方式从《大乘起信论》中汲取灵感，它尖锐地控诉了当前的世界，
解说了其不公正的根源，叙述了世界更加美好的愿景和实现它的手段。这
是一篇充满激情的作品。但也必须说，它是非常混乱的。这篇文章以分期
的形式进行发表，似乎尚未完成。它承诺要讨论三种罪恶，但仅仅发表了
一种罪恶，最后一期以"未完"② 结束。然而，或许是出于担忧《良心》
第二期将会是最后一期，它似乎得出了一个结论。另一方面，这篇文章也
偏离了它的最初计划。尽管太虚在一开始就把计划中的副标题排列得整整
齐齐，但后来有些被省略了，有些顺序被打乱了，还有一些是重复的。更
为重要的是，它是激进主义与佛教思想的一个生硬的杂烩。这篇文章是一
位年轻的活动家的作品，而不是一位成熟的思想家的作品。尽管如此，太
虚将佛教与无政府主义相结合，在某些方面是较为肤浅的，但是他指出了
潜在结构上的相似性，这对于思考佛教和西方现代性，尤其是激进意识形
态之间的邂逅，极具启发意义。

　　这篇文章无政府主义的一方面，在太虚对现世罪恶的控诉中表现
得最为明显，该控诉集中在根源于国家、民族和家族的不公。《世界之

---

① 另一篇文章是《无神论》。这篇文章几乎同时发表在中华佛教总会的杂志《佛教月刊》
　　上，太虚也是该杂志的编辑。这两篇文章的内容几乎一模一样，但《良心》的版本明确
　　地提到了社会主义，而《佛教月刊》的版本则更隐晦地提到"自由平等"和"大同"
　　（grand unity）。关于明确的社会主义版本，见太虚（乐无，化名）《无神论》，《良心》
　　第 2 期，1913 年，第 9 ~ 19 页。更隐晦的版本可以在太虚文集中找到：太虚《无神论》，
　　《太虚大师全书》第 21 卷，第 284 ~ 295 页。后者的英文翻译可以在此找到：T'ai-hsü，
　　"On Atheism," in Douglas Lancashire, trans.，*Chinese Essays on Religion and Faith*，San
　　Francisco：Chinese Materials Center，1981，pp. 53 – 60。

② 字面意思，"未完"。

三大罪恶》标题涉及的是：名、利、色。① 其中，"名"是太虚关注的焦点。② 其他两者似乎留待依原计划分期完成，但并未实现。"名"之罪恶被分为五类：政治上之名、界限上之名、阶级上之名、道德上之名、能力上之名。虽然这些问题中的最后一个在该文章中并未被讨论，③ 但前四个都得到了充分论述，并且进一步划分出更为详尽的"恶名"。

太虚怒斥的第一个目标，便是国家和政治头衔及与之相关的等级地位。他认为这些是"名之罪恶之大总汇也"。在这一标题之下，囊括了旧帝国和新民国制度的所有头衔和等级。国家的权威最终取决于武力，但政治头衔掩盖了这一事实，增强了国家的权力，甚至迫使人们参与到对自身的剥削之中。在帝制时代，王朝是依靠武力建立起来的，而不是依靠儒家天命学说赋予他们的超凡美德。一个王朝的建立者与反叛者并无差别，他只是在别人失败之处成功了而已。然而，一旦"黄袍加身"，他就变了。即使是那些诅咒他的人，也不得不在他的权威面前低头；在技能与才华方面高于他的人，也不得不对他表示尊重。尽管一个人的权力随着其政治头衔等级的下降会减弱，但即使是最低头衔也足以使百姓对一个低劣暴君畏如虎狼。正因如此，寄希望于科举成功，从而获得政治头衔上的权力，帝国晚期的年轻人白白浪费了他们的生命。④

作为一名无政府主义者，太虚认为，向共和政府的过渡改变了相关的"名"，但是其深层动力机制则"依然故我"。选举取代了科举考试，但从根本上而言，两者都只是对于名和权的追求。竞选公职的人们，自称会无私献身于其事业，但最终动机无非是他们自己的野心。追随者们蜂拥而

---

① 太虚（乐无，化名）：《世界之三大罪恶》，《良心》第 1 期，1913 年，第 8 页。

② 这可能要归功于谭嗣同《仁学》第八章，中国哲学电子书计划，https：//ctext.org/wiki.pl？if＝gb&chapter＝402475&remap＝gb。

③ 然而，它可能是指未能通过教育帮助所有人发挥其全部潜能，见太虚《均贫富浅言：以平等教育为手续，以共产主义为目的》，《社会世界》第 2 期，1912 年，第 4～16 页。

④ 太虚：《世界之三大罪恶》，《良心》第 1 期，1913 年，第 11～12 页。

至，就像"蚁慕羊肉"① 一般，期冀分享胜利的果实，将自身与该体制捆绑在一起。因此，尽管最终压迫人民的或许是权力，但正是求名的诱惑导致人们心甘情愿地参与到对自身的压迫之中，就像古代科举考试的应试者们一样，选举政治也没有消除暴力与冲突。以1913年3月期望成为总理的国民党政治家宋教仁（1882~1913）据传被该职位当时的占有者赵秉钧（1859~1914）寻人刺杀为例，太虚认为，为了获取或捍卫他们政治头衔下的权力及特权，人们不断争斗并杀死他们的同胞。②

这种对国家和政治头衔的批判，与太虚对于家族的批判密切相关。事实上，两者皆在"阶级上之名"的范畴内。所有的家族称谓，都是用来确定一个人在中国宗法等级系统中的地位：祖或孙、兄或弟、夫或妻。这些或尊崇或卑微地位的命名，界定了权力与压迫的关系，在相互胁迫与相互依赖的关系之下束缚着个人。它们是"不平等之权兴而不自由之桎梏也"。位尊者欺压位卑者，位卑者谋划反抗压迫者。然而，他们仅把怨恨指向了个人，而不是指向不公正的制度，而这才是罪恶真正的根源。制度本身却被认为是自然的、良好的。③

上述两者皆为社会分工这一更为基本的事实所强化，太虚称之为"界"。④ 在这一范畴之下，太虚将所有的划分置于国家、民族、家族、性别、宗教、政党和商业的基础之上。所有的不平等和不自由，以及所有的战争和冲突，都源于这些因素。所有政治和家族地位的等级制度之建立与运作，必然取决于人类先前划分的这些有限范畴。如果没有界定国家的边界，政治头衔的等级制度就会崩溃。如果没有定义家族的边界，家族名称的等级制度也将崩溃。这些边界不仅构成了等级制度的基础，而且不可避

---

① 见《庄子》中"徐无鬼"一章。
② 太虚：《世界之三大罪恶》，《良心》第1期，1913年，第12页。
③ 太虚：《世界之三大罪恶》，《良心》第2期，1913年，第1页。
④ 对社会分裂的关注是无政府主义的一个显著特征，此处不可避免地与康有为《大同书》相呼应。

免地导致了冲突。国家和民族之间的分裂会导致战争，在某些情况下，政党之间的分裂也会如此。[①] 当然，战争和冲突也源于宗教分歧，但在这一点上，太虚采取了更为温和的立场。尽管此类冲突在历史上屡见不鲜，但宗教都有其理论基础，只要争端限于理性的辩论，便没有危害。所有这些界限掩盖了人类基本的统一与平等。当这些武断的界限被用来代表真正的差异之时，各种各样的社会罪恶便应运而生。[②]

以政治、阶级、界限之名为代表的"恶制度"[③]，被以道德之名的"伪道德"所保护。一个不道德的社会所指称的道德，实际上只不过是一种保护罪恶的机制。在政治美德之中，对君主的"忠"仅仅是一个人对同谋的屈从。太虚认为，一个自由而平等的人"甘自贬损其人格，而与犬马同科"，却期冀他的忠名。实际上，"直"本身是道德的，但在政治领域中却变得扭曲。一名官员在恶制度下履行职责的正直，并非美德。贪官污吏只管收钱，清官廉吏却依照欺压百姓的律法杀人取命。在家族美德之中，类似于"忠""孝""节"，使得恭顺成为一种美德，也让它看起来自然而然。甚至像"高"与"信"这样的美名，也会被颠覆。因为在一个恶的社会里，这些美名带来的报偿，会腐蚀掉产生它们的美德。[④]

这种情况是如何形成的呢？太虚给出了两种解释。一种是带历史性（quasi-historical）的解释。恶制度与伪道德是邪恶暴君的一系列创造。一个接一个的暴君试图将自由的男女束缚在其意志之下，以便让他们自己高高在上，并依其私欲随意统治。每一个权力的继承者，都试图攫取超越前人的权力，致使恶制度与伪道德"弥纶充塞于世界"。太虚引用了《列子》来支撑他的观点："一人之迷倾一乡，一乡之迷倾一国，一国之迷倾天下。"太虚并没有尝试指出任何一个犯罪者的名字，甚至也没有假设某

---

① 此时，太虚明白，美国内战是共和党与民主党在是否解放奴隶问题上的冲突。
② 太虚：《世界之三大罪恶》，《良心》第 1 期，1913 年，第 13 ~ 15 页。
③ 在第一部分中，这些也被称为"恶习惯"。
④ 太虚：《世界之三大罪恶》，《良心》第 2 期，1913 年，第 2 ~ 4 页。

个暴君才是始作俑者，他谨慎地强调这种状况是人类造成的。它并非是天定的；也并非简单发生："未可谓其无倾之者也。"①

　　然而，罪恶的终极根源，存在于人类心灵的最深处。正是在这里，《大乘起信论》的影响开始显现出来。如果不嫌过于简单地归纳，那么该论告诉我们，一心开二门，即觉与不觉。无始以来，由于无明的"熏"习，觉悟的一方面被遮蔽。因此，纵使众生本觉，但他们皆被妄想遮蔽，被痛苦折磨。同样，太虚断言人类心灵具有两个方面：私欲心和博爱心。②此种博爱心，太虚也称为"良心"，它是与生俱来的，但被私欲心遮蔽和压制。类似于《大乘起信论》中的"一心"，此处所讲的人类心灵是体一用殊的。由于不断地被名、利、色等对象熏染，私欲心占据了上风。然而，私欲心的积聚是罪恶的根本原因（因），这三种恶行只是作为配合条件（缘）。它们共同作用、彼此强化，致使"世界之罪恶，乃滔滔然无已时"③。如此，我们就有了一个典型的罪恶源于心的佛教解释，但是罪恶仍以社会而非认知方面为主要特征。尽管此处公开的是佛教术语，但人类与生俱来拥有内在的社会性和博爱心，这一思想源于克鲁泡特金的人类学理论，此理论认为互助是本能的，却为权力结构所扭曲。克鲁泡特金的中文翻译者恰好将这种内在的社会性称为"良心"，在这些译者浸淫其内的儒家传统中，这是一个拥有悠久历史的术语。

　　另外两个范畴使得这一情形复杂化，并且进一步沟通了大多数佛教徒的存在论解释与无政府主义者带历史性的解释。此即太虚在文章接近结尾的部分所介绍的"亲属利害之观念"。有时候，太虚似乎把它们等同于私

---

① 太虚：《世界之三大罪恶》，《良心》第 1 期，1913 年，第 9 页。
② 字面上而言，"博爱心"可能更像是"普遍爱的心"（mind of universal love）或"利他心"（mind of altruism），但在无政府主义的话语体系中，它经常被用来代替友爱（fraternity）、自由（liberty）和平等（equality）。笔者的翻译试图揭示中文的字面意义和它在西方革命理念中的根源。
③ 太虚：《世界之三大罪恶》，《良心》第 1 期，1913 年，第 7～8 页。

欲心，例如他说它们遮蔽了博爱心。① 笔者更倾向于认为，它们代表了社会罪恶演化中的一个独特阶段。若是这样，《世界之三大罪恶》中的心灵净化将有三个阶段，就像《大乘起信论》中的一样。我们可以发现该论中一个三阶段的过程，在此过程中，每个阶段都在创造，并且由随后的阶段加强。首先，无明熏习了心觉悟的一方面，从而产生了妄心。然后，妄心起念熏习了无明，并且显现虚妄的外境。最后，虚妄的外境又熏习了妄心，从而产生执着，造种种业，束缚于痛苦的轮回之中。② 当然，这种普遍动力是存在的，正如太虚所说，"故从亲疏利害之观念而演成恶制度、伪道德，因恶制度、伪道德而弥甚"。③

因此，我们可以假设，亲属利害之观念扮演着一个类似于妄心起念的中介角色。这些概念可以说是私欲心更为精微、具体的产物，并且似乎反过来又在产生名之罪恶方面发挥了作用。太虚认为，"人类"之爱仅仅延伸至其家庭和家族，此一事实即是由于亲属这一概念；"人类"之爱仅仅延伸至他们自己的国家和民族，即是由于自利这一概念。在产生恶制度以及随之而来的伪道德之后，反之又加深了亲属利害之观念。④ 这也进一步阐明了心灵两方面的关系。良知之爱天生具有"博"的特性，但由于私欲心起念，它便仅限于那些与我们有血缘关系或私利关系的人。那么，爱并非不存在于恶制度与伪道德中，但是被与最深本性相异的分别与局限扭曲。可以说，心灵的两个方面并非体异，而是用殊。

亲属利害之观念，又进一步将一个带历史性的元素引入存在论的解释之中。在太虚看来，这些概念可以追溯到史前朦胧时代，它们起源于自然状态下的生活之必然。正如他所说："盖草木之世，人智未开，其生长必受父母之育养，于是乎亲疏之观念生焉。衣食住而与他个相竞争，于是乎

---

① 太虚：《世界之三大罪恶》，《良心》第 2 期，1913 年，第 6 页。
② T32，1666：578a22 – 27.
③ 太虚：《世界之三大罪恶》，《良心》第 2 期，1913 年，第 8 页。
④ 太虚：《世界之三大罪恶》，《良心》第 2 期，1913 年，第 6 页。

利害之观念起。"① 在人类早期，对于抚育孩子而言，亲属关系的结构是至关重要的。同样，在当时艰苦的条件下，资源有限，必然使人们陷入冲突。为了取得胜利，他们联合起来，以便更好地追求自身利益，超过并对抗同伴的利益。尽管情况发生了些许变化，但基本问题直到最近还在延续。

这个观念现如今也是如此的普遍与持续，它在时间上如此遥远，它在人类心灵深处如此深邃，以至于此种罪恶状态似乎是自然而然的。诸如国家和家族这类压迫性的体制，被认为既是不可避免的，又实际上是良好的。太虚将此比喻为一个肮脏的路旁幽亭。纵使令人反感，"客之过其中者，益狼藉粪秽之，栖息笑谈，若甚乐焉。……岂过客皆乐于粪秽者耶？"他总结道，由于长期的习惯，人们的思维已经得到了调整，不再将幽亭视为"粪秽"，而视为"香艳"。就是这样，世界人民将恶制度与伪道德视为"世界之光荣、人类之幸福"。太虚这种归因于迷妄与颠倒的观点，与佛教教义中对现实的基本误解有关。② 彼处与此处相似，对于事物的误解及相反的误解，将人类蔽塞于其妄心之中，以至于人们甚至不能意识到问题之存在。痛苦被视为幸福，邪恶被视为良善，所有这些皆被简单地认为是自然而然的。

然而，正如方才所见，这种状态并非由自然决定，而是一套特定的历史和社会心理因果过程的产物，它们是依条件而定的。人创造了这个邪恶的社会，也可以摧毁它。正如太虚所指出的，"使过客皆以粪秽为粪秽，欲扫除而一清净之，其权固在于过客"。③ 如果人们看到事物的本来面目，知道它们是如何形成的，那么他们就有能力去改变它们。正因如此，如果人们能看清这个世界的本来面目，他们将能够扫除困扰它的罪恶，并在其所在之处创造出一个崭新的、更加美好的世界。由于文明进步、知识大

---

① 太虚：《世界之三大罪恶》，《良心》第 2 期，1913 年，第 7 页。
② 太虚：《世界之三大罪恶》，《良心》第 1 期，1913 年，第 7 页。
③ 太虚：《世界之三大罪恶》，《良心》第 1 期，1913 年，第 7 页。

开，① 这是人类所能够达到的。先驱们于梦幻中清醒，认识到恶制度与伪道德的真实面目。自然，太虚将自己也算作他们其中之一。太虚谈论他自己的觉悟，就像一个见到光明的皈依者："余幽亭过客之一也，世界人类之一也。居此秽壤，处此罪域，迷而为净土、为福堂者，久矣。今幸获一隙之觉，灼见名利色三者，实为世界罪恶之大源泉。"②

从本质上来讲，太虚认为，现代性的到来开启了一个更加美好世界的可能性。安德鲁·琼斯（Andrew F. Jones）曾指出："文明，随着时间的推移，充当了一切进步的象征……就其意图与目的而言，文明就意味着现代"，尤其是指经由西方殖民而带来的现代性。但它也意味着一种"教化过程"（pedagogical process），一种通过历史中介来实现的现代性，一项自我教化的工程。③ 在这种背景下，"人类知识大开"似乎是指人类社会反思性知识的出现与演变，这种自我认知促进了自我教化工程的历史中介作用。毫无疑问，太虚在该文章中特别提到了对无政府主义和社会主义的理解。这一历史发展使得建立一个崭新的、更加美好的社会成为可能，但是太虚也指出了一个内在的因素，该因素可引领人们意识到当前的不公正与更加美好未来的可能性——良知。尽管它可能被私欲心压制，但博爱心永远不会被摧毁，并且面对世界上的罪恶，它禁不住会感到不安，它怀疑那些据说是良好且公正的社会制度，实际上正好相反。④

若从私欲心中演化出来的恶制度与伪道德被消除，一个以良知之博爱为基础的新社会将会出现，其结果将是不折不扣的乌托邦。在太虚看来：

　　　　恶制度既完全倾覆消灭，则社会自必一变为大同、博爱、自由、

① 太虚：《世界之三大罪恶》，《良心》第 2 期，1913 年，第 7 页。
② 太虚：《世界之三大罪恶》，《良心》第 1 期，1913 年，第 9 页。
③ Andrew F. Jones, *Developmental Fairy Tales*：*Evolutionary Thinking and Modern Chinese Culture*, Cambridge：Harvard University Press, 2011, p.17.
④ 太虚：《世界之三大罪恶》，《良心》第 1 期，1913 年，第 9 页。

平等、和乐、公道之社会，而从恶制度所生之伪道德，定无立足余地。由伪道德之名所成之罪恶，又安有不解脱者哉？彼时，社会既成为平等自由之社会，各尽所能，各取所需，才勇既无人不具，欲望亦无人不满。①

在这个世界上，所有国家和家族的恶制度，都将随着民族、国家以及支撑它们的伪道德的无端社会的分化而消失。取而代之的将会是自由平等的人，遵从他们良心的规定以及无政府 – 共产主义（anarcho-communism）的理想而生活。然而，除此之外，太虚还指出，在一个建立于良知或心灵的内在良善基础之上的世界中，所有人不仅能够享有物质和社会方面的满足，而且能够享有解脱方面的满足。当这个乌托邦完全实现的时候，"极乐出于是乎。一切众生皆成就无上正等五觉"。② 我们可以注意到，"五觉"很可能是对《大乘起信论》的一种借鉴。③

这种物质、社会、解脱方面满足的愿景，又如何实现呢？它是通过贯彻无政府主义、唤起内在之博爱心而实现的。然而，太虚对两者关系的处理却是相当模糊与矛盾的。太虚严厉告诫读者"不蹈倒果为因之谬乎"。④然而，即使是与他有所共鸣的读者，也很快开始怀疑，太虚自己是不是还没有做到这一点。最初，似乎很明显的是，无政府主义的实现是最为重要的。外部世界的处理是首位。太虚认为：

> 不铲除伪道德，不能倾覆恶制度；不倾覆恶制度，不能消灭人类亲疏利害之观念，及完全恢复人类本有之博爱心……今则人文进步，

---

① 太虚：《世界之三大罪恶》，《良心》第 2 期，1913 年，第 5 页。
② 太虚：《世界之三大罪恶》，《良心》第 2 期，1913 年，第 8 页。
③ T32，1666：576b22. 可能会有人反对说，提到的五次觉悟并不都是"无与伦比的"，因为它们形成了一个渐进的序列。然而，"五觉"这个术语，一般指的是这个文本（见一如《大明三藏法数》，P182，1615：42a1），因此在此处很可能是不太精确的。
④ 太虚：《世界之三大罪恶》，《良心》第 2 期，1913 年，第 7 页。

智识大开。幼者、老者既可归社会公共教育，无待父母之抚育、子孙之供给，则亲疏之观念可除。货物悉公之社会，共同工作、共同享受，无俟乎竞争，则利害之观念自灭。亲疏利害之观念去，则博爱心现矣。①

太虚所提倡的方法，本质上是通过终止上述社会罪恶的形成，来瓦解其压迫的结构。知晓了这种罪恶是如何形成的，人们就可能会认识到如何瓦解与消除它。鉴于亲属利害之观念是由抚育子女和争夺资源之必要性而产生的，它们可以通过共同抚育儿童与共同持有财产而被消除。这将使得人复归其真实的博爱本性。而且，这也是可能的，正是由于现代文明的到来和克鲁泡特金无政府主义的主张，即当下秩序并非天定，而可改弦更张。

到此为止，无政府主义和博爱心之间的关系是相当清楚的。正如太虚所言："以实行无政府主义为因，而恢复博爱心为果也。"但是，果亦是"前导"。这反映出无政府主义理论中手段和目的之间的关系，该理论通常认为前者必为后者决定，且与后者完全相符。为了建立一个没有强制性权威的世界，也就必须拥有一个没有强制性权威的革命运动。否则，革命运动中的这些因素，只会在革命之后以新的伪装重新建立压迫性的结构。在这个部分，恢复人最为基本的天性，既是要实现的目的，也是行动的手段。对欲实现之目标的理解，决定了手段。

然而，随着太虚继续深入写作，事情变得相当模糊与混乱。在与此前明显直接矛盾的地方，他宣称：

昔既因人智未开而生亲疏利害之观念，以演成恶制度与伪道德。今因人智大开，亦自应唤起博爱心，以倾覆恶制度与伪道德。盖博爱心之所至，能尽去亲疏利害之观念。

---

① 太虚：《世界之三大罪恶》，《良心》第 2 期，1913 年，第 7 页。

　　当博爱心得到充分发展之时，因为每个人都将所有人视为自己的家人，统治者将会失去压迫的嗜好，资本家也会失去剥削的爱好，家族、国家和资本主义将会自发地消失。太虚认为："信如是，则恶制度、伪道德，不倾覆，自倾覆。而无政府主义，亦自然实行矣。"① 太虚瓦解了罪恶的起源，但他似乎也会打击到此过程中的另一端。所以，也许唤起博爱心才是因，实现无政府主义才是果。

　　或者两者兼而有之，因为太虚接下来主张，人必须同时追求这两条道路。罪恶的消解必须像它的演化过程一样，辩证地进行。我们早些时候注意到，在罪恶的形成过程中，一种自我强化的反应在起作用。正如"故从亲疏利害之观念而演成恶制度、伪道德，因恶制度、伪道德而弥甚亲疏利害之观念。与因唤起博爱心乃能实行无政府主义，因实行无政府主义乃能完全博爱心，其义一也"。② 然后，太虚使用了佛教术语阐释这种关系，从而使两者之间的关系变得更加紧密。他引用了一系列经典，暗示无政府主义和博爱心实际上是相互渗透、相互构成的。③ 然而，他在无政府主义潮流中曾断言，目的（博爱心之唤起）需启发和决定手段（无政府主义之实现），而现在他似乎转向了用禅宗的主张来表述手段和目的的终极统一。

　　通过研究文章的结尾部分，我们或许可以对这种看似立场转变的混乱局面有所了解。正是在这段文字中，太虚承诺，乌托邦不仅是一个人间净土，而且在那里人人皆可成佛。事实上，乌托邦与净土并无二致，本为同一。因为太虚所渴求之乌托邦似乎乃是某种集体成佛之道。他以"三德"来描述乌托邦，这个"三德"乃是佛经中的佛陀所言，并且为天台宗所倡导。传统上这三者是法身、般若、解脱。太虚使用了本质上相同的术语，来阐释理想社会的构成方面。在他看来，"唤起博爱心，性德也；实

---

① 太虚：《世界之三大罪恶》，《良心》第 2 期，1913 年，第 7~8 页。
② 太虚：《世界之三大罪恶》，《良心》第 2 期，1913 年，第 8 页。
③ 太虚：《世界之三大罪恶》，《良心》第 2 期，1913 年，第 8 页。

行无政府主义，智德也；脱离名之罪恶，断德也"。此三德圆满，即是乌托邦。[1]

明代大师蕅益智旭（1599～1655）的《教观纲宗》一书，是太虚僧教育的一个重要组成部分，提到此"三德"要循序渐进地培养，但要同时并举。然而，成佛的这三个原因虽是同时的，但它们并不是同一类型的。法身，或理心，是正因；般若，是了因；解脱，是缘因。[2] 值得注意的是，虽然天台宗在许多观点上与《大乘起信论》有分歧，但天台准则[3]与该论之间仍然有一个粗略的对应关系，这为我们迄今为止所看到的许多事情提供了隐含的框架。在这两种场合中，它是心本觉的方面，是真如之理，是成佛的正因。那种内在本性，是通过消除烦恼的洞察力来揭示的。[4] 这似乎是太虚经典引述的最后要点，它以因果关系论述了"三德"中的前两德：

及性因佛性性了因之了，了因佛性了性因之性。[5]

因此，尽管博爱心之唤起和无政府主义之实现，在时间上可能是无法区分的，然而如果我们遵循这个准则，它们仍然是可以在逻辑上加以区分的。博爱心是正因，乌托邦与人心相比显得微不足道；无政府主义之实现是启发博爱心的了因，博爱心曾被遮蔽，但从未消失；消除名之罪恶支撑了它，这是缘因。当此三德圆满，乌托邦的佛境就可实现。

---

① 太虚：《世界之三大罪恶》，《良心》第 2 期，1913 年，第 8 页。
② T46，1939：941，cl－3.
③ 正如原文的匿名评论者所指出的那样，这也与其他天台学说，如因果不二门（T46，1927：703b24-c9）产生了共鸣，尽管这似乎并不是直接灵感。
④ 《大乘起信论》将第一德称为"自体相熏习"，而将第二德与第三德归到"用熏习"之中。（T32，1666：578b19-c14）
⑤ 太虚：《世界之三大罪恶》，《良心》第 2 期，1913 年，第 8 页。对原文的标点符号做了一些调整。笔者还没能在 CBETA 佛经中定位到这一段落。

四　融合的叙述

尽管《世界之三大罪恶》远未达到太虚所期望的那种清晰、系统的分析，但我们仍然可以发现一个有趣的模式酝酿其中。虽然阿里夫·德里克（Arif Dirlik）承认佛教和无政府主义两者的"普世主义"（universalism）可以在中国"共存"（coexist），[①] 但事实上，在此我们看到的是它们各自的解脱（自由）叙述之间的融合。佛教的解脱叙述是以四圣谛为基础的。认识到人类存在的问题（苦谛），分析其根源（集谛，痛苦根源于渴爱，建立在无知之上），提供另一种可能性（灭谛）和一种从根源上消解问题的方法（道谛）。《大乘起信论》与早期佛教的假设不同，但都基于相同的框架。认识到问题（痛苦），分析其根源（无明熏习一心，产生万法），提供另一种可能性（恢复本觉）和一种从根源上消解问题的方法（通过内在活动与刻意修习，熏染一心，与产生万法相反）。上述两种情况，都是先确定一个以前未受重视的问题，再提供一个更好的解决途径，而此途径乃是基于对问题本身及其起源的深湛了解。

在《世界之三大罪恶》中，太虚将这种分析模式从生存的领域扩展到社会领域，而生存的领域一直是佛教解脱理论最为主要的关注点（尽管不是唯一的）。在这样做的过程中，他使得佛教跨越了现代性的门槛。在这种视野中，现代性是在社会秩序的既定性被解构之时出现的。现有的秩序被视为社会与历史的产物，获得了一种全新的反省。在某种程度上理解社会与历史的力量，人类的理性就拥有了获取其他更好选择的中介。那些已经跨越这一门槛的人，不一定是某一特定社会中的每一个人，他们可能并不同意人类理性已经达到了完全能够理

---

① 　Arif Dirlik, "Anarchism in Early Twentieth Century China: A Contemporary Perspective," *Journal of Modern Chinese History* 6. 2 (2012): 131 – 146.

解塑造社会的力量的程度，因此他们不同意尝试设计一个替代性方案所涉及的风险，但会分享社会权变的基本假设，以及将社会重塑为更好或更糟的力量。[1]

从启蒙运动中衍生出的各种激进主义思想传统，代表着对这种社会权变与其带来的重塑社会可能性的最为自信的接纳。索尔·纽曼（Saul Newman）这样描述西方古典无政府主义理论：

> 无政府主义之所以认为人类有可能获得自由，其根源在于，他们认为人类本质性的理性和谐是被"人为的"政治权威的运行所破坏了。不过，这种和谐是由社会关系的客观真理所构成，这一真理潜而未发，等待被人们重新发现。这就是为什么在无政府主义的理论之中，普罗大众自由的秘密，是潜藏于揭示这一社会本质意义之中的原因。而这一本质意义，就是要重新发现其法则，并将社会关系恢复到和谐的状态。因此普罗大众争取自由的斗争，就取决于揭示这一理性真实，并克服政治力量与权威的种种外在局限。……换而言之，无政府主义对于权威的反抗，就与"回归"这种失去的社会完整性息息相关。[2]

一旦意识到当前秩序的权变性，并看清了事物的真实面目，就可以通过人的能动性实现一个更好的选择。此处引人注目的是，无政府主义者围绕现代问题的阐述与《大乘起信论》相似之处。正如《大乘起信论》所述，解决问题的方法已经内在于人类自身。人类的任务就是：一方面，通过理性的理解，揭示此种预先存在的真理；另一方面，扫除那些限制人类

---

[1] Shmuel N. Eisenstadt, "Multiple Modernities," *Daedalus* 129. 1 (2000): 2 – 3.

[2] Saul Newman, "Anarchism, Utopianism and the Politics of Emancipation," in Laurence Davis and Ruth Kinna, eds. , *Anarchism and Utopianism*, Manchester: Manchester University Press, 2009, p. 213.

幸福与潜力的外来制度。

这种结构上的相似性延伸到了手段和目的问题上，对于无政府主义传统，以及中国佛教尤其是从《大乘起信论》中汲取灵感的禅宗而言，这是一个棘手的问题。若是像《大乘起信论》所教导的那样，众生已经是本觉的，那么修行的功用将成为一个问题。如果觉悟是内在本有的，那么究竟有什么需要"修"（cultivation）呢？该文本认识到了这一问题，并试图加以解决，它将本觉视为觉悟的必要却不充分的因，将修行视为辅助的缘。然而，若"修"的任务是去认识一个人已有的样子，那么，任何假定一个外在目标工具性的修行，都可能只会被视为进一步疏远了个体与本觉。禅宗传统将此思想发展成为一种伯纳德·佛尔（Bernard Faure）概括的"顿"立场。在此立场之中，修与悟是等同的，一切中介皆被否定。根据这一立场，实现不二证悟的唯一途径，就是证悟不二。任何形式的修行，只要预设了手段和目的，就只会复归于它试图克服的二元论，并且注定失败。[1]

无政府主义理论也有相似之处，历史学家阿里夫·德里克称之为"革命进程的乌托邦化"（utopianization of the revolutionary process）。[2] 如上所述，在无政府主义理论中，一个没有强制性权威的世界，只能通过一场本身脱离强制性权威的革命运动才能实现。否则，革命只会是以旧革命者为首的新的伪装，重新建立压迫性的结构。若要取得成功，就必须以革命本身的雏形来预表未来的社会。虽然这就像《大乘起信论》一般，无须排除任何对过程方面的考虑，它确实有助于形成一种在禅宗之中的顿的修辞。笔者再引用索尔·纽曼的一段话："无政府主义的乌托邦认为其自由紧密存在于革命本身；这一乌托邦并非要经过长期准备，并在一系列规划好的阶段之后方能出现。在无政府主义之中，国家并不会慢慢消逝，相

---

① 关于禅宗顿悟的动能，见 Bernard Faure, *The Rhetoric of Immediacy: A Cultural Critique of Chan/Zen Buddhism*, Princeton: Princeton University Press, 1991。

② Arif Dirlik, *Anarchism in the Chinese Revolution*, p. 29.

反，国家会在革命中首先被摧毁。"① 若用"禅""修行""妄心"替代"无政府主义""革命""国家"等词，上述这段文字依然准确。禅将觉悟消解为修行，无政府主义将乌托邦消解为革命。

这种共鸣可能会有助于解释他文章中的极端的乌托邦特征及其极端的不切实际性。在太虚的文章中，《大乘起信论》的佛教思想与无政府主义，不仅相互融合，而且相辅相成。无政府主义之实现，不仅产生了一个自由平等的社会，而且也让众生皆可成佛。唤起与生俱来的心灵之善，不仅是为一个人，也是为所有人。无政府主义革命的乌托邦化，转向了禅宗顿的修辞，这使得此文以千年期待作结。太虚从来没有提出一个具体的行动方案，来配合他对当下世界的独特控诉，唯一建议的具体行动就是共同抚育儿童与共同持有财产。但是，这似乎又一次将果当成了因。在当下邪恶的世界中，如何实现社会的这种重构，一直都不甚清楚。最后，对太虚而言，乌托邦似乎是一种内在的可能性，但由于对中介的隐性拒斥，人与乌托邦之间仍存在不可逾越的鸿沟。

五　结论

以《世界之三大罪恶》一文，太虚将中国佛教思想引领进入现代性之门槛。他将佛教的解脱叙述和无政府主义的解放叙述结合在一起，将佛教对权变的认识从存在论扩展到了社会领域。正如被迷惑的有情众生以苦为乐，他们也将此三恶的肮脏世界视为人类之荣光。一旦看到事物的本来面目，了解它们的形成方式，那么这种洞察力就会创造一种可能性，即运用人的能动性来创造一个更好的代替品——成佛和无政府主义的乌托邦。《世界之三大罪恶》是太虚对社会苦难之崇高真理的宣言。这种苦难有其

---

① Saul Newman, "Anarchism, Utopianism and the Politics of Emancipation," in Laurence Davis and Ruth Kinna, eds., *Anarchism and Utopianism*, p. 214.

根源，在人类心灵的深处私欲积聚，在史前朦胧的远方，抚育孩子和为生存而斗争的必然性，催生了亲属利益之观念。在此基础上，邪恶的暴君一个接一个地建立了今日仍旧折磨人类的恶制度与伪道德的整个体系。与此同时，现代性的曙光也已表明它不必如此。文明进步、知识大开，揭示了博爱心，即良知的内在社会性，这也是人类与生俱来的。在此基础上，解放便是可能的。一个更加美好世界的种子，总是存在于人类的心灵之中，虽然被遮蔽，但是从未消失。当它被揭露出来之时，一个自由平等的社会就会出现，所有人都会成佛。

然而，当太虚引领佛教思想跨过"现代性之门槛"的同时，也使自己陷入了困境。无政府主义理论坚持手段和目的的完美统一，使其在革命策略方面陷入了众所周知的困境。为了避免任何强制性权威的痕迹，理论上许多选择皆被排除在外。甚至是将那些只是理论上的选择，而非总是实践中的选择，也排除在外了。《世界之三大罪恶》将这些困境与禅宗的顿的修辞结合起来，而此禅的传统某种程度上是建立在《大乘起信论》本觉思想基础之上的。当建议实施这种社会转型的方法时，太虚却作茧自缚了。首先，似乎要先行实现无政府主义。然后，唤起博爱之心。这种关系似乎是辩证的。最后，它们似乎是同时发生的，逻辑上是有区别的，却都是社会觉醒的一部分。文中提及的唯一具体行动，即是共同抚育儿童与共同持有财产，这似乎更适合乌托邦式的未来，而不是太虚乐于描述的邪恶世界。

这或许并不稀奇，《世界之三大罪恶》既是太虚无政府主义事业的高峰，也是太虚无政府主义结束的起始。思想上，他已经到达了乌托邦之所在，但没有实现他的计划。太虚对变革的热情，使得方向上的某些转变在所难免。然而，更加直接的原因在于政治环境的转变。《世界之三大罪恶》第二部分亦是最后一部分出版不久，中国革命团体奋起反抗日益独裁的袁世凯，但他们被镇压了。太虚关系密切的同僚兼合作编辑者沙淦被杀，毫无疑问，还有其他一些来自社会党的同胞也被杀害，其他一些革命者和激进分子流亡海外。太虚本人似乎躲藏在上海的外国租界之中，并且在接下来的几个月里保持相对低调的姿态。虽然在这段时间里，他与无政府主义领导者师复交换过几封信件，讨论有关社会主义和无政府主义的术语问题，① 但是他直接参与这场运动的日子似乎已经结束了。

1914 年 10 月，太虚入普陀山，闭关三年。通常而言，这被解释为他对这些年来所倡导的佛教改革失败感到失望的结果。我们发现太虚重新参加了无政府主义活动，这清楚地表明事实绝非全然如过去所以为的那样。接下来的几年中，在一封写给信众的信件之中，太虚对于他的决定做出了如下解释："已而鉴于政潮之逆流；且自审于佛陀之法化，未完成其体系，乃习禅普陀。"② 在《我之宗教经验》一文中，他又给出了一个略有不同的解释："欧战爆发，对于西方学说，及自己以佛法救世的力量，发生怀疑，觉到如此的荒废光阴下去，甚不值得。"虽然太虚说的是"佛陀之法化未完成其体系"和"自己以佛法救世的力量发生怀疑"，但政治因素显然具有同等的重要性。二次革命失败的"逆流"，是一股摧毁社会党、驱散革命与激进运动的浪潮。"文明"的欧洲在一战中自相残杀的景象，让许多中国人大失所望，尤其是无政府主义者。尽管欧洲各个帝国主义势力是一种威胁，但它们的思想家与工人联盟曾经是一种鼓舞。然而，一枚无政府主义者的炸弹点燃的战争，导致了欧洲无政府主义者们没有奋起扫除战争中的诸国，而是在其中选边站队。爱德华·克雷布斯（Edward Krebs）在他的《师复传记》中甚至暗示，这种失望之情破坏了师复这个激进派分子岌岌可危的健康状况，让师复提前进入了坟茔。③

尽管太虚在其事业剩余的时间内，继续对无政府主义尤其是克鲁泡特金的思想表达了某种钦佩之情，但他作为无政府主义者的日子已经结束

---

① 从太虚的回信中，可以找到大量引用的师复回信，见《师复文存》，"民国丛书"第 3 编，上海书店，1989，第 147～151、207～220、293～295 页。

② 印顺：《太虚大师年谱》，第 71 页。

③ Edward S. Krebs, *Shifu, Soul of Chinese Anarchism*, pp. 146 – 147.

了。退出之后，太虚的思想发生了明显的转变，从激进主义与顿教，转向温和主义与调和思想。在政治方面，他逐渐右倾。类似于许多早期的中国无政府主义者，他对社会变革保持着一股热情，但经历过共和国初期的混乱以后，这段经历让他更欣赏渐进式的切实改革，而不是突发革命的梦想。与许多早期无政府主义者相似，他最终发现自己同情国民党而反对共产党。在宗教方面，太虚也转向了调和思想。在以后的事业生涯中，他提倡渐进和系统修行的文本《瑜伽师地论》，取代了《大乘起信论》，同时他开始以各种净土法门取代禅教。

然而，尽管太虚从《世界之三大罪恶》中坚持的立场——从作为意识形态的无政府主义，从那种要求非此即彼的变化的顿的修辞——后退了一步，但他并没有从他在那篇文章中所达到的现代性之门槛后退一步。在各种各样的伪装之下，对社会权变性的洞察，以及这种洞察所给予的能改变世界的能动性，仍然是他思想的一个中心主题。1930 年《创造人间净土》便是太虚成熟的乌托邦主义的经典论述之一，太虚的论点基于对缘起法和万法唯心的认识。如果要建立一个人间净土，那么它只能通过人类"起好的心，据此好心而求得明确之知识，发为正当之思想，更见诸种种合理的行为，由此行为继续不断的作出种种善的事业"。[①] 这些思想的无政府主义源头，被完全抹去了。没有任何他青年之时激进社会分析的迹象，这篇文章甚至将国家置于中心地位。然而，这种基本的信念——正确认识人的主动性权变能力，便能够创造一个更加美好的世界——仍然是核心。在《世界之三大罪恶》跨越现代性之门槛以后，太虚依然活跃。因此，尽管太虚与激进主义邂逅的整个故事已经被抹去、被遗忘，但他无政府主义的取向却通过"人间净土"的概念得以传播，对今日显得至为重要的中国佛教现代主义形式产生了决定性的影响。

---

① 太虚：《创造人间净土》，《太虚大师全书》第 24 卷，第 426 页。

《北大佛学》第 2 辑
第 245～254 页

太虚大师宽许还俗思想小议

韩焕忠

内容提要 太虚大师主张对僧伽中不适于为僧者应 "宽许还俗"。他认为，僧伽中有些人，或不能遵行佛教戒律，或强在僧中肆行反动，或还俗更有利于弘法利生，或素质过于低下须赖佛求活，这些人都应该 "退僧还俗"。他一方面呼吁社会应尊重僧界还俗人，另一方面也在僧制设计上对还俗者的生计问题进行了探讨。他希望退僧还俗者仍能保持佛教信仰，甚至为维护佛教做出贡献。太虚大师有关 "宽许还俗" 的思想，对今天的佛教界仍然具有强烈的指导意义。

关键词 太虚 "宽许还俗" 僧制设计

作者简介 韩焕忠，苏州大学宗教研究所教授。

太虚大师整理僧伽制度思想的核心，是期望提高僧伽的基本素质，使其能够真正承担起师表人天、住持佛法、续佛慧命、兴隆三宝的历史重任。为此，除了对有志出家者进行严格选择、对已经入僧者加强教育之外，太虚大师还主张对僧伽中不适于为僧者应宽许还俗。学术界对此甚少注意，实则这对今天的佛教界仍有很强的现实指导意义。

太虚大师曾经多次提到应宽许还俗的问题。如民国 16 年（1927）夏，他在《救僧运动》中就提出"宽许还俗以除伪"。① 民国 17 年 4 月，他在《对于中国佛教革命僧的训词》中提出，"警告不能或不愿遵行僧律的僧众自动还俗……驱逐绝对不能遵行僧律，且强在僧中肆行反动的恶僧，迫令还俗"。② 《告青年苾刍之还俗者》则反映了他认为那些具足佛法正信的退僧还俗者"仍不失为信佛之菩萨优婆塞等地位"③的殷切期望。《尊重僧界还俗人》则是他为还俗者能够保持佛教信仰并参与正当的社会生活所发出的呼吁。他也主张僧伽中的一些人"不能守僧戒还俗勿污僧"④。民国 36 年 2 月，他在宁波延庆寺所讲的《菩萨学处讲要》中也说："出家菩萨比丘，遇利行同事尤切之缘时，亦可舍比丘戒入于在家菩萨众中。"⑤ 太虚大师在不同的时间、不同的地点、不同的场所发表过相关言论，由此我们可以断定"宽许还俗"是他一贯的主张。

综合来看，太虚大师提出的宽许还俗的思想言论，大致包含三个方面的内容：其一，僧人不适为僧应退僧还俗；其二，呼吁各方充分尊重还俗者；其三，还俗者应继续保持佛教信仰。下面对这三个方面展开探讨。

① 太虚：《救僧运动》，《太虚大师全书》第 19 卷，宗教文化出版社，2005，第 102 页。
② 太虚：《对于中国佛教革命僧的训词》，印顺主编《太虚大师全书》第 17 册，台北，善导寺佛经流通处，第 600 页。
③ 太虚：《告青年苾刍之还俗者》，《太虚大师全书》第 19 卷，第 133 页。
④ 太虚：《不能守僧戒还俗勿污僧》，《太虚大师全书》第 19 卷，第 137 页。
⑤ 太虚：《菩萨学处讲要》，《太虚大师全书》第 18 卷，第 282 页。

一　不适为僧应还俗

在太虚大师看来，僧伽中有些人，或不能遵行佛教戒律，或强在僧中肆行反动，或还俗更有利于弘法利生，或素质过于低下须赖佛求活，这些人都应该退僧还俗。

佛教的僧伽是依据戒律和合共住的团体。如果有人违背了戒律，对内来讲，就等于破坏了和合共住的基础；对外来说，则破坏了僧伽的社会形象。太虚大师在《对于中国佛教革命僧的训词》中提出了十条"革命僧所应取的方法"，其中第九、十两条就是关于不能守戒应当还俗的。他提出："九、警告不能或不愿遵行僧律的僧众自动还俗——僧的制服，虽可以时地而不同，然必异齐民；不愿穿僧服，当可还俗。十、驱逐绝对不能遵行僧律，且强在僧中肆行反动的恶僧，迫令还俗。"① 为僧须穿僧人的服装，这既是出家僧众向社会人群明确宣示佛教信仰的一种方式，又是出家僧众自觉接受社会人群监督的一种方式；为僧而不愿穿僧人的服装，则必然会混僧于俗，方便去做某些佛教戒律所不允许的事情。是以太虚大师不许为僧而不穿僧装。对于没有大的过恶暴露的僧人，太虚大师只是警告其还俗而已，语气还比较缓和些，意谓如能接受僧服，尚可继续留在僧伽之内；但对那些"绝对不能遵行僧律，且强在僧中肆行反动的恶僧"就没那么客气了，他表示必须采取"驱逐"的激烈手段"迫令还俗"，因为他们已经彻底丧失了继续为僧的资格。太虚大师对于不能守戒而仍然赖在僧中的人是极其严厉的，绝无丝毫的姑息迁就之念。他曾经斩钉截铁地说："不能守僧四根本戒（淫、盗、杀、妄戒，尤其淫戒），决须还俗。……犯僧根本戒甚至淫戒（僧尼犯淫戒是犯邪淫戒），仍覆藏遮掩，甚而尚敢公然住持寺院，主导讲堂，恬然不知羞耻，真是猪狗不如毫无惭

---

① 太虚：《对于中国佛教革命僧的训词》，印顺主编《太虚大师全书》第17册，第600页。

愧的阿鼻种子。我们僧中有知道这种僧，污僧辱僧败僧破僧的恶僧逆僧，务要鸣鼓而攻的攻而去之，不令留在僧内害僧。"[1] 其态度之坚决，辞气之果敢，真是溢于言表，足以令那些破戒怙恶者心落胆寒。

破戒而赖在僧中将会成为"污僧辱僧败僧破僧的恶僧逆僧"，但如肯还俗则仍不失为清白之人。不过退僧返俗也不全是由于不能守戒，有的是出于现在家相将会更有利于弘法利生而退僧返俗的，此亦为佛教戒律所许可之事。"我国古来，若朱元璋之还俗做皇帝，刘秉忠之还俗做宰相，姚广孝之还俗做少师，亦无不大有裨益于佛教于国群。"[2] 我们还可以列出一些还俗而颇著业绩的人，如刘勰之还俗所著《文心雕龙》，成为中国古典文论的经典之作；贾岛还俗之做诗人，成为晚唐诗家的代表；许世友之还俗参加红军，成为中华人民共和国的上将；林子青、郭朋还俗做学问，成为著名的佛学研究专家；等等。这些人若是留在僧中，或亦可以成为名垂青史的高僧，但他们因缘际会，或主动或被动地退僧返俗，其在俗世的重大成就，不唯无污佛教，且有光大佛门、利乐众生之实行，谁谓不宜！且太虚大师生值乱世，中华民族积贫积弱，若欲救亡图存，无一处不需要真才实学之人。革命需要人才，军队需要人才，行政需要人才，实业需要人才，教育需要人才，抗日更是需要人才。僧伽中不乏饱学之士，不乏特立独行之人，他们自然会成为国家、社会和民族在特殊时期的人才储备。且中国佛教为大乘佛教，被奉为佛之最后嘱托的《大般涅槃经》不仅提出圣行、梵行、天行，而且还提倡婴儿行与病行，即与被教化的众生"各各同其事业"而利乐之。中国佛教最为尊崇的观世音菩萨观察众生"应以何身得度，即现何身而为说法"，原不限定为比丘相。太虚大师身为佛教领袖，当然不会号召佛门的才俊退僧返俗，那样无异于自取佛教的灭亡，他只是鼓励那些不适合继续为僧者大胆地退僧返俗，使佛门可以保持清净而已。

---

① 太虚：《不能守僧戒还俗勿污僧》，《太虚大师全书》第 19 卷，第 137 页。
② 太虚：《尊重僧界还俗人》，《太虚大师全书》第 19 卷，第 136 页。

在太虚大师的著述中，我们可以隐约感觉到，他认为当时的许多僧人素质低下，并不具备为僧之资格。如民国16年太虚大师作《僧制今论》，估计当时僧众大约有二十万人。其中，尼僧约两万人，长老僧约三万人，此非其所论，他将其余十五万人分为两部分："一者，可广摄学理之研究者，二者，可别开僧众中之从事资生事业者。"他称前者为"学行众"，有五万人，"为佛化众之中坚，所当以全力培植及供给者也"；① 后者则"以裕资生事业。此十万人，为立身于农、工、商者"。② 其实，对于这十万人，太虚大师只是出于迁就现实，不得不把他们当作僧人看待，而在他内心深处，觉得这些人还是还俗更为合适些，只是他不便说出而已。民国19年春，他在闽南佛学院讲《建僧大纲》时即对此重加反思，"当时所以有这种主张，以为由大多数僧伽从事生产，而供给少数僧伽以专心深造，则寺僧生活独立，可不须依赖民众，这是救济多数迁就时趋的办法。严格的讲，这种作农作工者，实不能谓之为僧；因既作农作工，就不能养成如上所讲的僧格，而行僧的职务，实不能称之为僧"。③ 毋庸讳言，时势艰难，民不聊生，许多僧人本属不得已遁入佛门而赖佛求活，这在造成佛法兴隆的假象的同时也为佛教的存在和发展带来了诸多问题，使佛教背上了沉重的社会负担。

明清以降，佛教界窳败陋劣，渐成江河日下之势，其实就与大量不适于为僧者留滞于僧伽之中很有关系。因此太虚大师关于不适于为僧者应退僧返俗的主张，可以说抓住了佛教存在和发展的关键问题。但由于这个问题关涉许多人的切身利益，远非人们想象的那么简单，对于当时如一盘散沙的中国佛教界而言，只凭个人道德学问的感召力，是无法从根本上得到解决的，作为一项僧制改革措施其失败可以说是必然的。虽然如此，我们还是可以从中感受到太虚大师为佛法奔走呼号的彻底悲心。

---

① 太虚：《僧制今论》，《太虚大师全书》第18卷，第173页。
② 太虚：《僧制今论》，《太虚大师全书》第18卷，第174页。
③ 太虚：《建僧大纲》，《太虚大师全书》第18卷，第181页。

二　呼吁尊重还俗者

从道理上讲，不适于为僧应该还俗，但为什么有些人就是赖在僧伽之中而不还俗呢？太虚大师认为原因不外两端：一者，社会歧视还俗者，阻碍了某些人退出僧伽；二者，就是现实的生计问题。为此，太虚大师一方面呼吁社会应尊重僧界还俗人，另一方面也在建僧方面对退僧还俗者的生计问题进行了探讨。

太虚大师意识到，"旧来习惯，以由僧还俗为羞耻"。[①] 由此可以导致两个严重的后果：一者，不适为僧者不肯还俗；二者，已还俗者讳言曾经出家为僧的人生经历。就前者而言，僧人出家的缘由虽然不一而足，但是既然已经出家为僧，数年之后，僧伽生活已经成为非常熟悉的领域，依赖既有的习惯即可以维持自己的生活，与其还俗去适应一个比较陌生的环境，还要忍受别人的歧视，不如待在僧中更为安全，因此他们会尽力覆藏自己破戒的事情，极力保持僧人身份。就后者而言，由于明清以来僧众的社会地位持续下降，出家为僧并不是光荣的人生经历，还俗者在歧视僧伽、以佛道二家为异端的大环境下，出于自我保护的心理，自然不肯轻易暴露自己有出家为僧的人生经历，甚至希望将这一段出家为僧的人生经历完全删除，故而对往日师友避之犹恐不及，自然更不会主动与之联络了。俗话说"出家如初，成佛有余"，不能持守佛教戒律而不得已还俗，毕竟也是一种失败的人生经历，将自己曾经不光彩的行为公之于众，是需要非常好的心理素质的。因此，或出于对重大挫折感的逃避，或出于对自己触犯戒律的避讳，于是就形成了犯戒后赖在僧中不还俗和还俗后极力隐藏曾经为僧的经历这样两种极端的行为。这两种情况都足以对佛教的健康发展造成非常不利的影响。前者导致僧伽

---

① 太虚：《尊重僧界还俗人》，《太虚大师全书》第 19 卷，第 135 页。

的窳败陋劣，使佛教积滞难消；后者则使佛教丧失了应有的外护，在关键时刻得不到有力的支援。

　　针对这种情况，太虚大师极力宣称，不适于为僧而还俗是佛教戒律所许可的，而且僧人还俗之后更容易成为社会上的良善之人。他呼吁社会尊重僧界还俗人，"按佛教戒法，凡正信佛教而出家为僧者，一旦深觉自身不适宜僧众生活，虔守僧戒，或忽因特殊的环境与内情必须还俗者，准许陈白僧众，依佛律舍僧戒而还俗退为在家菩萨，或五戒优婆塞，三皈优婆塞，以为在家佛徒"。① 又，"不能遵守僧戒，退作居士，亦为佛门信徒，亦能作社会上良善人民。因为受过佛教的教育，熏习佛性种子，不难为善人也"。② 太虚大师言下之意，不能做一个合格的僧人而还俗，尚可以做一个合格的在家居士。为了给这些退出僧伽的居士创造适宜的社会氛围，太虚大师还一再申明，还俗之人更容易成为社会上的良善之人，"不能守僧戒者容易还俗，则僧众份子可较纯净，而曾受僧众教化与训练者，还入社会，于护教化利群众较为有力。例如暹罗、缅甸之上层社会人士，均须入僧再还乃能受人尊敬"。③ 出家为僧的人生经历实际上就是接受过佛法熏陶的过程，从而成为有教养的人，因此有出家为僧的经历是足资自豪的事情。"还俗是清白的行为，缅、暹的官绅都以'是僧还俗'为尊荣。"④ 如果真能实现像太虚所说的那样，退僧返俗能受到社会的充分尊重，那么佛教的社会地位自然会非常崇高，甚至可以成为社会的中坚也未可知。当然，这也是太虚大师对佛教抱持的最为理想化的展望。

　　不适于为僧者之所以待在僧伽之中不肯还俗，其实还有一个非常现实的原因，那就是他们往往缺乏在社会上自谋生路的能力，所以才不得不赖佛求活。太虚大师在僧制设计上对此也有涉及，如他在《建设现代中国

① 太虚：《尊重僧界还俗人》，《太虚大师全书》第19卷，第135～136页。
② 太虚：《救僧运动》，《太虚大师全书》第19卷，第102页。
③ 太虚：《尊重僧界还俗人》，《太虚大师全书》第19卷，第136页。
④ 太虚：《不能守僧戒还俗勿污僧》，《太虚大师全书》第19卷，第137页。

佛教谈》中提出："僧尼寺庵宜择要保持严饰，以供学僧、职僧、德僧之所需外，其余寺庵财产以办补习僧学及办收淘出僧外各还俗佛徒之小学、中学与农场、工厂、商店、医院等，同时，并即组成为在家佛徒之佛教团。"① 也就是说，太虚大师主张提取一部分僧寺财产兴办实业，用以收容被淘汰出僧的佛教徒，帮助他们提高谋生的素质和就业的本领。他于民国 27 年春在汉藏教理院讲的《中国的僧教育应怎样》中提到："我觉到有一部分的出家僧尼，朽废怠惰，不惟决不能作住持佛教的僧宝，而且使佛教为世诟病！所以应把这一部分僧众，划出些寺庙与他，作为等于在家的佛教信徒，施以普通谋生活常识及信徒常识的教育。把他淘汰出住持僧宝以外去，使可开山锄地，或作工、经商等，获受国民通常待遇，而不在住持佛教的僧宝数内。"② 除明确那些人员应该退僧返俗之外，还指出了划拨寺庙财产以保障他们生活的办法。可以说，太虚大师在僧制设计上对退僧返俗人员的思考，不仅反映了他作为僧伽领袖的慈悲之念，还体现了他对退僧返俗人员的充分尊重。

在太虚大师的时代，即有不少退僧返俗的人，太虚大师对他们表达了充分的尊重，认为他们比那些污住僧中的人强过百千万倍，"我们为尊重僧戒故，尊重还俗的瞿飞白（悦安还俗）、林子青（慧云还俗）、陈沧海（蕴光还俗）等，舍僧还俗正式结婚而有正当职业。其余虽每因陷于不正结合而偷偷还俗者也为尚知羞耻，胜出虽犯淫戒等而仍污住僧中的僧尼百千万倍"。③ 太虚大师作为民国时期叱咤风云的僧界领袖，在当时对社会生活的各个方面具有很大的影响力，由他所发出的尊重僧界还俗人的呼吁和号召，即便不能使全社会闻风景从，也足以起到警醒相当一部分人的作用，起到打消退僧返俗者的各种顾虑的作用，起到为退僧返俗者争取同情理解的作用。其意义之大，不可小觑。

---

① 太虚：《建设现代中国佛教谈》，《太虚大师全书》第 18 卷，第 239 页。
② 太虚：《中国的僧教育应怎样》，《太虚大师全书》第 19 卷，第 33 页。
③ 太虚：《不能守僧戒还俗勿污僧》，《太虚大师全书》第 19 卷，第 137 页。

三　还俗应保持信仰

太虚大师鼓励那些不适于为僧的人退僧返俗，并为他们还俗之后的社会适应和生活出路预为绸缪，但也衷心期望那些还俗者能继续保留佛教信仰，甚至为维护佛教做出贡献。

太虚大师向退僧还俗者提出了几个条件："其一，还俗时须当众缴出戒牒衣钵，改换衣装，宣布还用俗家名姓。其二，如再来出家为僧，必再经剃度受戒之完全手续。其三，还俗时应退为在家菩萨或五戒优婆塞，最少亦须仍为三皈优蒲塞，否则，即成非佛教徒，为一普通之人矣。"① 太虚大师认为，出家为僧与退僧返俗都是光明正大的事情，最好公开进行，这是对佛教负责任的表现，也是向社会展现僧众清净的一种方式；退僧返俗只是宗教身份的改变，而非宗教信仰的改变，因此太虚大师希望退僧返俗者在脱去袈裟、舍弃僧戒的同时，仍能保持佛教信仰。他最不愿看到的，就是某些人退僧返俗之后成了异教徒。在他看来，还俗后改信异教无异堕落为一阐提人。为僧数年，受佛法熏陶，一旦还俗而遽忘之、叛之，岂有良知者所宜为？因此太虚大师告诫几位与自己有交谊的还俗者说，"显教、悦安、愿航、会中等，皆青年苾刍之不无信解者。虽因故返俗，但返俗之后，亦必须仍居在家佛徒之地位，加入各处之在家佛徒团体，或四众佛徒之佛教会等，最少亦应能似普通之在家佛徒，热心佛法之弘护及修学，方可于内心无愧"。② 绝不能成为忘恩负义之人！

太虚大师期望通过破戒者的退僧返俗实现僧众的清净和佛教的兴隆。他说："不能守四根本戒的都舍戒还俗，僧众乃能清净；僧众清净，佛法僧乃能受人们尊重恭敬。舍戒还俗不是舍弃佛法的信仰，应仍受三皈五

---

① 太虚：《尊重僧界还俗人》，《太虚大师全书》第 19 卷，第 136 页。
② 太虚：《告青年苾刍之还俗者》，《太虚大师全书》第 19 卷，第 133 页。

戒，最少仍应为三皈信徒，拥护赞叹佛法僧，亲近供养佛法僧，为一般在家佛教徒表率，如此乃能使佛教兴盛。"① 这表明，太虚大师秉承一切为了兴隆佛教的原则，倡议不能守僧戒应退僧返俗，也是他提出救僧运动的重要措施。"今为提高僧众的人格，免去社会毁谤，故救僧运动，殿以宽许还俗、除伪以洁其流。"② 自古以来，佛教中能称为大德者，皆不以佛法做人情。

四　结语

太虚大师有关宽许还俗的思想对今天的佛教界仍然具有强烈的指导意义。中国自 20 世纪 80 年代落实宗教信仰自由政策以来，不仅恢复和兴建了大量的佛教寺院，也激起了广大信众的信教热情，一时间香火旺盛，檀施丰富，而有关僧众中的不清净事件也时有发生，严重影响了佛教的社会形象，在一定程度上也伤害了信众的感情。我们虽不能皆信其为实有，但也不能全视之为子虚。那些不能守僧根本戒者，特别是不能守淫戒者，读到太虚大师的相关论述，就应该勇猛发心，公开退僧返俗，正大光明地组建家庭，过正常的世俗生活；或者其法亲眷属，如传法师、得戒师、剃度师以及同参寮友等，能不护短，为促成不能守戒者的顺利还俗预作因缘，并最终成办此事，实为保持僧伽清净、维护佛教纯洁的大有功德之盛事，如此必然会对佛教事业在现代社会的开展产生积极的影响。

---

① 太虚：《不能守僧戒还俗勿污僧》，《太虚大师全书》第 19 卷，第 138 页。
② 太虚：《救僧运动》，《太虚大师全书》第 19 卷，第 102 页。

《北大佛学》第 2 辑
第 255 ~ 273 页

民国佛教视域中的阳明学[*]

——以太虚为中心

沈 庭

内容提要 在儒学诸家之中，太虚对阳明心学最为推崇。这既体现了民国佛教徒认为禅学与心学最为契合的历史记忆，又反映出东邻日本阳明学风潮对中国佛教徒的深远影响。不过，太虚等寺僧对阳明学的诠释已然不是传统观点的复兴，而是有着全新的时代气息，他批评阳明后学与禅宗末流偏重空谈心性，而不重理性研习的积弊，以唯识学来"言说"阳明学和禅学，会通戴震学和阳明学，融贯经验科学与心性修养，以期在传统佛教本位的基础上，建构符合现代科学、哲学的佛教知识系统。

关键词 民国佛教 太虚 阳明学

作者简介 沈庭，武汉大学哲学院、国学院讲师。

---

* 本文为教育部人文社会科学研究青年项目"支那内学院与近代佛教知识的创生和发展研究"（20YJC730006）的阶段性研究成果。

太虚大师在其自传里记录了一件往事，颇引人注意。他说，1927 年中秋前，与蒋介石总司令初次相会于浙江奉化，并作长谈，"蒋公拟邀我同去日本住一些时，把阳明学和佛学作一番研究"，但随后蒋介石改变心意，并未成行。① 虽然无法确定此事发生的时间和地点是否真实可靠，但是蒋介石十分推崇阳明学却是无疑问的，故而蒋介石与佛教徒太虚的共同话题之一是阳明学似乎也不令人惊讶。而且这个事件至少透露出两个时代背景：一是蒋介石对阳明学的推崇，上行下效，民国时期热衷研习阳明学是一种风尚；二是此股阳明学热潮与东邻日本有着密切关系，近代日本涌现的阳明学风潮被视为日本强大起来的内在精神力量，故而也激发了中国人研习阳明学的热情。事实上，太虚也有多篇论文讨论阳明学，在儒学诸家之中，太虚对阳明心学是最为推崇的。当然，这一是因为在民国佛教徒心中保留着阳明心学与禅学最为契合的历史记忆；二是因为东邻日本因阳明学而富强起来的集体认知；三是因为对传统禅学作现代解读的现实需要。本文将以太虚大师为中心，分别就民国时期中国佛教对于阳明学的历史记忆、集体认知、现代改造和现实需要做一初步探讨。虽然在太虚的著作中，涉及阳明学的并不算多，但是也可以从一个小的侧面反映民国佛教对阳明学的基本态度和基本理解，而且还可以反映出太虚佛学自身的某些特色。

一

太虚大师撰有《王阳明格竹衍论》（1916）、《论王阳明》（1923）、《王阳明与新中国哲学》（1945）等专题讨论阳明学的论文，由时间跨度也可看出，太虚对于王阳明是长期关注和在意的，同时太虚也不乏涉及阳明学的论文，如《论宋明儒学》《评胡适的戴震哲学》《论复性书院讲

---

① 《太虚自传》，《太虚大师全书》第 31 卷，宗教文化出版社，2005，第 282 页。

录》《评〈大乘起信论〉考证》等文谈及阳明学，王阳明的"良知"说、"知行合一"说等是太虚的"口头禅"。

太虚对阳明学极为推崇，他说："予以宋、明儒学，实华梵两学构成之一思潮。今者海东西民族，方将酝酿世界之文化，惟是可为前事之准。而阳明又此一思潮之硕果，前乎阳明未有逮阳明之盛者也，后乎阳明未有逮阳明之盛者也。一推斯学，小之足以起中国，大之足以援天下。"① 甚至说王阳明"为儒家仲尼以来之一人也！"② 究其原因，则阳明心学受禅宗影响颇大。在太虚看来这种影响至少包含如下几点。

第一，良知就是佛性。"此良知者，乃吾人前六识所相应之本来净善信心，自性清净，复能清净余心心所，如水清珠能清浊水者也。故良知之良字，应训为诚，而有本性净善正信之义；故能发见此良知而保养之，身语意之动皆不能欺此良知以行，自能为善去恶。即知即行，知行合一。为善去恶，即是致知格物，即是致良知，故致良知则意自诚，心自正，身自修，家自齐，国自治，天下自平也。"③ 这是以禅宗所说的"自性清净心"比附王学的"良知"，王阳明讲心本然之"善"，"至善是心之本体"（《传习录》上），"至善者性也，性元无一毫之恶，故曰至善。止是复其本然而已"（《传习录》上）。禅宗"本自清净"的自性与王学至善的"心之本体"颇为类似，都是强调心体、性体是清净的、至善的。太虚在《佛教对于中国文化之影响》一文中曾言："明朝之王阳明，亦是袭取禅宗之方法，其以'致良知'为根本之提倡，亦与宗门先明了立足点后，再研究学问之用意相同。"④ 二者的理论基石都是清净的、至善的心性。

而且这个心、性具有本体论的特征，王阳明说"吾性自足"，《坛经》说"何期自性本自具足……何期自性能生万法"；王阳明讲"至善

① 太虚：《论王阳明》，《太虚大师全书》第 22 卷，第 440 页。
② 太虚：《论王阳明》，《太虚大师全书》第 22 卷，第 448 页。
③ 太虚：《论王阳明》，《太虚大师全书》第 22 卷，第 447 页。
④ 太虚：《佛教对于中国文化之影响》，《太虚大师全书》第 22 卷，第 96 页。

者心之本体，本体上才过当些子，便恶了，不是有一个善，却又有一个恶来相对也，故善恶只是一物"（《传习录》下《黄直录》），这与《大乘起信论》"一心开二门"极为相似，《坛经》也讲"烦恼即菩提，前念迷即凡夫，后念悟即佛。前念着境即烦恼，后念离境即菩提"（《坛经·般若品》）。王阳明确立的"无善无恶心之体"显然具有禅宗超越善恶等一切二元对立的自性本体的影子；另一方面，这样的本体论也决定了二者工夫论的相似，也即都强调修行应该复归此本然之善性，或说"反求诸己""不假外求"。所以太虚甚至直言"良知实为一切众生同具之佛性"。①

第二，阳明"施教往往有禅风"。太虚说："阳明于佛之教律虽未及知，而于禅宗则固尝受而用之者；故其施教往往有禅风，而亦不深辩门户之见，实知实行，盖粹然一得心于佛禅、立身于儒术之大贤，而与黎［梨］洲辈争以空言者异。"② 太虚认为，佛法可以分为禅、教、律三种，虽然阳明学缺乏禅宗的教、律，但其施教往往有禅风，不重门户之见，且"实知实行"。太虚推崇王学重视外王之学、重视事功、重视知行合一的入世精神，这与他提倡的积极入世的人间佛教改革是一致的。而且王阳明曾针对钱德洪和王畿对"四句教"的不同理解而说："我这里接人原有此二种，利根之人直从本源上悟入，人心本体原是明莹无滞的，原是个未发之中，利根之人一悟本体即是功夫，人己内外一齐俱透了。其次不免有习心在，本体受蔽，故且教在意念上实落为善去恶。功夫熟后，渣滓去得尽时，本体亦明尽了。汝中（王畿）之见，是我这里接利根人的；德洪之见，是我这里为其次立法的。二君相取为用，则中人上下皆可引入于道。"（《传习录》）根据根器利钝而施教不同也是禅宗所重视的教学原则之一，钱德洪与王畿的为学进路颇似禅宗的北宗、南宗之别。故而太虚认

---

① 太虚：《论王阳明》，《太虚大师全书》第 22 卷，第 447 页。
② 太虚：《论王阳明》，《太虚大师全书》第 22 卷，第 445～446 页。

为阳明学的施教方式也具禅风。

　　既然阳明学与禅学有如此接近、契合之处，那么为什么宋明儒者往往排佛呢？太虚认为有六个原因："一者，先入为主，守门庭故。二者，虽窥本心，未深明故（非大菩提不圆明故）。三者，不知佛有人乘法故。四者，中国佛徒偏出世故。五者，经律论藏少研究故。六者，方便教化先成人故。"① 其中第六点太虚最为在意，它与第三、四点是相互关联的，太虚认为历来佛教徒偏重于出世，不重视度化普通人，所以为儒者所排；事实上是佛教徒也不愿意宣扬人乘法，免得抢了儒者的"饭碗"，产生诤斗。② 当然，这是太虚作为一个佛教徒的一家之言，儒佛二家在核心理论上的差异恐怕是宋明儒者排佛更为根本的原因。

　　其实，在民国时期，将阳明学与禅学并举而大力推崇者不乏其人，例如聂云台有题为《由性灵文字推论佛学孔学阳明程朱》的文章，流传甚广。该文认为所谓"性灵"乃天趣活泼，佛学修养能扩充人的心胸，使人活泼高明，中国自魏晋以来的性灵文字、艺术精神受佛学影响最大，"诗文书画，雕塑建筑，乃至文治武功，皆佛学家占其重要地位"。③ 该文贬斥程朱理学扼杀国人灵性，程朱理学与八股科举制度结合，致使"顽固闭塞，道德堕落，国事遂不可为"，④ 程朱之徒又因阳明学与禅学相近而对之痛加排斥，但是，事实胜于雄辩，"阳明先生道德文章，政治军略，数千年来少有其比。盖格去私心之物欲，以致天良之知觉，佛法与孔道初无二致，阳明之学乃直接孔曾心传，发明入圣之门，其功不在禹下"。⑤ 这是立场鲜明地抬高阳明心学而贬斥程朱理学，认为佛学和阳明学皆为陶淑中国人之性灵，培养志气的思想源泉，具有重要的现实意义。

---

① 太虚：《论宋明儒学》，《太虚大师全书》第 22 卷，第 426 页。
② 太虚：《论宋明儒学》，《太虚大师全书》第 22 卷，第 426 页。
③ 黄夏年主编《民国佛教期刊文献集成》第 88 卷，全国图书馆文献微缩复制中心，2006，第 13 页。
④ 黄夏年主编《民国佛教期刊文献集成》第 88 卷，第 13 页。
⑤ 黄夏年主编《民国佛教期刊文献集成》第 88 卷，第 13～14 页。

该文于 1941 年 9 月在《罗汉菜》杂志发表后，同年 10 月和 11 月《弘化月刊》分两期作了全文转载，1942 年 4 月《佛教杂志》再次全文转载，可见，该文在当时也是备受关注，大致代表了佛教徒对阳明学和程朱理学的基本态度。太虚也有《论宋明儒学》一文，该文实际上是《论王阳明》一文的一部分，① 它通过梳理宋明儒学史而论证宋明儒学托本禅宗，对陆王心学的评价高于程朱理学。② 此外，民国时期的佛教期刊也常常刊发王阳明的语录、事迹和对王阳明研习的文章，也反映出民国佛教对阳明学的推崇程度。

不过，佛教徒认为阳明学与禅学相近，心学托本禅宗，这种认识是从阳明学诞生起便为人熟知的，民国佛教徒褒扬阳明学而贬斥程朱理学，这不过是中国学人历史记忆的重新涌现。阳明心学本是以禅学滋养儒者之心的产物，刘宗周曾言："即古之为佛者，释伽而已矣。一变而为五宗禅，再变而为阳明禅。"③ 这是把阳明学与"一花开五叶"的禅宗相提并论，竟然将二者同归入释迦法脉。明儒与禅僧也是"声气相求，函盖相合"，阳明之后，禅学与心学融合更甚，"继阳明起诸大儒，无不醉心佛乘"，④ 阳明末学，借禅谈儒，没入禅海者甚众。另一方面，学佛者也以儒解禅，受儒学风气影响甚大，陶望龄说"今之学佛者，皆因良知二字诱之"，⑤ 元贤曾感叹"昔人借禅语以益道学，今人反借儒语以当宗乘"。⑥ 禅学与阳明心学相互激荡、融合实为自明季以降之共识，清代学术"以复古为解放"，考据学盛行而王学式微，但到了民国时期，中国佛教徒重新追忆与禅学相资益之阳明心学，成为复兴王学的重要力量。

---

① 太虚：《论王阳明》，《太虚大师全书》第 22 卷，第 455 页注一。
② 太虚：《论宋明儒学》，《太虚大师全书》第 22 卷，第 421～423 页。
③ 王有立主编《刘子全书》第 19 卷，台北，华文书局，1968，第 1373 页。
④ 智旭：《灵峰宗论》第 4 卷，CBETA 电子佛典，2011，J36，No. B348，第 333 页 c。
⑤ （明）陶望龄撰《歇庵集·辛君入都寄君奭弟书》（5），台北，伟文图书出版社，1976，第 2361 页。
⑥ 元贤：《呓言》，《卐续藏经》第 72 册，第 565 页下。

二

除了本有的情怀和记忆，民国佛教徒对阳明学颇为关注的另一原因则与当时国民对日本的集体认知有关。本文已述蒋介石热衷于阳明学，蒋介石 1932 年发表《自述研究革命哲学经过的阶段》，1939 年发表讲演稿《行的道理》（又称《行的哲学》），这两本书是其"力行哲学"的代表作。阳明学是蒋氏力行哲学的重要理论来源，蒋介石曾言："孔子之道，至汉儒而支离，至宋儒而空虚，至王阳明而复兴，迨至我们总理而集大成。"[①] 其对阳明学的推崇可见一斑，他的哲学受王学与孙中山"知难行易"的知行观影响最大。在蒋介石力行哲学的影响下，阳明学在民国学术思想界如烈火烹油，盛极一时，戴季陶、吴稚晖、陈立夫、周分水等人跟风于蒋介石而大谈阳明学，但其文政治意义恐怕远远大于学术价值。最高领袖的思想必然会对社会文化产生深远影响，由于蒋介石等人的推崇，在清代式微的阳明学又重新兴起和发展，成为民国学术文化史上值得注意的重要现象。

再细究起来，蒋介石甚至包括孙中山推崇阳明学，不仅与他们的政治需要相关、与其传统的学问背景有关，而且也与日本的经验和刺激有关。1905 年，有一位日本友人在欢迎孙中山的集会上演讲道："诸君自表面而观，谓敝国今日之强，由于取西法之效，而不知为汉学之功。当年尊王倾幕之士，皆阳明学绝深之人，而于西法未必尽知。"[②] 阳明学为日本明治维新打破朱子学固陋习气、开放吸收西学，为日本开港和攘夷倒幕提供了解放思想的武器，例如日本"军神"东乡平八郎"一生伏首拜阳明"的故事便广为流传。日本推崇阳明学而变得强盛的印象大大刺激了中国人。

---

① 蒋介石：《自述研究革命哲学经过的阶段》，季甄馥等主编《中国近代哲学史资料选编》第 4 卷，上海社会科学院出版社，1989，第 750 页。

② 陈天华：《纪东京留学生欢迎孙君逸仙事》，《民报》第 1 期，1905 年 11 月 26 日。

唐文治说:"迨中年两游东瀛,究其立国之本,则自崇奉王学始,游其书肆,览其书目,为王学者不下数百家,其数远过于吾国。"① 梁启超、陈天华、宋教仁等称颂"王学"就与日本国内崇王思潮有关,蒋介石早年多次在日居留,日本人对王学的浓厚兴趣也深深感染了他。② 蒋介石表示,日本普遍学的,"就是中国的儒道,而儒道中最得力的,就是中国王阳明知行合一'致良知'的哲学。他们窃取'致良知'哲学的唾余,便改造了衰弱萎靡的日本,统一了支离破碎的封建国家,竟成功了一个今日称霸的民族"。③ 著名革命家、近代文坛领袖人物章太炎也曾言:"明之末世,与满洲相抗、百折不回者,非耽悦禅观之士,即姚江学派之徒。日本维新,亦由王学为其先导,王学岂有他长?亦曰'自尊、无畏'而已。"④

在此推崇阳明学的风气之下,民国佛教定然受其影响。聂云台说:"其时东邻盛讲阳明之学,施之于政治教育,竟至其国于强大。所谓阳明之学者何?即合孔佛为一炉,发明格物致知,以期造于诚意毋自欺之域。故见诸行事者,皆切实有用。"⑤ 这是借阳明学之热潮而扬佛学、禅学之波。太虚也曾言:"时彦言日本精神文明,有取于阳明、舜水诸哲,就师实地考察,禅宗先入,因知心学在日本早有根基,宜乎王学之易昌明。强国之道,有本有末,岂仅在坚甲利兵哉!"⑥ 他特意强调王学的根基在于禅宗,禅宗先入为主是日本阳明心学昌明的基础,这也是有意附会于阳明学而提倡禅学。不过,太虚认为王学是高明人的学问,其末流或多或少偏离了他的立场。比如,他说:"阳明以自己之高明律人,视他人尽是高明,既不能定之以教理,又未能范之以律仪,

---

① 唐文治:《阳明学为今时救国之本论》,《国专月刊》第 2 卷第 5 期,1936 年 1 月。
② 申乐利:《民国王学研究》,硕士学位论文,山东师范大学,2002,第 9 页。
③ 蒋介石:《自述研究革命哲学经过的阶段》,季甄馥等主编《中国近代哲学史资料选编》第 4 卷,第 742 页。
④ 章太炎:《答铁铮》,《章太炎全集》第 4 册,上海人民出版社,1985,第 369 页。
⑤ 黄夏年主编《民国佛教期刊文献集成》第 88 卷,第 13 页。
⑥ 太虚:《谒太虚上人记》,《太虚大师全书》第 30 卷,第 318 页。

而及门诸子，得浅、得深、得纯、得驳，只取其一偏，以之独杨其至，执之不得会通，末流遂猥杂不可收拾！……然张苍水传之于日本，反能涓涓不息，郁久成明治之盛，则因倭人禅侠相尚，易怛化于致良知而直往径行之风也。"① 日本阳明学之传入并不始于张苍水，这是太虚之误，但其认为日本阳明学不仅有禅风，而且有重视践行的侠风，也算一家之言了。

而且日本学者研究阳明学与禅学关系的著作也得以译入，里见常次郎的《阳明与禅》第二编《王阳明之唯心论》1913 年便发表于《佛学丛报》，该文分别阐发阳明学和禅学的基本内容，主张二者在核心理论上是契合无间的，"佛禅所谓佛心与众生心，与阳明所云大人之心，小人之心，互考其意味，契合无间"。② 在日据台湾时期，则有忽滑谷快天较为活跃，将阳明与禅学会通、并弘。他的代表作《达磨与阳明》的部分章节被翻译成中文发表，他本人也两次赴台，受到热烈欢迎，所到之处都有官方动员与民间信徒拥戴，官方为之开路，信徒为之簇拥，足见他是个官方认可尊崇的禅学代表人物。③ 日本会通阳明学与禅学的思想经验以其"富强之源"的姿态深刻影响了民国佛教。故而太虚言："今世兽欲横流，人性垂灭，亟须有阳明之人者兴，救之以人伦之正！然非佛法，无由得生阳明之人者；即有阳明之人者出，若非准之以佛法经论，摄之以佛之皈戒，亦终纷泯随至，而不可行远垂久！故今有忧世而救人者，应从佛化中自养成阳明之人格，以之建为佛教之儒宗，则不难融洽海东西之群化，一变而至于道！"④ 其阳明学也不脱会通儒佛、融摄王学与佛法的基本色彩。

---

① 太虚：《论王阳明》，《太虚大师全书》第 22 卷，第 452～453 页。

② 黄夏年主编《民国佛教期刊文献集成》第 2 卷，第 172 页。

③ 张昆将：《从〈达磨与阳明〉看忽滑谷快天的批判禅学之特色》，《汉学研究》2013 年第 1 期，第 212 页。

④ 太虚：《论王阳明》，《太虚大师全书》第 22 卷，第 454 页。

三

太虚法师是近代著名的"革命"和尚，他倡导"教理革命、教制革命、教产革命"，力图以大无畏的勇气、彻底的措施革除传统佛教的积弊，开创中国现代佛教的新局面。故而他的阳明观不是传统王学的复兴，也不是传统儒佛会通论调的回光返照，而是一种具有现代性特征的新的诠释，不仅如此，他对阳明学的独特理解实际上也折射出其自身佛学理论的某些特点。以下将从三个方面来论述太虚对阳明学的独特理解。

（一）批评阳明后学

一般认为，阳明后学之中"精于禅学""好谈禅""近禅"者大有人在，例如《明史》评颜钧之学说："钧诡怪猖狂，其学归释氏，故汝芳之学亦近释。"① 黄宗羲评论罗汝芳之学称："然所谓浑沦顺适者，正是佛法一切现成；所谓鬼窟活计，亦是寂子速道莫入阴界之呵。不落义理，不落想像，先生真得祖师禅之精者。"② 邓豁渠归宗性命之学，为学力图了脱生死，谓"太湖落发，一佛出世"，③ 最终竟然与李贽一般落发出家。罗洪宪曾致书聂豹，评论王龙溪之学曰："大抵本之佛氏，翻《传灯》诸书，其旨洞然。"④ 龙溪讲学也常"杂以禅机"。浙中王门、江右王门、泰州王门，抑或南中王门之中入于禅学，游历佛寺、结交衲子、谈禅论佛，不乏其人。⑤

---

① 《明史·儒林列传二》，中华书局，1974，第 7276 页。
② 《明儒学案·泰州学案三》，沈善洪主编《黄宗羲全集》第 8 册，浙江古籍出版社，2005，第 762 页。
③ 《南询录》，《中国哲学》第 19 辑，岳麓书社，1998，第 380 页。
④ 《明儒学案》，沈善洪主编《黄宗羲全集》第 7 册，第 468 页。
⑤ 陈永革：《阳明学派与晚明佛教》，中国人民大学出版社，2009，第 15～118 页。

　　然而，作为禅师，太虚对"近禅"的阳明后学却持批评的态度。他曾言："按天泉问答，传阳明有四句教法云：'无善无恶心之体，有善有恶意之动，知善知恶是良知，为善去恶是格致。'此之四句，乃阳明学纲之所存也；而历来解者，自王龙溪、邓定宇、黄黎［梨］洲辈，鲜了知其义者。以阳明虽心知其故，而于儒说无征，又未窥佛教法相诸书，不能详确其说。致龙溪辈求高反浅，欲翻此四有为四无而后快也！然此弊不惟王门有之，即佛者之通宗不通说者，亦往往有此弊！"① 这直斥王龙溪、邓定宇、黄梨洲等阳明后学违背了阳明四句教这个大纲，他们言之过高，也过于玄妙，这与黄宗羲对阳明后学的评论基本一致，但黄宗羲认为正是因为阳明后学"强作玄妙观，故近禅"。② 特别是王龙溪的"四无"，即无善无恶心之体、无善无恶意之动、无善无恶是良知、无善无恶是格物，是超越善恶等一切二元对立的，一般认为龙溪之学更加接近于禅。但太虚对他批评最激烈："故阳明此之四句教法，主要在知善知恶之良知，笃切在为善去恶之格致，结果在恶尽善纯之至善。而王龙溪辈误认重在无善无恶之心体而欲一切无之；黄梨洲虽不善龙溪、定宇等邪解，欲从而救正之，卒迷离惝恍而莫能达其辞，均不知王学之纲也！"③ 连带黄梨洲也都予以批评，太虚认为他们类似佛门中的"通宗"者，却不"通说"，也即属于空谈心性的禅宗末流，过于注重直观顿悟，而缺乏研习经教、理性思考教宗传统。可见太虚批判的是阳明后学，但实际也是在批评禅宗末流的弊习，他的儒学观实际是其佛学理念的某种"投射"。

（二）以法相唯识学来诠释阳明学

　　太虚认为阳明后学对阳明四句教有不同程度的误解，良知学说相当于王门的宗通，而四句教则为王门的说通，太虚说："通此说通，非精究佛

① 太虚：《论王阳明》，《太虚大师全书》第 22 卷，第 449～450 页。
② 《明儒学案》，沈善洪主编《黄宗羲全集》第 7 册，第 15 页。
③ 太虚：《论王阳明》，《太虚大师全书》第 22 卷，第 451～452 页。

法之唯识学不可。"①

　　具体而言，太虚认为：（1）无善无恶心之体，指真异熟及异熟生等色心诸法，此心体无染净善恶可言，是无覆（非染非净）无记（非善非恶）性。②（2）"有善有恶意之动者，是痴、见、爱、慢、恒续之意根，与依此意根而染净之前六识，及前六识中能善能恶之意识，率身等前五识以为善为恶者也。"③ 这个有善有恶的意动者是人类独特的自由意识。（3）"知善知恶是良知者，良知，即信心相应诸心心所，唯是净善之性者也。虽未尝不潜存于流行之异熟中，本来皆有，唯为异熟及痴根所拘碍，隐伏不得现起，惟藉较为自由之意识，时一呈露。"④ 如果良知是信等善心所，那么它就不属于心识固有的善性，这与阳明学的基本立场相差甚远。（4）"为善去恶，即是令意遵循良知而动，在遵循良知以处制事物边言之，即是致知、知致。"格物的"物"，太虚认为，"即向者能为拘碍之异熟、痴根等，亦即是意、心、身、家、国、世界等，今悉检格之使遵从良知而回转行动一致，故悉成诚、正、修、齐、治、平之善也"。⑤ 这也是颇有意思的诠释，把意、心、身、家、国、世界等都视作拘碍心识的根本障碍，主张转变这些拘碍，遵从良知，最终实现诚意、正心、修、齐、治、平，这多少有着唯识学"转依"说的色彩，但又不完全符合唯识学的本义。

　　其实，太虚常以唯识学的理论来比附、诠释儒学。例如，他将儒家的"气""道心""本心"比附为一切种子如瀑流之习气种子识；将"性""理"理解为各物各人之报体（真异熟识），也即"我爱执藏内自我体"；又将儒家的"天命之性"视作自类业报相同而产生的"同分性"。⑥

---

① 太虚：《论王阳明》，《太虚大师全书》第 22 卷，第 450 页。
② 太虚：《论王阳明》，《太虚大师全书》第 22 卷，第 450 页。
③ 太虚：《论王阳明》，《太虚大师全书》第 22 卷，第 450 页。
④ 太虚：《论王阳明》，《太虚大师全书》第 22 卷，第 451 页。
⑤ 太虚：《论王阳明》，《太虚大师全书》第 22 卷，第 451 页。
⑥ 太虚：《论宋明儒学》，《太虚大师全书》第 22 卷，第 424～425 页。

传统禅学不重视逻辑理性、不重视抽象的理论建构，太虚力图以佛学来融摄儒学、融会现代思想和科学，自然不能选择传统禅学为言说工具，而在近代中国注重系统、逻辑的唯识学勃然复兴之时，太虚附会其上，也喜谈唯识，以唯识学来阐发禅学，推进禅学与传统儒学、现代哲学、科学的融合，从而实现传统佛学的现代转化。唯识学显然迎合了太虚对传统佛学作理性诠释的理论需要。

（三）批判戴震学而高扬阳明学

由上可知，太虚既注重"通宗"，又强调"通说"，特别是针对阳明后学过于注重直观体悟而提倡理性研习的重要性，但是这并不意味着他丢弃了传统中国佛学的心性论立场，传统佛学心性论仍然是太虚佛学的理论基石，这从他对戴震学和阳明学的不同判释可见一斑。

胡适于1923年写成《戴东原的哲学》（商务印书馆，1927）一书，在此书中对戴震在中国哲学史上的地位给予高度评价。胡适认为自北宋以降的八百年，"出了三个极重要的人物，每人画出了一个新纪元。一个是朱子，一个是王阳明，一个是戴东原"。[①] 他还对戴震哲学的基本内容以及后世影响做了奠基性研究。胡适认为戴震哲学的历史贡献是多方面的。例如，戴震是反对朱子哲学统治地位的主要人物，戴震"在破坏方面是攻击宋明儒者的理欲二元论和主观的天理论；在建设方面是提出理欲一元论，点出理义有客观的存在并且必需客观的证实，他批评程朱的学派虽然同时并列致知与主敬两方面，实际上是'详于论敬而略于论学'"；[②] 戴震打倒旧理学，建立新理学，批评程朱陆王的排斥情欲、不近人情的学说，主张恢复人的感性要求在人生中的地位；而其所用的考证的方法、历史的眼光以及"剖析至微""求其必然不可易"的治学方法包含着最有价值的

---

① 胡适：《戴东原的哲学》，安徽教育出版社，2006，"附录"第151页。
② 胡适：《戴东原的哲学》，"附录"第156页。

科学方法和科学精神；所以胡适甚至说："在哲学的方面……但论思想的透辟，气魄的伟大，二百年来，戴东原真成独霸了！"① 戴震学以及清代经学的四个特点：历史的眼光、归纳的研究、工具的发明、证据的注重，② 显然与胡适所推崇的科学主义、实证主义最为契合。这恐怕是其得到胡适高度评价的主要原因。

　　针对胡适《戴东原的哲学》，太虚在 1928 年撰文《评胡适的〈戴震哲学〉》对胡适以及戴震的学说做批评性回应。太虚一针见血地指出胡适的戴震研究夹带着"先入为主之私己意见"，是以美国实验主义哲学的立场来裁断宋儒以及戴震。③ 太虚认为，大程、陆、王主张"气即理"，而小程、朱熹则主张"气非理"，气是形而下者，理是形而上者，理气为二，戴震所批判的是小程、朱熹派所执之理，但戴震和胡适都"盲目地谓佛学的'真空'为朱熹派所执之理，真不知颠倒到何处去了"。④ 在太虚看来，佛教讲的"真空"或"理"是贯通形上和形下的，并没有戴震、胡适所批评的理气二元论、理欲二元论的弊端。太虚把求真知识的方法分为两类：重学派和重行派。前者"重学以求知"，首先做考据之训诂，再经过逻辑训练获得科学、哲学知识，但这属于清闲的贵族哲学派，"欢喜从学问上求知，知而不行，乃成了重知派"，胡适等人属于这一派；后者"重行以成知"，但没有上升到理论高度，缺乏逻辑的决断，这属于勤劳的平民哲学派，"欢喜从事行上求知"。⑤ 太虚认为，这两派都不完善，知和行应该相互结合，"行而知、知而行之精进不已"，这样获得的真知识分两重："亲从环境感受，实验于农工政教生活，产生科学、技术、文艺等，是行而知、知而行之第一重真知识也。亲从心身修养，变化于气质根

----

① 胡适：《戴东原的哲学》，"附录"第 157 页。
② 胡适：《戴东原的哲学》，第 9 页。
③ 太虚：《评胡适的〈戴震哲学〉》，《太虚大师全书》第 28 卷，第 286 页。
④ 太虚：《评胡适的〈戴震哲学〉》，《太虚大师全书》第 28 卷，第 287～288 页。
⑤ 太虚：《评胡适的〈戴震哲学〉》，《太虚大师全书》第 28 卷，第 290 页。

识生活，产生哲学、德行、圣智等，是行而知、知而行之第二重真知识
也。从此精进而不已，乃由佛学八正道生活，而趋向无上遍正觉的大路。
禅宗是经从第二重做起者。宋明儒则欲将第一重、第二重沟通而范归孔、
孟者，然结果不大佳，惟阳明较有成就。"[1] 在太虚看来，宋明儒者中只
有王阳明才较好地结合了重知（学）派和重行派的方法论，将经验科学
与心性修养很好地沟通起来，做到了"知行合一"。所以相比于戴震学，
太虚对阳明学要看重得多。

可见太虚佛学的根基还是立足于中国传统佛学的一元论的心性学说，
他反对形上与形下、知识与实践、心性修养与经验科学的二元分立。太虚
认为禅宗的明心见性与戴震的"扩充心之明"的哲学是一致的。太虚说：

> 禅学明心见性之语，儒者最多误会，而以攻击其误会者为攻击禅
> 学。不知所谓明心，恰同戴氏扩充心之明，由无明的心以求明的真，
> 积力久而明明相继圆明了，是谓明心，亦曰心明。戴震所谓闻见不可
> 不广，而惟在能明于心，一事豁然，使无余蕴；更一事而亦如是，久
> 之心知之明进于圣智。虽未学之事，岂足以穷其智哉！致其心之明，
> 自能权度事情，无几微差失，又焉用知一求一哉！即为禅学"明心"
> 二字之确诂。所谓见性，此中性指"事物真是如此的真相"，谓心既明
> 了，则能照见事事物物真是如此的真相也。戴震所谓实体实事，罔非
> 自然而归于必然，天地人物事为之理得矣。夫天地之大，人物之蕃，
> 事为之委曲条分，苟得其理也，如直者之中悬，平者之中水，圆者之
> 中规，方者之中矩，然后推诸天下万世而准。夫如是，是为得理，是
> 为心之所同然。举凡天地、人物、事为求其必然不可易，理至明显也。
> 胡适亦从而称之曰：同于科学家之证实。不知"证实"一名，正"见
> 性"一名之确诂。性者、真实之谓，有时曰真理，有时曰实相，有时

---

[1] 太虚：《评胡适的〈戴震哲学〉》，《太虚大师全书》第 28 卷，第 294 页。

日真如，有时日如实，皆同指显见现证之事物真相耳。①

这显然是太虚对"明心见性"的独特诠释。禅宗"明心见性"的
"心""性"指的是"本心""自性"，其内涵非常丰富，是禅宗最为核心
的概念之一。但总的来说，禅宗的心性主要指的是人人内在的般若智慧，
心中的那一点灵明，具有智慧性、空寂性、真如性、清净性和含藏性等特
征。《坛经》讲："佛向性中作，莫向身外求。"所以禅宗的心性是内在主
体性，而且《坛经》说"性本无生无灭，无去无来"，这个"性"是佛
教的"空性"，正是因为它是空性的，所以具有真如性、清净性等特性。
可见禅宗的"心""性"与戴震哲学有着显著的差异。戴震所说的"理"
一是指人事的理，讲的是仁、义、礼、智、信等人伦日用的伦理法则；二
是指事物的理，讲的是自然事物的客观规律。正如太虚所引戴震《孟子字
义疏证》："所谓实体实事，罔非自然而归于必然，天地人物事为之理得矣。
夫天地之大，人物之蕃，事为之委曲条分，苟得其理也，如直者之中悬，
平者之中水，圆者之中规，方者之中矩，然后推诸天下万世而准。"戴震所
讲的是存在于天地人物事为之中，也即自然界、人类社会之中的不以人的
意志为转移的"理"，所以在实践论上，戴震要人"就事物剖析至微""求
其必然不可易"，他说："心之明之所止，于事物区以别焉，无几微爽失，
则理义以名。"（《原善》）② 这是让人们用心的灵明，去审查事情，了解
其中的差别，使得认识无有爽失。正是在这种意义上，胡适说："戴氏这
样说理，最可以代表那个时代的科学精神。"③ 可见太虚并没读懂戴震，
也不完全了解胡适，而是以禅宗的立场来强行融会戴震学。

以上三点看似彼此各不相干，其实却暗含着太虚思想的一惯性，也即
"融贯"与"新"。太虚曾在《新与融贯》一文中夫子自道，其思想有两

---

① 太虚：《评胡适的〈戴震哲学〉》，《太虚大师全书》第 28 卷，第 288～289 页。
② 转引自胡适《戴东原的哲学》，第 49 页。
③ 胡适：《戴东原的哲学》，第 50 页。

大特点:"新的思想与融贯的思想。"① "新"与"融贯"又是互为表里的,"融贯"的目的是"新"(适应新时代),"融"贯本身便会产生"新"的效果,而如何实现"新"呢?方法是"融贯","融贯"也是"新"的基本内涵之一,"新"要求"融贯"传统佛学与现时代思想、内学与外学、中国与外国文化等等。太虚对阳明后学的批评其实反映出其反对空疏,反对主观、玄妙的学术风气,推崇经教研习和理性思考,这一点与其以唯识学来诠释和补充阳明心学的逻辑实际上是一致的,唯识学重逻辑、重理性,较为有组织和系统,将唯识学与重直观体悟的阳明心学和禅学相融贯无疑是对传统心学、禅学作理性改造的重要尝试。但是太虚这些适应时代的"新"思想的根基仍然是传统中国佛教的,太虚曾言自己思想中的"新"是"中国佛教本位的新",② 所以太虚在评判戴震学与阳明学时,明显地更为倾向于阳明学,或者更直白地说其价值取向更倾向于中国佛学。由太虚的阳明观可见,太虚是以传统中国佛教为本位,融贯知与行、宗通与说通、理性与直观、阳明与唯识、阳明与戴震、程朱理学等等,从而对阳明学以及传统佛学作现代诠释("新")。正是在"融贯"与"新"思路之下,太虚对阳明学颇为自信:"今诚能以阳明为枢,而将宋、元、明、清之三派哲学均衡发展,复解除宋以来拘局儒名,于佛道阴盗阳拒之丑态,容认佛道均为因素。程朱得于道,而陆王尤得于佛,更扩颜戴派而领受欧西近代之科学、工业、民政、法治等学说文化,则大成新中国之新哲学,且可进而构造全世界人类所需要之哲学与文化矣。"③ 这是希望以阳明学为枢,融贯宋元明清哲学,融贯佛、道,甚至合理吸收颜李学派、戴震学派的科学方法和精神,从而与西方近代科学、经济、制度等文化相融合,最终"大成新中国之新哲学"。颇有意思的是,太虚并未实现其对现代中国"新哲学"的构想,其弟子们在中国哲学方面也没多

---

① 太虚:《新与融贯》,黄夏年主编《太虚集》,中国社会科学出版社,1995,第73页。
② 太虚:《新与融贯》,黄夏年主编《太虚集》,第74~75页。
③ 太虚:《王阳明与新中国哲学》,《太虚大师全书》第22卷,第459~460页。

少建树，然而熊十力等人以阳明学心性论为本位，融贯古代儒家哲学，并批判地吸收佛家唯识学和西方哲学思想，开创出一套现代儒家哲学，也即现代新儒家哲学，其思路与太虚的构想何其相似！熊十力等人的现代新儒家哲学对太虚的阳明观而言可谓是"无心之柳"了。

其实，对寺僧而言，信仰和维护传统佛教本位的知识系统是非常合理的做法，但近代中国，欧风美雨，西学东渐，旧有的世界"天崩地裂"，对传统佛教徒而言（包括所有的保守知识分子），出现了一种深刻的"知识与现实世界断裂"的危机。一方面，寺僧们力求维护佛教的知识系统；另一方面，近代的现实世界已然不是传统的现实世界。例如中国古代的"天"具有人格意志，是最高的价值源泉，而近代知识分子的"天"被西方科学告知为日月星辰等物质世界；又如古代中国知识分子对大地的形状并不怎么关心，但到了 19 世纪末，大地球体说和五大洲等地理知识甚至进入儿童启蒙读物之中了。[①] 所以以太虚为代表的寺僧们不得不在维护传统佛教本位的基础上，更新佛教的知识体系，使之能够合理地解释西方科学、哲学所揭示的新的"现实世界"。由此来看，太虚的阳明观反对空谈心性，推崇理性研习，以逻辑严密、体系严谨的唯识学来阐释阳明学，以及试图融通经验科学与心性修养，会通颜李学派、戴震学与阳明学等，无不透露出太虚力图以符合现代知识特点的语言和理论来重新诠释阳明学的努力。

总之，阳明心学受禅学影响深刻，在儒学诸家中与禅学的气质最为接近，故而以太虚为代表的民国佛教徒对阳明学推崇备至是对传统佛学的立场的延续；而东邻日本因推崇阳明学而变得强盛的集体认知又从外部大大刺激了中国传统知识分子，包括佛教知识阶层对阳明心学的温情记忆，故而阳明学在考据学盛行的清代沉寂近三百年之后，到了民国时期又兴盛起

---

① 〔日〕大泽显浩：《关于〈地球韵言〉——清末的地理认识及其表现》，〔日〕高柳信夫编著《中国"近代知识"的生成》，唐利国译，商务印书馆，2016，第 88 页。

来。当然，太虚等寺僧佛学的先进分子对阳明学的诠释已然不是传统观点的复兴，而是有着全新的时代气息，他批评阳明后学与禅宗末流存在偏重空谈心性，而不重理性研习的积弊，以唯识学来"言说"阳明学和禅学，会通戴震学和阳明学，融贯经验科学与心性修养等等，以期在传统佛教本位的基础上，建构符合现代科学、哲学的佛教知识系统。

档案解密

《北大佛学》第 2 辑
第 277～369 页

国民政府时期档案中的太虚大师资料述要

——以台湾地区馆藏为中心

纪　赟

内容提要　本文总体介绍台湾地区所收藏的国民政府时期的太虚相关档案，其中主要包括台北中国国民党文化传播委员会党史馆、中研院近代史研究所档案馆以及"国史馆"藏各类档案之中的太虚相关资料。同时将其中的内容做了简单的分类，并择要稍做介绍，以备进一步查询与整理研究。

关键词　太虚档案　党史馆　中研院近代史所档案馆　"国史馆"

作者简介　纪赟，新加坡佛学院副教授。

一　引言

近代佛教的研究，与中国佛教史断代之中的中古早期乃至中古佛教研究不同，其研究的难度并不在于资料的匮乏，而在于既有材料之梳理。但即使如此，发现新材料依然是某一特定时间段内佛教研究的基础之一。

就太虚相关研究而言，我们过去已经在资料集成方面走在了近现代佛教人物的前列，在此阶段，很少有一位佛教界僧俗的资料会如太虚资料那样完备。这其中的原因，除了太虚本人在生前所做的努力；其对自身相关史料的积极态度；作为佛教界前所未有的社会参与者，其生前受到媒体及各界关注极多；还应归功于在其身后僧俗各界对其资料的不懈搜集。

不过，学界最近数年还在新资料发现方面找到了众多突破点。就其荦荦大端者而言，可以归纳为以下两个方面：第一，国外（欧洲、北美、亚洲的日本、南亚及东南亚等地）资料的发掘；第二，中国大陆与台湾等地旧有档案资料的搜集与研究拓展。

而就近现代研究而言，台湾最为重要的档案庋藏地有三：中国国民党党史馆①、中研院近代史研究所档案馆与"国史馆"。以下简单介绍一下笔者调查过的这三个馆之中所藏太虚相关档案情况。在此顺便交代一下三个馆的调档查档政策，此三馆中查阅最为不便者为中研院近代史研究所档案馆，不但无法看到原档，甚至不允许对着电脑拍照，只能抄录档案原文；中国国民党党史馆次之，不允许查阅原档，但可以对着电脑拍照；而"国史馆"最为方便，除了可以在网上下载大部分档案之外，即使是新店分馆需要预先申请调阅的档案，也不但可以查阅原档，而且可以拍照。

---

① 全名为"中国国民党文化传播委员会党史馆"，此处从略。其地址为：104 台北市中山区八德路二段 232～234 号 4 楼。

二　中国国民党党史馆太虚档案简介

　　首先较为重要者，为台北中国国民党党史馆（以下简称"党史馆"）太虚档案。此馆前身就是 1930 年成立于南京的"中国国民党中央党史史料编纂委员会"，其任务是编纂与保存中国国民党相关史料。1937 年卢沟桥事变爆发后，史料文物随国民政府西迁重庆，抗战胜利后迁回南京。1948 年冬，因时局变化，史料文物再次迁往台湾，先暂存台中，后多次迁址。最后于 2012 年中，方迁至现在的台北中国国民党党部八德大楼的四楼。[①] 此馆收藏资料逾 300 万件，该馆也有自己的检索系统，可供搜检文档之用。[②]

　　党史馆将全部档案分为一般档案、大溪档案党务类、"中央政治临时会议"速记录、"中央执行委员会政治会议"议事录、中行庐经世资料、五部档案、吴稚晖档案、狄膺史料、政治档案、特种档案、"副总裁"批签档案、国防档案、会议记录、汉口档案、监察档案、敌方广播新闻纪要、"蒋中正总裁"批签档案、环龙路档案等 18 类。这其中有很多档案对于研究近现代中国乃至东亚史都极其重要，[③] 但限于篇幅，笔者在此只介绍一些与太虚研究范围相关的部分。

　　党史馆所存太虚档案收藏情况大体如下。第一种是汉口档案中存"总政治部主任邓演达上中执会呈"（见附录一，表 1）。这份档案的重要性是不言而喻的，笔者已另文介绍。[④]

　　除此之外，党史馆还藏有丰富的太虚与抗战期间佛教外交相关的档案，这部分主要存于国防档案（一种）、吴稚晖档案（一种）与特种档案（七种）

---

① 笔者 2018 年 10 月前往调档时，其开放时间为每周一、周三、周五，周二、周四及周末闭馆。
② 其进阶检索之链接为 http：//archives. kmt. org. tw/cgi-bin/gs32/gsweb. cgi/ccd = eu. LOr/search？mode = advance，最后访问日期：2019 年 1 月 30 日。
③ 杨斌：《台北"中国国民党党史馆"典藏民国档案简介》，《民国档案》2002 年第 3 期。
④ 关于此份档案之详细介绍，见纪赟《中国国民党党史馆新见"太虚申请加入国民党"档案之研究》，王颂主编《北大佛学》第 2 辑，社会科学文献出版社，2020。

之中。这些档案中,国防档案是抗战时期的军事最高机构——国防最高委员会所产生的档案资料。档案时间为 1939～1947 年,档案数量现有 4333 号 5401 册。吴稚晖(1865～1953)档案,即与此国民党元老相关的文物和史料,共有 12000 余件,主要有书函、字画、用品等不同的文物及史料。而太虚史料最为集中的特种档案,则是中国国民党中央秘书处及地方、海外党务的档案,另有部分政府机构党务活动档案,共 33 类,时间跨度为 1928～1949 年。其中与太虚相关内容者,为外交部特 6 种档案、海外党务、中外关系、南洋侨务等。

现简单介绍一下其中的部分内容:国防档案一种(见附录一,表 2),时间为 1939 年 3 月,内容主要关于日本为了实现其侵略南亚与东南亚地区,及其"大东亚共荣圈"之目的,而派佛教僧侣前往印度、南洋等地宣传中国并非不信佛教之事。这份佛教内容的档案之所以由国防最高委员会发布,乃是因为这种宗教问题已经牵涉国防安全。这在很大程度上也与最后"太虚佛教访问团"的成立有直接的联系。

除此之外,党史馆中还收藏有数种太虚 1939～1940 年出访南亚、东南亚国家的相关档案。关于此次出行,笔者已另作专文介绍,[1] 而这些材料则又可以补充其中不少的细节。如吴稚晖档案之中的"太虚佛教团访甘地记"(见附录一,表 3)记录的乃是此次出行时在印度与甘地会面之情况。此一档案所标时间为×××年 2 月 13 日。参照其他资料来看,年份明显是 1940 年。

特种档案之中的"外交部情报司 29 年 3 月份重要工作报告"(见附录一,表 4),记录了外交部情报司 1940 年 3 月的重要工作报告。其中第一件事,就是以泰国目前仍有逮捕华侨之事为因由,通知太虚法师暂缓至泰国。此事也可以参考笔者相关研究中的叙述,即当时太虚前往中国驻新加坡领事馆接到通知一事,乃是由外交部情报司运作。[2]

---

[1] 见纪赟《旧材料、新视角:新加坡本土报章中的太虚大师》,王颂主编《北大佛学》第 1 辑,社会科学文献出版社,2018,第 20～60 页。

[2] 见纪赟《旧材料、新视角:新加坡本土报章中的太虚大师》,王颂主编《北大佛学》第 1 辑,第 55 页。

特种档案中之"吴铁城致机要处手条"（见附录一，表5），记录之事为国民党中央执行委员会秘书长吴铁城（1888～1953）致机要处之便条。记录当时太虚法师正奉命组织佛教访缅团，推定中央由中央执行委员会秘书处、中央执行委员会宣传部、政治部负责筹备，由梁寒操（1899～1975）召集，并派张寿贤（1905～1988）参加。此份档案所标之年代，为1941年4月18日。但以太虚组织访问团事加以衡量，则明显当为1940年之事。以上这些情况，都以极为精确的时间、地点、人物与情节，丰富太虚组织国际考察团的细节与背景。尤其值得关注的是此次访问团所牵涉的国民政府机关，都为此次访问的政治、外交与宣传背景做了注脚。

从新加坡等海外新发现史料，以及党史馆和另外二馆，尤其是"国史馆"中的若干新发现史料来看，我们现在完全有条件将太虚生平中值得浓墨重彩书写之事，重新详细地加以勾勒。

除此之外，党史馆内还有数种太虚档案与二战期间中国经营缅甸来巩固抗战后方的战略有关。笔者在以前的系列研究之中也曾提到，抗战期间南方外交经营最重要的一国乃是缅甸。① 故而，太虚法师的佛教访问团虽然历经多国，但其"核心之中的核心"乃是缅甸一国（太虚访问团初期定名为"访缅团"，见图1）。② 而且，在此次出行之后，太虚与国民政府都还是继续费尽心力维持与缅甸的联系，其手段就是利用佛教文化的力量加以怀柔。

在"中缅佛教之联络工作"档（见附录一，表6）之中，缪培基（1905～2006）指出当时中缅佛教之联络工作的重点在于感情联络，再辅之

---

① 见纪赟《旧材料、新视角：新加坡本土报章中的太虚大师》，王颂主编《北大佛学》第1辑，第52页。"根据这份密档中所列的宣传部长叶楚伧8月18日的上报可知，这次派佛教访问团的真正核心是缅甸，而其他国家则是附带访问，也即国民政府真正担心的还是滇缅公路这条抗战时期的生命线的安全，故欲借助佛教的宣传，来获得缅甸佛教徒的支持。"另外，还可参见太虚著，赖岳山整理《中国第二历史档案馆所见太虚手札选录》，王颂主编《北大佛学》第1辑，第294页。整理者赖岳山提到："因此，我认为，'华缅关系'和'汉缅的交通'正是此次访问的两个要点。换言之，'太虚—佛教访问团'的任务重心不是印度，而是缅甸。"
② 本文所附图档，除了下载自"国史馆"网站之外，皆为笔者拍摄，不再一一出注。

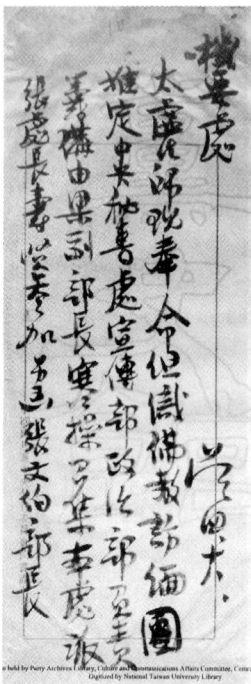

图 1　太虚与"访缅团工作"事

以宣传刊物的编发与其他佛教组织的合作等。而这些活动的基础，则仍然是太虚大师佛教访问团的遗荫。

在 1941 年 10 月的"中秘处致社会部及海外部函稿"（见附录一，表 7），以及时间标为一个月之后的"缪培基上吴铁城签呈"（见附录一，表 8）和同名另一档案（见附录一，表 9）之中，所记录的为同一件事，即国民党中央执行委员会秘书处致社会部、中央执行委员会海外部等，称缅甸盛行佛教，为促进中缅关系，1940 年太虚法师率其弟子前往缅甸，后又留法舫法师（1904～1951）等居此地，虽每月能领教育部津贴 2000 元，但或不足以推行活动，故而请求在补助金项下另外拨款（法舫法师的请款函原件见图 2）。我们在后面还将看到，太虚大师在"国史馆"档案之中，也遗留了大量他及其弟子努力经营边疆事务之记录。从某种意义上而言，近代没有一位僧人，像太虚大师那样如此深度涉入事关国家安全的边政事务之中。

除此之外，此一档案馆另录有一件"招待缅甸僧王来渝计划及经费概算"档（见附录一，表 10），记录 1942 年杭立武（1904～1991）致函中央执行委员会秘书长吴铁城，希望借由佛教来加强中缅关系（杭立武的信件，见图 3、图 4）。

经与太虚商议，拟由俨然法师①（活跃于 20 世纪 30 年代）与瓦城中国佛学会会长杨立成（生卒年不详）就近接洽高僧玛尼（生卒年不详）来华。此份文档中还附有拟邀请僧王等人一行的经费概算以及诸多细节。

---

① 此人为太虚的学生，参见释印顺编著《太虚法师年谱》，1933 年 12 月条，宗教文化出版社，1995，第 198 页："世苑图书馆，以王慧力等之筹措，成立研究预习班。学生有智藏、俨然、明智、雨昙等。"

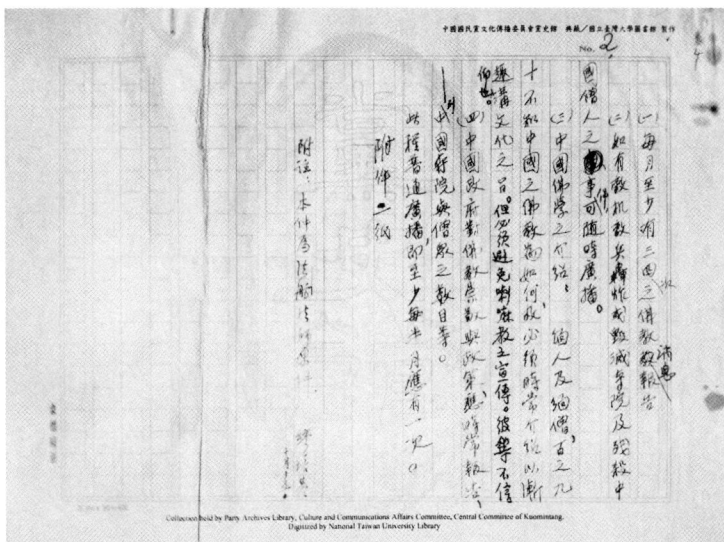

图 2　法舫请款函

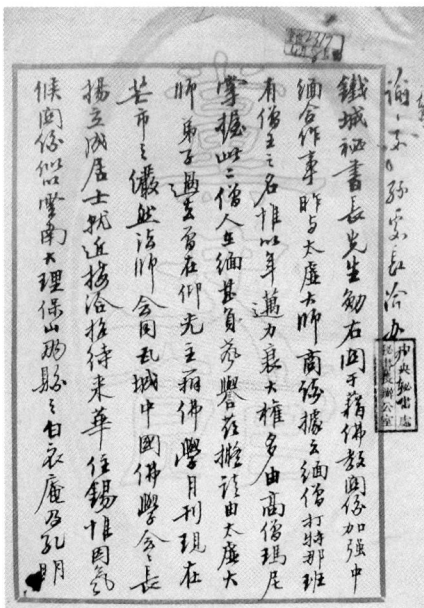

图 3　杭立武函（1）

比如，因其食肉，故酌情做了一些安排等（此份档案中的两张，见图 5、图 6）。与前数件档案类似，都显示了太虚大师远远超出了佛教、宗教之

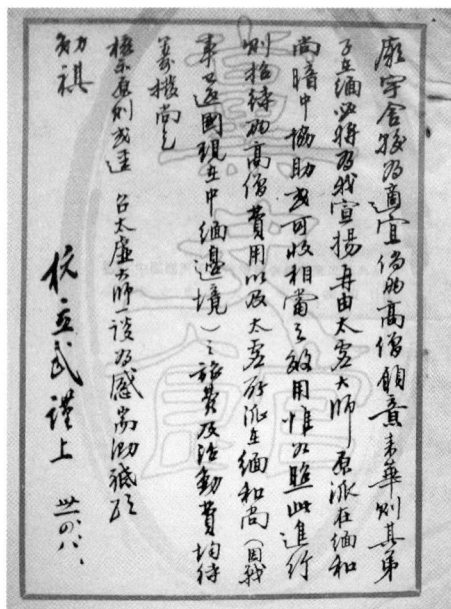

图 4　杭立武函（2）

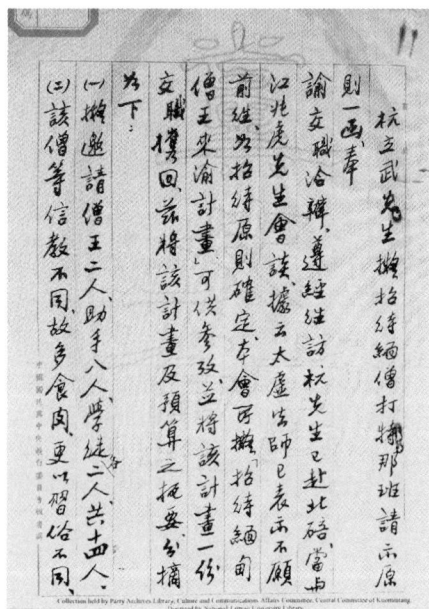

图 5　孙芹池函（1）

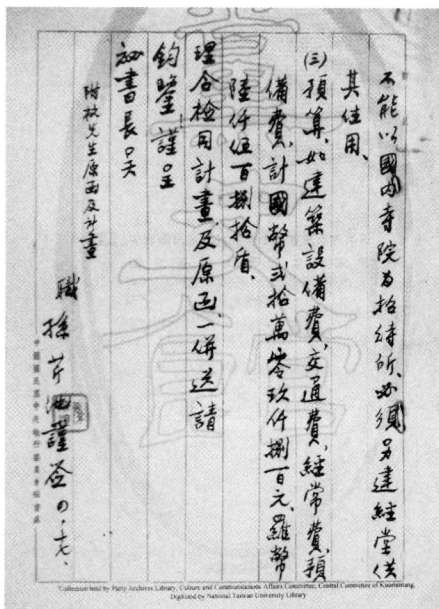

图 6　孙芹池函（2）

外的政治、外交影响力。这些都使我们无法将之当成一位纯粹的僧人看待，而应该将之放在政治、历史与外交舞台上来加以观照研究。

三　中研院近代史研究所档案馆太虚档案简介

台湾地区所藏太虚档案的第二处就是中研院近代史研究所档案馆。中研院于 1955 年成立近代史研究所筹备处，1965 年正式设所。筹备伊始，就接收了"中华民国外交部"、清季总理各国事务衙门、外务部、民国北洋政府外交部的部分档案。1966 年起，又自"经济部"接收清末至民国的商部、农商部、经济部等档案。此为近史所档案馆的主要庋藏部分。①

---

①　见中研院近代史研究所档案馆网站，http：//archives. sinica. edu. tw/? page_ id = 29，最后访问日期：2019 年 1 月 30 日。

近代史研究所档案馆除了其自有的检索系统之外，① 尚有"中研院暨'故宫博物院'明清与民国档案跨资料库检索平台"，② 这个检索平台整合了台北"故宫博物院"的宫中档奏折与军机处奏折录副、中研院近史所档案以及中研院史语所的内阁大库档案，是一个非常方便的近现代史档案检索平台。

近史所档案馆与太虚相关的档案有两件，现简单介绍如下。第一份为朱家骅（1893~1963）③ 所列之太虚人事档案。第二件为太虚所组织之世界佛学苑外派印度留学僧白慧（巫白慧，1919~2014）在印患病，其国内友人筹措接济医药费及其他生活、书籍费用，请准购买外汇之档案（见附录二，表2）。此份档案原为"外交部亚太司"所有，关于白慧在印度患病请购外汇之档案，亦存于"国史馆"。

此事之原委大略如下，在1940年太虚访问缅甸、印度、斯里兰卡等国之后，因太虚访问斯里兰卡时曾与彼方商及派佛教传教师去弘扬大乘佛教，并学习巴利语及上座部佛教，因此征得国民政府教育部的同意，在1940年9月，以世界佛学苑的名义派法舫［初拟派惟幻（生卒年不详）］、白慧、达居（生卒年不详）等前往印度留学。④

此处的僧人白慧，即著名佛教学家、印度学家巫白慧。他这次生病，从目前档案所见，惊动了僧俗各界，通过这份档案，以及"国史馆"中同一件事所涉及之诸种档案，我们从中也可以看到当时中印之间的外交关系与民间交流情况。

---

① 中研院近代史研究所档案馆馆藏检索系统，http://archives.sinica.edu.tw/? page_ id33，最后访问日期：2019年1月30日。
② 链接为 http://archive.ihp.sinica.edu.tw/mctkm2c/archive/archivekm，最后访问日期：2019年1月30日。
③ 朱家骅曾任国民党中执委秘书长、中研院院长、"考试院"副院长、"教育部长"等职。此份太虚档案之时间待考。
④ 释印顺编著《太虚法师年谱》，1940年9月23日条，第262页。"以定九、法舫来缙云山，大师召集佛法座谈会，对'在近代思想趋势下，佛教能不能存在'，作集体之研讨（文）。时大师以在锡兰商及之派教师宣扬大乘，派学僧修学巴利文佛教，请得教育部认可协助，以世界佛学苑名义，派法舫（初拟派惟幻）、白慧、达居，于是月底成行（与陈静涛书；海二十一、十一《佛教新闻》）。"

特别值得注意的是，虽然这份档案同时存于"国史馆"与中研院近史所档案馆，但因为此一档案存有个人隐私内容，故而都有涂抹，但二者涂抹的部分并不相同。因此，在"国史馆"之中无法看到的部分内容，比如白慧法师当时生病的具体情况，则可以在中研院近史所档案馆中看到。因此，对于同一份档案收于各处的情况，有条件的话就应该多渠道参校。

四　"国史馆"太虚档案

在台湾地区的太虚档案中最为重要者乃是"国史馆"档案。"国史馆"之设，本为清廷旧制，为康雍乾间初设，初为临时，后为常设。以编纂清代之纪、传、史类，此姑不论。后至民国，就逐渐成为官方的修史机构。民国元年即议沿清朝旧制，至 1917 年成立国史编纂处，1927 年改为"国史馆"。此为北京政府时期之旧建制，然成果颇少。1934 年，南京国民政府在南京重设"国史馆"，并设档案整理处。但旋即抗战全面爆发，又使不少工作停顿下来。至 1947 年方始正式成立"国史馆"，并制定了诸多规章，还整理出了大量文献史料。[1]

1948 ~ 1949 年鼎革之际，"国史馆"之档案也随之多处迁移，并最终分属两岸多地，其主要部分现存于南京中国第二历史档案馆；而一部分特别珍贵档案，则运到了台湾，即今天台北"国史馆"所珍藏之档案。

在"国史馆"档案收藏之中，特别受外界瞩目者，就是有名的"大溪档案"，即所谓"蒋档"，或称"蒋中正总统档案"（以下简称为"大溪档"），也即蒋介石（1887 ~ 1975）的私藏秘档。其时间起于 1923 年，止于 1975 年。先由蒋介石个人保管，后一直随主人而迁徙，直至来到台湾。1950 年，蒋氏搬到台北西南之大溪镇，故将这些档案一同搬到此地，并成立"大溪档案室"来善加保管。1995 年 2 月最终划归台北"国史

---

① 夏雨：《民国国史馆研究》，硕士学位论文，华东师范大学，2006，第 1 ~ 5 页。

馆"保藏。这批档案共有 440 箱，分为筹笔、革命文献、蒋氏宗谱、家书、照片、文物图书、特交文卷、特交档案、特交文电等 9 个系列，共 27 万余件。1997 年，除未满 30 年、涉及个人隐私以及高度机密者外，全部对外开放。2017 年，"国史馆"又将其中 16 万件属于机密的档案解密，并逐件造册、上线，以供学界使用。但是，要注意，据说是"基于对等开放的原则"，目前不对大陆和港澳地区开放，曾引起多方的抗议。①

为检索"国史馆"中 2017 年起新解密及旧有公开之太虚相关档案，笔者于 2018 年 1 月前往"国史馆"需要申请方可阅档的档案收藏地——新店分馆，后又于同年 8 月、12 月前往新店分馆查档，以图对"国史馆"藏的太虚档案做一个初步摸底。此馆所藏太虚档案大多数是太虚研究的第一手材料，兹举数例以做说明。其中不少材料尚未为相关领域研究者所知。

（一）太虚与蒋介石

1.

太虚与蒋介石之关系的档案，我们过去也较少利用，虽然台湾曾将"蒋档"汇编出版，② 但台湾以外使用率并不高，而这次档案的开放，可以说为学界的使用提供了更多的途径。由于"大溪档"中收录了大量蒋介石的私人资料，而太虚又曾与蒋本人有着诸多互动，因此，系统性地梳理"大溪档"之中的太虚相关材料，就可以澄清，或者充实很多过去太虚生平的若干片段。

比如太虚与蒋介石的一些互动，除了笔者另文谈到的太虚申请加入国民党事外，③ 其他最早的就见于"大溪档"《事略稿本》民国 16 年（1927）9 ~ 12 月中的 9 月 8 日与 10 日条（见附录三，表2），兹录其文如下（见图7）：

---

① 如陈明宇《台"国史馆"将大批档案放上网 禁大陆人阅览"蒋档"》，《环球时报》2017 年 1 月 5 日，http://taiwan.huanqiu.com/article/2017-01/9905629.html，最后访问日期：2019 年 1 月 30 日。
② 即"国史馆"2007 ~ 2013 年出版，由周美华编纂的多卷本《蒋中正总统档案：事略稿本》。
③ 参见纪赟《中国国民党党史馆新见"太虚申请加入国民党"档案之研究》，王颂主编《北大佛学》第 2 辑。

八日　公（指蒋介石，下同）今日与吴忠信、张治中同往鱼鳞澳谒太夫人墓后，直登高冈。向南遥望，四山环拱，剡水带流。纵目遐瞩，可达江口以东之山。但不知其何名也。午后，由慈庵往乐亭，宾客时至。公均未见。太虚和尚应约而来。拟于雪窦与之相晤。晚与吴忠信谈话，谓近日性躁心急，若不于此时静养心性，则后更难期……

十日　发陈果夫等书。送客。与太虚同往千丈岩下察看仰止桥及中山庵地址。太虚有诗赠公。下午，回慈庵。略休息，即往乐亭，已而太虚偕吴忠信来访。……今日中秋。晚，在乐亭赏月。太虚为公讲《心经》。十时，回慈庵宿。

这些材料都可以与太虚本人的回忆相互对应。[1] 从这份蒋介石的私人材料之中，我们还可以发现对蒋个人背景的交代。即当时蒋介石感受到了自己性格方面的某些问题，而至少曾经试图希望太虚这位佛教大师能够为其性格方面提供某种支持。而这一点，过去一直较少为人所注意。太虚与蒋介石交往颇多的原因，除了蒋母信佛、蒋介石自己一生之中深为看重浙江同乡之谊，以及在 1927 年初太虚与蒋介石刚刚因为受到了国民党左派打压的政治结盟意义之外，还应该考虑蒋介石希望利用与太虚本人的交往来改变自己急躁性格的某种尝试。

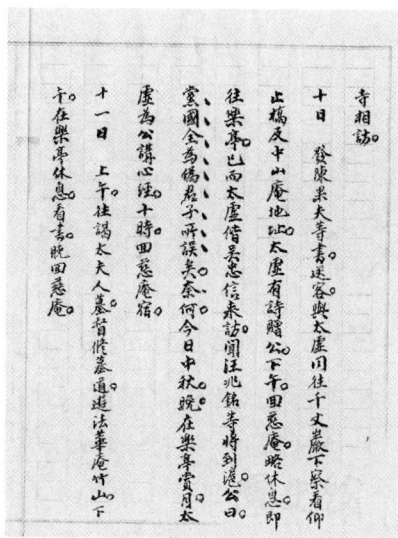

图7　《事略稿本》原件（部分）

---

[1]　侯坤宏：《1930 年代的佛教与政治：太虚法师和蒋介石》，《四川师范大学学报》（社会科学版）2006 年第 5 期。

2.

1935 年 1 月 19 日，太虚曾有一封给蒋介石的亲笔信，此信在过去研究之中皆未有提及，这封信也收在 "大溪档" 之中（见附录三，表 3）。这封信是 1 月 19 日从武昌佛学院发出（用的即是该院信笺，信笺天头为 "四明第一山雪窦寺用笺"，地脚为 "本寺宁波奉化溪口，分院上海虹口东有恒路，电话五二七一七"），至 20 日呈送中央党部秘书长，次日即做了批复。录文如下：①

委员长赐鉴：

前在雪窦垂询入西藏学习回国学僧，曾以法尊为最优秀，得班禅②、安钦③诸师称许对。今法尊，正在重庆代主太虚④所办之汉藏佛学院⑤。兹得来信，述收服西藏事颇详，转呈以备裁择赐示。祈寄武昌佛学院⑥。顺颂尊绥。

太虚谨启
中华民国廿四年一月十九日（见图 8）

再呈者：

李基鸿子宽，⑦ 有愿转任内政部礼俗司长，以从事整顿中国佛教之僧寺，俾能有益国民，而不致徒为社会赘疣。如蒙垂许，乞嘱黄部长提置之为幸。太虚又上。中华民国□□年□月□□日⑧（见图 9）

---

① 录文凡夺脱与无法辨识者以空格号 "□" 表示，每个空格为一字，无法辨识多少字者，则中间加省略号。

② "班禅" 前空一格以示尊敬。

③ 安钦活佛（1884～1947）为班禅之心腹，具体见朱丽双《民国政府的西藏专使（1912～1949）》，香港中文大学出版社，2016，第 206 页。

④ 原文件中 "太虚" 二字小一号，以示谦让。

⑤ 原文件中如此，非 "汉藏教理院"。

⑥ "佛学院" 三字旁有一竖，以示专名。

⑦ 原文件中 "子宽" 二字小一号居侧，表示 "子宽" 是李基鸿的字。

⑧ 来函日期与前信同，即 1 月 19 日。

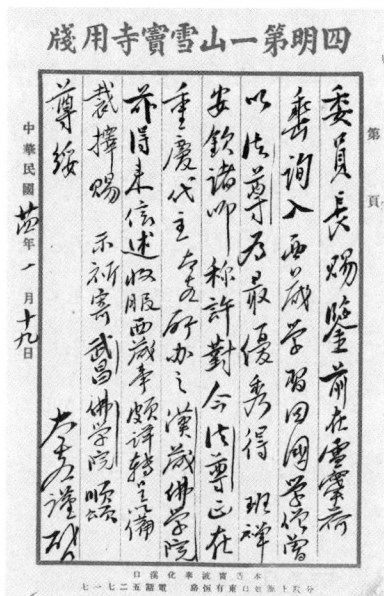

图8　太虚致蒋介石函

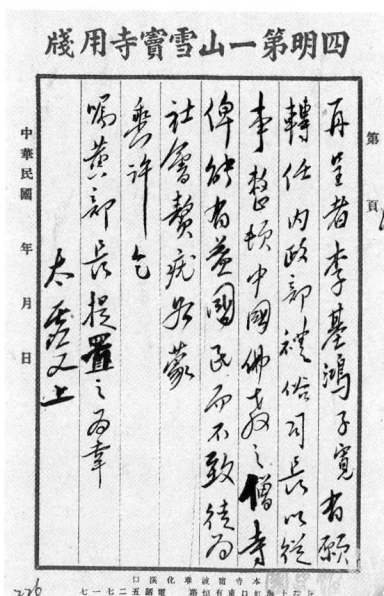

图9　太虚致蒋介石函

此信内容有二：第一是向蒋推荐
法尊法师，以备西藏经略之事；第二
则是推荐李子宽（1882～1973）为内
政部礼俗司司长。但是此信所申请，
前者尚有眉目，而后者则碰了壁。在
中央党部秘书处的处理意见中即可见。

　　所附法尊言收拾西藏人心之方
　　法，似略可供参考。惟太虚以方外
　　人而居然为他人要官，未免可笑！
　　拟不复。一、廿五日。（见图10）

就法尊一事，其缘由大体有二：
一是一个多月之前，蒋介石曾与太虚

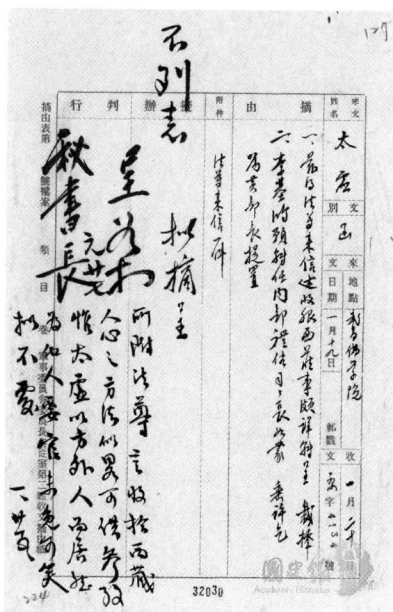

图10　国民党中央党部
秘书处意见

有过一次晤谈，即信中所提在雪窦寺两人的会面;① 二是 20 世纪 30 年代由于边疆危机，太虚也开始对经略蒙藏等边土国家安全问题有所措意。② 而太虚为李子宽谋职一事，并未见于以前的其他记载。但李子宽这位同盟会老人与民初国民党官僚，早在 1929 年于湖北财政厅长任上时就皈依了太虚法师。以后他对太虚一生之中的弘法事业，出力尤多。而至去台之后，还对台湾的佛教发展做出了重要贡献，这些在学界已经有了不少研究。③ 不过，以李子宽在国民政府长期任职之背景，并且长期参与中国佛教会的组织工作，以其出任内政部礼俗司，则可看作是佛教界为了争取政府权力的某种尝试，而并不能全然归之于私计。

　3.

在"国史馆"档案之中，还记载了 1936 年 3 月 7 日太虚曾自奉化雪窦寺电请蒋介石，拟请内政部设置整理僧寺委员会，其电文目前也存于"大溪档"之中（见附录三，表 4），录文如下。

　　太虚素叨垂注，思就佛教僧徒之立场，略贡棉④薄。拟请由内政部组设"整理僧寺委员会"，保存其优良者，期能适合佛教真理，及现时中国需要而发展。同时择去不庄严，非名胜者，办义务教育及生产慈善等社会公益。于国、于民、于教，均属有利。整理僧寺委员会由内政部以部令组织之。一，内政部次兼正副［委］员长，礼俗司

---

① 释印顺编著《太虚法师年谱》，1934 年 12 月 26 日条，第 205 页。"（1934 年 12 月）二十六日，蒋委员长来山晤谈。"

② 龚隽、赖岳山：《重估太虚法师（引论）——以"中国第二历史档案馆"所藏民国教育部档案为中心》，龚隽、林镇国、姚治华主编《汉语佛学评论》第 4 辑，上海古籍出版社，2014，第 130 页，注 2；另参笔者的待发表论文《缁衣而经略四境：从档案看太虚与国民政府时期的边疆经营（西藏篇）》。

③ 陈雯宜：《试论佛教居士李子宽进入中国佛教会领导圈之因》，《中正历史学刊》第 16 期，2013 年，第 87 ~ 107 页；范国展：《李子宽与战后台湾佛教的发展（1945 ~ 1973）》，硕士学位论文，台湾师范大学历史学系，2016。

④ 原文如此。

长委员兼总务组主任。二，由部函聘“僧”委员约二十人，“居士”委员约十人，组成委员会，再分各组。三，党国名人之与佛教有信仰者，如戴院长①、居院长，及朱益之、张静江、柏烈武、王茂如诸先生等，聘请为指导或顾问。是否有当，仰祈钧核。（见图 11）

此电文由钱大钧于 1936 年 3 月 10 日提呈蒋介石，并“拟交内政部核办”，此件后由蒋介石画圈（同意?）。这件事也为过去年谱等诸多研究所失载。

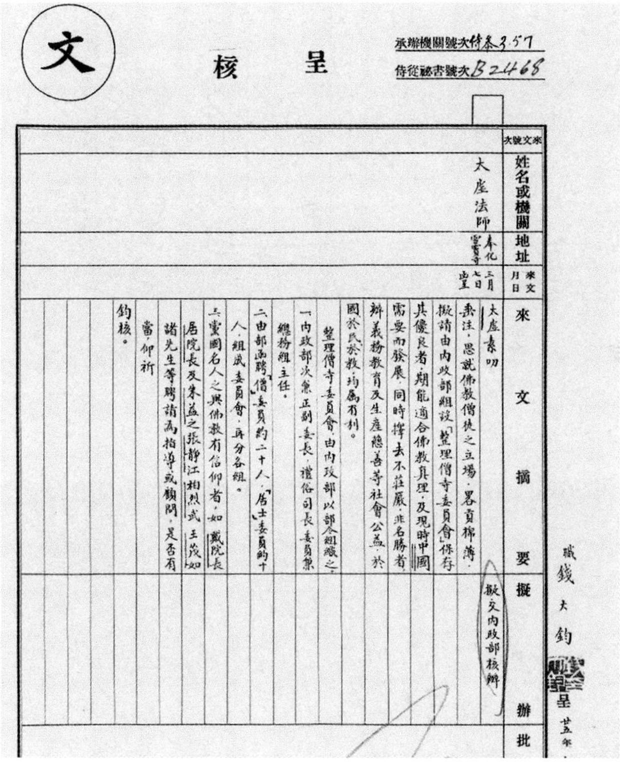
文
核　呈
承辦機關號次 侍參 3.57
侍從祕書號次 B2468
來文號次
姓名或機關：太虛法師
地址：奉化雪竇寺
來文月日：三月七日
來文摘要：太虛素叨垂注，思就佛教僧徒之立場，略貢棉薄，擬請由内政部組設「整理僧寺委員會」，俾存其優良者，期能適合佛教真理，及現時中國需要而發展，同時摒去不莊嚴、非名勝者，辦義務教育及生產慈善等社會公益，於國於民於教，均屬有利。整理僧寺委員會，由内政部以部令組織之：一、内政部次長正副委長，禮俗司長委員兼總務組主任。二、由部函聘「僧」委員約二十人，「居士」委員約十人，組成委員會，再分各組。三、黨國名人之與佛教有信仰者，如戴院長、居院長及朱益之、張靜江、柏烈武、王茂如諸先生等，聘請為指導或顧問，是否有當，仰祈鈞核。
擬辦：擬交内政部核辦
批
職 錢大鈞 呈 廿五年

图 11　太虚电蒋介石（1936 年 3 月 7 日）

① 原文件中名称侧之竖线以标专名为原文所有，下同，不再出注。

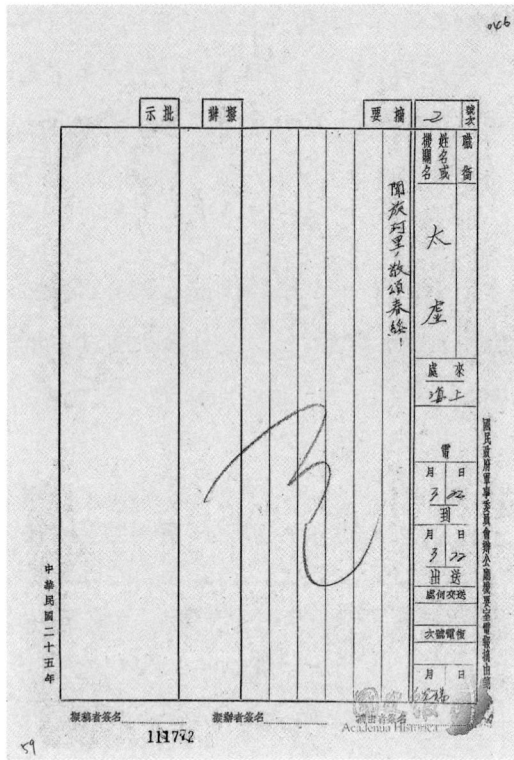

图 12　太虚电蒋介石（1936 年 3 月 22 日）

4.

蒋档之中另有 1936 年 3 月 22 日太虚发给蒋介石的电报一封，内容非
常简单。

> 上海
>
> 奉化溪口蒋院长尊鉴：
>
> 闻旋珂里，敬颂春绥！
>
> 太虚（见图 12）

此一电文非常明显地表明了太虚对于蒋动向的关注，及在二人间互动
的主动性。并且过去民间所盛传，而在某种意义上为学界所忽略的蒋与太

虚二人之间的私谊，确实可能比我们想象得要深。这可从这份电报，以及在"大溪档"之中所发现的太虚给蒋本人的信件中可见一斑。

5.

蒋档之中还有一份极有意思的收藏，即由李基鸿（李子宽）1937 年 3 月 3 日呈蒋介石（并由钱大钧处理）之电文摘要（见附录三，表 6）。录文如下：

项由太虚法师介绍，励子安居士引同，西安有喊钟表行商庄熙华，将钧座在西安失去之金表一、金戒一、印章一，交鸿①进献。据该商云，系在西安有一兵士持向该店求售。渠认系钧座之物，恐落外人之手，乃购之，专诚来献；其意甚诚挚，确为商人。特为转呈，应否酌予赏赐之处，伏候钧裁。

钱大钧的处理意见为：

据李基鸿言，该商以七百余元收购，拟赏洋一千元。

蒋介石的指示为：

如拟。复谢。

钱大钧（印）

代。三，四（见图 13）

此事之缘由从上文可知，由太虚法师介绍励子安（生卒年不详）居士，从他那里知道西安有一名钟表商曾经从一名士兵手中收到了蒋介石的

———————

① 原文件中"鸿"字小一号居侧，以示谦让。

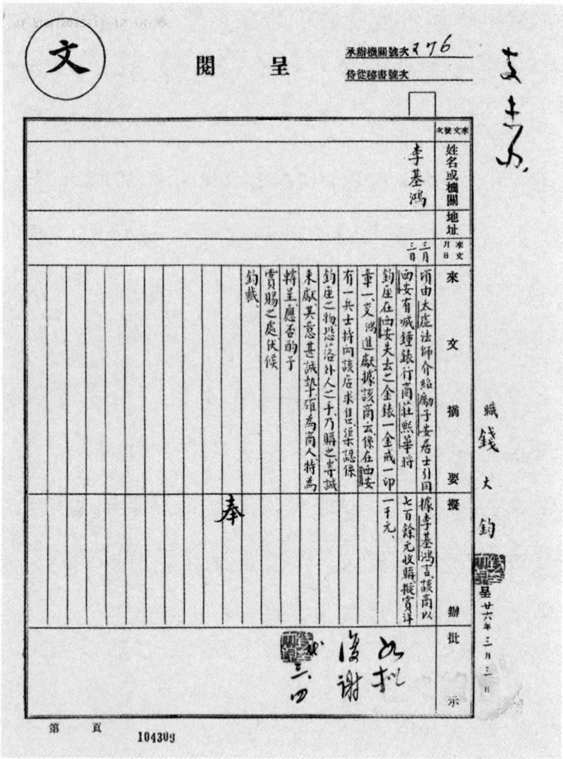
文
呈 閱
承辦機關文號 376
侍從秘書文號
來文號次
姓名或機關 李基鴻
地址
來文月日 三月三日
來文摘要：頃由太虛法師介紹勵子安居士引同西安有賊鍾錶行商莊熙華將鈞座在西安失去之金錶一、金戒一、印章一，交鴻進獻。據該商云，係在西安有一兵士持向該店求售，渠認係鈞座之物，恐落外人之手，乃購之，專誠來獻，其意甚誠，摯確為商人，特為轉呈，應否酌予賞賜之處，伏候鈞裁。
擬辦：據李基鴻言，該商以七百餘元收購，擬賞洋一千元。
奉
批示：如擬
謝 三、四
職 錢大鈞 呈 廿六年三月三日
第 頁 10430

图 13 李子宽电蒋介石（1937 年 3 月 3 日）

金表、戒指等物，并通过太虚，再由李子宽将这些东西送还蒋介石。原来收购价为七百元，最后由钱大钧建议给一千元，而蒋同意了。之所以蒋的东西落入了西安一名普通士兵之手，肯定是三个多月之前西安事变之时哗变的士兵所为。而太虚在西安事变之中对蒋全力支持的态度，我们过去在不少资料中都可以找到记载，而替蒋找到其戒指、手表等，则显得更加亲密，并且也确实凸显了二人之间非比寻常之关系。

6.

“国史馆”档案之中还记录了太虚曾为了武昌佛学院，而于 1937 年 7 月 29 日致函蒋介石寻求帮助，此事经由蒋侍从室转湖北省教育厅，又由此厅将事件前因后果上报，再由侍从室回复太虚（附录三，表 7）。

此件档案中，现存有湖北省政府教育厅公函，为致军事委员会委员长侍从室第二处，以报告武昌佛学院院长释太虚呈请维护该院地址一案，并在查明情形后，将计划图与说明上报，请第二处参照处理。现录其部分重要内容如下：

　　事由：释太虚函呈委员长请维护武昌佛学院一案，经查明情形函送计划图请查照由。

　　拟办：查附图内佛学院地址仅须拆让约二分之一，且系该省核定，计划未便更改，拟即以此意录案，函复释太虚知照。

　　八，三

　　湖北省政府教育厅公函省教一字第51888号

　　案查前接，贵处由牯岭于六月十一日邮发挂号函一件，封内只装武昌佛学院院

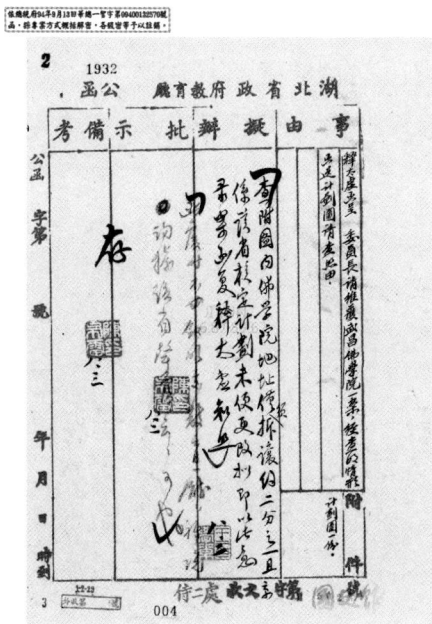

图14　湖北省教厅致军委会
侍从室第二处函（1）

长释太虚呈委员长函。为"报载武昌公共体育场将迁移，传说武昌佛学院亦将划入在内，窃武昌佛学院为信佛诸名流创立，为中国正人心厚风俗之唯一策源地。恳乞鉴察，俯赐维护，不胜待命之至。"由，并附图一纸，摘由纸面拟办一栏，批明"寄湖北教育厅核办"等因，当经查明，本省确有改建公共体育场之拟议，惟原案系本省政府交由武昌市政处承办，本厅无卷可考。即经抄录释太虚原呈，并检所附原图一纸，函请市政处查核见复，兹据呈复节称：

“查武昌道路干线系统，经程前任呈省府会议通过。佛学院之东南部份，系为本市规定干路经过之处，且在公共体育场圈用范围之列。本函前因，理合具文检同呈准之体育场计划图一份，咨呈鉴核。”等情，前来，相应函达，并检同公共体育场计划图一份，函送贵处，希即查照为荷！

此致

国民政府军事委员会委员长侍从室第二处（见图14、图15、图16）

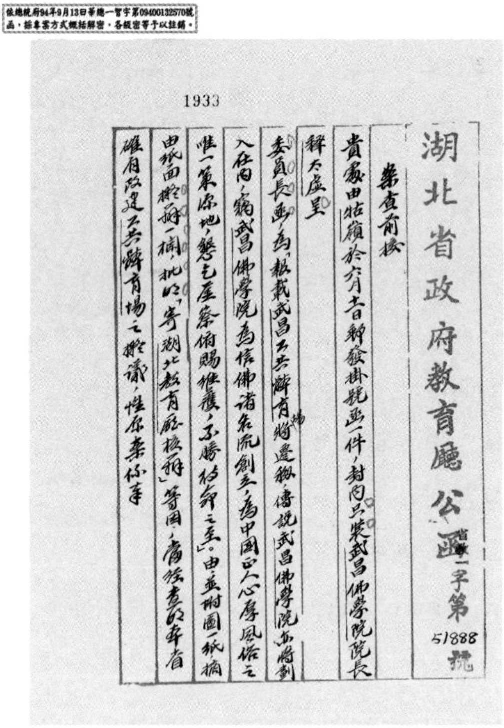
依總統府94年9月13日華總一智字第09400132570號函，按專案方式概括解密，各級密等予以註銷。

1933

湖北省政府教育廳公函 字第51888號

案查前據
貴處由牯嶺於六月十三日郵發掛號函一件，封內呈裝武昌佛學院院長
釋太虛呈
委員長函，為「報載武昌公共體育場還擬，傳說武昌佛學院亦將劃入在內，竊武昌佛學院為信佛諸名流創立，為中國正人心厚風俗之唯一策源地，懇乞垦察俯賜維護，不勝待命之至」。由並附圖一紙摘由抄面擬辦一摘，批以「寄湖北教育廳核辦」等因，當經查明本省確有改建公共體育場之擬議，惟原案係奉

图15　湖北省教厅致军委会侍从室第二处函（2）

附计划书一份

厅长：周天放

中华民国二十六年七月二玖日

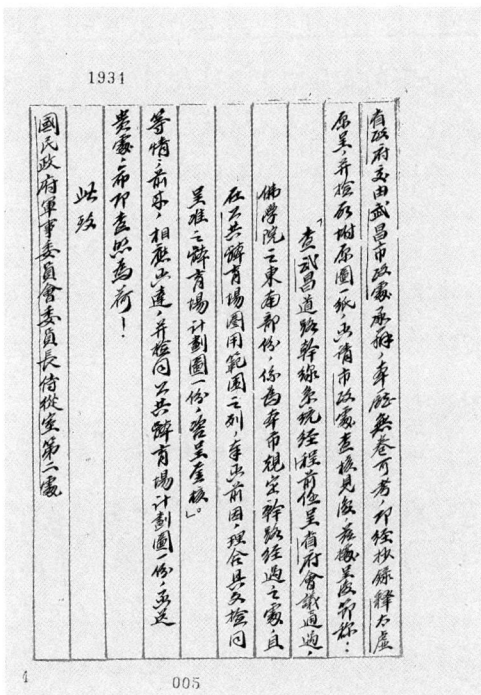

图16　湖北省教厅致军委会侍从室第二处函（3）

（按，钤朱红篆书印章，印文为：湖北省教育厅印）

校对：顾文邦

监印：梁度

（按，附武昌佛学院及周边图纸一份，此略）

以上事件据此份档案可知，因当地政府修路，所以需要占用武汉佛学院的土地，故太虚请求蒋介石予以帮助，但就实际效果而言，最终并未如愿。其原因，一方面可能是湖北地方政府坚持公事公办，另一方面蒋介石本人也未必愿意将个人之意志强加于地方行政之上。

7.

1939年10月，太虚又曾向蒋介石送书，此份档案即"太虚呈蒋中正关于唯生哲学之研究呈上海潮音三册内有文涉及文电日报表”（见附录三，表 13）。此档案乃是由侍从室二处经手张治中（1890～1969）传达，在 30 年代太虚与蒋介石的交往之中，往往可以看到张治中的身影。此处也录文如下：

职张治中呈

二十八年十月二十八日

姓名或机关：太虚

月日文别：十月二六日函呈

内容摘要：昨承垂询及关于唯生哲学之研究，于呈上之《海潮音》三册上有“唯物唯心唯生与佛学”一篇，又，“访太虚大师”一文有涉及，请赐察指教。再，关于大乘学及中国学术，另纸表呈。“佛学总要”：一、五乘共教学——普遍基本原理。二、三乘共教学——专讲出世之学。三、大乘不共学——专讲大乘之学：1、法性中观学——龙树学系；2、法相唯识学——无著学系；3、法界圆觉学——中国大乘。（完）

中国学术特征：一、周秦子学——包括孔、孟，等而道家、法家、墨家尤要；二、隋唐佛学——前摄魏晋、玄学，而后启宋明理学；三、汉唐文学——文学以汉唐为最绚烂；四、宋明理学——取儒释道之一分构成；五、清代经学——即训诂考证学。中国固有学术，应从此五特征以通贯发挥之。宋明理学削弱中国文化，不宜偏取。

总裁之“三民主义之体系及其实行程序”“民生哲学”可称“民生史观”，前加“唯生论哲学”，并于“大同世界”后可加一“人生宇宙之进化”节目。（见图 17、图 18）

从上文可知，10 月 26 日太虚给蒋写信，是因为前一天他与蒋会面时，蒋曾询问及关于“唯生哲学”等相关问题。关于此一会面，也可以

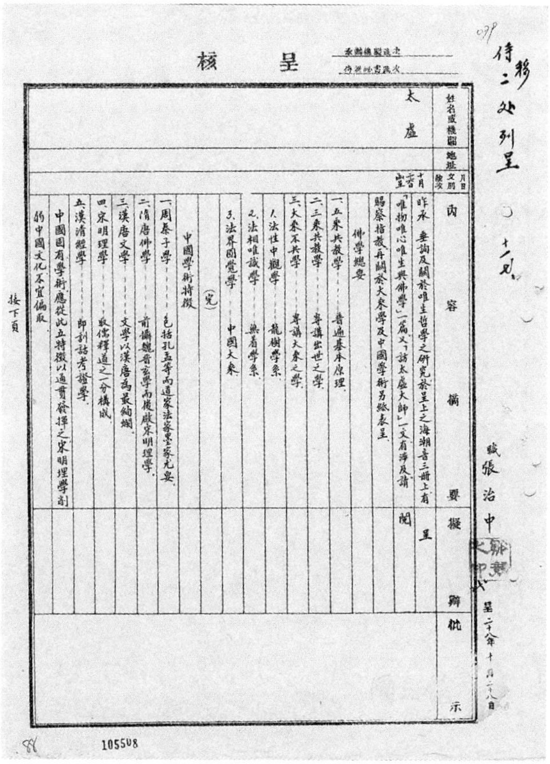
核呈
太虛
昨承 垂詢及關於唯生哲學之研究，茲呈上之海潮音三册上有「唯物唯心唯生與佛學」一篇又「訪太虛大師」一文有涉及請 賜察指教，再關於大乘學及中國學術另繕表呈。
呈
閱
佛學總要
一、五乘共教學——普遍基本原理。
二、三乘共教學——專講出世之學。
三、大乘不共學——專論大乘之學。
1.法性中觀學——龍樹學系。
2.法相唯識學——無着學系。
3.法界圓覺學——中國大乘。
（完）
中國學術特徵
一、周秦子學——包括孔孟等而道家法家墨家尤要。
二、隋唐佛學——前攝魏晉玄學而後啟宋明理學。
三、漢唐文學——文學以漢唐為最絢爛。
四、宋明理學——取儒釋道之一分構成。
五、漢清經學——即訓詁考據學。
中國固有學術應從此五特徵以通貫發揮之宋明理學前的中國文化不宜偏取。
接下頁
職張治中

图 17　张治中所转太虚致蒋介石函（1）

从其他材料中获得印证，但未有其他材料提及二人所谈之内容。① 而这份档案，则依然显示了非常重要的蒋与太虚二人之间私人互动的亲密性。

8.

“大溪档”中还存有 1941 年 12 月 27 日，太虚寄给蒋的亲笔信（见附录三，表 23），兹录文如下：

委员长垂鉴：

前呈雪窦山两遭寇毁，久断音书矣。太虚②去秋率佛教访问团归

① 释印顺编著《太虚法师年谱》，1939 年 10 月 25 日条，第 244 页：“二十五日，晋谒蒋委员长。先后晤见孔院长、张岳军秘书长、陈教育部长、潘公展、曾虚白等。”

② “太虚”二字小一号表示敬意。

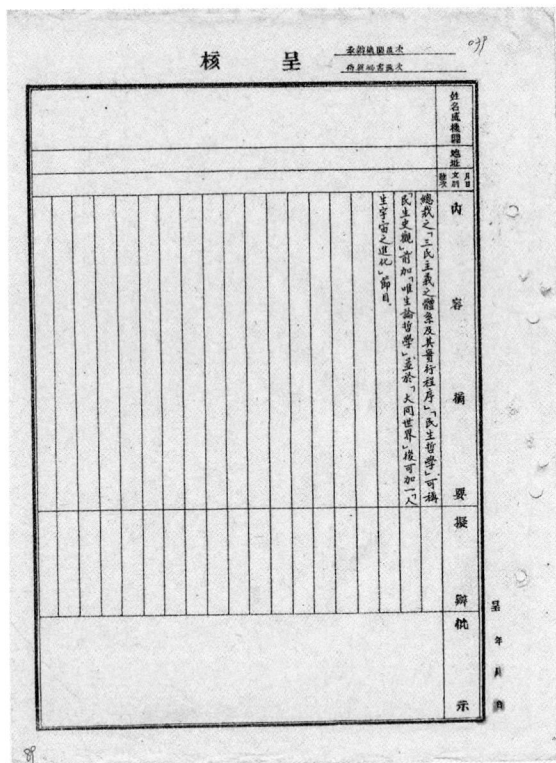

图 18　张治中所转太虚致蒋介石函（2）

抵陪都，曾以所拟建国中佛教模范建设之"菩萨学处"计划，函呈察核，并予补助。旋奉到侍秘渝字第三五〇号函谕"创立菩萨学处，恳特拨补助费。国库支应浩繁，希发动社会募集。如集有成数，当以个人名义酌为捐助"，仰荷睿照，莫名感奋。顷由贵州省平坝县高峰山主僧持省、定安、明宣等，以全山寺产推交创办"菩萨学处"之用，则经费已有基础矣。兹读九中全会时报载训词，"盖抗战即所以建国，亦唯努力建国，乃能增进抗战实力"，"凡忠义奋发，以及学术界、经济界优秀分子，皆应使其贡献聪明才智以报效于国家"，弥觉应即进行，乃派员去筹备矣。兹呈恳颁题"菩萨学处"匾额一方并酌为捐助提倡，另赐函贵州省政府吴主席，饬平坝县长"对高峰山全部产业概依学术机关粮食例，特加维护，除完纳国课外，禁免其余派款，及任何侵扰"，俾可在佛教徒岗位上参加复兴中国民族之建设，曷胜屏营待命之至，耑肃。恭叩尊绥。

太虚敬上

三十年十二月廿七日（见图19、图20、图21、图22）

从这封私信之中，我们不但可以看到二人之间的频繁互动，我们从后面还应该看到，太虚一生之中其实有一项特别重要但相当琐碎的工作，因其琐碎而为我们所容易忽略，即其对于僧产、寺产的极力维护。本文后面还会介绍，在"国史馆"解密档案之中，存有大量太虚大师对于维护各地僧产、庙产所做的努力。而此信之中，太虚也借助与蒋介石本人的私谊，来尽力维护僧团的利益。

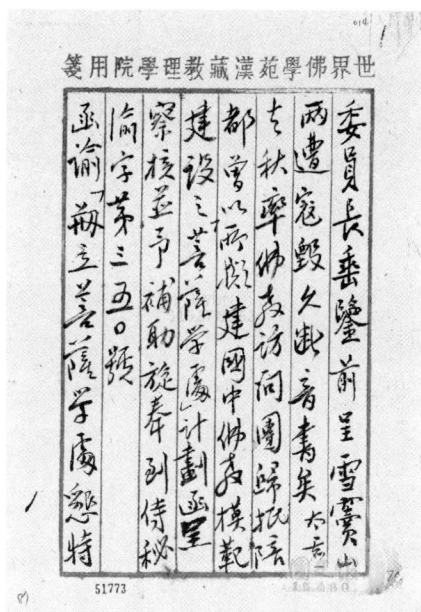

图 19　太虚函蒋介石（1941年 12 月 27 日）（1）　　　**图 20　太虚函蒋介石（1941年 12 月 27 日）（2）**

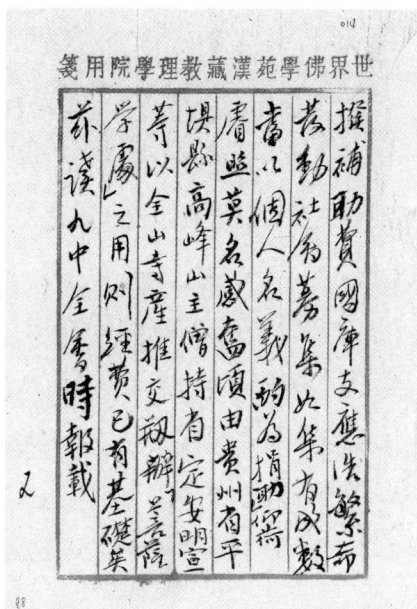

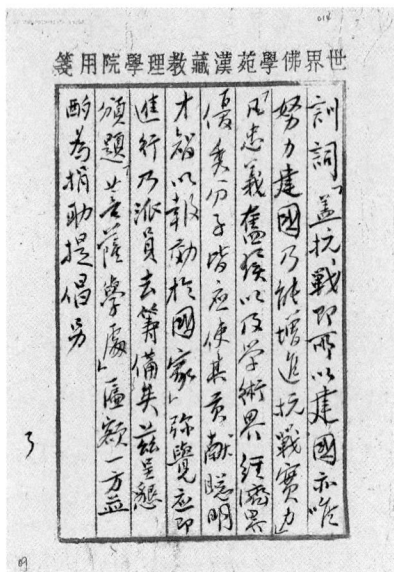

**图 21　太虚函蒋介石（1941
年 12 月 27 日）（3）**

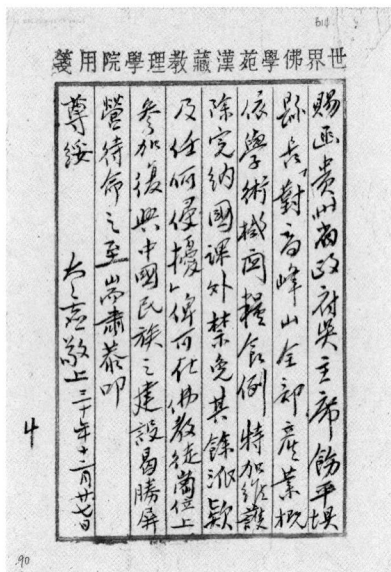

**图 22　太虚函蒋介石（1941
年 12 月 27 日）（4）**

9.

在 1943 年的一份档案（见附录三，表 30）之中，有当时中国宗教徒
联谊会筹备会召集人太虚写给军事委员会委员长蒋中正的信，希望后者能
为举行成立中国宗教徒联谊会颁发训词。姑先录文如下：

事由：为举行成立中国宗教徒联谊会恩祈赐训词由。

拟办：据卫立民君送来呈文面谈，以该会为国内各宗教之联合组
织，象征各教之团结，意义颇为宏富。并经社会部派员指导①成立，
冯委员、白部长等有意请求委座颁赐训词。如不能于期前颁到，即补
发亦可云。谨此注明。

决定办法：须极简单之训词，五，廿，陈布雷（钤印）。

窃于斌、太虚、冯玉祥、白崇禧、陈文渊、李基鸿、卫立民等为

---

① 行间小字补充"出示社会部指令"。

尊崇信仰自由，拥护抗战建国，注重精神修养，提倡社会服务起见，特发起组织中国宗教徒联谊会业经呈请社会部批准在案。兹定于国历三十二年五月二十二日举行成立大会，仰维钧座领导群伦，伏恳赐颁训示。俾资遵循，而促团结，无任叩祷。谨呈军事委员会委员长蒋，中国宗教徒联谊会筹备会召集人太虚。（太虚钤印）

中华民国三十二年五月二十日

临时通讯处：本市民族路罗汉寺中国佛学会

国民政府军事委员会委员长侍从室第二处稿

来文原号：川25632   文别：代电   组长：方，五，廿二

中国宗教徒联谊会公鉴：

贵会创立于信仰自由之中，求一致报国之道，宏各教之正义，铸众志以成城，跂予望之！中○辰（   ），侍秘。

此页右侧有"暂缓发"并钤"陈布雷"印（见图23、图24、图25、图26）

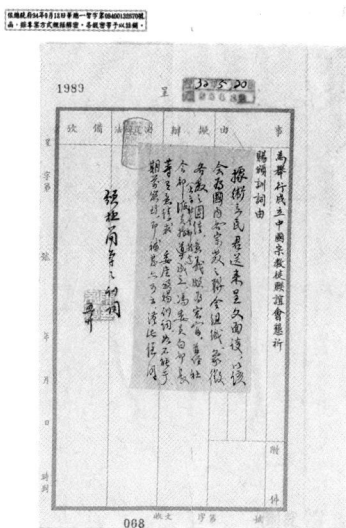

图23   "太虚致蒋介石函"事由摘录及批示

1990

稿于斌太虚冯玉祥白崇禧陈文渊李养衡立氏等高唱
崇信仰旨由拥护抗战建国注重精神修养提倡社会服务起见
持将起组织中国宗教徒联谊会业经呈请　社会部批准在案
兹定于国历三十二年五月二十二日举行成立大会仰维
钧座倾导尊伦状态
赐颁训示仰资遵循而促团结兴仕叩祷
谨呈
军事委员会委员长蒋

中国宗教徒联谊会筹备会白崇禧　虚

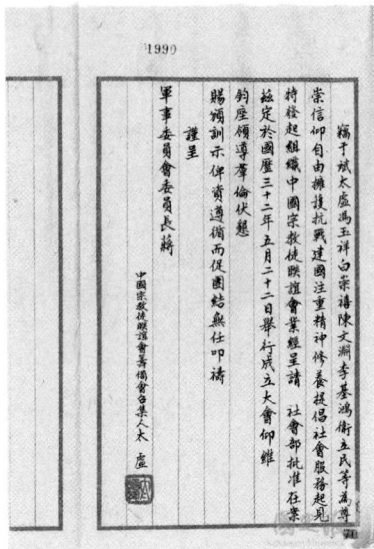

图 24　太虚致函蒋介石（1943 年 5 月 20 日）（1）

1991

中华民国三十二年五月二十日

临时通讯处：本市民族路辉汉寺中国佛学会

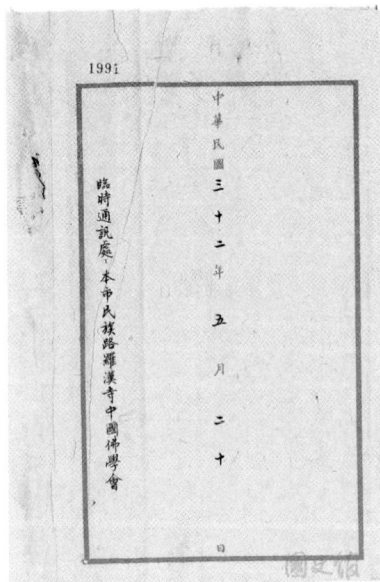

图 25　太虚函蒋介石（1943 年 5 月 20 日）（2）

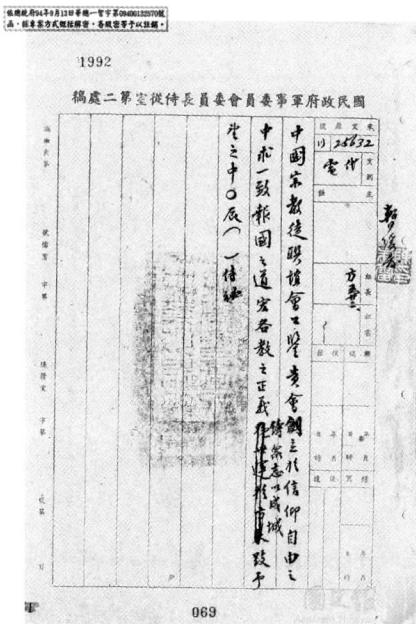

图 26　军委会侍从室第二处稿

与前数封档案所见略同，太虚还是尽量利用其与蒋介石的深厚私谊来解决一些宗教组织上的问题。以上这些档案之中所体现出来的太虚与蒋本人的关系，基本超出了过去我们的认知，这就为我们今后研究太虚与蒋介石本人的关系与互动提供了坚实的材料基础。

（二）太虚与林森

除了与蒋介石交往甚多之外，太虚还与其他国民党要人有很多交往，这其中就包括林森（1868～1943）。林森对民国佛教也同样具有重要影响，在与太虚、圆瑛（1878～1953）等民国佛教重要人物之交往中，皆有档案遗存，笔者拟在后续研究中专文处理。在全宗国民政府档案之中，也同样收藏有太虚与林森两人的交往信函，如"太虚和尚函国民政府主席林森为请拨奖学金为汉藏教理院基金"档（见附录三，表9）。现录其要文如下：

国民政府文电摘由单

来文机关或人名：释太虚和尚　文别：函　附：年刊一册立案文件一册

事由：为汉藏教理院经费支绌，拟筹足基金十万元，以经久远。敬恳从优拨助，为群伦倡导。

拟办：呈阅，拟自复。光典三，一；占鳌

批示：如拟。林森（章），三，四。

主席睿鉴：

窃汉藏教理院之设，原为沟通汉藏文化，团结中国民族，辅匡边政，巩固西陲起见。自民二一年，于巴县北碚缙云寺成立，开办以来，已经六载。创始时推太虚①草订章程，组织院董会，拟具经费预算，呈经四川军政当局核准施行。年来不惟汉僧入藏修学者渐次增加，且引生藏僧来学之倾向颇着循序进展之成效。惟经费一项，年需万数千元，而缙云管属寺产，岁入田土租及杂项收益等不过千数百元。

初由二十一军、二十四军各月助六百元，未几减为仅二十一军六百元。近年复改由四川省政府教育厅月拨四百元有奇。统计全年开支，相差甚巨。借院董会临时筹募，牵萝补屋，常感支绌已成现状亦难支持之势。顷东倭侵虐，对西围图维，更不容缓。故与院董等迭次会议，均主应即筹足基金十万元，以作维持久远，恢宏将来之计。唯丁此时局艰危，财力枯窘之际，心与力违，欲举未能。伏思中央，迨于学术研究多所奖励。恭闻秉承主席谦让之德，曾有奖学基金之设，备为此历叙情实。拟恳主席惠泽膏渥，从优拨助，为群伦倡导。则基金之筹集，必有星拱潮归之良效。谨摅私衷，伏仁垂示。肃此，恭叩钧绥。

释太虚和南敬启

二月二十六日

---

① "太虚"原文小字，表谦让。

附呈二十二年年刊一册二十五年立案文件一册（见图 27、图 28、图 29、图 30）

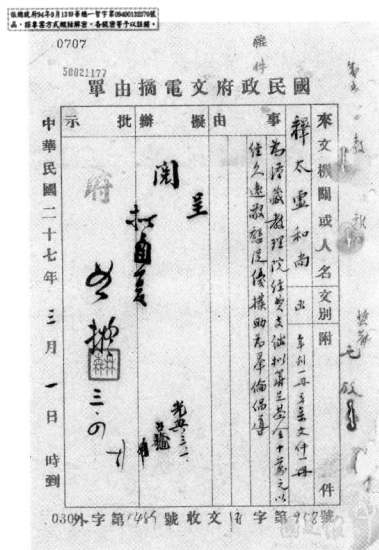

图 27　太虚为汉院筹款事（1）

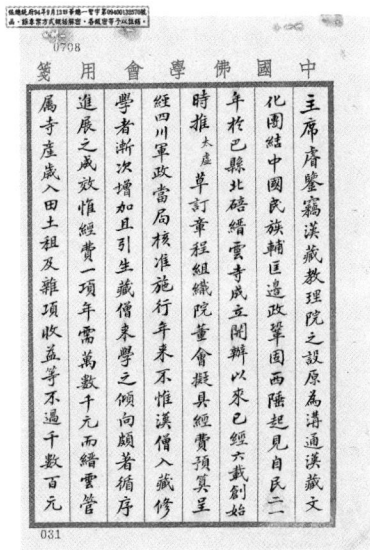

图 28　太虚为汉院筹款事（2）

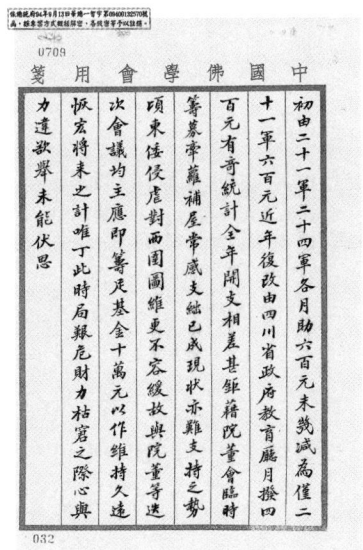

图 29　太虚为汉院筹款事（3）

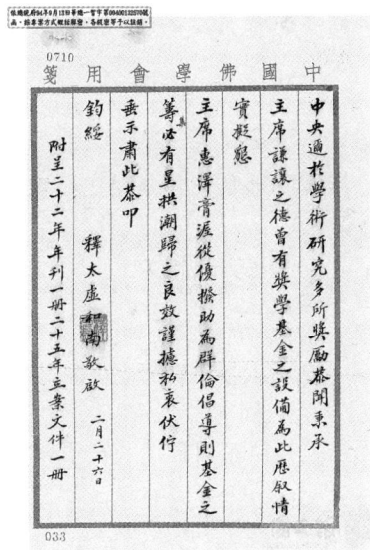

图 30　太虚为汉院筹款事（4）

从上述录文可知，因汉藏教理院的开销并无着落，故而太虚就利用私人关系，而希望林森能够将其所设置的奖学金拨一部分用于汉藏教理院的运营。从这封信中，我们不仅可以知道汉藏院的具体经济情况，也可以看到太虚本人所做的若干尝试。而林森的回信则同样存于"国史馆"档案之中（见附录三，表 10），其中记录了林森回信，林森纪念奖学金以研究造纸颜料、炼钢及军用化学等科目为范围，所以对之婉言谢绝了。录文如下：

> 复太虚和尚函
>
> 太虚法师慧鉴：
>
> 展阅来书，备悉一一。承告汉藏教理院送汉僧入藏修学，并引藏僧来学，沟通汉藏文化，匡益边政，洵称盛事；复以该院经费支绌，拟集基金十万元，作维持久远之计。属（嘱）将鄙人①纪念奖学金优予拨助，益见愿力恢宏，尤深佩慰！惟是该项奖学基金早于上年，经中央决定存入中央银行，以其利息资助留学生二三名，并以研究造纸、颜料、炼钢及军用化学等科目为范围，（实行以后）自难遽予变更，尚希亮鉴是荷！专复，顺颂道绥。
>
> 林○启（见图 31、图 32）

汉藏教理院自开办起，经费就一直存在问题，此为太虚法师向林森求助的缘由，而林虽为佛教徒，但其所设基金则已有他用，故对太虚就只能婉言谢绝了。

（三）太虚与寺产维护

除了与民国时期名人的互动之外，还有一类档案即是反映了太虚的宗教活动，这其中数量最多的文档，其实就是太虚积极参与到争取各地寺产

---

① "鄙人"二字原文为小字，以示谦让。

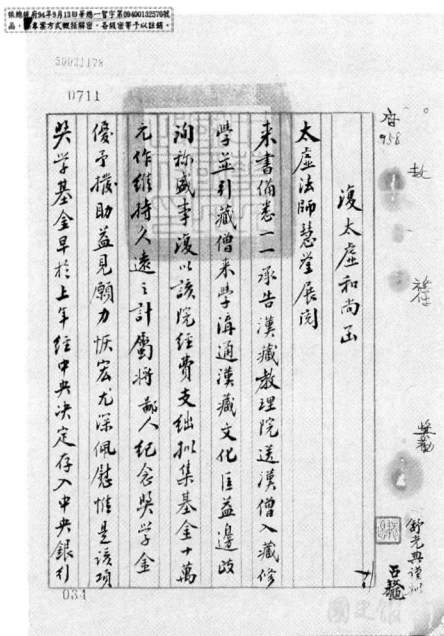

图 31　林森复太虚函（1）

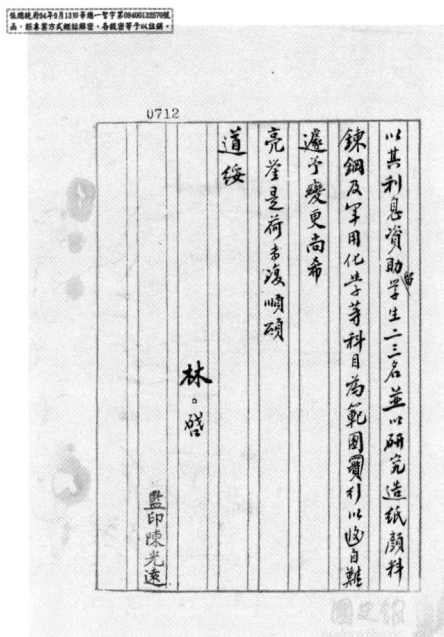

图 32　林森复太虚函（2）

的内容。这其中笔者所发现的，就有 15 件之多（见附录三，表 11、表 12、表 14、表 16～表 22、表 24～表 27、表 41），其中所牵涉的地区有河北、浙江、河南、江西、湖南、贵州、湖北等，除了应地方佛教会呈请要求救济僧寺、维护文物外，主要是因为地方豪强、政府等侵夺寺产，其时间跨度主要是在 20 世纪 40 年代初。由于此一问题相关之档案数量多、内容又丰富，故笔者拟另文讨论，此姑不赘。（附两张太虚争取庙产的档案照片，见图 33、图 34）

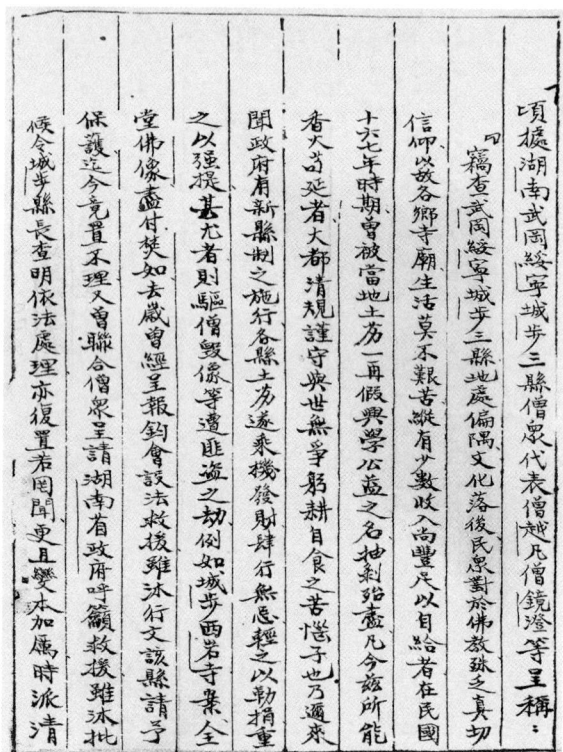

图 33　太虚争取庙产事（1）

在这些太虚争取寺产的档案中，有些还是太虚自己的手迹，而且因为时间久远，不少太虚的珍贵手稿已经残破不堪，故而亟须获得学界与文物保护界的重视。（此附一张太虚为贵州遵义县寺产而撰写的手稿，此手稿在笔者拍摄后已经由"国史馆"转入修复保护，不再提供申请查阅，见图 35）

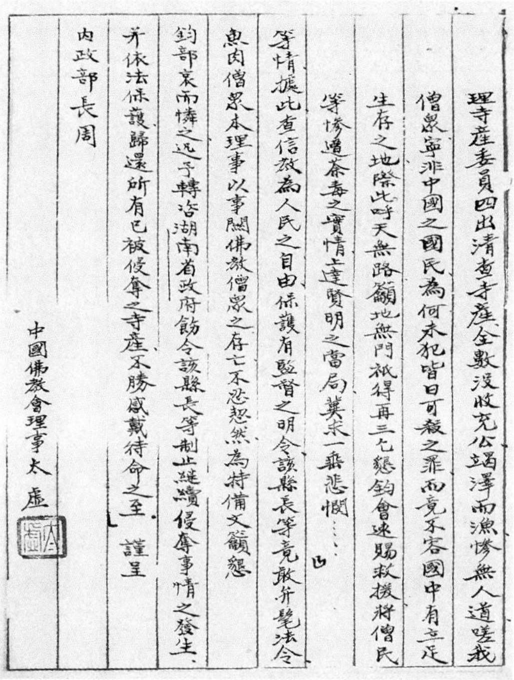
理寺産委員四出清查寺産全數沒收充公竭澤而漁慘無人道嗟我
僧衆寧非中國之國民爲何未犯皆日可殺之罪而竟不容國中有立足
生存之地際此呼天無路籲地無門祇得再三乞懇鈞會速賜救援將僧民
等慘遭荼毒之實情上達賢明之當局冀求一垂悲憫……也
等情據此查信教爲人民之自由保護有監督之明令該縣長等竟敢弁髦法令
魚肉僧衆本理事以事關佛教僧衆之存亡不忍恝然爲特備文籲懇
鈞部衷而憐之迅予轉咨湖南省政府飭令該縣長等制止繼續侵奪事情之發生
并依法保護歸還所有已被侵奪之寺産不勝感戴待命之至　謹呈
內政部長周
中國佛教會理事太虛

图 34　太虚争取庙产事（2）

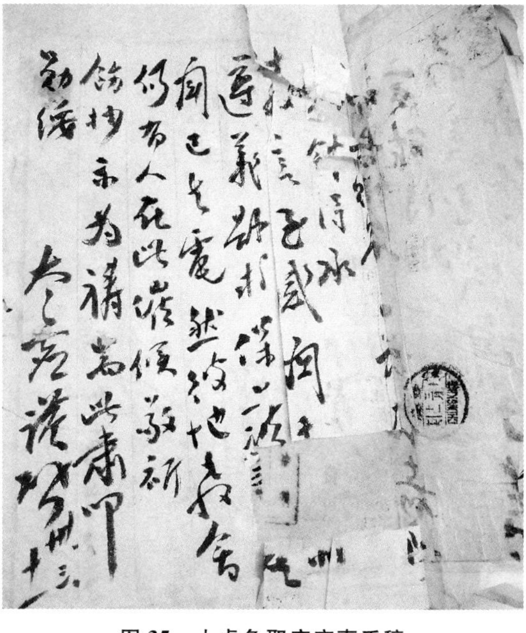

图 35　太虚争取庙产事手稿

（四）太虚与藏事经营

如前所言，太虚一生积极参与到藏事与其他边政的经营之中，在"国史馆"档案之中就有不少这样的记录。

我们先看太虚请求政府资助入藏僧年费及旅费，好派僧人入藏，军事委员会委员长侍从室第三处主任陈果夫（1892～1951）呈蒋的档案（见附录三，表29）。录文如下：

案内文件目录（1）

收文字号			23249	23599	23808	24130		24513
来文机关	陈果夫		侍三处	侍三处	侍三处	太虚		太虚
文别	报告		函	函	函	函		函
号数	582							
年月日	31,12,22		32,1,31	32,2,18	32,3,1	32,3,15		32,4,4
事由	太虚法师拟具留藏汉僧输达中央德意办法并请资助年费旅费□	报钧鉴	太虚法师拟具留藏汉僧输达中央德意办法并请资助等关政务请贵处主办	关于太虚法师请资助拾万元是否现时发给未曾说明请贵处通知该法师洽商办理	函告太虚法师住址	太虚函告领取补助费情形		汉藏教理院学生赴藏请仍发五人之旅费
送达机关			侍三处	侍三处	太虚法师	侍三处①	吴忠信公费股	
文别			函	函	函	函	代电	
发文字号			15849	16086	16322	16644	16645,16646	
年月日			32,2,1	32,2,20	32,3,4	32,3,27	同前	
备注								

---

① 此处承前省略符，但猜想可能应该是"侍三处"。

以上录文见图 36。

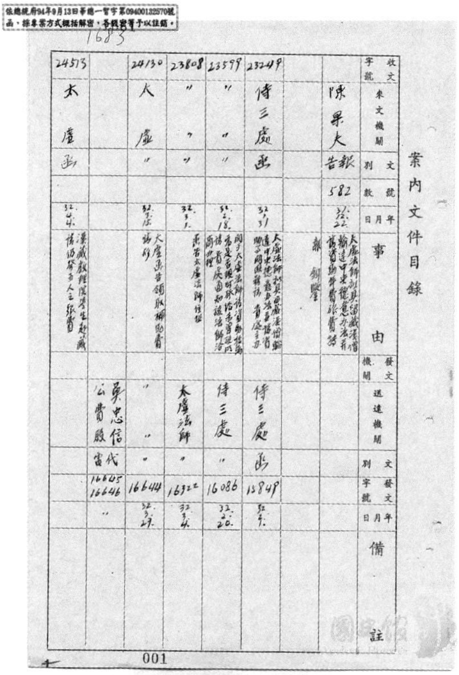

依總統府94年9月13日華總一智字第09400132570號函，採專案方式概括解密，各級密等予以註銷。

案內文件目錄

24513　24130　23808　23599　23249

图 36　“太虚与藏事边政档案”目录（1）

案内文件目录（2）

收文字号	38331	38536	
来文机关	太虚	蒙藏会	
文别	函	函	函
号数		1801	
年月日	34,6,4	34,6,21	
事由	为转呈满月寂禅两僧由西藏来函报告西藏行政祈察夺	函复满月寂禅两僧赴藏旅费汇发情形请查照由	
送达机关	蒙藏会	公费股,太虚	蒙藏会,侍三处
文别	函	函	函
发文字号	28078	28392, 28393	28394, 28395
年月日	34,6,1	34,6,27	34,6,27
备注			

以上录文见图37。

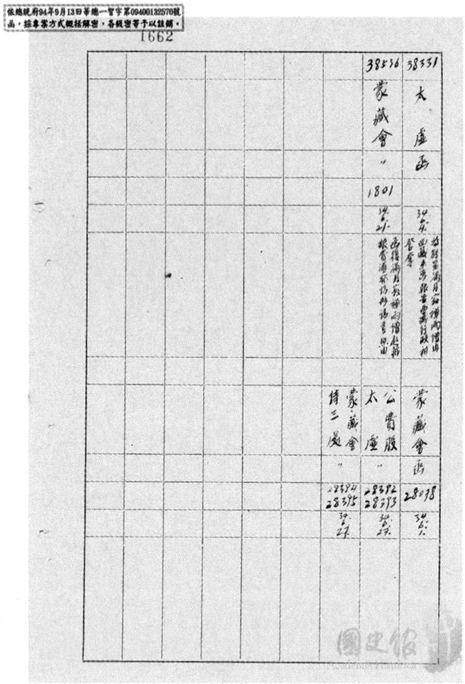

依總統府94年9月13日華總一智字第09400132570號函，採專案方式概括解密，各級密等予以註銷。

1662

38536
蒙藏會
〃
1801

38331
太虛函

蒙藏會函
28038

太虛
公費服
〃
28392
28393

蒙藏會
侍三處
〃
28394
28395

图37　“太虚与藏事边政档案”目录（2）

侍从室第三处主任陈果夫呈，三十一年十二月二十二日。

事由：太虚法师拟具留藏汉僧［输达中］央德意办法并请资助年费及旅费转报钧鉴由。前转释太虚法师函，拟借入藏僧侣输达中央德意，蒙批：“研究具体办法呈报”等因；当经转知太虚法师。顷接复函谓：藏人昔日倚英轻华，今见英有败势，正彷徨无恃，宜设法使明了不久抗战必胜，中国必将起而领导亚洲，故西藏应及时倾诚内向，立功于中央，迨其猜疑尽释，然后开驻一旅或一师优良军队乃可随所欲为矣。兹有留藏汉僧十余人，居拉萨将十年或三四年不等，颇有学行，皆为达赖及僧长官绅等信稔，拟嘱组织汉藏佛教（或文化）协会，实际结纳藏中官僧首长，以宣导中央之恩威，引发其倾向之热忱。惟经费困难，恳请年给十万元，以为活动费用。又寄信恐被检查，拟派僧二至五人前往传达此意。抵达后，即留藏参加工作，每人需旅费各万元云云。特为报请钧鉴。谨呈委员长蒋。批示：可。忠。（见图38）

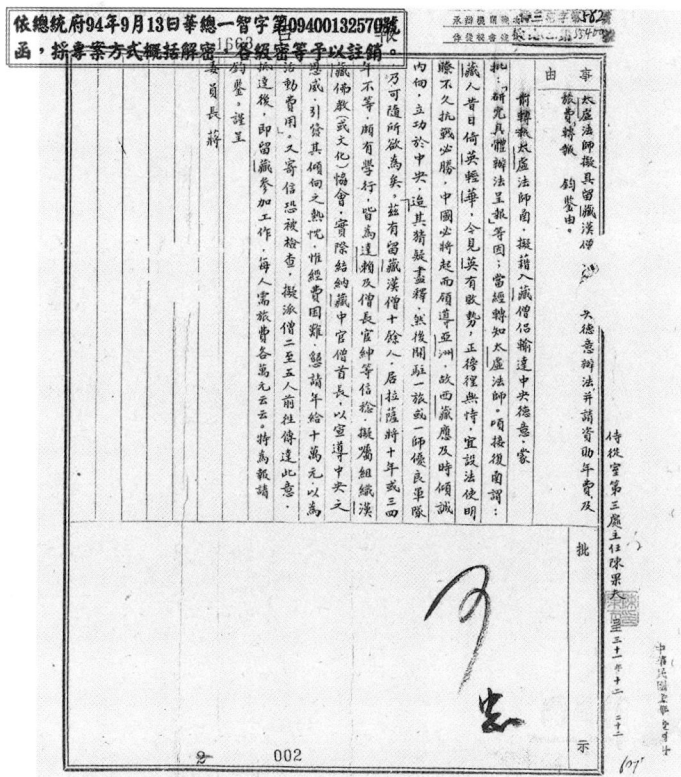

图38　太虚与藏事边政（1）

来文机关姓名：侍三处

文别：函

来文日期：卅二年一月廿九日

收文日期：卅二年一月卅一日

侍秘川字：23249

摘由：太虚法师拟具留藏汉僧输达中央德意办法，并请资助年费及旅费一案，关系政务请贵处主办拟办：先函询第三处：（一）汉藏佛教会尚未组织成立，其补助费拾万元是否先发。（二）所称二人至五人赴藏每人旅费一万元一节，人数曾否确定，应否先发几人，统请酌示，以便遵办。

（钤陈布雷印）方①。一，卅一。（见图 39）

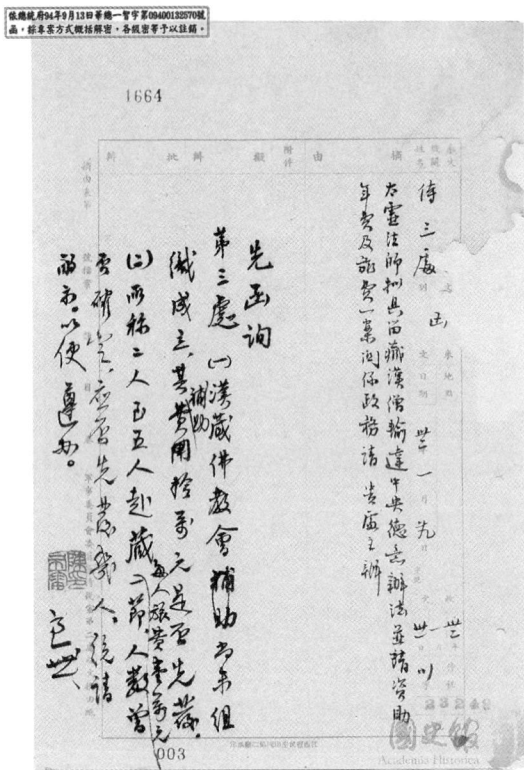

图 39　太虚与藏事边政（2）

---

① 此处与此后多份档案中的"方"字，是指国民政府军事委员会委员长侍从室（1933～1945）第二处副主任兼第四组组长陈方（芷町，1897～1962）。侍从室为国民政府最为核心的决策机构，其中第二处（处长陈布雷，1890～1948）属于侍从室几个处中的核心，而第四组又为第二处之核心。凡重要情报一般都签送陈布雷与陈方二人处理。关于陈方个人与任职情况，可参见张瑞德《无声的要角：蒋介石的侍从室与战时中国》（台北，台湾商务书局，2017），第 44、53 页，关于陈方在侍从室中的职责细节，请参同书第 73 页。

径〔启〕者：前据太虚法师拟具留藏汉僧输达中央德意办法，并请资助年费及旅费等情，经本处转报委座鉴核，顷奉批可等因。查此案关系政务，应由贵处主管相应检同本处原报告函请查照办理为荷。

此致

侍从〔室第〕二处

附报告一件

国民政府军事委员会委员长侍从室第三处启

卅二年元月廿九日（见图40、图41）

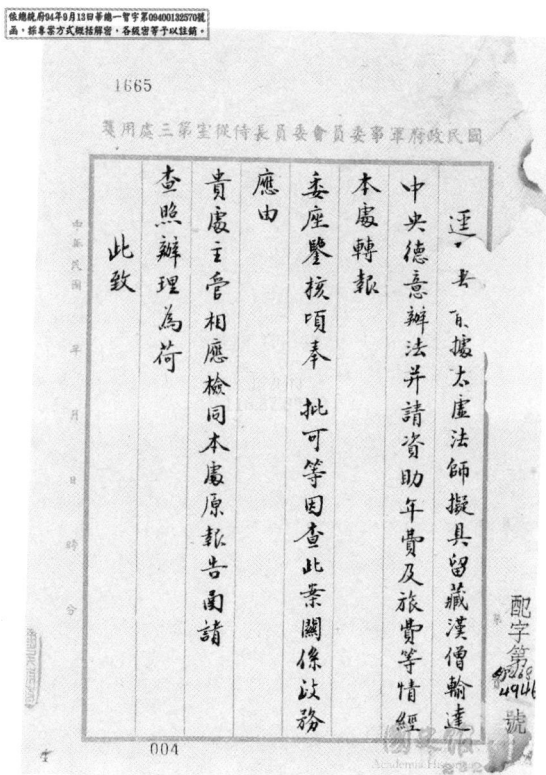

图40　太虚与藏事边政（3）

图 41　太虚与藏事边政（4）

来文原号：川 23249

文别：函

主任：铃陈布雷印

组长：方。二，一

拟稿：郑钟毓①，卅二年二月一日十七时

校发：崔文

缮写：瀛，卅二年二月一日十八时

---

① 郑钟毓，生卒年不详，为国民政府军事委员会委员长侍从室第二处第四组文书，参见孔庆泰等《国民党政府政治制度史》（安徽教育出版社，1998），第 318 页。

径复者：案准贵处配字第49468号大函送下，为太虚法师请求资助留藏汉僧年费及旅费案批签一件，嘱遵批办理等由，自应照办。惟查太虚法师原文所拟嘱组织之汉藏佛教协会，目前尚未成立。其补助费十万元，是否现时即行先发。又所拟派赴西藏之僧人二人至五人旅费，每人各壹万元，其人数曾否确定，均未叙明，应否先发几人，或只须先将批可之意，复知太虚法师？尚请酌示，以便遵办为荷。此致。

本室第三处

本处启（见图42）

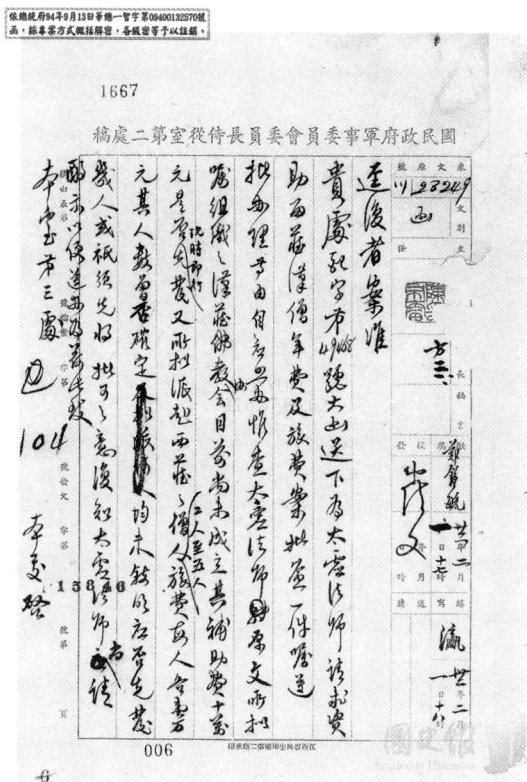

图42　太虚与藏事边政（5）

来文机关姓名：侍三处

文别：函

日期：卅二年二月十六日

摘由：函复太虚法师请资助留藏汉僧年费及旅费一案。其补助费十万元是否现时即行先发，未曾说明，又所拟派赴西藏之僧人数亦未曾确定，可否由贵处通知该法师洽商办理？希察酌。

拟办：查案并处函复询太虚法师现住何处。

（钤陈布雷印）

方。二，十八（见图 43）

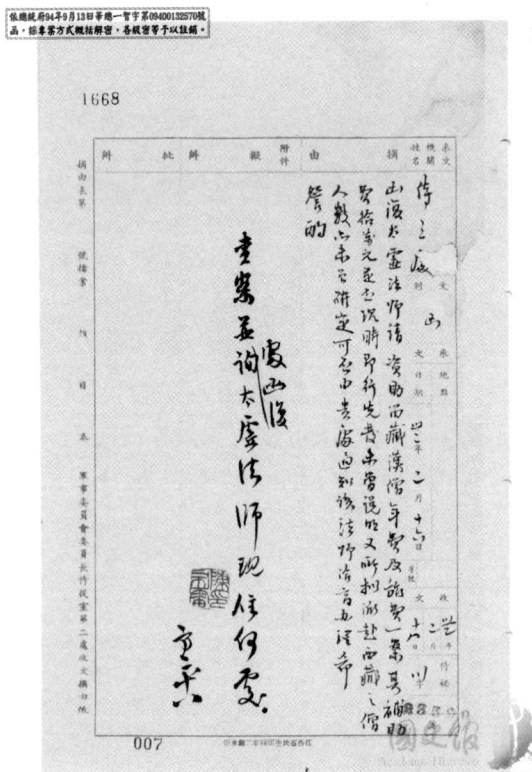

图 43　太虚与藏事边政（6）

径［复者］：准贵处侍秘川字第一五八四号大函，为太虚法师请求资助留藏汉僧年费及旅费一案。其补助费十万元是否现时即行先发？又所拟派赴西藏之僧人二人至五人，其人数曾否确定？嘱复告等由。准此，查太虚法师原函，但称请每年资给十万元，至是否现时即行先发，未曾说明，又称拟派僧人赴西藏，此间可去者，至□二僧，或多至五僧，亦未曾确定人数。可否由贵处通知该法师洽商办理？即希察酌为荷！此致。本室第二处。

国民政府军事委员会委员长侍从室第三处启

卅二年二月十六日（见图44、图45）

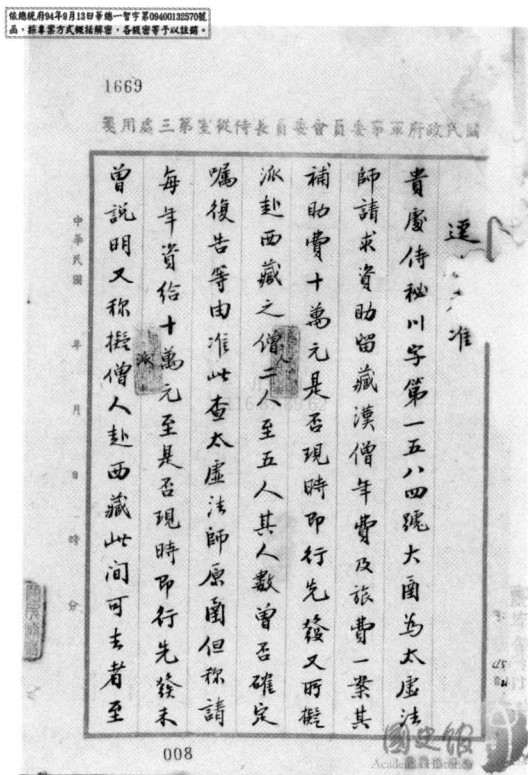

图44　太虚与藏事边政（7）

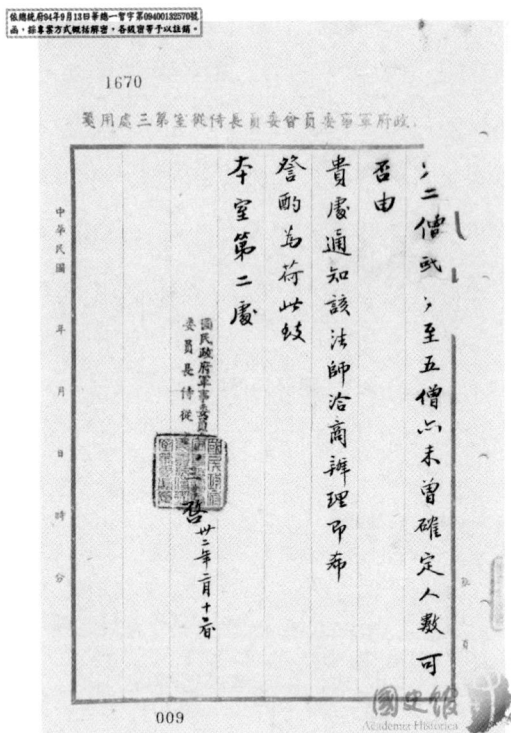

图 45　太虚与藏事边政（8）

来文原号：川 23599。文别：函。主任：钤陈布雷印。组长：方；二，十九。拟稿：郑钟毓；卅二年二月十九日十二时。缮写：□。校发：崔；卅二年二月廿日。送达：□□。径复者：案准贵处配字第 45576 号笺函，以太虚法师请求资助留藏汉僧年费及旅费一案，嘱由本处与太虚法师洽商办理等由，自当照办。惟太虚法师现住何处，贵处移来原案未经注明，相应函请查明见示为荷。此致。本室第三处。本处启（见图 46）

径复者：准贵处川字第 16086 号函询太虚法师住址等由，查该法师现住北碚缙云山缙云寺，相应复请查照为荷。此致。本室第二处。国民政府军事委员会委员长侍从室第三处启。二月廿五日（见图 47）

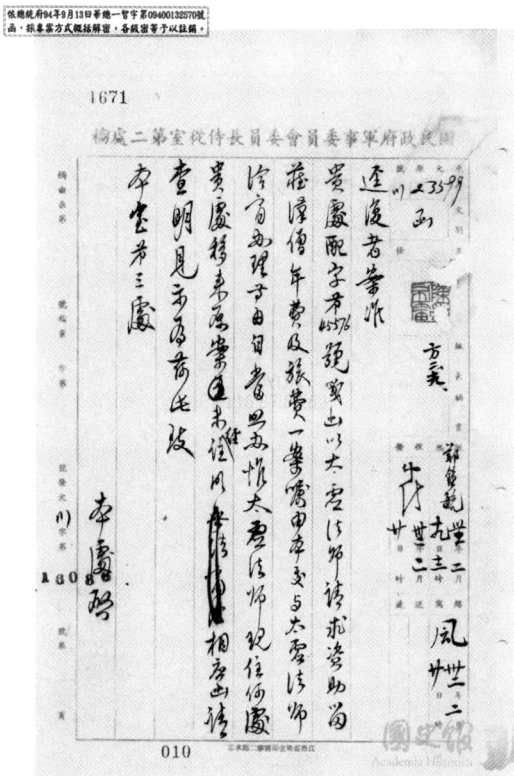

图46　太虚与藏事边政（9）

来文原号：川 23808。文别：函。主任：钤陈布雷印。组长：方；三，二。拟稿：郑钟毓；卅二年三月二日十六时。缮写：凤；卅二年二月　日　时。校发：崔；卅二年三月四日。送达：　　　　。

径复者：案准本室第三处转来台端为请求资助留藏汉僧年费及旅费等由，上委座文一件。查原文所拟组织之汉藏佛教协会，目前尚未成立。所请补助费十万元，是否现时即行先发，又所拟派赴西藏之僧人二人至五人，旅费每人各壹万元，其人数并未确定。究系请发若干相应先行？函达即请查照，分别详为见复，以资办理为荷。此致。太虚法师本处启。

档案边字第一〇四号发文川字第 13322 号（见图48）

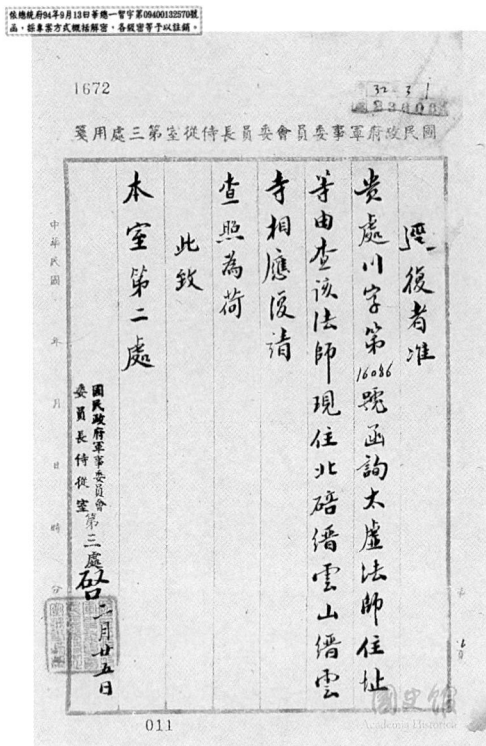

图47　太虚与藏事边政（10）

来文机关姓名：太虚；文别：函；地点：民族路罗汉寺；日期：卅二年三月十三日；收文日期：卅二年三月十五日。

摘由：函复汉藏佛教协会补助费拾万元，由该会径向贵处呈领。如能予以通电方便，庶可速达。又赴藏之学僧二名，除拨旅费外，并须年给生活费万元，方可成行，如蒙核准，当即令赴前听训，并领取旅费，及第一年生活费各二万元，至于以后如何领取亦希先予指示。

拟办：一、所请予以通电方便一节，拟转蒙藏委员会核办，并复令径洽。二、赴藏学僧增发生活费人每年壹万元，平均每月不到一千元，似属必要，拟请主任代批核定后，再令公费股连同协会经费旅费

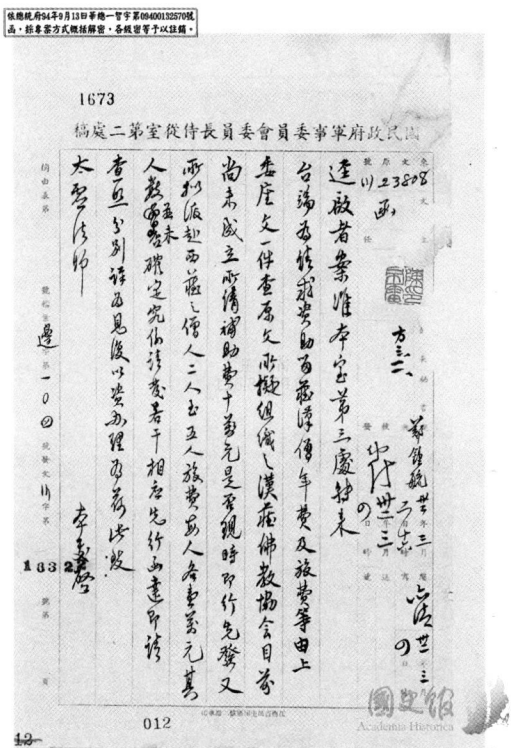

图 48　太虚与藏事边政（11）

等统发，交蒙藏会具领转发。拟照发。方。三，廿五。

（钤陈布雷印）三，廿五

档案边类第一〇四目（见图 49）

径复者：顷接贵处川字第一九三二二号函，垂询在拉萨组织之汉藏佛教协会所请补助费十万元，是否现时即行先发事。今荷准发，当去函嘱即成立，并由该会径向贵处呈领。惟现时电函艰滞，往返需时，若能由贵处予以通电方便，庶可速达耳。又派赴西藏之学僧，先决二人：一名净智；一名寂禅。均系去夏汉藏教理院毕业僧。今又物价高涨，并须于旅费壹万元外，年给生活费万元，方可就行。设蒙核准，当即令该二学僧趋贵处，听奉训词，并各领取旅费及第一年生活费每人贰万元。至以后限于几年，每年如何领取，亦希贵处先指示之，俾有遵循也。此致。

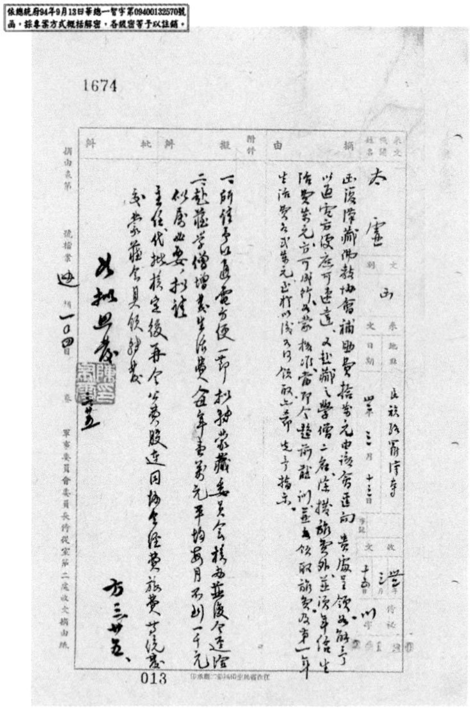
依總統府94年9月13日華總一智字第09400132570號函，按專案方式概括解密，各級密等予以註銷。

1674

013

图 49　太虚与藏事边政（12）

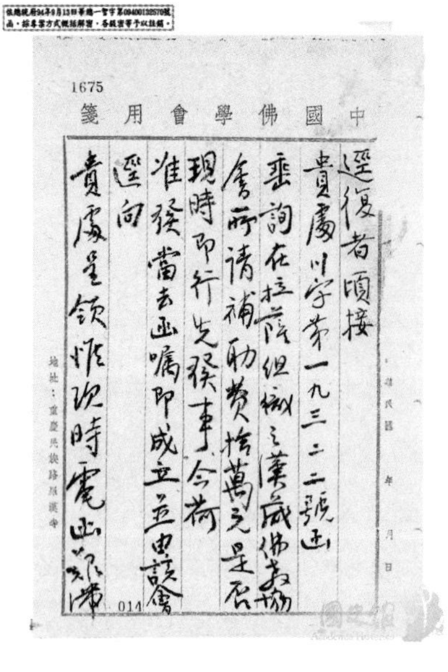
依總統府94年9月13日華總一智字第09400132570號函，按專案方式概括解密，各級密等予以註銷。

1675

中國佛學會用箋

014

图 50　太虚与藏事边政（13）

侍从室第二处太虚谨启三月十三日（见图 50、图 51、图 52）

来文原号：川 24130。文别：函；主任。钤陈布雷印。组长：方；三，廿六。拟稿：郑钟毓；卅二年三月廿六日十五时。缮写：　　。校发：崔；卅二年三月廿七日。送达：　　。

径复者：案准台端本月十三日来函，关于筹组汉藏佛教协会，并先派学僧二人入藏一节。经陈奉核准：

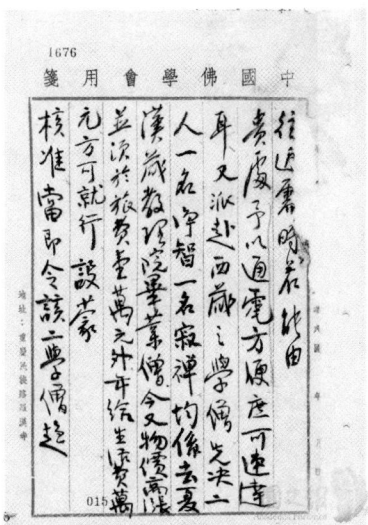

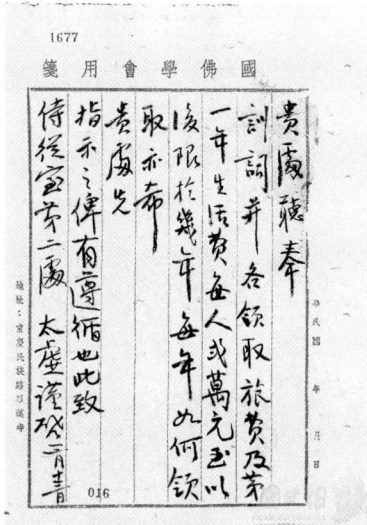

图51　太虚与藏事边政（14）　　　图52　太虚与藏事边政（15）

（一）拉萨汉藏佛教协会补助费每年壹拾万元，准于该会成立后照发；（二）学僧二人旅费及第一年生活费共计四万元准予照发；（三）以上两款均着向蒙藏委员会具领取，所有通电进行等事宜均由蒙藏委员会予以方便及指导协助等因，奉此，除通知蒙藏委员会吴委员长外，相应函复即请查照径行接洽为荷。

此致

太虚法师本处启（见图53）

布雷主任赐鉴：前复贵处一函谅荷。察及汉藏教理院毕业生闻可得川资、年费赴藏，纷起要求，如可扩为五名，请仍发五人之费。又虽已飞函拉萨，仍恐英扣留，殊盼假以通电拉萨之便利，耑此顺颂时祉。

太虚谨启

三，廿五（见图54）

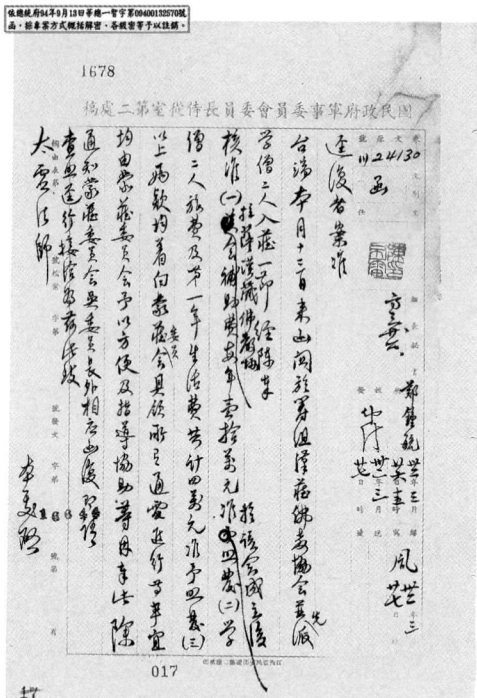

图 53　太虚与藏事边政（16）

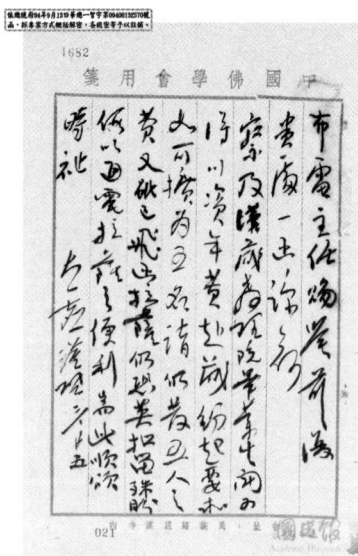

图 54　太虚与藏事边政（17）

从以上非常详细的档案材料，可以看到从最初太虚申请，到蒋介石军委会侍从室第三处处长陈果夫和第二处处长陈布雷等人与太虚的不断交涉，我们不但可以完全洞悉整个事件的来龙去脉，也可以从中看到太虚与国民政府高官之间周旋的细节。这些内容都可以极大地丰富我们对于民国时期宗教管理的认识，明确太虚在其中所扮演的重要角色。

在"国史馆"太虚档案之中，我

们还可以看到太虚所派之僧人入藏之后的发
展情况，以及这些僧人扮演的角色。此档案
之中就有这样一份太虚写给蒋介石的报告，
请求蒋再次拨款，并且附了入藏僧所做的西
藏行政报告（见附录三，表31）。此处同样
先作录文：

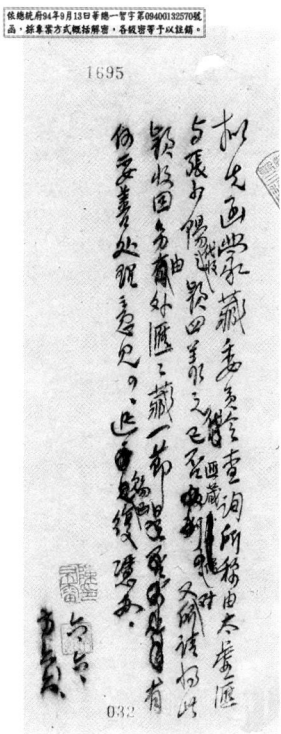

拟先函蒙藏委员会，查询所称由太
虚汇与张少阳代收之款四万元，代收已
否？又，西藏对所请将此款收回，另由
外汇汇藏一节，有何妥善处理之意见？
迅赐函复凭办。

（钤陈布雷印）

六，六。方。六，六。（见图55）

第三处移来二□□172号函。

图55　太虚与藏事边政（18）

姓名：太虚。

摘由：为转呈满月寂禅两僧由拉萨来函，及西藏行政报告祈察夺
由。汉僧派藏游学一事，最初系由三处签呈委座。奉批后，因事涉政
务，即移送二处。前往所有洽谈经费等等，亦由二处经手，本件拟仍
移二处核办。

□□，五，廿三。（见图56）

果夫先生大鉴：满月、寂禅两僧，乃三十二年蒙转呈委员长准发
旅费及每年生活费派入西藏者。于西康沿途久滞，昨秋始达拉萨，今
得其函，呈乞为转上，祈赐察核夺为幸，尚此顺颂勋绥。

太虚谨启

四，廿三

中正路长安寺内太寓（见图57）

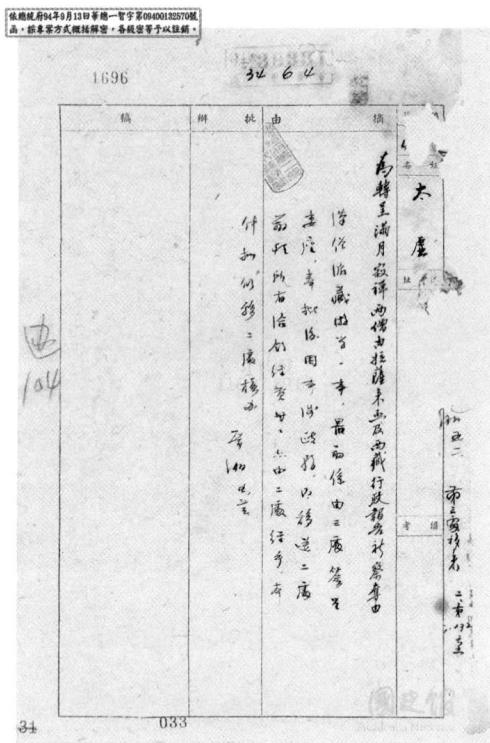

图56　太虚与藏事边政（19）

敬陈者：自三十二年奉派西游，学□□□□典参佛乘之秘机，借以沟通汉藏文化。统辟西陲，穷遐冒险，虽历□缉之危，冒夜偷关，幸达拉萨之地。至康定时，因旅资告困，幸蒙钧会增拨四万元，交蒙藏委员会由太虚大师手汇来。时因与理塘大喇嘛火竹香根入藏在急，遂托西康省政府秘书长张少阳代收汇藏，今因拉萨之藏银汇价过低，所得不过数秤，用付同伴喇嘛之旅食费用一十五秤，所差殊巨。回环返复，计绝途穷。故此仰祈钧会俯垂解倒，将此款收回，另由外汇汇藏，并乞发下三十三年与三十四年之生活费各二万元，以救燃眉。痛感敷陈，不胜逼切。万祈钧会赐救为幸也。附上《西藏行政报告》一文，如蒙赐照，今后当继续探讨。以上谨呈四洲传教导师太虚大师转军事委员会。三十二年派赴西藏留学僧满

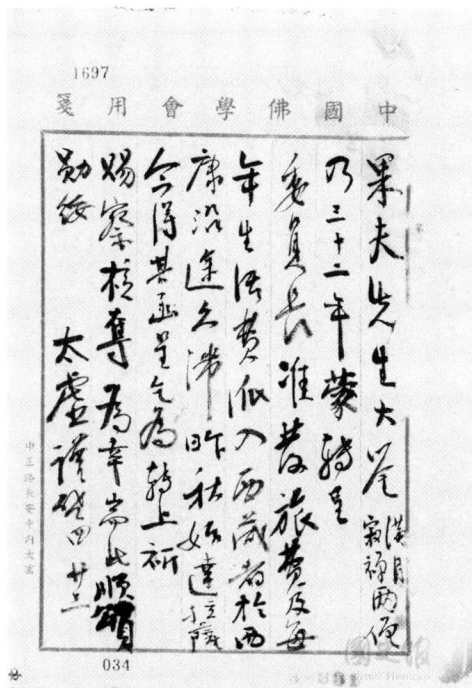

图 57　太虚与藏事边政（20）

月、寂禅同上。

三三，一二，二八，日（见图 58）

西藏行政报告

1. 汉藏问题——谈到汉藏问题，必要谈及英藏问题。英人鼓吹西藏独立，在西藏当然只有欢迎，所以正式印出大雪岭藏国的字样。承认这个国家的，当然也只有英国，英国正想把这种无谓的梦想造成事实，所以他大量的鼓吹，将来能使国际注意，他们才有成功的希望。我们现在要抵抗，很有人主张从藏文典找出汉藏血统关系的断片，去证明汉藏一家，去抵抗英国所唱的汉藏异族的吼声。然而这是枉然，而且空费了头脑，不但这证明找不出，即能找出也无用，这点

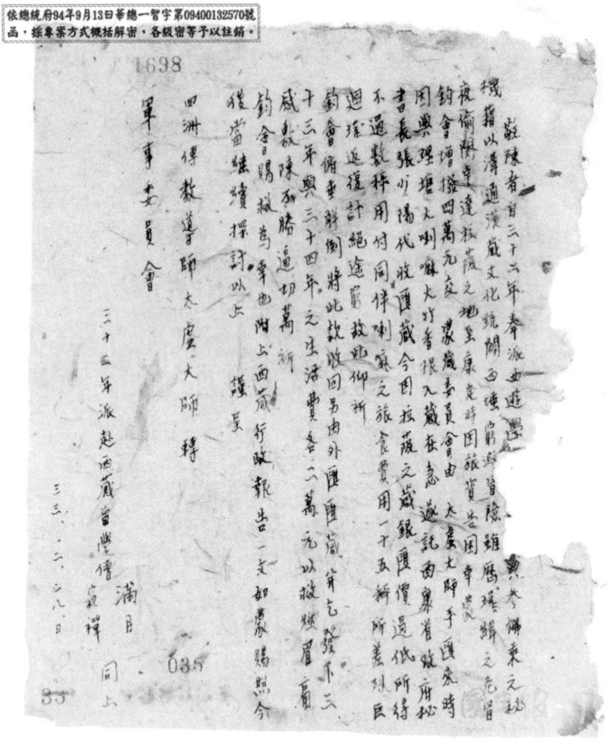

依總統府94年9月13日華總一智字第09400132570號函，採專案方式概括解密，各級密等予以註銷。

1698

竊陳者自二十六年奉派西遊學，冀參佛乘之秘
機，藉以溝通漢藏文化，統關西陲窮邊，冒險雖歷瑤蠻之危，冒
夜偷渡達拉薩之地。至康定時，因旅資告罄中止。
鈞會增撥四萬元，交蒙藏委員會由太虛大師手匯來時，
因與理塘大喇嘛大竹香根入藏在急，遂託西康省政府秘
書長張少陽代收匯藏。今因拉薩之藏銀匯價過低，所得
不過數[illegible]，用付同伴喇嘛之旅食費用一十五[illegible]，所差殊巨，
週[illegible]返復，計絕途窮，故此仰祈
鈞會俯垂[illegible]例，將此款撥回，另由外匯匯藏，并乞發下三
十三年與三十四年之生活費各二萬元，以救燃眉，
感激[illegible]陳，不勝迫切[illegible]禱。
鈞會賜撥[illegible]，附上西藏行政報告一文，如蒙賜照，今
後當繼續探討。以上謹呈
四洲傳教導師太虛大師轉
軍事委員會

三十二年派赴西藏留學僧 滿[illegible] 霖禪 同上

三三、二、二八日

035

35

图 58 太虚与藏事边政（21）

根据并不能消去西藏人们的利欲心，并不能抵消西藏人有史以来的汉藏异族观。西藏教育界在一千多年前就充满着“父天神而母猴精”的空气。与汉人的关系，只有文成公主自嫁的一段连亲史，他们虽然承认亲戚，或者施主，但并不高兴别人说他是汉人的子孙。懂藏文的英国人早已看出这个破隙，才来做离间的宣传，而且宣传独立，这又把握了西藏人的利欲心，所以是挺难抵抗的。然而难，则放弃，这又是败北心理。所以我们要把握着英国人忽略了的佛教的重心，以佛教解决一切。这当然是避免军事的一计，当然也更容易。建设新佛教的新西藏，这是开发西藏的重心。未来的一切，都可借现在的佛教办理。在经济的负担上虽然繁重一点，但求其信服和听化而已。以西康刘主席的听服活动而言，他已收到了大的效果，一般僧民都很高兴，

高兴的来源有二：一是不剥削人民，免佛业税（因藏官专门剥削）；二是有钱则布施，所以喇嘛们说"我选主席一定是刘文辉"。关于这点，西藏政府还是个迷，始终想不出康人对中央有好感的主因，所以绝对禁止康人做官。因而，他们也挺畏惧，畏惧终于有一天要"全藏僧俗"都同中央去紧握着，起而反攻那几位贵族。他们既不能独立，又不能世受奉禄。可是在西藏人的本性上是虽要反攻而不能，所以□权□□□□这点要拼命的独立。

2. 西藏人了解汉地佛教的程度——假使□就□□西藏，还可看看西藏人了解汉地佛教的程度。他们说："我们对汉地怀疑的是佛教的浇漓，并不否认汉地也有佛教。你们在西藏学格西，可见汉佛教之不足，还要依赖西藏。又何况中央政府在实行提庙产，逐僧伽，这是佛教的福音吗？我们固然闭守，但闭守即保持佛教，为了要保持佛教，所以也不惜与武力联系。"这些心理虽然是我从多方面的一个积累，但很正确，而且我是往往碰在这些话头之上。实事虽然仅仅如是，但我们却从中明了了西藏尤其是知识分子的喇嘛，对于汉地佛教之衰亡所了解的程度。

3. 西藏人对于汉藏的种族观念——他们在自己的主观上，只问佛教，从佛教去定好恶。他们承认是汉族的只是尼泊尔民族，在印度的一部，从那辱陇敦（按：此处附藏文）的经上曾说尼泊尔人是汉族。未来的汉藏两民族，要以佛教统一之，"大雪岭藏国"的前三字是佛与月称授记的一个佛语，他说"你的学说在未来当宏传于大雪岭"，因而他们坚决的承认西藏是佛曾预言过的独立的国家。他们的领土与日本面积略同，是一个天生的佛国，所以他们常常说："不是汉，也不是英。"而且这一点在英国人也很了然！所以，只有扶他独立才能吞灭的政策。这样，可知他们对汉藏的同族观念是疏远的。

4. 西藏人了解中央政府的程度——上面既谈了解佛教的程度，

似乎也该谈谈了解中央的程度。谈到了解中央，就似乎不能避免那残酷的军事，因为他们向来的固执，不曾接受过任何一国的新文明，所以他们还封执在神权时代的君主专执①中，认为□……□贞主是违反世间的人道与出世间的佛道。我不幸因学喇□……□同先生来往于藏政府会议中的"罗布林宫"（俗人不准入内）□……□能与政治或者前朝的遗臣们接近，从闲谈中得到他们的旨意，没有皇帝即如针无尖，家无主，力无重心。一般平常人必互相争衡，而致天下大乱。西藏之不听中央，这因为中央不是贞命人主——文殊菩萨。什么主席、总统、院长，还说是人民的公仆，人民是皇帝，这简直是颠倒乾坤，败乱的根本。所谓贞主，无论年大年小，他总是贞的，如达赖虽不过十一岁，但决无人与他争天下！始终是他号召一切，如父母号召儿子。这是他们无知的固执、成见，一切不由分说，相信一个贞命的神人，平民似乎不够管政治。因为他们一向不愿接受外文，所以到今天还始终没有相信中央的资格和能力，所以说定要不顾一切地施以军政，而后再实行汉藏合璧的训政，这是开发西藏的切径。用佛教去统一西藏很慢，这必须汉藏人士在佛法上互相交换才能逐明中央的一切。贞的，他们认为宣统逐往日本是不人道，现在达赖宫中还张着满清的皇图，在我的先生，那位敦厚的遗臣，他的经房中也张着一幅，他说"这才是贞主，样子很有福，衣服多文雅，顶子与西藏文官一样"。

5. 用汉藏佛音交唱法去开发西藏——为什么要汉藏佛音交唱？这是使西藏大多数人了解汉佛教与中央的一个法门，如用建筑、文字、电影、汉僧法会，藏僧法会，举行汉人的大佛节，表演佛剧，施书，施袈裟，都是令人注意的，宏法的措词并不伤害任何条约。由此而进，能有一天是汉人长官在向僧俗们用佛意来讲政治，这工

---

① 原文如此。

作就快完整了。固然，这工作在藏政府也定阻碍，但我想宏法是不成问题的。因为也有很多汉人在学佛。同时请藏僧，逐渐请三大寺堪布，再进请达赖，国相入汉传法，借聆法音，这是使他无形中归合的一个途径。

6. 何以必把握着佛教开发西藏——要明这点，必明佛教在西藏地位，①在宗族上的地位，那是如祖如仙，平民早晚对佛多三拜，□……□炷香。假使汉人的习惯上可以任人去骂祖先，在西藏也可以任人把佛□……□也可以说"用佛教不能建设西藏，然而这是怎样的一个实际？在英国□学读书的世子孙说："先生说佛不能说话，我们定要拜他，因为他还可说话……"这个学校不久却引起了三大寺开会，要政府下令停止，以佛教文化力胜政府的西藏，他们的佛就是祖宗，法就是自己的人道，伦理行为的永生。②在文化上佛学是人生哲理的归趋！经论上的字字句句无人不敢赞一词，都经过理则与实践的定律，所以千古不灭，千佛一唱，以普通学说为不值一瞥了，一个喇嘛，比一个儒生固执孔教厉害①，他可以殉身。③在政治上的一般文武官都是佛婆，文官尽是喇嘛，不敢以丝毫不幸加之佛教，不敢侮辱僧人，僧人同女人戏玩，无人干涉。僧人弑命只寺中给以相当的治罚。反之在法律上只有保障，自□，没有改正。革命，乱议的权力。外来侵害佛教，只有用武去一拼的把柄。可见西藏佛教是主体，一切政治施设与教育军事都是它的附属，保障。

兹恐航空过重不寄其他，教育等问题待续上。谨呈四洲传教导师太虚大师转军事委员会公鉴。三十二年入藏留学僧满月、寂禅同具。

民国三十三年十二月二十八日上于拉萨某所（见图59、图60、图61、图62）

---

① 　原文如此。

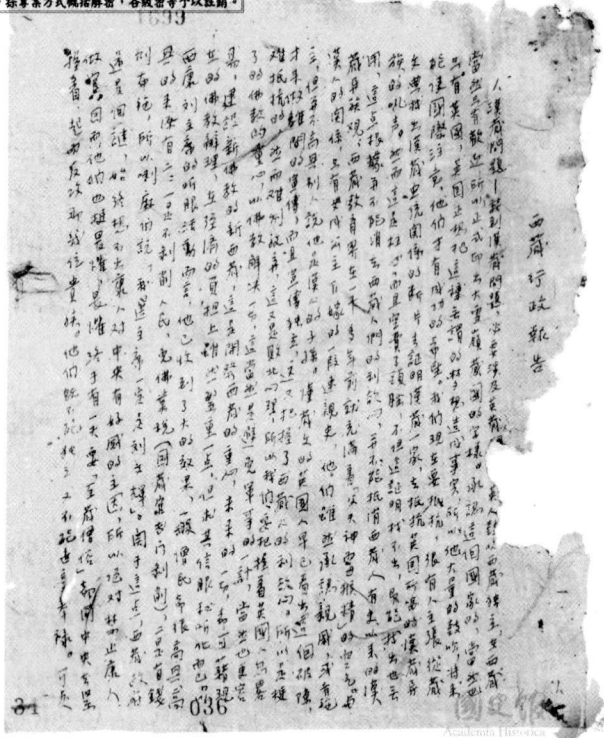

图 59　太虚与藏事边政（22）

在此之中，这两位由国民党军委会特派的僧人西藏之行所扮演的角色尤其值得注意。我们看到，无论是在太虚本人还是这两位僧人身上，其僧人的角色，均远远不及其所具有的某种宗教情况调查员的角色。其报告的出发点，几乎全然是为了从国家层面上来经营西藏。虽然其中也有若干为佛教护教之色彩，如希望借助佛教之力量对西藏加以怀柔，但我们如果忘记此二人的僧人身份，那么相对而言，参伺西藏政治的角色设定则可能对其更为适合。而国民政府对其经济拨款，动机也相当明确。从这些档案我们都可以看到，太虚及其僧团卷入国民政府时期政治之中的自发性与主动性。而此点，在民国高僧之中，即使不是唯一的，但太虚僧团的这种参与度之高，也是其他僧团与僧人较难与之相提并论的。

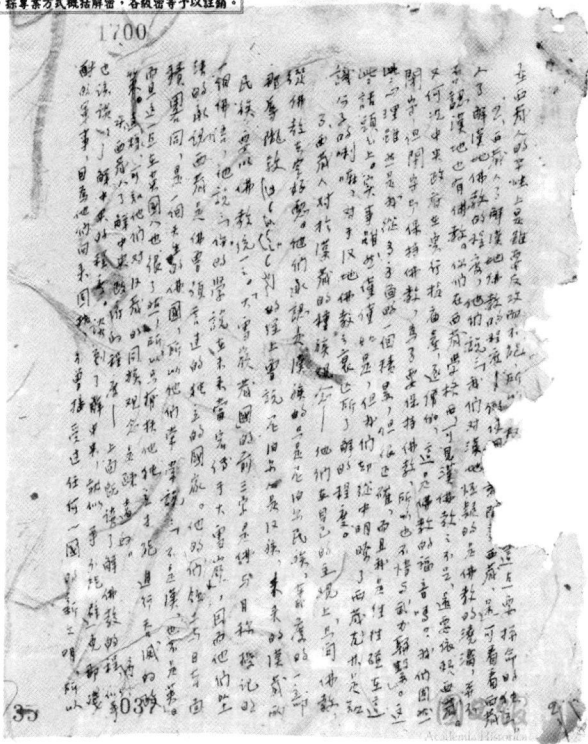

图 60　太虚与藏事边政（23）

（五）太虚僧团与中印关系

除了对藏事经营之外，在对外关系上，前面已经谈过了，并且笔者也将另外撰文去谈太虚从国家利益出发，对于民国外交的主动投入。在"国史馆"档案之中，也同样有其对于中印外交关系的主动涉入。有不少档案是过去所没有注意到的，有些还存有相当珍贵的照片（见图 63、图 64）。此处限于篇幅，仅选取一例稍做介绍，如此类档案之中就有中国佛学苑派往印度留学僧之相关事宜（附录三，表 32）。

此一档案记载了 1944 年 4 月，因中国世界佛学苑传教师法舫法师发信给中国驻加尔各答总领事馆，提到太虚所派遣的留印学生白慧在印

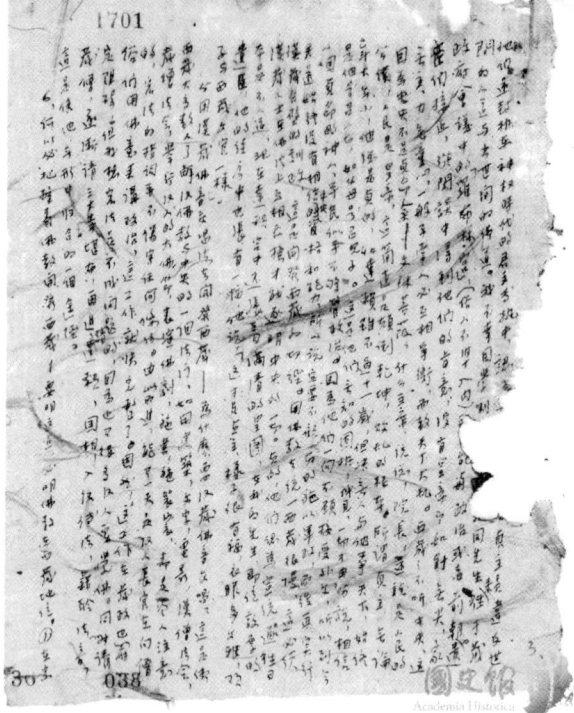

图 61　太虚与藏事边政（24）

度圣地尼克坦国际大学研究梵文两年，但在 1943 年八九月忽然得了肺结核，①（相关档案共 30 余页，此选刊数张，参见图 65、图 66、图 67、图 68）即由中国学院谭云山（1898～1983）院长及法舫照应，于 1944 年元月送到南印度疗养。但每月所需款项巨大，筹措不得，故法舫向国内筹款，因此打报告购买外汇。最终此事由外交部欧洲司等诸单位协调处理完毕。这些档案，为我们了解太虚留印僧团的一些活动提供了剪影。

---

① 前面部分已经提到，此处因涉个人隐私，原档案被涂去内容，但据后所附英文病历可知，另外可参同一份档案的中研院近史所档案馆所藏，近史所档案馆此处保留了原样，未被涂去。

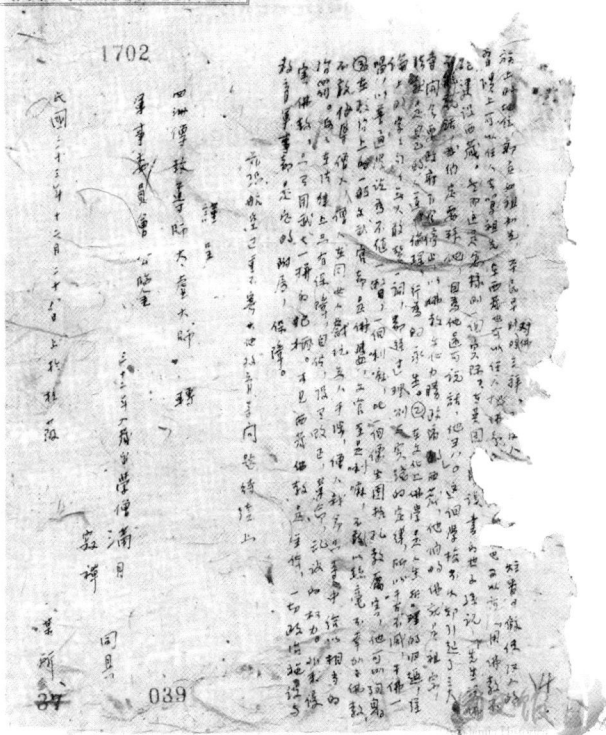

图 62　太虚与藏事边政（25）

图 63　赠孔祥熙之太虚与尼赫鲁等合影正面

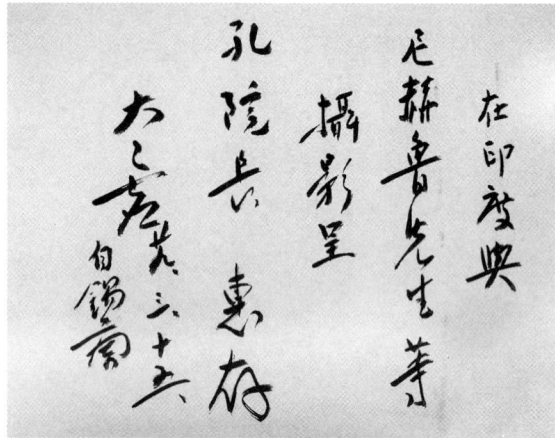

图 64　赠孔祥熙之太虚与尼赫鲁等合影背面

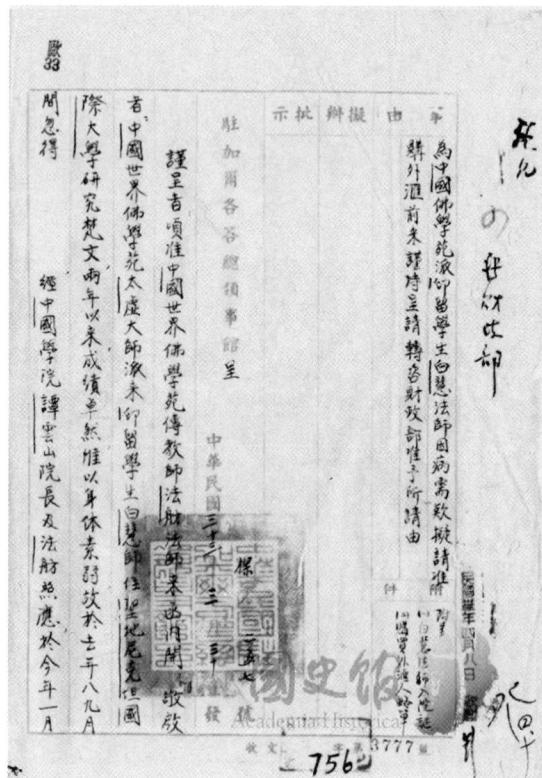

图 65　太虚为巫白慧请款治病事（1）

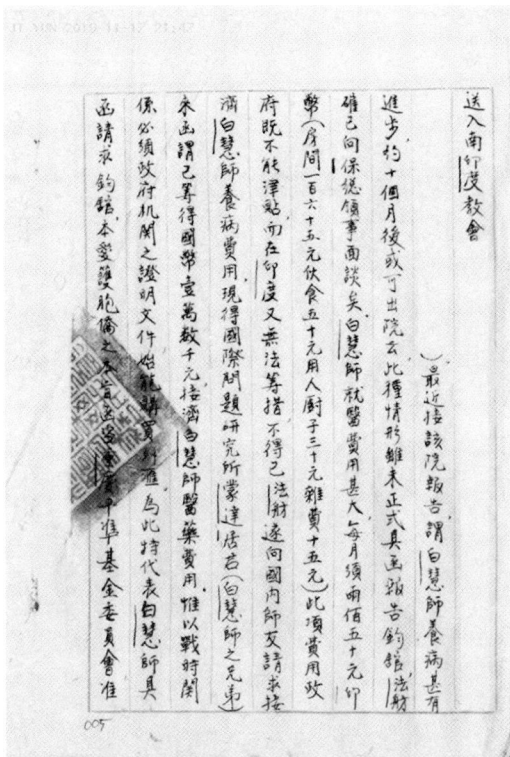

图 66　太虚为巫白慧请款治病事（2）

（六）太虚与国民政府间的其他互动

1. 太虚获颁胜利勋章

除了与国民政府诸要人之间的交往之外，太虚与国民政府各部委之间也有着诸多的互动。此处以档案材料略举数例以做说明。比如在抗战结束之后，太虚等宗教界人士也曾获颁胜利勋章。但具体获得的前因后果，过去学界则并不太清楚。对此，可参"国史馆"中至少两份档案（见附录三，表 33、表 34），即此事是由中国宗教徒联谊会常务理事主席白崇禧（1893～1966）呈国民政府主席蒋介石，来为太虚申请此一胜利勋章，而这些档案还原了事件的全过程。较为重要者，为其所申报太虚参加抗战工作的事略，兹择要录文如下：

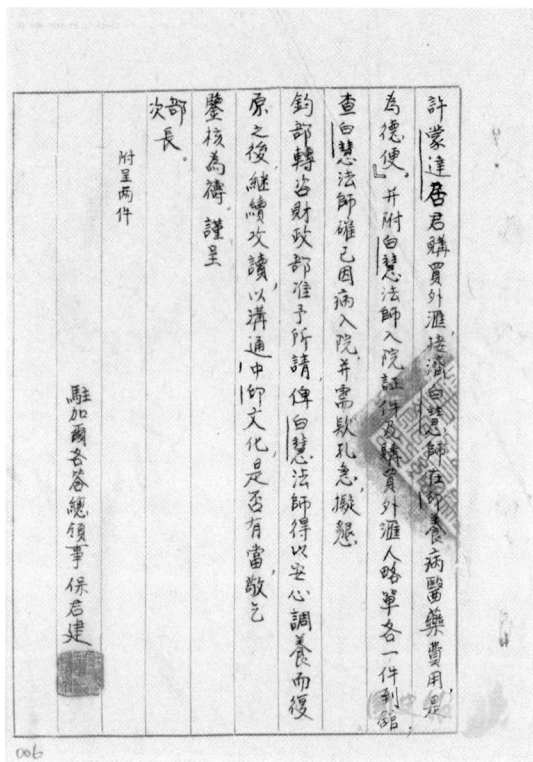

图 67　太虚为巫白慧请款治病事（3）

常务理事太虚参加抗战工作事略

领导全国佛教徒在抗战时期于沪宁鄂湘等地及各战区组织僧侣救护队，从事救护伤病兵及掩埋阵亡将士，并收容难民，发动全国佛教徒捐款，慰劳前线将士与荣誉军人。先后领导全国各寺庙僧众为抗战阵亡将士与死难同胞超荐并举行护国息灾法会等。二十八年组织佛教访问团前往南洋各地，宣扬我国抗建大业，深得彼邦人士及侨胞之同情。有助我抗战。实非浅鲜。（见图 69）

我们从中可以看到，虽然太虚一生之中功绩伟业殊多，但真正使其获得政府承认者，乃是抗战时期组织救护、慰劳前线将士、组织访问团等。而这种对于抗战的积极参与，也表明了政府所希望看到的宗教团体的参与

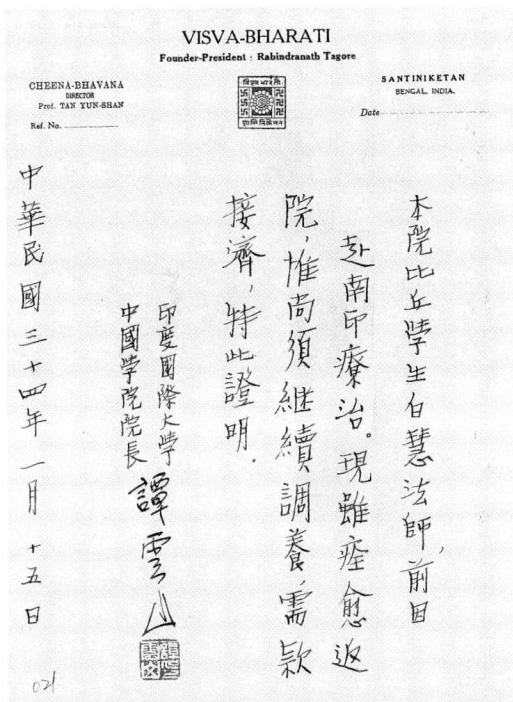

图 68　太虚为巫白慧请款治病事（4）

度。而此种表彰，也完全凸显了政治对于宗教团体的要求与期许。

2. 参选国大代表一事

对政治的参与，是太虚大师一生之中重要的抱负与追求，这给他带来了不少荣誉以及争议。除了笔者在本书中另文介绍的党史馆藏太虚申请加入国民党一事档案之外，在"国史馆"太虚档案之中，我们也可以看到不少相关的记录。比如 1946 年国民大会代表的参选一事，就是太虚晚年的一个重要事件。在"国史馆"太虚档案之中，就至少有两宗档案之中对此有所透露（见附录三，表 37、表 38），即太虚为了推选包括自己在内的五人代表，而给国民政府以及蒋介石本人的信函。

此二档中，前者乃是太虚亲笔写给国民政府文官处文书局长许静芝（1895～1984），并请他呈交国民政府的申请函，而后者则是以中国宗教徒联谊会的名义呈交给蒋介石的正式申文。全文如下：

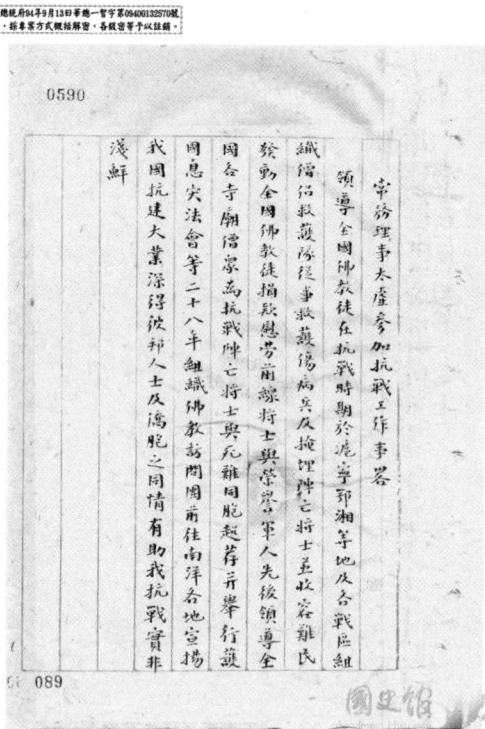

图 69　太虚参加抗战工作事略

　　敬恳静芝乡长转呈，府主钧鉴：中国宗教徒联谊会顷闻增国民代表名额，而全国性各教会亦不无贤达者。推选五名，呈请批准，除具呈外，特再函陈以酬勤求民隐之盛德。只颂尊绥。

　　太虚谨上

　　三月四日（见图 70）

第二份档案，笔者在此也择要录文如下：

　　中央决定去年十一月十二日召开之国民大会。改订于本年五月五日举行。仰见政府厉行民治，尊重舆情之至。意惟此次政治协商会议关于国民大会代表问题，另有商定。窃以各宗教法团份子。不乏社会

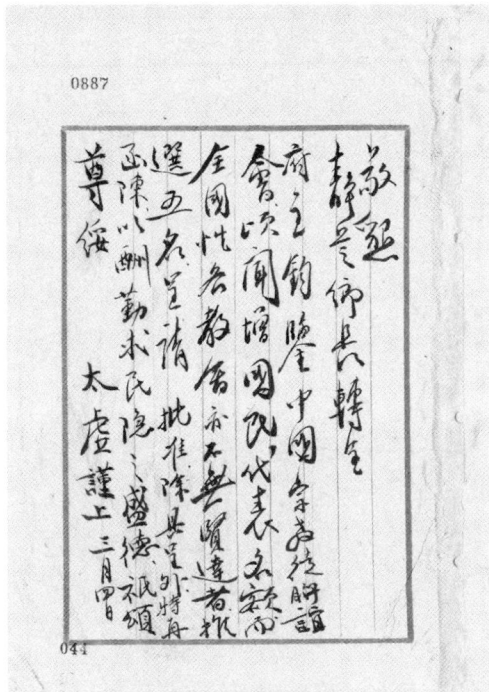

图 70　太虚致许静芝函

贤达之士。举凡服务社会，推行新生活，拥护政府赴国外宣扬国策，与乎抗战时间前线后方之救护伤病兵，救济难民，慰劳军队，节约献金运动，及奉行总动员法令等，均曾竭力以赴，以尽国民应尽之义务。对于国家不无裨益，理合呈请鉴核，准予本会推选卫立民、太虚、陈文渊、王静斋、郭鸿群等五人为代表。敬请于社会贤达名额内，赐予指定。俾全国宗教徒之意志得有贡献国家之机会。不胜叩祷。并乞令遵。

谨呈

国民政府主席蒋

附呈略历表一份

中国宗教徒联谊会常务理事主席太虚（钤太虚印）

中华民国三十五年三月（钤中国宗教徒联谊会图章）

会址：民族路罗汉寺内（见图71、图72）

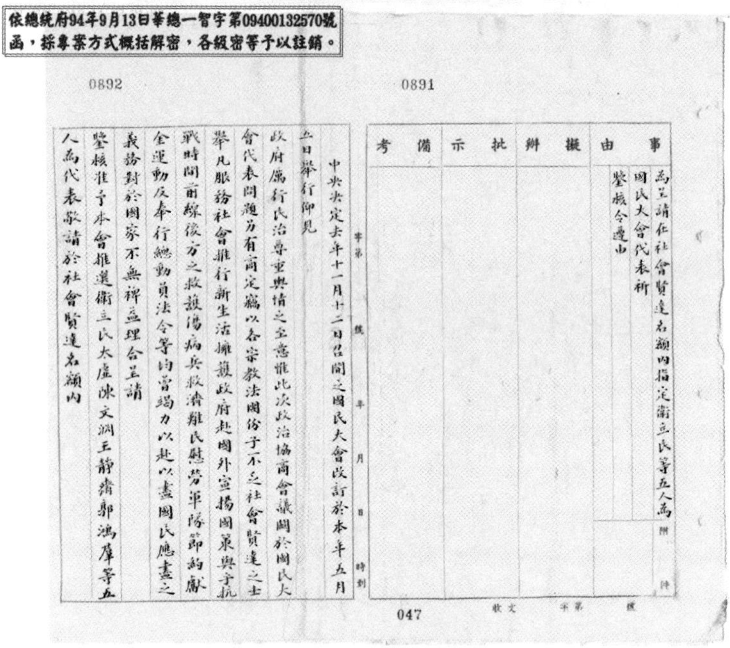

图 71　太虚与国大代表推荐事（1）

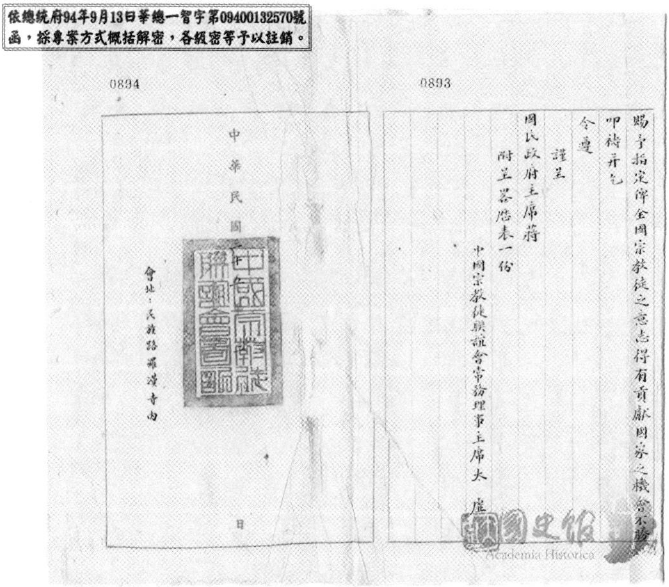

图 72　太虚与国大代表推荐事（2）

许静芝的回信（见附录三，表39），此处限于篇幅，不再赘述。而在一个月之后，由于某种原因，太虚又发函推举章嘉活佛为国大代表（见附录三，表40）。这些重要的档案对我们研究太虚大师的政治参与与政治态度，具有重要的史料价值。

（七）零星的文档

在"国史馆"档案之中，除此之外，还有不少非常有意义的内容。比如太虚去世之后，宗教界曾经上书希望能够为他争取颁令褒扬，并请求国民政府赐太虚师号，前者经过争取之后成了现实，但赐师号一事也充满了戏剧性，最后不得不不了了之。另外，抗战胜利之后，百废待兴，1946年初太虚又通过蒋介石的关系希望能够重整中国佛教，并向国民政府提出诸种要求。（此份档案内容较多，此刊布太虚手书稿一份，见图73）通过众多档案的梳

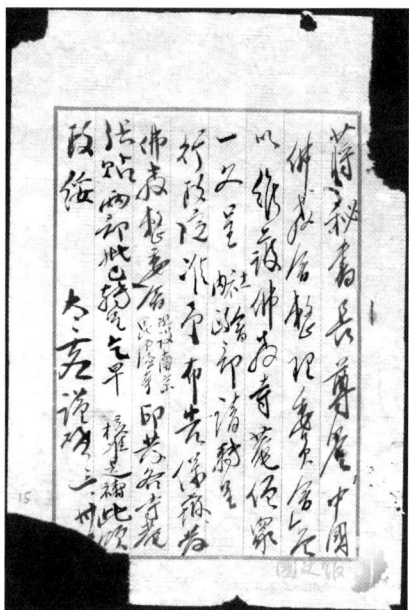

图 73　太虚致蒋秘书长函

理，我们可以看到宗教界与政府之间的互动。从最初宗教界一些代表的推动，希望明令褒奖并赐太虚师号，到最后经过重重博弈，最后达成一个妥协，其中的诸多细节，非常耐人寻味。

另外，在附录三表15之中，还记录了太虚希望派布教师前往美国等处设立佛教机关的报告，后来这种尝试也被国民政府以各种理由拒绝。如此类似的情况尚有一些，我们从这些档案的梳理就可发现，太虚大师的一生，并非总是那么一帆风顺，其与政治权力机构之间存在不少有效的合作、互动，但也时时充满张力与矛盾，而在某种程度上，有时他也只能委

曲求全。而这种反映在档案之中的政治与宗教势力的此消彼长，则也体现了一幕国民政府时期宗教与政治互动的活剧。

五　结语

本文介绍了台湾地区党史馆、中研院近代史研究所档案馆与"国史馆"所藏太虚档案的大致收藏情况，前二者有零星收藏，最为丰富者为"国史馆"所藏。

这些新发现的太虚档案，其最大的意义还是在于以下几点。第一，它披露了不少过去隐藏在政治、外交等秘密档案之中的历史细节，让我们可以更为完整地了解太虚大师某些不为人知的一面。第二，这些档案之中最为重要者，多体现了太虚与政治权力互动的一面，而此一面，过去学界虽然已经有了不少研究，却依然有隐藏很深的秘密等待开发与利用。第三，这些档案，可以使我们更为完整地重构太虚作为个人，其与国民政府重要人物，如蒋介石、林森、陈果夫等人之间的私谊，尤其是前者。从蒋介石私人档案之中所发现的新材料，使过去某些太虚的政治传言获得了某种证实。第四，通过这些档案，我们更可以发现或者说增强了太虚除了宗教师，其苦心经营边事与外交的形象的另外一面。

总而言之，这些新材料目前虽然通过本文获得了一点简单的介绍与披露，但更为艰巨的工作，则是全部档案的录文、整理与研究。在此，笔者想再次强调的一点就是，至少在笔者看来，太虚研究的重点，并非在于新材料的发现，而是旧材料的充分利用。虽然最近数年来，随着北大王颂教授所主持的《太虚全书》重新修订、补充工程的进展，日本外务省档案、新加坡等海内外报纸资料、中国台湾地区的档案、欧美材料以及南亚材料之中的太虚，都日益成为我们全新发掘的矿藏，但笔者深切感到旧有太虚资料的利用仍有很大的空间。而只有将这些新旧材料都充分整合，并且善加利用，再加上我们在海外的拾遗补阙，方能迎来太虚研究具有实际意义的、全方位的突破。

附录一　中国国民党党史馆太虚档案

表1　总政治部主任邓演达上中执会呈

题名	总政治部主任邓演达上中执会呈
出版日期	民国16年2月17日（1927 – 02 – 17）
内容描述	呈报释太虚请介绍加入国民党,应否准予容纳。附中执会复不准稿一件,及释太虚条陈一件
产生地	武汉
相关人名信息	邓演达
数量	1张
实体描述	毛笔原件
全集/系列名称	汉口档案
馆藏号	汉4630
Metadata 档名	ntul-kmt-hk_04630_00

表2　佛教文化

题名	佛教文化
资料类型	原件
出版日期	民国28年（1939）3月
内容描述	日本近年以来常派佛教僧侣赴印度南洋等地专事恶意宣传为中国不信佛教
产生地	重庆
出版者	国防最高委员会
数量	43张
实体描述	毛笔稿件
全集/系列名称	国防档案
馆藏号	防003/0093
Metadata 档名	ntul-kmt-dc003_0093_00

表 3 太虚佛教团访甘地记

题名	太虚佛教团访甘地记
出版日期	××××年 2 月 13 日
全集/系列名称	吴稚晖档案
馆藏号	稚 08140.16
典藏单位	中国国民党文化传播委员会党史馆
备注	本文不全

表 4 外交部情报司 29 年 3 月份重要工作报告

题名	外交部情报司 29 年 3 月份重要工作报告
资料类型	原件
出版日期	民国 29 年(1940)3 月
内容描述	(1)塔斯杜在兰州发新闻稿案;(2)赴外各使联衔通电讨汪案;(3)宇巴伦拟往泰国为我宣传案等 5 案
产生地	重庆
相关人名信息	宇巴伦、塔斯杜
相关地名信息	重庆、兰州、泰国
涵盖时间	民国 29 年(1940)3 月
数量	8 张
实体描述	复写
全集/系列名称	特种档案
馆藏号	特 5/13.1
Metadata 档名	ntul-kmt-sp05_013_001_000
典藏单位	中国国民党文化传播委员会党史馆
档案摘述	外交部情报司 29 年 3 月份重要工作报告,下分:(1)以泰国目前仍逮捕华侨为由,太虚法师暂缓至泰国;(2)塔斯社在兰州发新闻稿,顺订立采用塔斯社稿标准;(3)驻外各使联衔通电讨汪案;(4)缅甸缅中文化协会巴伦拟往泰国为我国宣传;(5)新嘉坡《新国民日报》揭载"国共合作"之不当言论,请中央宣传部对其加以警告

表 5 吴铁城致机要处手条

题名	吴铁城致机要处手条
产生者	吴铁城
资料类型	原件
出版日期	民国 30 年(1941)4 月 18 日
内容描述	关于太虚法师奉命组织佛教访缅团事

续表

产生地	重庆
相关人名信息	太虚法师、吴铁城
数量	1 张
实体描述	毛笔原件
全集/系列名称	特种档案
馆藏号	特 14/1.16
Metadata 档名	ntul-kmt-sp14_001_016_000
档案摘述	中央执行委员会秘书长吴铁城致机要室便条，太虚法师现奉命组织佛教访缅团，推定中央由中央执行委员会秘书处、中央执行委员会宣传部、政治部负责筹备，由梁寒操召集本处，派张寿贤参加

表 6　中缅佛教之联络工作

题名	中缅佛教之联络工作
产生者	缪培基
资料类型	原件
出版日期	民国 30 年 9 月 29 日
内容描述	对中缅佛教之联络工作建议 3 点
产生地	仰光
数量	10 张
实体描述	钢笔原件
全集/系列名称	特种档案
馆藏号	特 14/11.5
Metadata 档名	ntul-kmt-sp14_011_005_000
档案摘述	中缅佛教之联络工作，工作之一为人事感情上之联络，工作之二为宣传刊物的编发，工作之三为国际佛教联合会，并述及国际佛教联合会的成立目的与企图（第一张为 Sp14_011_004 所有）

表 7　中秘处致社会部及海外部函稿

题名	中秘处致社会部及海外部函稿
产生者	中秘处
资料类型	原件
出版日期	民国 30 年 10 月 5 日
内容描述	请补助驻缅法舫法师等。附社会部致中秘处函 1 件
产生地	重庆
数量	6 张

续表

实体描述	毛笔稿件
全集/系列名称	特种档案
馆藏号	特 14/3.1
Metadata 档名	ntul-kmt-sp14_003_001_000
档案摘述	中央执行委员会秘书处致社会部、中央执行委员会海外部,缅甸盛行佛教,为促进中缅关系,去岁太虚法师率其弟子前往缅甸,予缅人极佳印象,另有法舫法师等留居此地,虽每月能领教育部津贴 2000 元,但或不足以推行活动,请在补助金项下交拨每月二百盾。社会部复称,依照法规仅能以团体为补助对象,碍于规定,恕难办理

表 8 缪培基上吴铁城签呈

题名	缪培基上吴铁城签呈
产生者	缪培基
资料类型	原件
出版日期	民国 30 年 11 月 7 日
内容描述	法舫法师留仰光,常与缅僧联络请善运用以增进中缅人民友谊与谅解
产生地	仰光
数量	1 张
实体描述	钢笔原件
全集/系列名称	特种档案
馆藏号	特 14/11.4
Metadata 档名	ntul-kmt-sp14_011_004_000
备注	原卡片纪录 1 张
档案摘述	缪培基上中央执行委员会秘书长吴铁城签呈,缅甸为佛教国,太虚法师游缅甸予缅人极佳印象,其弟子法舫法师率学生前往仰光中国观音寺,与缅僧往来,今后若善用可增进中缅人民友谊与谅解,拟订工作大纲拟每月拨款二百盾。批示:交机要室拟办(后应有一份签呈,经查错置于 sp14_011_005)

表 9 缪培基上吴铁城签呈

题名	缪培基上吴铁城签呈
产生者	缪培基
资料类型	原件
出版日期	民国 30 年 11 月 7 日
内容描述	请特别注意对缅广播材料之选取。附法舫法师建议原文及附件各 1 件。中秘处致广播事业管理处函稿 1 件

续表

产生地	重庆
相关人名信息	吴铁城、缪培基、法舫法师
相关地名信息	重庆
数量	11 张
实体描述	钢笔原件
全集/系列名称	特种档案
馆藏号	特 14/5.19
Metadata 档名	ntul-kmt-sp14_005_019_000
典藏单位	中国国民党文化传播委员会党史馆
档案摘述	缪培基函中央执行委员会秘书长吴铁城，对缅广播于宣传材料之选取，应着重于缅人心理与生活方式，在仰光曾与太虚法师派弟子法舫法师等研究提出建议，包括：特别广播（佛教各节、缅甸年节、缅僧殉国纪念日、缅高僧生辰）、普通广播（佛教消息报告、轰炸事件、中国佛学介绍、中国政府对佛教崇敬）等，后附缅甸佛教节日、缅高僧殉国纪念日说明。中央执行委员会秘书处复称，准

表 10　招待缅甸僧王来渝计划及经费概算

题名	招待缅甸僧王来渝计划及经费概算
产生者	中缅文化协会
资料类型	原件
出版日期	民国 31 年（1942）4 月 16 日
内容描述	附孙芹池上吴铁城签呈，杭立武原函及吴铁城便条各 1 件
产生地	重庆
相关人名信息	孙芹池、吴铁城、杭立武
数量	10 张
实体描述	毛笔原件
全集/系列名称	特种档案
馆藏号	特 14/11.2
Metadata 档名	ntul-kmt-sp14_011_002_000
典藏单位	中国国民党文化传播委员会党史馆
档案摘述	杭立武函中央执行委员会秘书长吴铁城，关于借由佛教加强中缅关系，经与太虚法师商议，拟由俨然法师与瓦城中国佛学会会长杨立成就近接洽高僧玛尼来华。中缅文化协会致中央执行委员会秘书长吴铁城函，后附招待缅甸僧王来渝住锡一年经费概算表。孙芹池签注以拟邀请僧王二人，助手八人，学徒二人，因其食肉，必须另设地方接待。批示：由中央招待所办理，与太虚法师会商

附录二 中研院近代史研究所档案馆太虚档案

表 1 太虚人事档案

馆藏号	301 – 01 – 23 – 084
全宗	朱家骅
副全宗	纸质档案
系列	人才人事
册	文兴哲、文心沅、卞宗孟、太虚、水梓、尤亚伟、包可永、包华国、包一民、包光达、包德明、皮宗石、皮筱韬、皮作琼、丘应诚、丘国珍、丘正欧、丘斌存、丘汉平
时间	1939 年 5 月至 1953 年 5 月
页数	140

表 2 留印僧白慧患病需要外汇档案

馆藏号	11 – 29 – 19 – 05 – 004
全宗	外交部
副全宗	"国史馆"藏外交部亚太司
副副全宗	印度
系列	文教
册	中国佛学苑派印度留学生请准购外汇
时间	1944 年 4 月至 1945 年 11 月
描述	中国世界佛学苑外派印度留学僧白慧在印患病,其国内友人筹措接济医药费及其他生活书籍费用,请准购买外汇
页数	37
人名权威	法舫、太虚、保君建、蒙达居、宋子文、吴国桢、胡世泽、梁龙、谭云山、董霖、陈质平、王世杰、甘乃光、吴南如、刘锴

附录三 台湾"国史馆"太虚档案

表 1 《中华民国褒扬令集(初编)第三册》之叙述

数位典藏号	128 – 005240 – 0001
全宗系列	个人史料
隶属卷名/件号	丁福保(仲祜)先生年表/0001
本件日期	1920 年 2 月 12 日至 1920 年 2 月 12 日

续表

密等/解密记录	普通
提供方式/地点	申请阅览(尚未检视)
相关人员	傅岳棻、屈天锡、盛宣怀、罗伯昭、张季量、杨恺龄、太虚法师

表 2　蒋中正谒太夫人王采玉墓晚与吴忠信谈话谓近日性躁心急若不于 此时静心养性则后更难期于言不妄发行戒轻躁二语勉之

数位典藏号	002 - 060100 - 00005 - 008
全宗系列	"蒋中正总统"文物/文物图书/稿本(一)
隶属卷名/件号	事略稿本—民国十六年九至十二月/008
本件日期	1927 年 9 月 8 日至 1927 年 9 月 8 日
密等/解密记录	普通
提供方式/地点	数位文件/在线阅览
相关人员	张治中、太虚和尚、蒋中正、王采玉、吴忠信

表 3　太虚函蒋中正得法尊来信述收服西藏事颇详转呈裁择 及请提置李基鸿任内政部礼俗司长

数位典藏号	002 - 080200 - 00201 - 127
全宗系列	"蒋中正总统"文物/特交档案/一般资料/
隶属卷名/件号	一般资料—民国二十四年(三)/127
本件日期	1935 年 1 月 19 日至 1935 年 1 月 19 日
密等/解密记录	普通
提供方式/地点	数位文件/在线阅览

表 4　太虚法师呈蒋中正拟请内政部组设整理僧寺委员会文电日报表

数位典藏号	002 - 080200 - 00469 - 065
全宗系列	"蒋中正总统"文物/特交档案/一般资料/
隶属卷名/件号	一般资料—呈表汇集(四十二)/065
本件日期	1936 年 3 月 10 日至 1936 年 3 月 10 日
密等/解密记录	普通
提供方式/地点	数位文件/在线阅览

表 5　太虚电蒋中正闻回故里敬颂春绥

数位典藏号	002 - 080200 - 00264 - 046
全宗系列	"蒋中正总统"文物/特交档案/一般资料/
隶属卷名/件号	一般资料一民国二十五年(二)/046
本件日期	1936 年 3 月 22 日至 1936 年 3 月 22 日
密等/解密记录	普通
提供方式/地点	数位文件/在线阅览

表 6　李基鸿呈蒋中正由太虚法师介绍励子安居士引同钟表行商庄熙华将钧座失去之金表等进献应否酌予赏赐等文电日报表

数位典藏号	002 - 080200 - 00480 - 022
全宗系列	"蒋中正总统"文物/特交档案/一般资料/
隶属卷名/件号	一般资料一呈表汇集(五十三)/022
本件日期	1937 年 3 月 3 日至 1937 年 3 月 3 日
密等/解密记录	普通
提供方式/地点	数位文件/在线阅览

表 7　湖北省政府教育厅函军事委员会委员长侍从室第二处为准函交武昌佛学院院长释太虚呈请维护该院地址一案经查明情形函送计划图请查照

数位典藏号	001 - 051800 - 00001 - 002
全宗系列	国民政府/内政/宗教祠庙管理/宗教祠庙管理总目
隶属卷名/件号	宗教祠庙管理/002
本件日期	1937 年 7 月 29 日至 1937 年 8 月 3 日
密等/解密记录	普通
提供方式/地点	数位文件/在线阅览

表 8　生活书店等著作权状存根（生活书店、沈志远、张超良、通俗书局、生活书店、商务印书馆、太虚法师）

入藏登录号	026000015603A
本卷日期	1938～1940 年
密等/解密记录	普通"内政部"2017 年 9 月 20 日台内总字第 10600656191 号通知单、"劳动部"2017 年 9 月 30 日劳动秘文字第 1060022400 号函及"卫生福利部"2017 年 10 月 26 日卫部密字第 1062161986 号通知单注销密等
提供方式/地点	原件/新店阅览室

表 9　太虚和尚函国民政府主席林森为请拨奖学金为汉藏教理院基金

数位典藏号	001 – 090520 – 00001 – 008
全宗系列	国民政府/教育（文化）/奖学金/政府设立奖助学金
隶属卷名/件号	林森七秩寿辰纪念奖学金办法案/008
本件日期	1938 年 3 月 1 日至 1938 年 3 月 1 日
密等/解密记录	普通
提供方式/地点	数位文件/在线阅览

表 10　国民政府主席林森函太虚和尚有关林森纪念奖学金以研究造纸颜料炼钢及军用化学等科目为范围自难遽予变更

数位典藏号	001 – 090520 – 00001 – 009
全宗系列	国民政府/教育（文化）/奖学金/政府设立奖助学金
隶属卷名/件号	林森七秩寿辰纪念奖学金办法案/009
本件日期	1938 年 3 月至 1938 年 3 月
密等/解密记录	普通
提供方式/地点	数位文件/在线阅览

表 11　中国佛教会理事太虚转据中国佛教会沿河县分会呈为县政府撤销佛教机关强提寺庙财产请转饬制止

入藏登录号	026000013239A
本卷日期	1939 ~ 1939 年
密等/解密记录	普通/"内政部"2017 年 9 月 20 日台内总字第 10600656191 号通知单、"劳动部"2017 年 9 月 30 日劳动秘文字第 1060022400 号函及"卫生福利部"2017 年 10 月 26 日卫部密字第 1062161986 号通知单注销密等
提供方式/地点	原件/新店阅览室

表 12　中国佛教会理事长太虚呈据鄞县佛教会呈请救济僧寺维护古物

入藏登录号	026000013268A
本卷日期	1939 ~ 1939 年
密等/解密记录	普通"内政部"2017 年 9 月 20 日台内总字第 10600656191 号通知单、"劳动部"2017 年 9 月 30 日劳动秘文字第 1060022400 号函及"卫生福利部"2017 年 10 月 26 日卫部密字第 1062161986 号通知单注销密等
提供方式/地点	原件/新店阅览室

表 13 太虚呈蒋中正关于唯生哲学之研究呈上海潮音三册内有文涉及文电日报表

数位典藏号	002 – 080200 – 00517 – 079
全宗系列	"蒋中正总统"文物/特交档案/一般资料/
隶属卷名/件号	一般资料—呈表汇集（九十）/079
本件日期	1939 年 10 月 28 日至 1939 年 10 月 28 日
密等/解密记录	普通
提供方式/地点	数位文件/在线阅览

**表 14 中国佛教会理事太虚呈为转据河南新蔡县金粟禅林住持僧祥云
呈为蒙串备案霸寺为祠恳确定产权**

入藏登录号	026000012614A
本卷日期	1940 ~ 1941 年
密等/解密记录	普通/"内政部"2017 年 9 月 20 日台内总字第 10600656191 号通知单、"劳动部"2017 年 9 月 30 日劳动秘文字第 1060022400 号函及"卫生福利部"2017 年 10 月 26 日卫部密字第 1062161986 号通知单注销密等
提供方式/地点	原件/新店阅览室

表 15 太虚法师请派布教师前往美国纽约等处各佛教机关主持

数位典藏号	014 – 010602 – 0018
全宗系列	行政院/内政/礼制民俗宗教/宗教祠庙管理
本卷日期	1941 ~ 1941 年
密等/解密记录	普通
提供方式/地点	数位文件/台北阅览室

表 16 中国佛教会理事太虚呈以江西南康县政府拘僧夺产吁恳依法保护案

入藏登录号	026000012767A
本卷日期	1941 ~ 1941 年
密等/解密记录	普通/"内政部"2017 年 9 月 20 日台内总字第 10600656191 号通知单、"劳动部"2017 年 9 月 30 日劳动秘文字第 1060022400 号函及"卫生福利部"2017 年 10 月 26 日卫部密字第 1062161986 号通知单注销密等
提供方式/地点	原件/新店阅览室

表 17　　中国佛教会理事太虚呈以大庚县金莲山法华寺被该县
县政府毁灭改充农校请转电制止一案

入藏登录号	026000012769A
本卷日期	1941 ~ 1942 年
密等/解密记录	普通/"内政部"2017 年 9 月 20 日台内总字第 10600656191 号通知单、"劳动部"2017 年 9 月 30 日劳动秘文字第 1060022400 号函及"卫生福利部"2017 年 10 月 26 日卫部密字第 1062161986 号通知单注销密等
提供方式/地点	原件/新店阅览室

表 18　　中国佛教会理事太虚呈以湖南城步等县驱僧夺产恳保护

入藏登录号	026000012824A
本卷日期	1941 ~ 1941 年
密等/解密记录	普通/"内政部"2017 年 9 月 20 日台内总字第 10600656191 号通知单、"劳动部"2017 年 9 月 30 日劳动秘文字第 1060022400 号函及"卫生福利部"2017 年 10 月 26 日卫部密字第 1062161986 号通知单注销密等
提供方式/地点	原件/新店阅览室

表 19　　中国佛教会理事太虚呈为湖南芷江县驱僧夺产请转行制止一案

入藏登录号	026000012826A
本卷日期	1941 ~ 1941 年
密等/解密记录	普通/"内政部"2017 年 9 月 20 日台内总字第 10600656191 号通知单、"劳动部"2017 年 9 月 30 日劳动秘文字第 1060022400 号函及"卫生福利部"2017 年 10 月 26 日卫部密字第 1062161986 号通知单注销密等
提供方式/地点	原件/新店阅览室

表 20　　中国佛教会理事长太虚函请咨贵州省政府依法保护庙产

入藏登录号	026000013016A
本卷日期	1941 ~ 1941 年
密等/解密记录	普通/"内政部"2017 年 9 月 20 日台内总字第 10600656191 号通知单、"劳动部"2017 年 9 月 30 日劳动秘文字第 1060022400 号函及"卫生福利部"2017 年 10 月 26 日卫部密字第 1062161986 号通知单注销密等
提供方式/地点	原件/新店阅览室

表 21 中国佛教会理事长太虚呈为湄潭县土劣强卖庙产请予制止

入藏登录号	026000013017A
本卷日期	1941～1941 年
密等/解密记录	普通/"内政部"2017 年 9 月 20 日台内总字第 10600656191 号通知单、"劳动部"2017 年 9 月 30 日劳动秘文字第 1060022400 号函及"卫生福利部"2017 年 10 月 26 日卫部密字第 1062161986 号通知单注销密等
提供方式/地点	原件/新店阅览室

表 22 湖北省寺庙产纠纷有关文电汇辑

数位典藏号	008－010901－00016－001
全宗系列	"陈诚副总统"文物/文件/湖北省政府/工作报告
本卷日期	1941 年 1 月 14 日至 1949 年 2 月
密等/解密记录	普通/"内政部"2017 年 8 月 25 日台内总字第 1061601953 号函注销密等
应用限制	涉个资
提供方式/地点	申请阅览(尚未检视)
相关人员	刘汉清、陈诚、定一、绪根、周钟岳、太虚、孟广澎、朱怀冰、林之风、林春伯、潘哲、王济亚、福明、蒋中正、谢自力、释少峰、释度一、释晓嵩、释铭钦、陈仪、于国桢

表 23 太虚函蒋中正恳颁菩萨学处匾额及酌为捐助提倡并函吴鼎昌饬平埧县长对高峰山产业依学术机关粮食例特加维护

数位典藏号	002－080114－00019－014
全宗系列	"蒋中正总统"文物/特交档案/分类资料/特件
隶属卷名/件号	名人书翰(一)/014
本件日期	1941 年 12 月 27 日至 1941 年 12 月 27 日
密等/解密记录	普通
提供方式/地点	数位文件/在线阅览

表 24 中国佛教会理事释太虚呈拟维护佛教整理寺庙财产办法五项

数位典藏号	014－010602－0011
全宗系列	行政院/内政/礼制民俗宗教/宗教祠庙管理
本卷日期	1942～1942 年
密等/解密记录	普通
提供方式/地点	数位文件/台北阅览室
题名摘要	中国佛教会理事释太虚呈拟维护佛教整理寺庙财产办法五项

表 25　中国佛教会理事太虚为鄂省松流宜都枝江等县摧残佛教恳予救济一案

入藏登录号	026000012802A
本卷日期	1942～1942 年
密等/解密记录	普通/"内政部"2017 年 9 月 20 日台内总字第 10600656191 号通知单、"劳动部"2017 年 9 月 30 日劳动秘文字第 1060022400 号函及"卫生福利部"2017 年 10 月 26 日卫部密字第 1062161986 号通知单注销密等
提供方式/地点	原件/新店阅览室

表 26　中国佛教会理事太虚呈为湖北罗田县政府强提庙产恳予救济案

入藏登录号	026000012803A
本卷日期	1942～1942 年
密等/解密记录	普通/"内政部"2017 年 9 月 20 日台内总字第 10600656191 号通知单、"劳动部"2017 年 9 月 30 日劳动秘文字第 1060022400 号函及"卫生福利部"2017 年 10 月 26 日卫部密字第 1062161986 号通知单注销密等
提供方式/地点	原件/新店阅览室

表 27　中国佛学会理事长太虚呈为贵州正安等县佛教惨被摧残恳予救济

入藏登录号	026000013070A
本卷日期	1942～1942 年
密等/解密记录	普通/"内政部"2017 年 9 月 20 日台内总字第 10600656191 号通知单、"劳动部"2017 年 9 月 30 日劳动秘文字第 1060022400 号函及"卫生福利部"2017 年 10 月 26 日卫部密字第 1062161986 号通知单注销密等
提供方式/地点	原件/新店阅览室

表 28　太虚法师请资助留西藏汉僧年费旅费及西藏行政报告，吴忠信呈暂停进行组织汉藏佛教会经过及给予西藏驻京办事处补助费办公费及捐助经堂修建费，王宠惠呈西藏政治制度及其对于中国之关系

数位典藏号	001－059200－00017－000
全宗系列	国民政府/内政/藏事/藏事总目
隶属卷名/件号	藏务(二)/000
本件日期	1942 年 12 月 22 日至 1945 年 1 月 13 日
密等/解密记录	普通
提供方式/地点	数位文件/在线阅览
相关人员	宋子文,徐永昌,札什伦布,陈果夫,太虚,吴忠信,王宠惠

表 29　军事委员会委员长侍从室第三处主任陈果夫呈委员长
蒋中正为太虚法师请资助留西藏汉僧年费及旅费

数位典藏号	001 - 059200 - 00017 - 001
全宗系列	国民政府/内政/藏事/藏事总目
隶属卷名/件号	藏务（二）/001
本件日期	1942 年 12 月 22 日至 1942 年 12 月 22 日
密等/解密记录	普通
提供方式/地点	数位文件/在线阅览

表 30　中国宗教徒联谊会筹备会召集人太虚呈军事委员会委员长
蒋中正为举行成立中国宗教徒联谊会恳颁发训词

数位典藏号	001 - 011243 - 00002 - 009
全宗系列	国民政府/总类/总统、副总统/训词
隶属卷名/件号	社会团体请颁训词/009
本件日期	1943 年 5 月 20 日至 1943 年 5 月 20 日
密等/解密记录	普通
提供方式/地点	数位文件/在线阅览

表 31　太虚法师呈军事委员会委员长蒋中正为转呈满月
寂禅二僧请拨赴藏旅费及西藏行政报告

数位典藏号	001 - 059200 - 00017 - 003
全宗系列	国民政府/内政/藏事/藏事总目
隶属卷名/件号	藏务（二）/003
本件日期	1943 年 12 月 28 日至 1943 年 12 月 28 日
密等/解密记录	普通
提供方式/地点	数位文件/在线阅览

表 32　中国佛学苑派印度留学生请准购外汇

数位典藏号	020 - 011905 - 0004
全宗系列	外交部/亚东太平洋司/印度/文教
本卷日期	1944 年 4 月 8 日至 1945 年 11 月 24 日
密等/解密记录	普通
应用限制	内含个人隐私
提供方式/地点	数位文件/在线阅览
相关人员	法舫、太虚、保君建、蒙达居、宋子文、吴国桢、胡世泽、梁龙、谭云山、董霖、陈质平、王世杰、甘乃光、吴南如、刘锴、白慧

表 33　中国宗教徒联谊会常务理事主席白崇禧呈国民政府主席蒋中正为本会
常务理事太虚等从事抗战工作劳绩殊多拟请鉴核颁给胜利勋章

数位典藏号	001 – 035100 – 00126 – 012
全宗系列	国民政府/人事/勋奖/勋奖总目
隶属卷名/件号	胜利勋奖章(七)/012
本件日期	1945 年 11 月 22 日至 1945 年 11 月 22 日
密等/解密记录	普通
提供方式/地点	数位文件/在线阅览

表 34　中国宗教徒联谊会常务理事主席白崇禧保举者太虚等请颁给胜利勋奖章

数位典藏号	001 – 035100 – 00161 – 039
全宗系列	国民政府/人事/勋奖/勋奖总目
隶属卷名/件号	胜利勋奖章名册(一)/039
本件日期	1946 ~ 1946 年
密等/解密记录	普通
提供方式/地点	数位文件/在线阅览

表 35　太虚请求事项

数位典藏号	014 – 010602 – 0019
全宗系列	行政院/内政/礼制民俗宗教/宗教祠庙管理
本卷日期	1946 ~ 1946 年
密等/解密记录	普通
提供方式/地点	数位文件/台北阅览室
题名摘要	太虚请求事项

表 36　奉交议中国佛学会理事长太虚呈请事一三四参点一案

入藏登录号	026000013172A
本卷日期	1946 ~ 1946 年
密等/解密记录	普通/"内政部"2017 年 9 月 20 日台内总字第 10600656191 号通知单、"劳动部"2017 年 9 月 30 日劳动秘文字第 1060022400 号函及"卫生福利部"2017 年 10 月 26 日卫部密字第 1062161986 号通知单注销密等
提供方式/地点	原件/新店阅览室

表 37　中国宗教徒联谊会常务理事主席太虚函国民政府为推选
国民大会代表五名祈转呈

数位典藏号	001 – 011142 – 00034 – 023
全宗系列	国民政府/总类/中央民意代表/代表
隶属卷名/件号	国民大会代表名额增加案（一）/023
本件日期	1946 年 3 月 4 日至 1946 年 3 月 4 日
密等/解密记录	普通
提供方式/地点	数位文件/在线阅览

表 38　中国宗教徒联谊会常务理事主席太虚呈国民政府主席蒋中正
为呈请在社会贤达内指定卫立民等五人为国民大会代表

数位典藏号	001 – 011142 – 00034 – 025
全宗系列	国民政府/总类/中央民意代表/代表
隶属卷名/件号	国民大会代表名额增加案（一）/025
本件日期	1946 年 3 月 4 日至 1946 年 3 月 4 日
密等/解密记录	普通
提供方式/地点	数位文件/在线阅览

表 39　国民政府文官处文书局长许静芝函中国宗教徒联谊会
常务理事主席太虚关于贵会推选国民大会代表五名案
奉批送国民大会遴选代表资格审查委员会核办

数位典藏号	001 – 011142 – 00034 – 024
全宗系列	国民政府/总类/中央民意代表/代表
隶属卷名/件号	国民大会代表名额增加案（一）/024
本件日期	1946 年 3 月 14 日至 1946 年 3 月 14 日
密等/解密记录	普通
提供方式/地点	数位文件/在线阅览

表 40　国民政府文官处函中国国民党中央执行委员会秘书处为
遵批函送太虚函介章嘉备选国民大会代表案请查照

数位典藏号	001 – 011142 – 00034 – 027
全宗系列	国民政府/总类/中央民意代表/代表
隶属卷名/件号	国民大会代表名额增加案（一）/027
本件日期	1946 年 4 月 2 日至 1946 年 4 月 2 日
密等/解密记录	普通
提供方式/地点	数位文件/在线阅览

表 41　　国民政府文官长吴鼎昌函释太虚为准函转鲁淑彦等函为开封相国寺被强占
请饬河南省政府急予制止以保古迹一案已奉交河南省政府

数位典藏号	001 - 051820 - 00002 - 010
全宗系列	国民政府/内政/宗教祠庙管理/祠庙教堂管理
隶属卷名/件号	祠庙教堂产业管理/010
本件日期	1946 年 5 月 27 日至 1946 年 5 月 27 日
密等/解密记录	普通
提供方式/地点	数位文件/在线阅览

表 42　　国民政府明令褒扬抚恤王芃生太虚大师嘉木样
呼图克图傅常顾临等协助抗战有功人员

数位典藏号	001 - 036000 - 00071 - 000
全宗系列	国民政府/人事/褒恤、丧葬/褒恤、丧葬总目
隶属卷名/件号	协助抗战有功人员褒恤案(五)/000
本件日期	1946 年 6 月 3 日至 1947 年 12 月 25 日
密等/解密记录	普通
提供方式/地点	数位文件/在线阅览
相关人员	刘秉材、张翼枢、谭曙卿、王芃生、太虚大师、嘉木样、傅常、顾临

表 43　　释太虚呈国民政府为日本掳掠之铜佛像恳准由天津佛教会领回供奉

数位典藏号	001 - 051810 - 00001 - 021
全宗系列	国民政府/内政/宗教祠庙管理/宗教管理
隶属卷名/件号	宗教管理/021
本件日期	1946 年 8 月 10 日至 1946 年 8 月 17 日
密等/解密记录	普通
提供方式/地点	数位文件/在线阅览

表 44　　褒扬太虚大师

数位典藏号	014 - 090501 - 0968
全宗系列	行政院/人事/勋奖抚恤/勋奖褒扬
本卷日期	1947 ~ 1947 年
密等/解密记录	普通
提供方式/地点	数位文件/台北阅览室
题名摘要	褒扬太虚大师

表 45 中国佛教会整理委员会常务委员章嘉等呈国民政府
主席蒋中正请褒扬太虚大师并颁给法号

数位典藏号	001 - 036000 - 00071 - 039
全宗系列	国民政府/人事/褒恤、丧葬/褒恤、丧葬总目
隶属卷名/件号	协助抗战有功人员褒恤案(五)/039
本件日期	1947 年 3 月 31 日至 1947 年 3 月 31 日
密等/解密记录	普通
提供方式/地点	数位文件/在线阅览

表 46 国民政府文官处函行政院为遵批函送中国佛教整理委员会
等呈请褒扬太虚大师并颁给法号一案请查照

数位典藏号	001 - 036000 - 00071 - 040
全宗系列	国民政府/人事/褒恤、丧葬/褒恤、丧葬总目
隶属卷名/件号	协助抗战有功人员褒恤案(五)/040
本件日期	1947 年 4 月 11 日至 1947 年 4 月 11 日
密等/解密记录	普通
提供方式/地点	数位文件/在线阅览

表 47 中国佛教会整理委员会常务委员章嘉等呈国民政府主席蒋中正
恳准予明令褒扬太虚大师并颁给法号

数位典藏号	001 - 036000 - 00071 - 041
全宗系列	国民政府/人事/褒恤、丧葬/褒恤、丧葬总目
隶属卷名/件号	协助抗战有功人员褒恤案(五)/041
本件日期	1947 年 4 月 24 日至 1947 年 4 月 24 日
密等/解密记录	普通
提供方式/地点	数位文件/在线阅览

表 48 国民政府文官处函行政院为遵批函送章嘉函请明令褒扬
太虚大师并颁给法号一案请查照

数位典藏号	001 - 036000 - 00071 - 042
全宗系列	国民政府/人事/褒恤、丧葬/褒恤、丧葬总目
隶属卷名/件号	协助抗战有功人员褒恤案(五)/042
本件日期	1947 年 5 月 3 日至 1947 年 5 月 3 日
密等/解密记录	普通
提供方式/地点	数位文件/在线阅览

表 49   行政院长张群函国民政府文官处为褒扬太虚大师拟请
由府令褒扬并颁给法号毋庸置议函请查照转陈

数位典藏号	001 – 036000 – 00071 – 043
全宗系列	国民政府/人事/褒恤、丧葬/褒恤、丧葬总目
隶属卷名/件号	协助抗战有功人员褒恤案（五）/043
本件日期	1947 年 5 月 22 日至 1947 年 5 月 22 日
密等/解密记录	普通
提供方式/地点	数位文件/在线阅览

表 50   国民政府明令褒扬太虚大师

数位典藏号	001 – 036000 – 00071 – 044
全宗系列	国民政府/人事/褒恤、丧葬/褒恤、丧葬总目
隶属卷名/件号	协助抗战有功人员褒恤案（五）/044
本件日期	1947 年 6 月 17 日至 1947 年 6 月 17 日
密等/解密记录	普通
提供方式/地点	数位文件/在线阅览

表 51   国民政府文官处函中国佛教会整理委员会委员章嘉
为太虚法师业奉府令褒扬录令函达查照

数位典藏号	001 – 036000 – 00071 – 045
全宗系列	国民政府/人事/褒恤、丧葬/褒恤、丧葬总目
隶属卷名/件号	协助抗战有功人员褒恤案（五）/045
本件日期	1947 年 6 月 17 日至 1947 年 6 月 17 日
密等/解密记录	普通
提供方式/地点	数位文件/在线阅览

《北大佛学》第 2 辑
第 370～388 页

重访"东亚佛教大会"

——以日本外务省外交档案为中心的考察

何燕生

内容提要 本文是笔者"在日本发现太虚"系列研究中的一部分，接续系列研究的思路和做法，拟利用日本方面的史料特别是日本外务省外交史料馆收藏的相关档案，以"东亚佛教大会"为中心，试做考察。日本外务省相关档案的存在，以前不被知晓，由笔者首次发现，随着笔者对这些档案的发现与整理，民国初期中日佛教交流史，特别是太虚与日本佛教界的交往等，一些鲜为人知的事实逐渐被公布于众。比如"东亚佛教大会"名称的由来，其实不像《海潮音》等刊物所报道的那么简单，其背后有着更为复杂的政治考量。

关键词 太虚 日本外务省档案 东亚佛教大会 佛教外交

作者简介 何燕生，武汉大学国际禅文化研究中心主任、讲座教授，日本郡山女子大学专职教授。

一　前言

毋庸讳言，历史（history）是由一个个"事件"组成的"往事记录"，没有"事件"，也就没有历史；而每个"事件"的发生，自有其环节和背景，并不是单纯和孤立的产物。然而，一般业已公开的、记录"事件"的文本，往往由于"事件"本身所牵涉的问题多面而复杂等，不是有意略去了其中的某个环节，就是隐瞒了其中的某个背景，最终呈现在人们面前的，并非完整的面貌。这可以说是一种常识。因此，为了弄清"事件"的完整面貌，需要在被公开发表的文本之外，另辟蹊径，寻找其他材料，比如从碑铭、档案中，或者从私人手稿、日记中去发现、探秘；一些看似无关紧要的蛛丝马迹，往往能为我们提供还原"事件"全貌的有力线索，让那些被有意遮蔽的东西重见天日，还其本来面目。这方面，我国的近代史研究领域，比如辛亥革命史研究、孙中山研究等，业已取得了典范性的成果。然而，令人遗憾的是，近代佛教研究领域特别是关于佛教改革领袖太虚的研究，长期以来很少看到对档案、手稿、日记这些"边缘"材料的发现和运用，更多的仍然是对《太虚大师全书》《海潮音》《太虚大师年谱》这些业已公开的文本倾注极大的热情。这种"用太虚研究太虚"的范式，"复制"太虚说法的做法，可以说是迄今太虚研究中的一种"常态"。

1925 年在东京召开的"东亚佛教大会"，是太虚佛教革新运动走出国门，迈向世界的一次重要的历史"事件"。此次大会的召开，聚集了当时中日两国佛教的力量，同时得到了中日两国官方的积极支持，在中日佛教交流史上可以说具有里程碑的意义，值得我们深入研究。

关于此次大会的情况，日方在大会结束后编辑出版了《东亚佛教大会纪要》，比较详细地记录了会议缘起、召开目的、会议议程、各团体代表成员、各方发言内容以及达成的协议、会后的参观活动、演讲情况，其中还记录了中日双方互赠的礼品清单等。洋洋 1000 余页，内容可谓丰富而全面。然而，与此同时，因为这次大会的召开得到了日本官方的授意，日本外务省在资金上提供了保障，所以实质上是一次半官方半民间的"外交活动"，有关会议召开的往来书信，也因此被作为日本外务省外交档案保存下来，而通过对这些被保存下来的档案的考察，笔者发现一些重要的细节在《东亚佛教大会纪要》中并未被录入，而这些细节，对于我们研究太虚，了解"东亚佛教大会"作为一个历史"事件"的客观全貌，具有不可忽视的重要的史料价值。比如："东亚佛教大会"名称之由来，其实并不像《海潮音》等刊物所报道的那么简单，其背后有着更为复杂的政治考量；中方代表团成员的名单及各地代表的人数，其实一直变动不定，中途甚至出现了太虚因病不能参加的插曲；会议期间，太虚对日方盛情招待的政治意图表达过自己的看法，提出过质疑；对日本佛教，太虚并不是一味地赞誉，同时也有批判，特别是对日本佛教世俗化的问题，公开提出过批评；等等。然而，这些都不见《东亚佛教大会纪要》记载，可以说是被有意屏蔽的细节。因此，日方公开出版的这部《东亚佛教大会纪要》，并不能为我们提供完整了解"东亚佛教大会"全貌的依据，其史料价值不得不大打折扣。而日本外务省保存的相关档案，则恰恰可以提供这方面的帮助，而且所反映的问题十分重要，档案的史料价值也就不言而喻了。

目前保存在日本外务省外交史料馆的"东亚佛教大会"档案 300 余页，分割成三个卷宗保存（档案号分别是：B05015732100，B05015732200，B05015732300）①。内容以往来信函为多，涉及单位有日本佛教联合会、外务省、文部省、日本警察厅、日本驻华使领馆等日本相关官方机构，也

---

① 还有一份称为"东亚佛教大会"的单独档案，编号为 B12081585400，估计是后来补上的。也有一些重复的档案，如"中华佛教代表释太虚道阶和南公启"档案（B12081597000），其实这份档案已经被收入"东亚佛教大会"分割之三的档案之中，编号 B05015732300。其中还有一些把与王一亭相关的商贸档案混入"东亚佛教大会"档案之中的情况。很可能是编档人员对这段历史的专业知识不足造成的。

有少量来自中国太虚方面的私人或团体书信。此次会议的日方实际牵头人水野梅晓的个人书信也为数不少。以下将借助这些往来书信,重访"东亚佛教大会",具体探讨"东亚佛教大会"名称的由来及背景。

二 中日双方关于"东亚佛教大会"名称的争执

事情须得从 1924 年庐山"世界佛教联合会"说起。

由太虚倡议的庐山"世界佛教联合会"会议,1924 年 7 月 12 日至 13 日在庐山大林寺如期召开,日本派遣了以法隆寺贯首佐伯定胤、东京帝国大学教授木村泰贤和佛教活动家水野梅晓组成的官方代表团以及临济宗胜平大喜、真言宗小林正盛为代表的民间代表团参加,佛教活动家向出哲堂也以个人名义参加了此次会议。会期两天,会后中日代表团举行"中日代表联席会",商讨了今后中日佛教合作问题。《海潮音》对此进行了报道。

据《海潮音》第 5 年第 8 期《世界佛教联合会开会纪事》,1924 年 7 月 14 日,中日代表团在会后举行的"中日代表联席会"上,太虚提议次年在日本召开联合会,请日本筹备。对此,日方代表团木村泰贤表示:"明年在日开会是东亚各国联合会,再明年乃筹开各国佛教联合会。"太虚紧接着就会议名称提出建议:"明年开会,名称可为'世界佛教联合会东亚会议',以本会性质是世界,实际则是东亚。"对于太虚的建议,木村进行了较长的陈述:"'世界'名称果佳,但形式与力量惟属东方一部分,没有西洋人加入,名实恐不相符。然我们作事总是向大的范围,如世界名称很大的,在日本开会需要有英、美、德、法加入方可,况'世界'名称加'东亚'名称,上面是大的,下面是一部分,恐怕敝国各宗不赞成。最好我们先由'东亚各国佛教联合',倘西洋各佛教国愿意加入,则名'世界佛教联合会'未晚。敝国人做事,是一步一步的行去,若骤名'世界',而无世界各国加入,恐引人起误会。"太虚当即提出异议:"但此会名世界已经两年,倘明年到贵国换名'东亚',恐与本会初发起人原意不符。明年虽在贵国开会，若与本会离异，引人误会。"

经过几个回合后，木村最后说："明年敝国开会，名'东亚佛教联合会'，倘后年贵国开会，仍名'世界佛教联合会'，敝国总是情愿加入。设再换名'庐山世界佛教联合会'，敝国也依然加入。"木村就是拒绝使用"世界"名称。对于木村的执意，太虚最后表态说："今日于联合会上商议名称，表显中国人之理想与日本人之实践各有精神。然明年开'东亚佛教联合会'，所抱理想，依然是'世界'的，希望理事相契。"① 从商议的结果看，似乎太虚最后同意了日方的提议，带有妥协的意味，然而从"希望理事相契"字面看，太虚应该是向日方打了一个"预防针"，希望日方表里如一，言出必行。

三　日本佛教界对"东亚佛教大会"名称的质疑

对于日方执意强调使用"东亚"而拒绝使用"世界"的意图，太虚当时是否已有洞察，我们不得而知，但是他对日方以"理事相契"的期待，则意味深长。

其实，考察当时日本国内的媒体报道可知，对于翌年在东京召开会议的名称，日本国内并不像木村所言，"恐怕敝国宗派不赞成"，倒是恰恰相反。关于这一点，我们可以从翌年在日本东京召开"东亚佛教大会"前夕，日本真言宗《六大新报》第 1139 期发表的《中華民國佛教代表者を歡迎す》(《欢迎中华民国佛教代表者》)的社论得到佐证（见图 1）。

该社论开门见山地指出："虽言东亚佛教大会，实际不过是中华民国与日本的佛教家之会合。为何不加上印度、暹罗、西藏的佛教家，以谋亚洲佛教徒之联合？我们曾经发出警告，但最终未果"。② 日方代表木村执意使用"东亚"名称而拒绝使用"世界"，其实最后到召开时只有"中日

---

① 《世界佛教联合会开会纪事》，《海潮音》第 5 年第 8 期，1924 年 7 月 14 日。
② 《六大新报》第 1139 期，1925 年 11 月。

图1　《六大新报》上的社论

两国”的代表而已，尽管实际上也有“朝鲜”和“台湾”的代表参加，但只是摆设，并无实际影响。

四　“东亚佛教大会”名称之政治背景

日方执意使用“东亚”而拒绝使用“世界”名称，似乎是事先就已确定的方案。这一点，我们可以从日本外务省外交档案中了解记录。第一份档案即是前述佐伯定胤回国后与木村泰贤一起在外务省参加的报告会（档案编号：B12081587500）。在报告会上，佐伯这样叙述当时的过程：“十四日讲演完后，我们就明年在日本召开世界佛教大会事，举行会议，当时日方表示，召开如此大会，我们以未被赋予任何权限作为理由，回避表示决定性意见，承诺回国后，将此事向佛教联合会汇报。然就大会名称，日方提议应该名副其实，将'世界'二字修正为'东亚'。太虚主张使用'世界'的说法。最后世界佛教大会同意（日方）这一提议，决定明年在日本召开时，作为其延续，称'东亚大会'。"可见执意使用"东亚"，是日方事先已经决定了的方案。

还有一份档案，见图2。这份档案，标题为"21. 世界佛教联合会第四次开中华佛教教席会议决案十四条 中华佛教联合会筹备处简章 中华佛教联合会大纲"，收藏在"外务省外交史料馆" > "战前期外务省记录" >3门通商 > "10类 宗教、教育及学艺" > "1项 宗教" > "宗教关系杂件第五卷"。档案编号：B12081587600。所藏馆（外务省外交史料馆）查询号码：B - 310 - 18 - 005。页数：12张。管辖机构：外务省。该档案材料由水野梅晓提供，档案的记录时间是大正13年（1924）8月16日，即庐山"世界佛教联合会"闭幕约一个月之后。标题译成汉语的意思是"即将组建中华佛教联合会"。字数不多，全文意思试译如下：

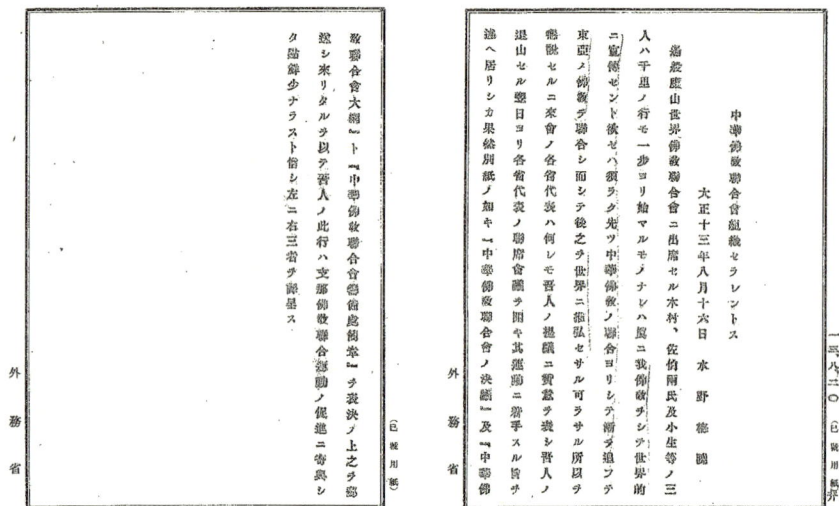

图2 外务省外交史料馆藏关于"组建中华佛教联合会"档案

日前出席庐山世界佛教联合会的木村、佐伯及本人等三人，真可谓千里之行始于足下，想要将我国佛教宣传于世界，需先始于与中华的联合，渐次谋东亚佛教之联合，然后向世界推广。是故，经过我们的耐心劝说，参会各省代表皆对我等的提议表示了赞同。在我们离开庐山后的翌日，各省代表召开了联席会议，并同意着手行动起来。果然如另纸，表决通过了《中华佛教联合会决议》及《中华佛教联合会大纲》和《中华佛教联合会筹备处简章》，并将其邮寄过来。因此，我等此次之行，相信对于促进支那佛教联合会做出了一些的贡献。特将三项材料附上。

从译文意思可以了解到，这是水野梅晓向外务省提供的关于中方在庐山"世界佛教联合会"闭幕后，中国佛教界成立的全国性佛教组织的"决议"、"大纲"和"简章"材料的说明。据水野称，这三份材料由中方寄来。这三份材料，后来《海潮音》进行了刊载，此不转述。值得注意的是，水野在这里所说的由"中日"佛教联合，渐次到"东亚"佛教联合，最好推广"世界"的说法，与前述木村所讲的"一步一步地行去"的调子，其实是一致的，口径相同。因此，我们可以认为，日方执意使用"东亚"名称，应该隐藏着某种背景。

那么，其背景到底何在？

其实，收入"东亚佛教大会"的第一份、第二份档案透露了这方面的内幕。图3为第一份档案（档案编号：B05015732100），其中显示，日本佛教联合会常务委员高山自宝于大正13年12月5日拜访外务省，汇报日本佛教联合会的建议，关于参会国范围和人数，佛教联合会提出中方20人以及印度、缅甸等约10人的方案，其中还提到具体议程安排和要求经费补助的建议。这份档案显示，外务大臣、外务次官、事务官已阅览，但最后达成的一致意见是"日支両国のことと限定すること一致"（同意限定在日中两国之间），但并未指出其理由。

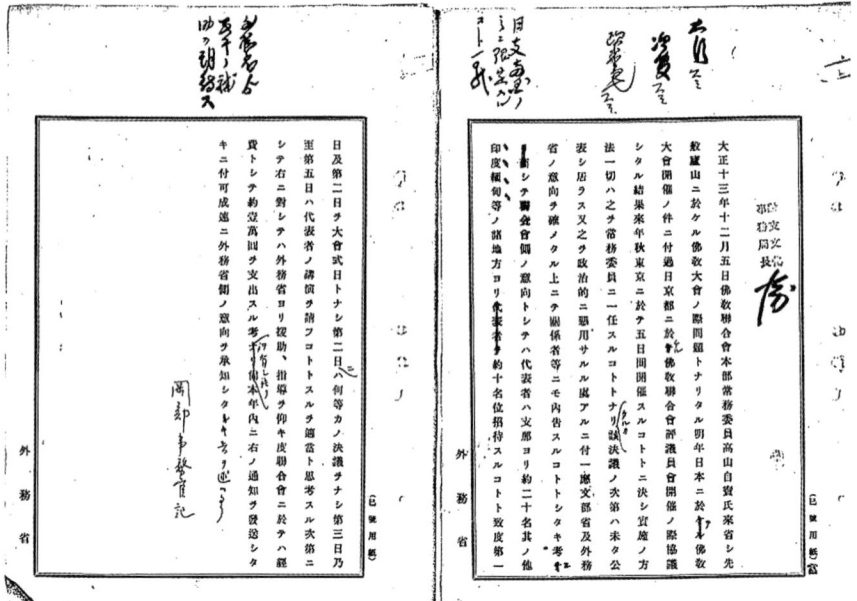

图 3　关于"东亚佛教大会"第一份档案

图 4、图 5 是第二份档案（档案编号相同：B05015732100），是关于大正 13 年 12 月 11 日文部省下村寿一宗教局长召开的"东亚佛教大会"会议事项的记录。参会者分别是：下村寿一宗教局长、佛教联合会常务理事窪川旭文、高山自宝，外务省对支文化事务局长冈部长景、事务官松尾列席。该档案记录了三方的意见：佛教联合会方面希望邀请印度、缅甸、暹罗（泰国）这些东南亚国家的佛教徒参加，"既然会议名称为'东亚佛教大会'，却把佛教发祥地印度、缅甸排除在外，令人甚为遗憾"；对于佛教联合会想扩大范围的想法，文部省方面并不反对；外务省方面，如果是纯属宗教内容的会议，也不予干预，但是最初还是希望限定在中日之间，"先确立日支两国佛教徒的提携联络，然后渐次扩大范围"。对于外务省的态度，佛教联合会窪川氏提出反驳："作为佛教徒，目睹迄今基督教召开的世界大会，精神上有种压迫感，因此，我们佛教也希望能够发出声音，抬高佛教的气势，如果范围不扩大，不仅无益，而且还会招来误会，这样有悖我们佛教联合会立志为国际做贡献的愿望。"佛教联合会与外务省的态度相左，

会议最后决定，关于是否邀请印度、缅甸代表参加，将召开干事会继续讨论，同时请高楠顺次郎博士私下向英国大使试探英国政府的态度。

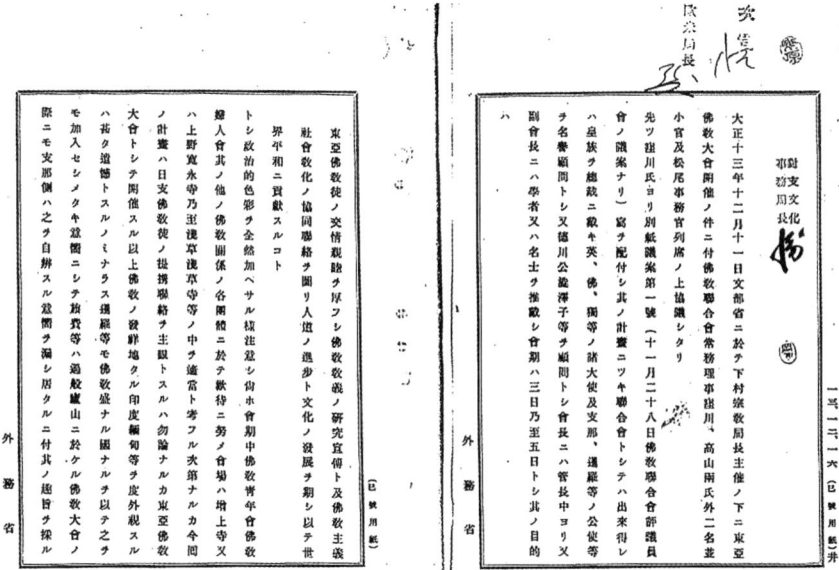

图 4　关于“东亚佛教大会”第二份档案（1）

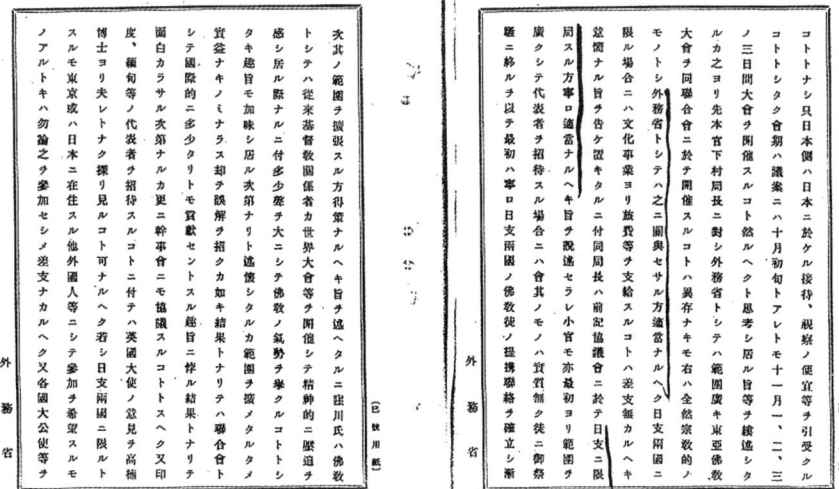

图 5　关于“东亚佛教大会”第二份档案（2）

图 6 这份档案（档案编号相同：B05015732100），就是关于高楠顺次郎到外务省汇报向英国大使打听英国政府意向的谈话记录。据该记录，关于邀请印度、缅甸等国代表事，高楠经向英国大使征询，得知英国大使对于邀请印度、缅甸佛教代表参加"东亚佛教大会"一事，大体上不予反对，"但最近发生了一名留学日本的缅甸学生从日本回国后发表非常过激的演讲，呼吁缅甸独立，最终被送入监狱的事件……因此，如果在日本召开佛教大会，即便选派印度、缅甸的稳健派人士参加，也担心他们一旦来到日本后会受到同胞危险分子的种种宣传，看到日本的实情而发奋起来，被注入革命思想。因此，此次大会还是决定先召开日支佛教大会最为适当，在此基础上，将来渐次邀请其他方面的代表，是为上策"。对此，外务省的意见是："须将此次谈话之经过，迅速通报佛教联合会。"

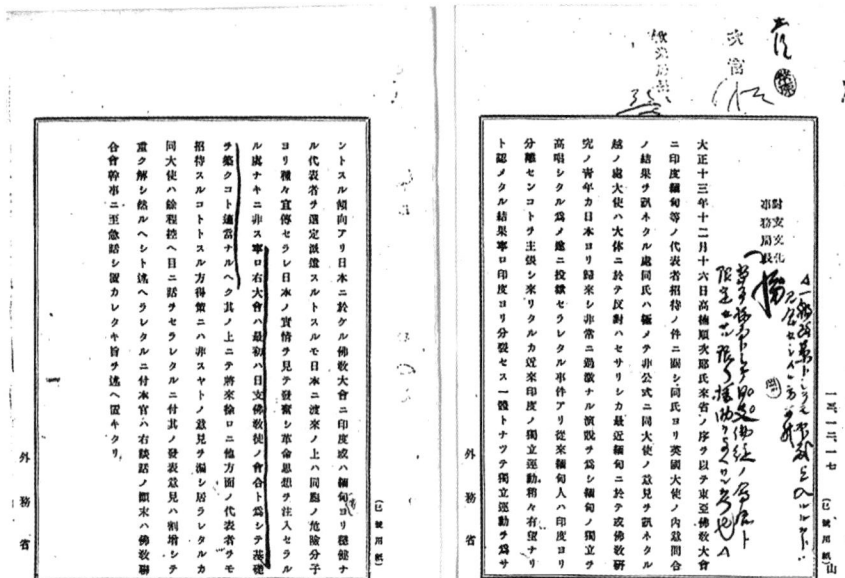

图 6 关于高楠顺次郎到外务省的汇报

图 7 这份档案，便是外务省的最后决议。该档案名称为"東亜佛教大会開催ニ関スル件"（"关于东亚佛教大会召开事项"，档案编号相同：B05015832100），大正 13 年 12 月 24 日起草，同日进行决议，以外务省亚

细亚局长、文化事业部长的名义送呈外务次官，并得到批复。内容如下：
"今夏在江西省召开的世界佛教大会，主办人太虚师以及支那出席会议代
表，与我出席代表佐伯定胤以及木村太贤二人就次年在东京召开东亚佛教
大会事进行磋商，此次又经过与佛教联合会商量，便做出如下决定：会议
限定日支两国佛教徒之间召开，时间暂定于大正 14 年 11 月初旬，所需经
费可不少于 1 万圆的补助。此计划可以作为开启日支佛教徒交流之先例，
对于未来对支文化事业具有较大的意义。"此份档案最后由外务次官和会
计科长签字，正式通过。

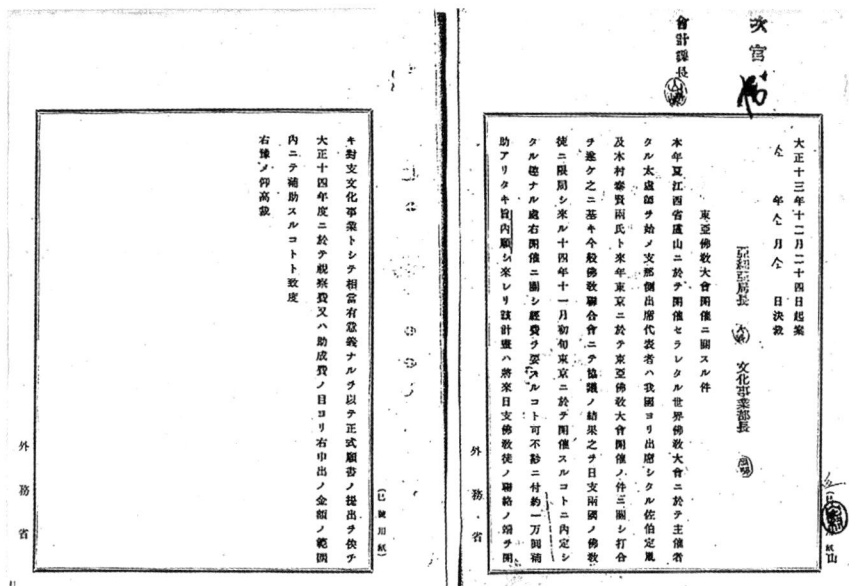

图 7　外务省的最后决议

其实，不仅仅印度、缅甸这些东南亚国家，对于是否邀请蒙古佛教徒
代表出席，日本政府的态度也同样保持高度的谨慎，尽可能地予以回避。
比如，在上述档案之后、同样收入 "东亚佛教大会" 名称为 "东亚佛教
大会に关する件" 的档案（档案编号同上），是由京都知事池田宏呈送日
本内务大臣若槻礼次郎、外务大臣币原喜重郎、文部大臣冈田良平、指定
厅府县长官、爱知县知事的公函，编号为 "特高第八二九号"，日期为大

正 14 年 5 月 1 日（见图 8、图 9）。所谓"特高"，即主管意识形态方面，防止左翼思想、共产主义思想流入日本的特别警察机构。公函内容是通报爱知县为"东亚佛教大会"提供费用等准备情况，以及围绕邀请喇嘛僧、陆军少佐铃江万吉郎（名古屋居住）与当地佛教联合会木下主事之间的谈话记录。据二人谈话记录，铃江氏因自己在蒙古住过很久，从事喇嘛教的研究，因此想邀请喇嘛僧参加秋天召开的"东亚佛教大会"。对于铃江的想法，佛教联合会木下主事回答说："蒙古当前属于英国的保护圈内，不久前内务省下文提醒我们，凡是在英国统治下的印度、缅甸、泰国，都不予邀请，因此，完全没有邀请喇嘛僧的意思；这次只是向中华民国十八省的各地代表发出邀请函，万一有未发邀请而希望出席的国家，将照会所属国驻日各国大使和公使，取得谅解，当予以拒绝。此次大会的召开，如铃江氏所言，主旨无非在于日支亲善，丝毫没有政治上或者产业上的气氛，待两国佛教徒的提携得到发展，在政治上取得效果，为日支两国的亲善发挥作用，那是我等之欣慰，云云"。这封公函应该是铃江万吉郎向爱知县知事打的报告，爱知县知事如实地将铃江的报告通报了日本政府相关机构。

接下来收入的档案是关于媒体的报道，如《辽东新闻》《教友新闻》对召开"东亚佛教大会"的报道。这些报道，内容与外务省的决议相一致，可知消息来源应该是外务省。

以上这些细节，是公开出版的《东亚佛教大会纪要》所未见的，应该说是被有意隐瞒的。

因此，日方不希望印度、缅甸等国家参加，将参会代表范围限定为中日两国，并不是日本佛教联合会的本意，而是日本外务省基于当时日本所处的国际关系的角度而考量的结果，而且这种考量从一开始就已形成。然而，与此同时，从会议记录可知，对佛教联合会来说，外务省的这种考量其实并不具备说服力，因为佛教联合会认为，如果不邀请佛教发祥地印度和缅甸的佛教徒参加，有悖佛教联合会立志为国际做贡献的愿望。会议最

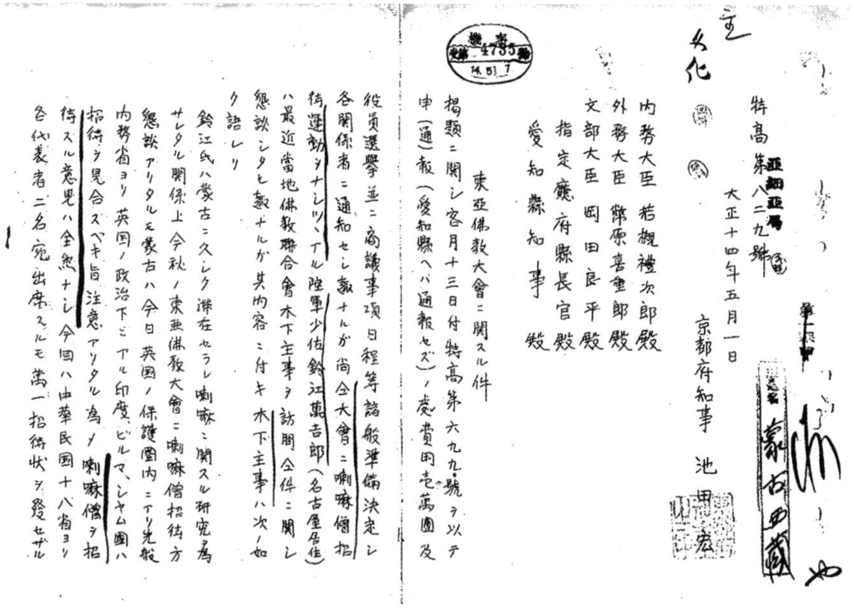

图 8　京都知事池田宏呈送的公函（1）

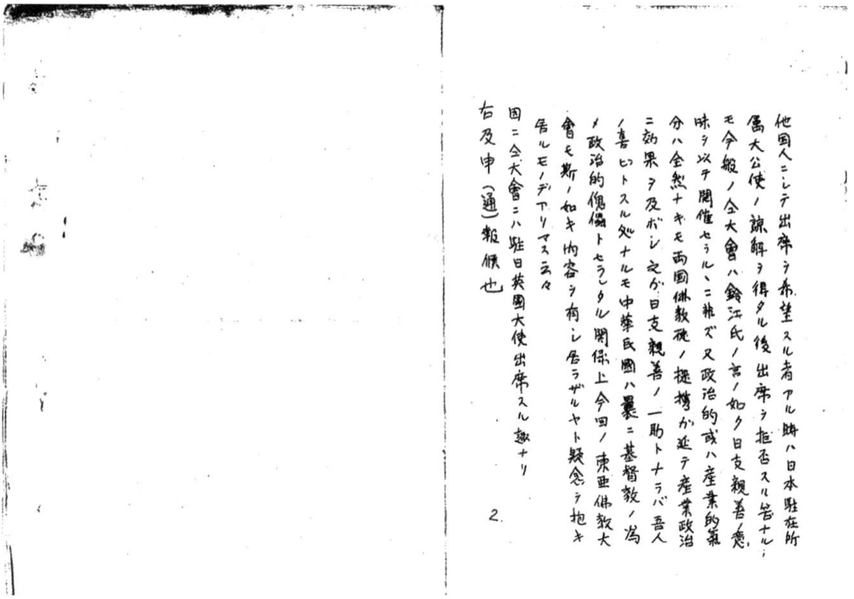

图 9　京都知事池田宏呈送的公函（2）

后决定请高楠顺次郎私下通过英国驻日大使打听英国的意向。因为当时的印度属于英国的势力范围，而缅甸又属于印度管辖。高楠经过私下打听，得知英国政府担心缅甸独立分子向到日本参会的缅甸佛教徒宣传独立革命思想，造成麻烦，便将这一消息通报佛教联合会。事情最终的结果似乎是佛教联合会同意了外务省的说法，不过，另外的材料则显示，佛教联合会接受这一决定似乎是无奈之举。曾经参加庐山"世界佛教联合会"后回国的日方代表胜平大喜在一次演讲中倾吐衷肠，明确道出了佛教联合会在其中的无奈。

> 日本有一个叫佛教联合会的组织。我最近去了一趟京都的大本山，听说今年要召开什么国际佛教大会。我说，连支那都用"世界佛教大会"的名称召开大会了，为何使用国际佛教大会名称呢？我向一位干事提问，他说，其实是文部省希望不要使用这种名称，因为担心用"世界佛教大会"名称，英美会产生疑心，觉得世界的人都会聚一起，这样会让英美产生妒忌，惹出麻烦，所以使用"国际"这个名称，这样他们会觉得是在谋求日本与支那之间的亲善。这也是无奈之举。

胜平大喜是作为日本佛教联合会派遣参加庐山"世界佛教联合会"的日方佛教团体的正式代表之一。此次演讲由他的故乡岛根县教育委员会举办，讲座内容后经整理，以《支那及印度视察谈》为题，连载于 1925 年《岛根教育》杂志第 362 期和第 363 期。胜平大喜在演讲中透露的名称的由来虽不像上述外交档案中交代的那么具体，但意思相一致，即不让使用"世界"名称，其实是日本文部省的旨意；① 因为日本政府担心使用"世界"，"英美会产生疑心""惹出麻烦"，所以力求回避"世界"名称。

---

① 因为佛教联合会是属于文部省管辖的团体，文部省是转达外务省的决议，因此佛教联合会得到的公文来自文部省，此说法符合行政程序。

可见，此次大会的主办单位名义上虽是日本佛教联合会这一民间团体，但实质上从一开始就掺入了日本外务省的旨意，并没有完全反映日本佛教界的声音和民意。

顺便一提，胜平大喜的这次演讲还透露了其他方面的信息，也饶有趣味，值得关注。

因为此次演讲是以介绍他参加庐山"世界佛教联合会"的情况为主题，所以胜平在演讲中回顾了他去中国庐山参加"世界佛教联合会"的前后经过。比如：在大连街上碰到俄罗斯的乞丐，认为俄罗斯看似是强国，但输给了日本，不堪一击；在北京见到"有名的释佛慈和尚"，虽然受到很好的招待，但"话不投机"；在汉口见到在日本住友银行工作、曾经留学日本山口高等商业学校的中国人，认为有日本留学经历的中国人一定会对日本怀有好感，可事实恰恰相反，该留学生却认为中国的"排日教育"是正确的，因为在日本留学时，日本的"爱国教育"使他懂得了爱国的重要性，胜平说，这位有过留日经历的中国人的答复，让他深受冲击；在宜昌碰到四位日本妇女，得知她们是受日本政府对华政策的影响，被迫来到中国，四人都嫁给了中国人，其中一位出身千叶县，说她们四人于二三十年前来到宜昌，都非常思念自己的亲人，最后在四人的请求下，胜平大喜为她们的祖先诵经超度，胜平由此对日本政府的对外政策提出批评，说西方人向世界输出"基督教"，日本却向世界输出"日本姑娘"；等等。其中谈到日方参加庐山"世界佛教联合会"的意图，胜平说：

> 去年因为在庐山召开世界佛教大会，也让我去讲演，所以我也去了。据说，召开世界佛教大会——是真是假，我不知道——说什么英、美、法都对其虎视眈眈，搞不好会予以阻止。既然基督教在支那已经传播甚广了，对于日本与支那的和尚聚在一起，我想他们应该不会那么产生神经质的。我们出席这次大会，并不是因为有政治家的指示，只是我们觉得应该呼吁日支亲善，所以用尽一切语言，反复强调

日支相互之间应该亲善，不应该有我们是在暗地里为政治服务的误解。……如果日本（按，在中国）有布教权，即便日本人都走了，我们还可以以支那人为对象，持续从事布教活动。但是，因为没有布教权，所以英国警察或支那警察会利用一切手段，驱赶我们回国。无奈那些有志的日本青年僧侣，都愤然流泪回国了。关于这一点，我在庐山的佛教大会上曾讲过，既然我们未能获得布教权，那就干脆让支那僧侣与日本的僧侣真正一起联合起来，或者日本学习支那佛教的长处，或者支那学习日本佛教的长处，以此保持长期的亲密，这是我最后的提案。支那最为有影响力的太虚和尚与我紧紧地握手，我们对此进行过磋商。

　　……

不幸的是，（日本）佛教家没有布教权，所以，只有与对方的和尚建立交往。尽管这种做法，范围狭小，但正因为范围狭小，可以说成功率也高。虽说支那的佛教处于衰微状态，但有巨大的潜力，其中有许多真正信仰佛教的热心的信徒。比如在汉口一带有几十年保持素食的大信徒王制明；在上海一带的支那人中有像王一亭那样，既有钱又能写字、画画的虔诚的信徒，而且同时是一位素食主义者。……支那佛教虽然衰微了，但我们绝对不能轻视它。在他们的门下，有许多佛教研究家。我们日本的僧侣如果能够与这些处在上流的人彼此结合在一起，支那四亿人中的一部分人一定会因为他们而在精神上得到滋养。我们应该这样去看待这个问题。就近的来说，今天前来听讲座的在座的各位与像太虚和尚那样有地位的人的信徒如果能够相互结合在一起，我想一定能够在精神方面得到日支亲善。这是一个大问题，我们年龄大的人暂不管他，我希望年轻有为的青年僧侣，发奋起来，以一种去支那掘坟埋骨的骨气，去从事布教活动。

胜平大喜的这一段话，透露了日方为何积极派团出席庐山"世界佛教联合会"，积极参与以太虚、王一亭等人为首的中国佛教上层人士举办的活动的意图。如胜平大喜所言，日方的目的是在中国寻求"布教"（传教）的渠道，需要与中国佛教权威人士建立健全的关系，所以强调"日支"僧侣之间的"亲善"。胜平在这里所说的日本"没有布教权"，即指日本与中国签订的"二十一条"条约中被删去了的在中国的"布教权"条款。据各类相关出版图书载，当时日本佛教界对此一直耿耿于怀，他们既把矛头指向日本国内，说日本政府无能，又把矛头指向中国佛教徒，说中国佛教徒不够"觉醒"，认同基督教在华传教，却消极对待日本希望在华"布教"的诉求，所以他们异口同声地强调中国佛教"衰微"。"中国佛教衰微论"的提出，其实与日本希望在华"布教"的诉求是一脉相承的。与此同时，他们更把矛头指向欧美，认为是欧美在背后指使中国，"排斥"日本佛教进入中国，只容许基督教拥有在华传教的权利，其中，甚至有一部分日本佛教徒还认为欧美基督教在华传教的中心在庐山牯岭，而且庐山牯岭就是欧美"排日"运动的策源地［《中外日报》1924年5月31日、6月3日所载《庐山における佛教徒大会に就て（上）》《庐山における佛教徒大会に就て（下）》］。因此，希望日本佛教在华获得"布教"的突破口，这是日方佛教界积极参加庐山"世界佛教联合会"的意图之所在。

这些虽是题外话，但"事件"的背景与"东亚佛教大会"的召开是一脉相承的，将它们结合起来思考，应该不无益处。①

五　结语

我们今天看来，"世界"与"国际"名称，含义应该基本相同，但在

---

① 关于胜平大喜参加庐山"世界佛教联合会"的情况，可参见笔者《在日本发现太虚》，《太虚与近代中国国际学术研讨会论文集》，北京大学佛教研究中心，2018年3月31日。

"东亚佛教大会"召开的当时，对日本来说，"世界"一词似乎特别敏感。日本政府之所以对"世界"一词如此敏感，如前面介绍的档案内容所示，有着基于当时复杂的国际关系的政治上的考量。日方曾通过佛教学者高楠顺次郎向英国大使征询英国政府的意向，就是具体例证。因此，此次大会名称在确定过程中，一直受到日本政府政治上的干预。

1904~1905 年，以朝鲜半岛和中国东北地区的利益为争端而爆发的日俄战争，最后以日本获胜为结局。之后，1914 年，又围绕中国山东半岛和胶州湾租借地青岛的利益，日本与德国爆发战争，最后又以日本获胜为结局。日本接二连三在对华问题上的强势与扩张，无疑惹怒了欧美。一时间，日本在外交上陷入了困境，与欧美的关系极度紧张。这应该是日本对于在国际场合使用"世界"一词特别敏感的主要原因。因此，对于在日本召开大会的名称，日本政府一开始就坚持使用"东亚佛教大会"，力避使用"世界"；对于邀请代表国的范围，同样一贯坚持"限定在中日两国之间"，而对于日本佛教联合会希望邀请印度、缅甸佛教代表参加的想法，日本政府只好想尽办法，间接性地予以拒绝。这些，我们不难想象。

然而，通过对日本外务省保存的"东亚佛教大会"档案的考察，笔者对上述关于高楠顺次郎私下向英国大使打听英国政府意向的那份档案的内容，还是有一些遐想：这是不是外务省故意为日本佛教联合会安排的一个"台阶"呢？也就是说，这份档案内容，是不是外务省为了说服日本佛教联合会，而推出当时在佛教界拥有绝对威望的东京帝国大学教授高楠顺次郎，假借高楠转达英国大使意思之名，将外务省的想法塞在其中的一种外交手腕呢？结合庐山"世界佛教联合会"期间日方代表团的统一口径来看，所谓"东亚佛教大会"之名、参会国代表限定在中日之间，其实是结论在先，是早已写好的一个剧本。我们这么去理解，也许更符合事实。

总之，日本外务省"东亚佛教大会"档案里所透露的这些细节和背景，是日方在大会结束后编辑出版的《东亚佛教大会纪要》中未提及的，这一点是可以肯定的。

《北大佛学》第 2 辑
第 389～413 页

中国国民党党史馆新见"太虚申请加入国民党"档案之研究

纪　赟

内容提要　本文主要介绍中国国民党党史馆新发现的 1927 年初释太虚申请加入国民党档案的详细内容，并分析了此一事件的前因后果。此事件背景主要是当时国民革命军北伐对两湖等地佛教僧团造成了巨大冲击。而太虚也希望能够借助加入国民党来整合当时全国分散的佛教力量，以实现其佛教现代化转型的理想。太虚入党之事得到了当时国民革命军总司令蒋介石的首肯，但遭到了蒋介石的政治敌人国民党左派把持的武汉国民政府的拒绝与严厉斥责。此后不久，太虚就与蒋介石建立了某种相当密切的联系，这可能即是此次事件的余绪。
关键词　太虚档案　蒋介石　武汉国民政府
作者简介　纪赟，新加坡佛学院副教授。

一 "汉口档"中太虚档案之概况

台湾中国国民党党史馆所存太虚档案收藏情况笔者另有专文简介。[①]
在此将较详细地介绍党史馆所存"汉口档"中的"总政治部主任邓演达
上中执会呈"档。这份档案中比较引人注目者，乃是邓演达（1895~
1931）向当时的武汉国民政府国民党中执委呈报了"太虚请介绍加入国
民党，应否准予容纳"之条陈。但此时期立场相当左倾激进之国民党中
执委则对此做了否决，故又附"中执会复不准"稿一件，及"释太虚条
陈[②]"一件等内容。

这件档案的重要性自然不言而喻，因为在太虚研究之中，太虚与政治
之交涉一直是一个重点。而如果将此事，与 20 世纪 40 年代太虚参选"国
代会"以及组党参政风波作通盘考察，就可以发现其对政治参与的态度
了。因此，也可以说这份档案是到目前为止，太虚与民国政治研究中的较
为重要的史料发现之一。

在此先介绍一下收录这份太虚档案的"汉口档"的背景。中国国民
党党史馆中所藏"汉口档"，是指 1924 年至 1927 年，中国国民党第一、
第二届执行委员及中央特别委员会之各类档案，共 17975 件，因资料内容
跨至宁汉分裂，故简称"汉口档"。1924 年国民党举行的第一次全国代表
大会通过了《中国国民党党章》，会上选出以总理为首的中央执行委员
会，以执行党务。1926 年选出第二届中执委，但旋即遇宁汉分裂，直至
1927 年 9 月宁汉合流始，为此档案之下限。因此，该档案之内容，多涉
中执委与地方往来之信件。

---

① 见纪赟《国民政府时期档案中的太虚大师资料述要——以台湾地区馆藏为中心》，王颂
主编《北大佛学》第 2 辑，社会科学文献出版社，2020。
② 原档案之中"条呈"与"条陈"二词使用较为随意，因意思相近，除引文外，统一为
"条陈"。

太虚申请加入国民党一事在过去一直存有不少疑点,据中国人民大学张雪松教授提示,[①] 知《申报》1928 年 8 月 22 日第 21 版曾刊登有署名为"无畏庵主"(即谢吟雪,生卒年不详)的文章《风雨潇潇忆太虚》,其中提到太虚申请加入国民党一事:

> 此外尚有一事堪以追述者,年前党军克复豫章,适报载中央党部有不许太虚入党之议决案一则。后愚尝举此以相询,据其所述,系庐山有一寺,为渠所主。党军至时,彼适在申。寺僧惶恐,乃以太虚名代表全寺,请求入党。盖此种办法,原系党章所无,因之不准。且有通知,令其另备入党之手续。此中经过,及传闻之误会,亦颇饶有趣味也。[②]

从这份资料,我们可以看到太虚自己对申请加入国民党一事的解释。也即据其自述,太虚当时在沪,并不知情。故庐山其所主寺院之僧众为求保护,而"以太虚之名代表全寺,请求入党"。如果真是如此,则完全可以理解,因为在大革命时期国民革命军对于佛教界之态度,如果我们不是说相当敌对的话,至少也应该说并非总是十分友善。然而,就新发现的档案来看,则其缘由绝非如此简单,并且内容与此一条记载出入颇大,我们先来看看这份新发现的档案。

二　"汉口档"中所存太虚档案之录文

首先列一下此份档案的收录情况(见表 1)。

---

① 张雪松于 2018 年 8 月 2 日晚 7 时与 3 日下午 3 时,发微信为笔者指出此条具体出处,并且惠赐全文。在此特致谢忱。

② 此文又收入王颂主编,刘泳斯、张雪松、纪赟整理《太虚大师新出文献资料辑录(民国报刊编)》,宗教文化出版社,2019,第 66 页。

表 1　总政治部主任邓演达上中执会呈

题名	总政治部主任邓演达上中执会呈
出版日期	民国 16 年(1927)2 月 17 日
内容描述	呈报释太虚请介绍加入国民党,应否准予容纳。附中执会复不准稿一件,及释太虚条陈一件
产生地	武汉
相关人名信息	邓演达
数量	1 张
实体描述	毛笔原件
全集/系列名称	汉口档案
馆藏号	汉 4630
Metadata 档名	ntul-kmt-hk_04630_00

录文如下（原文竖排左行，基本无标点，本文改为横排，圆括号内页码数为笔者添加，方括号内为笔者后来添加或修订的文字以疏通文义，辨识不清的字以□代替，无法辨识多少字者在□之间加省略号，识别不清有疑问者在释文后另加括号内藏问号）：

（页 1）

呈为呈报事。顷奉总司令部发下释太虚函一件，内称：敬启者：今因寓居江浙之各省重要之僧众，为适应潮流，改进教务起见，合定协议，请先生介绍加入，俾遂其志焉。伏祈赐复。等情。并附条陈一件。据此，查该僧等请愿入党，以便从事革命工作。殊堪嘉许，惟条呈各项，应否准予？（见图 1）①

（页 2）

副主任郭沫若（见图 2）

---

① 本文所附图档，皆为笔者拍摄，不再一一出注。

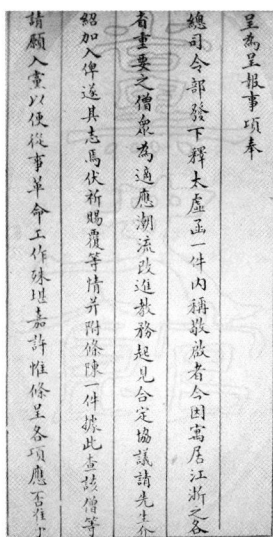

图1　太虚申请加入国民党事（1）

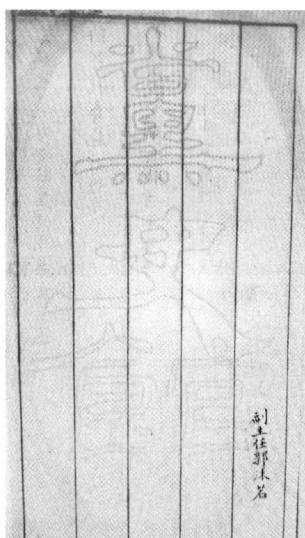

图2　太虚申请加入国民党事（2）

（页3）

中华民国十六年二月十七日。

监印李庄。（见图3）

（页4）

汉 4630

（页5）

十三号讨（七）

国民政府秘书处。

机关名称：总司令政治部主任邓演达，副主任郭沫若。

文别：呈。

文到日期：十六年二月廿五日。附条陈一件。

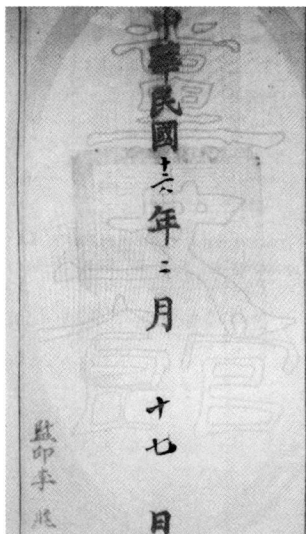

图3　太虚申请加入国民党事（3）

摘由：呈报释太虚请介绍加 [入] 国民党，以便从事革命工作。殊堪嘉尚。惟所呈条陈各项，应否准予容纳，请核夺施行由。

办法：常务会议讨论。

其瑗。

决议：（见图 4）

（页 5）

□……□一件附一件

□……□十六年二月

221（见图 5）①

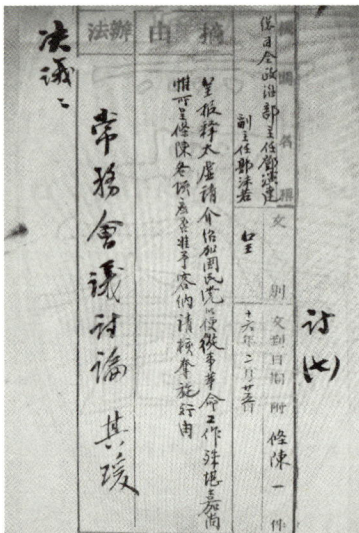

图 4　太虚申请加入国民党事（4）

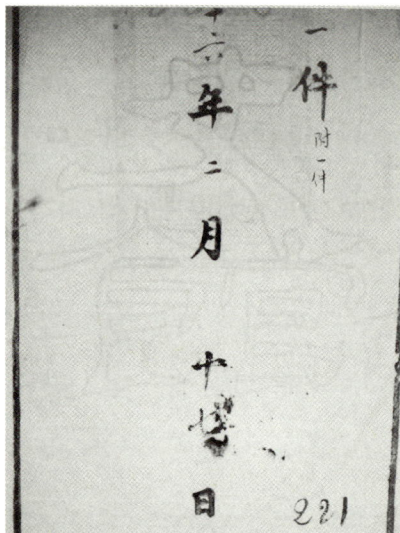

图 5　太虚申请加入国民党事（5）

（页 6）

呈中国国民党中央执行委员会

总司令部政治部主任邓演达谨封（见图 6）

---

① 此页上半部分因另外粘贴半张信纸，因此被覆盖无法获知内容。

（页7）

中华僧众请愿加入国民党条陈。

代表人释太虚具。

（一）现有千余名在江浙之各省有力僧众，愿依国民党党章入党。其愿求于①如下：

（甲）尽宣传三民主义及国民革命之义务；（乙）由党予以援助，组成"中华佛教新僧会"，有统率全国僧众之特权，及请于党中增设僧众部，任某某为部长。

（二）中国佛教新僧会之组织：

（甲）选中央及各省党部党政府党军诸信解佛教者为（见图7）

图6　太虚申请加入国民党事（6）

（页8）

援助委员，以组织为援助委员会；（乙）由入党僧众之有能力者，选三四十人为执行委员，以组为执行委员会。

（三）中华佛教新僧会执行委员会所执行之事务：

（甲）教务部：办僧众行政之总务、会计、文书、交际、庶务、宣传及各省县设支分会等。

（乙）教产部：一，收集各县寺

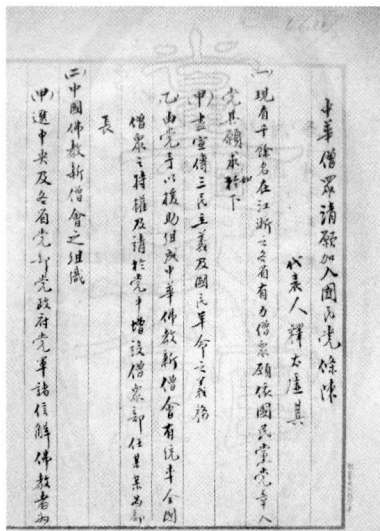

图7　太虚申请加入国民党事（7）

---

① 原文"于"字旁添加"如"字，并钤"释太虚"朱印。

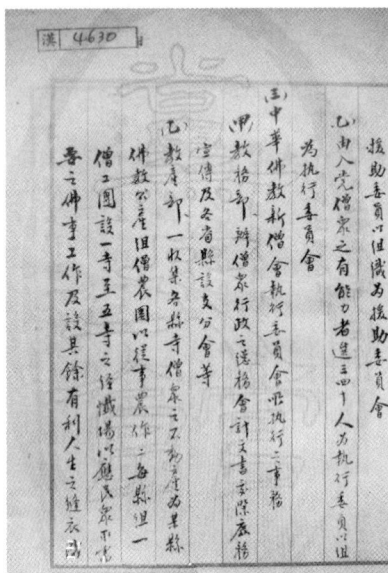

图8　太虚申请加入国民党事（8）

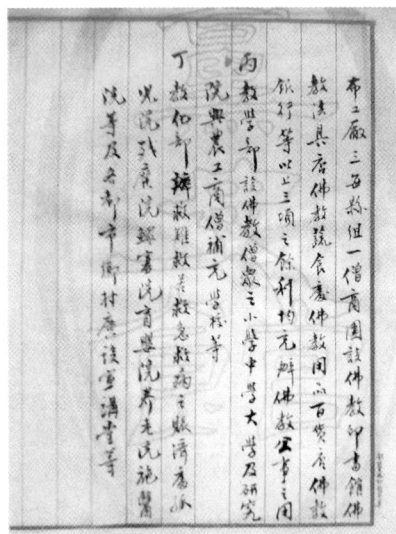

图9　太虚申请加入国民党事（9）

僧众之不动产，为某县佛教公产，组僧农团，以从事农作；二，每县组一僧工团，设一寺至五寺之经忏场，以应民众而需要之佛事工作，及设其余有利人生之缝衣、织（见图8）

（页9）

布工厂；三，每县组一僧商团，设佛教印书馆、佛教法具店、佛教蔬食处、佛教用品百货店、佛教银行等。以上三项之余利，均充办佛教公事之用。（丙）教学部：设佛教僧众之小学、中学、大学及研究院，与农工商僧补充学校等。（丁）① 教化部：办救难、救苦、救急、救病之赈济处、孤儿院、残废院、鳏寡院、育婴院、养老院、施医院等，及各都市乡村广设宣讲堂等。（见图9）

（页10）

惠僧。校对光祖。已发。发字六十五。中国国民党中央执行委员会部秘书处稿。□□主稿一件。复邓演达、郭沫若同志不准并驳复释太虚入党录事。□月□日文到。□月□日送稿。□月□日批行。□月□日缮发。□□□案处。贵主任等二月十七日呈报中

---

① 此处原文漏掉了括号，本来似应皆有。

华僧众请愿入党，并抄送代表人释太虚入党条陈到会请予核夺一案，业经本会第七十七次常会决议不准，并与［予］以驳斥等因相应录案函□。即希（见图10）

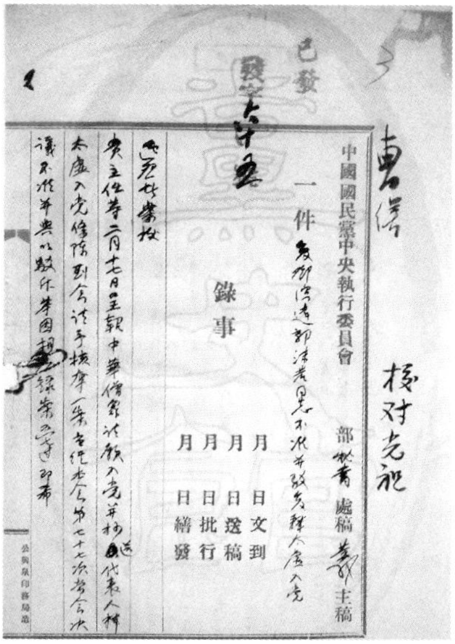

（页11）

图10　太虚申请加入国民党事（10）

查照。转知为前。此致。国民革命军总司令部政治部主任邓。国民革命军总司令部政治部副主任郭。计附发决议乙件。中国国民党中央执行委员会记。

三月一日决议：在本党结章：凡志愿接受本党党纲，实行本党议决，有本党党员二人以上介绍，填具入党志愿书，经所请求之区分部党员大会之通过，区党部执行委员之记，可比此得为本党党员。循绎此文，释太虚等人，但能遵守上述规定，自可依核上列手续介绍入党。但查总政治部与所附来函。释太虚之条陈，释太虚思想行为颇有种种不合（？）之处。如其不依□（见图11）

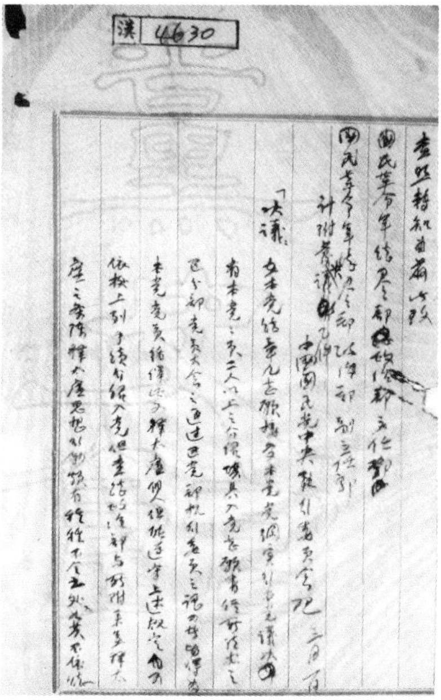

（页12）

图11　太虚申请加入国民党事（11）

章手续，请求所在区分部介绍，径自向总司令部请愿入党。其不合此一。在其请愿入党条陈中，曲列组织"中华佛教新僧会"，请求本党援助，使有统率全国佛僧众之权，显然在请求入党对于本党为有条件之要挟。其不合此二。条陈统率全国佛僧众，并企图收集各县寺产，此种垄断占有之心理，根本违悖［背］① 本党正义之精神。其不合此三。依此，释太虚请求入党应与［予］驳斥，不准其所呈条陈，荒谬之处甚多，应毋庸议！

其瑷。

三，一

彭泽民。（见图12）

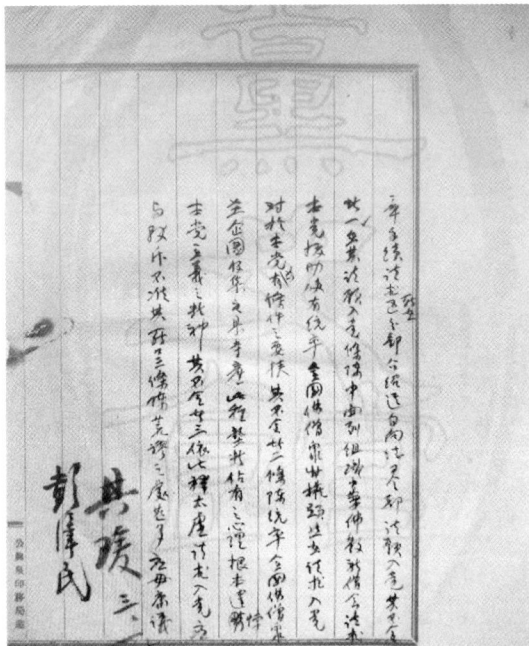

图12 太虚申请加入国民党事（12）

---

① 原为"背"字，被涂掉，旁加"悖"字。

三　对"汉口档"中所存太虚档案之分析

从上面的档案细节来看，太虚希望加入，并且亲自申请加入国民党一事是非常明确且清楚的。① 而且同样非常明确之事即是，从其申请入党之程序，及其对全国性僧团组织之谋划等诸方面来看，此一加入国民党之主导者同样不太可能为普通僧众，而当为太虚自己。也即太虚本人不但是申请加入国民党之背后擘画者，同样是此事之实际操作者。

首先看此事发生之时间，就现存材料来看，我们只知道当时武汉国民政府总司令政治部副主任郭沫若（1892～1978）在给国民政府秘书处的公函封缄上留下的时间是1927年2月17日，则太虚提交此一申请之时间必然比此略早。

我们先考察一下太虚大师在此期间的行踪。太虚于1926年曾前往新加坡考察，② 至是年11～12月返沪。③ 那么约略发生时间是在此间，也即1926年底至次年2月之间。而考虑到当时的交通情况，则1月底至2月初的可能性最大。

再看此事之整个过程，从上述新发现档案来看，可知此事最初为太虚大师给蒋介石（1887～1975）之私人信件以及所附之详细计划。太虚之原件我们已经无法看到，只能由总司令部转发中执委，并由邓演达或郭沫若所作的摘由中知其内容。其中提到：

> 敬启者：
>
> 因寓居江浙之各省重要之僧众，为适应潮流、改进教务起见，合

---

① 有错字之处，经改正后甚至还钤有"释太虚"之印鉴，也表明了并非他人操办而自己蒙在鼓里。

② 此考察的经过，可参见纪赟《旧材料、新视角：新加坡本土报章中的太虚大师》，王颂主编《北大佛学》第1辑，社会科学文献出版社，2018，第20～60页。

③ 释印顺编著《太虚法师年谱》，宗教文化出版社，1995，第123～125页。

定协议请先生（按，从后面国民党武汉国民政府"中执委"的批复可知此人是指蒋介石）介绍加入，俾遂其志焉。伏祈赐复

可知太虚大师申请加入国民党，最初是直接去信请蒋介石帮忙介绍。而据档案所载，蒋介石的意见批复有两项，首先是对其入党表示肯定，即：

（对太虚等）请愿入党，以便从事革命工作，殊堪嘉许。

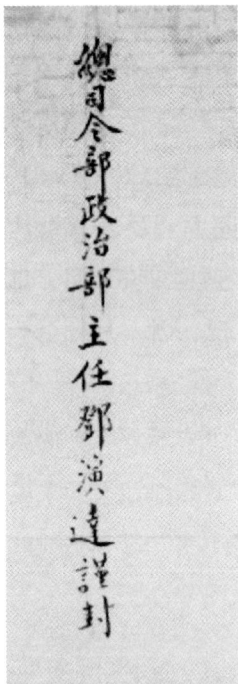

图13　太虚申请加入国民党事（13）

但对于太虚在申请入党的同时所提出的其他组建全国性僧团组织的意见，则并不敢专断，而提请中执委来讨论，即请示"条呈各项应否准予"。从此批文来看，蒋介石支持太虚个人加入国民党，但对于其条陈之中所罗列的庞大的计划，则可能觉得事项过于重大，故而没有表露出个人的看法。

此意见2月25日由总司令部上报之后，27日决定由在武汉的左派国民党中执委常委会讨论。3月1日，中执委常委会讨论的具体处理结果，即由国民党中央执行委员会总司令部政治部主任邓演达封档（见图13），并下发文件。非常幸运的是，我们今天所能看到的正是这份邓演达经手的珍贵文献。

从上引文献之中，我们可以看到其记录了太虚上报条陈的详细内容，其大体内容为：以千余名江浙僧众为依托，注意并非是《申报》中提到江西僧人之故；入党同时要求由国民党援助组成有权可统领全国僧众的实体性管理机构——中国佛教新僧会，并于国民党中设僧众部，由一位部长统领；统合国民党各级

机构中之佛教徒，而成立佛教新僧会的援助委员会；设立新僧会的领导机构——执委会（下辖教务部、教产部、僧工部、教学部、教化部）。

在太虚的条陈之中，我们可以发现其入党并非只是单纯的个人行为，而具全国性整合僧团力量之雄心。除试图借助国民党本身的组织架构与动员能力，来帮助自己设立全国性的佛教管理实体性机构之外，在地方层面，太虚亦设想能够以统合各县市僧众的集体与个人不动产为基础，来作为其兴办佛教教育、慈善，以及佛教僧农团、僧工团等以实现经济自给的机构的尝试。这就使得太虚申请加入国民党的行为成了其构建全国性佛教团体的一次尝试。而这一点，也与太虚在民国时期的一贯主张与制度性诉求完全合拍。故而，太虚申请加入国民党，并非只是基于个人的考虑，而是希望能够借助国民党的组织架构与动员能力，将整个中国处在一盘散沙状态的佛教僧俗二众做一种整合的努力。

然而，即使有了国民革命军总司令蒋介石的初步允肯，但此时政治立场相当激进，并且正好与蒋介石水火不容的武汉国民党左派政权，对于这位由蒋介石介绍过来的"腐朽宗教势力"的代表的申请自然不会假以颜色。

我们可以看到在3月1日的中执委第77次常委会决议中，就不只是简单地拒绝了太虚的入党申请，并且要对其"荒谬之处"进行严厉的"驳斥"。在陈其瑗（1887～1968）与彭泽民（1877～1956）草拟的批复之中，首先就程序上，中执委常委会认为太虚的入党申请并不合规章。因为根据国民党当时的党章，只要有两名以上的国民党党员介绍，并填写入党志愿书，就可以由地方性的分部党员大会加以审核入党资格，这是一般规定的入党程序。但太虚的此一申请则是直接越级提交给了国民革命军总司令部（其实是给总司令蒋介石本人，是在走个人的关系）。其次，太虚入党条陈中有国民党助其"组建全国性佛教机构"之事，中执委常委会认为这是在以入党之名而行"要挟"之实，因此怒不可遏地对太虚的申请加以痛斥。最后，他们还认为条陈是要借入国民党而行垄断各县寺产之实，而这一点一方面与武汉国民政府左派意欲借助地方寺产来充实其经济实力的主张有违，另一方面进一步激起了其对宗教方面的一贯恶感。所有这些都让武汉国民政府国民党左派愤怒不已，故决定"依此，释太虚请求入党应与［予］驳斥，不准其所呈条陈，荒谬之处甚多，应毋庸议！"这样，太虚大师的这次申请加入国民党之举，也就直接碰了壁。至于是否真如《申报》中所载，还有另外的通知让太虚另备入党之手续，目前来看，至少从当时武汉国民政府左派的决绝态度而言，恐怕是不太可能的。然而，是否真的曾由其他机构让太虚重新拟书再次申请，则依然有待更多的史料与档案发现。但总体而言，此事至此即告一段落了。

四　太虚加入中国国民党：背景与人物

（一）背景介绍

太虚此次试图加入中国国民党，如果不了解其背景与相关人物，则根本无法完全掌握此事件之前因后果。简而言之，第一，当时正处在国民革命军讨伐北洋军阀的关键时刻；第二，当时以蒋介石为一方的国民党右派（以南昌、南京与江浙闽一带为基地）与以汪精卫（1883～1944）、邓演达、郭沫若为一方的国民党左派（还存有国际共产主义运动的因素在内，并以武汉一带为基地）正处在矛盾的总爆发期。非常巧合或者说不巧的是，太虚申请加入国民党的时机正好是选在了此时；而且，非以其具体思想理念计，仅以人事纠葛而言，太虚之申请又因为蒋介石的涉入，而使太虚自己卷入了此一政治旋涡之中。我们以下仅就当时的社会政治大背景与若干牵涉的人物进行简单的分析。

1. 国民党左派、右派的分合

1926 年至 1927 年，可以说是民国时期一个重大政治事件丛生的关键期。我们先以蒋介石为线索，简单介绍其中与太虚加入国民党这一事件相关时期前后所发生之重要事件。1926 年 7 月，蒋介石率领北伐军离开广东国民革命军的本部,10 月 10 日占领湖北武昌,11 月 8 日攻克江西南昌,12 月 18 日又攻克福建福州,此数地遂成为蒋氏统治之重要基地,从此蒋介石就有了真正属于自己的地盘。蒋氏于次年 2 月 18 日占领杭州,3 月 21 日进入上海,同月 23 日占领南京。自此东南五省同时也是中国最为富庶的地区纳入了蒋介石的掌控之中。① 但是,随着武昌的克复,原在广州的国民政府决定迁都至武汉三镇,国民党中央委员会也从 1926 年 11 月 16 日起分批前往。但是先行到达的国民党中执委旋即在武汉成立了临时政府机构,并任苏联人鲍罗廷(Михаи́л Ма́ркович Бороди́йн,1884 ~ 1951)为顾问,故而这个临时政府,其左派与共产党色彩非常浓厚,再加上基本理念与革命路线上的巨大差异,就引起了留守江西的蒋介石的猜疑。1927 年 1 月 3 日,国民党中央政治会议第六次临时会议在蒋介石控制的南昌国民革命军总司令部召开,会议的一个主题就是国民政府之驻地是迁往武汉还是留在南昌,这使得两派之间的矛盾以定都何地为表征爆发。1927 年 3 月 10 ~ 17 日,国民党二届三中全会在武汉召开,本次会议免去了蒋介石国民党军委会主席的职务,蒋介石闻讯大发雷霆,他与武汉国民政府之间的矛盾已然不可调和。② 到了是年 4 月 12 日,蒋介石在上海的军队收缴了工人纠察队的武装,并大规模"清党",18 日由蒋介石主导成立的国民政府在南京办公,其所发布的第一号令,就是通缉共产党员与武汉政权不少国民党要人,其中就包括涉及太虚档案的邓演达、陈其瑗等人。③ 以上就是此一时期的重要相关政治事件。太虚申请入党的 1927 年 1 月底或 2 月初,正是蒋介石与武汉国民政府之间矛盾酝酿、积聚并即将爆发之际,而太虚在此时求助于蒋介石个人,绝非武汉国民政府中行事激进的国民党左派所愿意看到的,这是理解整个事件处理背后的关键!太

---

① 刘洪哲:《蓄势:蒋介石在江西(1926.9 ~ 1927.3)》,《中正历史学刊》第 13 期,2010,第 112 ~ 120 页。

② 王正华编《蒋中正总统档案·事略稿本》第 1 册,台北,"国史馆",2003,第 129 页。

③ 杨奎松:《武汉国民党的联共与分共》,《近代史研究》2007 年第 3 期。

虚借助蒋介石的私人关系申请加入国民党，是其被武汉国民政府直接拒绝，并痛加斥责的背景与重要原因！

2. 太虚为何申请入党：北伐军对佛教的冲击以及佛教界的反应

如果说太虚申请加入国民党是被动地选择了一个非常微妙的历史关头，至少从最后的结局来看，并没有实现太虚利用入党来统合全国佛教僧俗力量的初衷，故而可以说是一种失败。但我们依然要理解，此时太虚申请加入国民党有着现实上无从规避的迫切性。对此，我们从当时经事之人的记载之中就可以发现蛛丝马迹。印顺在其所编著的《太虚法师年谱》之中就提到了一件非常重要之事：

> 是年（按，指 1926 年）冬，两湖佛教，陷于革命之大混乱中。僧界组湖南民众佛化协会以适时，有"佛法不是宗教"，"拥护佛法即是拥护革命"，"要以大慈大悲救人救世的精神努力革命"等口号。晓观、开悟等，集僧侣千余人，一致加入国民革命会（海七、十二《现代佛教史料》）。然占寺夺产之风未曾稍戢。①

查《海潮音》第 7 年第 12 期中"时事"栏《湘僧变化之前因后果》一文中也记载了北伐背景之下，当时寺产所受到的巨大冲击：

> 变化之主要原因：……即在提产兴学之事。但此事之证明，又有待于湘僧性修之来电。故录于下云：
>
> 上海佛化教育社、《海潮音》社，转太虚法师鉴。宁乡学委，议提庙产十分之六，现正实行。沩山僧众，抵抗无方。势将坐毙，群拟星散。敬恳即日回湘，设法维护，无任企祷，协盼电复。上林寺性修。
>
> 按：此次党军（指国民革命军）胜占湖南，军额既经增多，需

---

① 释印顺编著《太虚法师年谱》，第 124 页。

款更复浩大。以屡经战争之湖南，当此民生凋敝之际，再罹战祸，其不能供军阀之需索，尽人皆知。而需要军阀维持其生命之教育界，更无法以支持。遂借提庙产兴学之虚名，以保存其一己之生活。湘僧见教育界无款，可以提充庙产。将来军需无出，又必以暂充军需为辞。故湘僧以一度打击，而引起两重恐慌故。结果即产生其重大变化，欲知变化之真相，请观下述之事实。

变化产生之结果：……长沙《南岳日报》云：湖南佛学联合会干事晓观、开悟、竹林等，召集僧侣千余人，在开福寺加入国民革命会。先由沈求心介绍该会，函请国民党党员罗吟铁、王紫剑两君出席演说。首由开悟发言，大致谓佛教信徒，应有认识革命意义之必要。次王、罗两君出席演说。对于唯物、唯心推论甚详。劝告僧侣参加革命工作，听众皆鼓掌赞成，并当场发布口号云：僧众参加革命、肃清反动分子。

本社顷又接一稿件，题为"湖南佛教新僧会敬告僧侣文"，读此亦足以窥湖南僧界变化之原理。故再为阅者介绍于左，文曰：……人家说起我们僧侣是社会上一种寄生虫，和乞丐差不多，列位想想，这是不是一种奇耻大辱。现在人们的知识进化了，思想变更了。我们再不想法子，群起奋斗，只怕甘心做寄生虫都没有寄生的地方。一般佛教信徒都要被人打倒，我们想挽回劫运，拥护佛教，救济同参。所以来筹办佛教新僧会，列位啊，快来团结罢！快来合作罢！快来自求解放罢！若再不觉悟，将来受了打击，后悔恐怕太迟！列位呀！快快起来罢，佛教新僧会的宗旨，列位听了这一篇话，应该明了。所有的工作，大概都在所列标语上，请列位细看：

……僧人参加革命、开办僧工厂、实行农僧制、实行工僧制、实行商贾僧制……溶化①佛法与三民主义合作……实行太虚整理僧伽制

---

① 原文如此。

度、僧人自力生活、提高僧人生活、肃清反动分子。①

　　从上面的情况我们至少可以梳理出 1926 年最后一期《海潮音》中记载北伐军入湘之后时局变化的梗概。湖南上林寺僧人因为无力对抗当地政府计提十分之六庙产，以至于除坐以待毙之外，只能选择四散逃难。万般无奈之下，这些僧人就求助于太虚。除求助太虚之外，湖南本地僧侣也同时主动向革命靠拢。有当地僧侣主动要求加入国民革命军，并举行集会，要求僧众加入革命队伍，以肃清反动分子云云。尤堪注意者，是其中的革命主张包括"开办僧工厂、实行农僧制、实行工僧制、实行商贾僧制"等，而我们在太虚自己的条陈之中都可以找到相近的主张。这些并非只是纸上的空谈，不少寺院与僧尼也曾将之付诸实施。② 而且，湘僧对于太虚思想的服膺也是显而易见的，这点尤其体现在他们的口号之中。有"实行太虚整理僧伽制度"的诉求，这明显是以太虚系而自居了，或者至少可以说，在当时紧迫的环境下，他们是在以太虚的整理僧伽制度来自保。除此之外，我们还会在后面看到，这种关系并非是单向度的，湘僧的若干组织细节也是太虚在条陈中的直接主张，或者说有可能前者是以后者为指导而制定了这些组织架构，到底是哪种情况还有待更为深入的研究，但无疑二者之间明显有联系。在《海潮音》前引稍后就有"（四）湘省僧众农学会的提议"：

　　　　……湘省僧众农学会设立护法委员会及执行委员会，举唐公（唐生智）为护法委员会委员长。省党部及省政府和委员为护法委

---

① 太虚主编《海潮音》第 7 年第 12 期，上海古籍出版社，2003 年影印版，第 14 册，第 618～620 页。

② 湖南省地方志编纂委员会编《湖南宗教志》，湖南人民出版社，2012，第 265 页。有载："民国十五年（1926）下半年至次年，长沙全市人民先后举行游行大示威，佛化会曾动员长沙佛教徒积极参加游行。一些爱国进步的佛教徒，以实际行为，在力所能及的范围内进行改革，如该会执行委员素禅，在南岳动员佛教徒筹办工厂、农场。长沙自在庵比丘尼松云，则筹办湖南全省尼众工厂，设法摆脱寄生生活，走上了劳动的道路等。"

员。而僧众的执行委员会，其大纲分为四部：（一）总务部：举总务委员若干人，执行本会一切行政事宜；（二）生产部：凡不能从事学业愿从事农作者，集每县或数县之佛教寺院的山场田地，组织僧农团造林种田，以为佛教僧众之生产基本。……（三）佛学部：一，设佛教的研究院及大学、中学、小学之教育机关。……二，设补充修学，所随宜教授。……（四）慈济部：办慈儿院等慈济事业……①

我们可以将之与太虚申请加入国民党条陈之中的部分内容进行比较，其中的联系一目了然（见表2）。

表2　太虚条陈与湖南僧众农学会主张对照

太虚条陈	湘省僧众农学会
选中央及各省党部、党政府、党军诸信解佛教者，为援助委员，以组织为援助委员会	……湘省僧众农学会设立护法委员会……举唐公（唐生智）为护法委员会委员长。省党部及省政府和委员为护法委员
由入党僧众之有能力者，选三四十人为执行委员，以组为执行委员会	湘省僧众农学会设立……执行委员会
教务部：办僧众行政之总务、会计、文书、交际、庶务、宣传及各省县设支分会等	总务部：举总务委员若干人，执行本会一切行政事宜
教产部：一，收集各县寺僧众之不动产，为某县佛教公产，组僧农团，以从事农作；二，每县组一僧工团，设一寺至五寺之经忏场，以应民众而需要之佛事工作，及设其余有利人生之缝衣、织布工厂；三，每县组一僧商团，设佛教印书馆、佛教法具店、佛教蔬食处、佛教用品百货店、佛教银行等。以上三项之余利，均充办佛教公事之用	生产部：凡不能从事学业愿从事农作者，集每县或数县之佛教寺院的山场田地，组织僧农团造林种田，以为佛教僧众之生产基本……
教学部：设佛教僧众之小学、中学、大学及研究院，与农工商僧补充学校等	佛学部：一，设佛教的研究院及大学、中学、小学之教育机关。……二，设补充修学，所随宜教授……
教化部：办救难、救苦、救急、救病之赈济处，孤儿院、残废院、鳏寡院、育婴院、养老院、施医院等，及各都市乡村广设宣讲堂等	慈济部：办慈儿院等慈济事业……

---

① 太虚主编《海潮音》第7年第12期，第14册，第620~621页。

　　通过比较，我们发现太虚条陈希望成立全国性的——中国佛教新僧会，其组织结构与提交报告不久前《海潮音》上的湖南省佛教亲太虚派系的理想僧团构建完全一致。二者皆有国民党党政机关要员构成的佛教居士后援机构（分别为援助委员会与护法委员会）。执行权力机构皆为执行委员会。执委会以下则皆分为四部，二者不但内容相同，连次序都完全一致！即总会日常运作的行政机构（教务部与总务部），以僧农团、僧工团等为内容的僧人生产部门（教产部与生产部），以救济赈灾为内容的慈善部门（教化部与慈济部）。至于每项内容之中的相似之处，则也所在皆有。从这种绝非偶然的相似性，我们也可以看出太虚在诸种危机来临之后，提出加入国民党的现实压力，以及试图以加入国民党为契机，并以湖南僧众农学会等组织为参照（或者是此僧众农学会受了太虚的启发），并借助国民党的动员能力，实现自己整合全国佛教僧团力量的初衷。从上面这些线索我们可以看到，太虚有一个非常明确的目标，即利用加入国民党来达到一箭双雕的效果，既处理掉当时迫在眉睫的北伐军治下的僧产保护问题，又利用国民党的组织架构与民众动员能力来达到整合全国僧团力量的目的。至于最后未能达到目标，则亦属分外之事了。

（二）所牵涉人物之介绍

1. 蒋介石

　　太虚法师与蒋介石的关系，学界已然有了很好的研究。[①] 但通过新发现的台湾"国史馆"与党史馆档案，则可知过去学界对于二者之间的关系可能还有未竟之处。比如有认为二人之间的关系"最早可上溯到 1927 年秋"，

---

① 侯坤宏：《1930 年代的佛教与政治：太虚法师和蒋介石》，《四川师范大学学报》（社会科学版），2006 年第 5 期；侯坤宏：《释太虚与蒋介石：1930 年代的佛教与政治》，氏著《太虚时代：多维视角下的民国佛教》（1912～1949），台北，政大出版社，2018，第 227～270 页。

其根据是《太虚自传》中所载二人首次见面。[1] 但二人初次谋面并非二人关系之始,通过党史馆档案,我们可知约半年前,二人就已然有过至少是书信的互动了。也即太虚曾经亲自写信请求同为浙江籍的蒋介石介绍其加入国民党,后者还对之非常嘉许。但此事后来因为国民党左派的态度而失败。

蒋介石对于太虚的最初印象,我们并不知晓。我们所知者,乃是至少在此阶段,如果不是有佛教信仰的话,那么蒋介石对于佛教至少也颇存好感。这其中的原因,则主要是与其母笃信佛教所受到的家庭影响和熏陶有关。因此,在1927年底与宋美龄结婚,并在受其影响而于1930年正式受基督教洗礼之前,蒋介石对于佛教是颇有善意的。[2] 再加上蒋介石向来具有很强的浙江宗亲观念,因此我们也就可以从中理解蒋介石为什么对于同样来自浙江的太虚法师的入党申请网开一面了。

2. 邓演达等国民党左派与共产党员

涉及太虚入党事件的国民党左派与共产党员则有中国国民党中央执行委员会总司令部政治部主任邓演达、副主任郭沫若,另有经手人包惠僧(1894~1979)、陈其瑗、彭泽民等。

先看邓演达,太虚档案之所以被收入整个"汉口档"之中,就是因为此一事件牵涉邓演达与此届中执委。1926年11月国民革命军总司令部移驻南昌,邓氏留在武汉,兼任总司令部武汉行营主任,主政武汉一地。但此事之所以经过邓氏之手,还是因为太虚的申请是直接上书给蒋介石,而蒋介石批复之后就交由总司令部下属的政治部来处理。此部之主任即为邓、郭二人,尤其是邓演达还身负蒋介石行营主任一职,[3] 因此就程序上

---

[1]　侯坤宏:《1930年代的佛教与政治:太虚法师和蒋介石》,《四川师范大学学报》(社会科学版),2006年第5期;侯坤宏:《释太虚与蒋介石:1930年代的佛教与政治》,氏著《太虚时代:多维视角下的民国佛教》(1912~1949),第227~270页。

[2]　侯坤宏:《1930年代的佛教与政治:太虚法师和蒋介石》,《四川师范大学学报》(社会科学版),2006年第5期;侯坤宏:《释太虚与蒋介石:1930年代的佛教与政治》,氏著《太虚时代:多维视角下的民国佛教》(1912~1949),第227~270页。

[3]　《包惠僧回忆录》,人民出版社,1983,第308页。

而言，并无任何问题。然而，除此之外还应考虑到，其中比较重要的还有邓演达与蒋介石之间的个人冲突，以及邓演达的左派立场，尤其是他与中国共产党之间的亲密关系。①

包惠僧为中共一大代表，此时由于替周恩来带信给邓演达，被邓演达留在武汉行营工作，就此成了邓的手下，任武汉新闻检查委员会主席，并旋即筹备中央军政学校。但是就实际负责而言，包惠僧"是以武汉中央军事政治学校筹备主任的名义，替邓演达做些机动的工作。每天早晨六点半到行营，经常是下午一点前后才下班，我（按，指包惠僧自己）给他看电报并拟具处理办法，有时还代他见客，因为我们私人的关系处得不错，也有时同他上天下地闲聊很长的时间"。② 这也是"［包］惠僧"的名字为什么会出现在第 10 页的原因（见图 14），就实际情况而言，可以猜测出来的结果就是：此事乃是由包惠僧先初步处理，再由邓演达与郭沫若具名上报。

他们几个人，除了邓演达外，主要是起到执行上报的例行公事的作用。此后随着蒋介石分共，国共合作失败，1927 年 6 月被南京政府通缉了的邓演达出走苏联，后又抵达德国。1928 年 12 月太虚访欧抵达柏林后，还曾与邓演达会晤。《太虚年谱》之中有载：

图 14　太虚申请加入国民党事（14）

---

① 包惠僧回忆，"［邓演达领导下的］总政治部的工作，差不多是在共产党的领导下进行，因此造成了蒋介石与邓演达的矛盾，而我们的工作因为邓演达接近我们的关系，得到很多的便利，得到很大的发展"。《包惠僧回忆录》，第 217 页。
② 《包惠僧回忆录》，第 277～278、289 页。

（1928 年 12 月）二十日，抵柏林……某日，访中国公使馆……并晤邓演达、黄祺翔、任右民、巴玉藻诸君。游览过年（寰游记）。①

因此，虽然就总体而言，邓演达乃是蒋介石的敌对方，而太虚无疑是站在蒋方的，但就此事而言，邓演达、郭沫若乃至包惠僧可能只是较为中立的呈报者。

与他们不同，在驳斥太虚文件后签名的陈其瑗（1887～1968）与彭泽民（1877～1956）所扮演的角色则显然有所不同。前者为国民党左派，1926 年国民党二大时当选为候补中央执行委员。1927 年 3 月，国民党中央第二届执行委员会第三次全体会议在武汉召开，陈其瑗任商民部部长。② 前文已及，蒋介石成立南京国民政府后，陈氏也是属于马上被通缉之人。他旋即流亡海外，1949 年后因协同创建民革之故，而被中华人民共和国任命为内务部副部长。非常巧合的是，在中华人民共和国成立之后他因曾任人民政协全国委员会宗教事务组组长，而依然同佛教颇有交集。③

彭泽民同为国民党左派，在国民党二届三中全会上被任命为海外部部长，同时又担任国民政府委员。④ 1949 年后，他也因参与中国农工民主党，先后任职于人大与政协等。同为武汉国民政府高官的二人，同时也可能经过中执委的集体讨论通过，但至少他们是此案的直接决定者或执行者。虽然我们无法知道对武汉国民政府具有强大影响力的苏联顾问在其中所扮演的角色，但考虑到武汉国民政府激进左倾的政治态度，再加上太虚诉诸其政治对手蒋介石的技术性"错误"，都使得武汉国民政府当局中的

① 释印顺编著《太虚法师年谱》，第 150 页。
② 张创新：《中国政治制度史》，清华大学出版社，第 366 页。
③ 学愚：《中国佛教的社会主义改造》，香港中文大学出版社，2015，第 22～23、127～128、156 页。
④ 彭泽民的传记，见罗平汉、高青云《中国民主党派史丛书：中国农工民主党卷》，河北人民出版社，2001，第 397～398。

左派中执委不仅拒绝太虚的入党申请，而且对之严加痛斥。从以上所述可见，太虚加入国民党的申请，无论其时间还是求助之个人，都不可能有更坏的时机选择了。

五　事件之后续影响与简单的总结

太虚 1927 年初的申请加入国民党一事，以失败而告终。但是我们要注意到在此一申请的过程中，太虚最初是直接以私人关系而求诸国民革命军总司令，同时也是太虚的同乡蒋介石。因为太虚本人所欲者，并非只是个人申请加入国民党这一事，而是希望借助国民党的组织与动员能力来整合全国的佛教力量，并借机解决庙产兴学给这一时期佛教界所带来的深刻危机。而这一宏大构想自然就不是蒋介石一人所能决定，故蒋介石赞同其个人入党之革命行为，认为此举"殊堪嘉许"，并让其下属国民革命军总司令部政治部主任邓演达与副主任郭沫若上报。但当时由国民党左派、中国共产党与苏联顾问主导的武汉国民政府思想激进，对于宗教本身也持负面态度，而在 1927 年 3 月武汉国民政府中执委讨论此事之时，其与蒋介石之间的矛盾已然全面暴露，正处在最后爆发之前的酝酿时期。因此，太虚申请加入国民党一事就不仅被否决，而且还被痛斥。在很大程度上，我们可以将太虚申请加入国民党一事，当成当时以蒋介石为主导的南昌国民革命军总司令部及其势力与武汉国民党左派之间的一次力量博弈。当时两湖之间庙产兴学风波，使佛教之根本产生严重动摇，因此太虚采取非常措施，希望能够借助加入国民党使整个佛教界摆脱危机，但终因被卷入国民党两派之间的政争而失败。

然而，失之东隅，收之桑榆。太虚之申请在蒋介石初步赞成的情况下，却遭到蒋氏之政界大敌的严词拒绝并被痛加申斥，这在很大程度上其实拉近了太虚与蒋介石之间的关系。设想此一旋即土崩瓦解的武汉国民政府如果对太虚善加对待的话，则反而可能会在日后太虚与蒋氏之间的关系之中种下嫌隙。质言之，这次太虚希望借助加入国民党来实现自己成立全国性佛教机构的宏大愿望虽然失败了，却收获了一位政治上潜在的强大同盟。并且我们也可以看到，终太虚一生，坚定地站在蒋介石的一边是其政治立场的主要特点之一。而蒋介石也确实为太虚的佛教与政治抱负提供了强有力的支援。因此，我们可以说这个沉埋在历史档案之中的事件，构成了太虚与蒋介石关系的第一步，也奠定了二人以后20年间互动的基调。

《北大佛学》第 2 辑
第 414～447 页

流动的意义：抗战时期"太虚－佛教访问团"事件分疏[*]

赖岳山

内容提要 1939 年，中缅的大陆交通线受到日军宣传的影响，存在中断的危险。国民党中宣部国际宣传处、中央执行委员会秘书处及社会部、蒋介石第三侍从室等均独立获得了情报，也在筹备应对策略。与此同时，国内的"国民外交委员会"或"国际反侵略协会中国分会"，在国民政府的支持下获得良好的效果。在此背景下，由太虚、谢健等所主导的中国佛学会，分别向中宣部（具体时间未知）、中执委社会部（1939 年 4 月 5 日）等提出了"佛教访问团"计划。中宣部与中执委对此提议均有所考虑，也同时在独立策划。中宣部开始筹备的时间不详，但其与行政院在 8 月 22 日核准"佛教访问团"；社会部则于 6 月 16 日经由陈立夫提议和 21 日由朱家骅拣选而正式开始筹备，9 月 11 日才完全核准了访问团的组织规模和方式。最后，1939 年 9 月中，中宣部计划与中执委预案合流：以太虚法师为团长，组成"中国佛教访问团"，于 1939 年 10 月至 1940 年 5 月，在重庆接受任务，后从昆明出发，访问了缅甸、印度等地。需要特别指出的是，对"佛教访问团"成行做出贡献的，除了"太虚僧团"之外，

---

* 本文为 2017 年度教育部人文社会科学研究青年基金项目"太虚法师与民国'佛教－宗教'思想史研究"（17YJC730005）阶段性成果。

还有谢健、王礼锡、沙国珍、杨琪、李中囊、李翼中等人士；而部委各种力量的介入、任务的变化、形势的跃迁，也导致了"流动的意义"，它们才是理解历史事件的基础。

关键词　佛教访问团　国民党中央执行委员会　中宣部

作者简介　赖岳山，华南师范大学哲学与社会发展学院讲师。

1939 年 10 月至 1940 年 5 月，太虚法师（1890～1947）率领"佛教访问团"①，清一色僧伽，一行五人，访问南亚诸国，展开"国民外交"。此次事件的背景、筹备、真实目的等，目前已能做到较为精细的描述以及相对系统的论证：现有档案给我们提供了许多线索，证明"佛教访问团"的提出、筹备、决策等，并不像太虚、苇舫或报刊报道所展示的那么简单轻松；相反，"佛教访问团"构想之来源，存在着多重线索，正式筹备期也经历了相当复杂的行政流程。

我们尝试就目前的条件来"复盘"，做一些微观处理。"目前的条件"仅限于中国第二历史档案馆中迟至 2019 年 6 月所开放的资料，不包括台湾地区的档案。根据纪赟教授的调查和研究，台北"国史馆"、中研院近史所以及 2018 年 1 月才开放的"大溪档案"（两蒋密档），尚有重要史料能进一步展示事件细节。② 大溪档案能提供的史料证据，主要是蒋介石对"佛教访问团"的态度和举措，这有待于纪老师的进一步研究。另外，从当时的公文往来可知，蒙藏委也还有部分档案（现在分藏南京和台北），但因各种原因，目前仍无法查阅。本文仅就南京国民政府内政部、中宣部、中执委等几个单位的材料作一讨论；它们是"佛教访问团"的主要策动者、审批者和监控者。

一 "佛教访问团"的酝酿、提出与立案：1939 年 1 月、4 月 5 日与 6 月 16 日，王礼锡、"谢健 - 中国佛学会"、"内政部"、"国民参政会"及"中央执行委员会"

1. 谢健提出

1939 年 4 月 5 日前某日，"中央执行委员会社会部"（以下简称"社

---

① 按，该团的命名有严格的讨论，非"国际访问团""南亚访问团"等，而是"佛教访问团"。但由于抗战时期有几个类似"佛教访问团"的命名或简称，因此，我们有时候也将之书写为"太虚 - 佛教访问团"。

② 纪赟：《国民政府时期档案中的太虚大师资料述要——以台湾地区馆藏为中心》，王颂主编《北大佛学》第 2 辑，社会科学文献出版社，2020。

会部"）职员张炽"奉派调查""中国佛教学会"①。从同卷宗其他材料来推断，主要任务应该是巡查民间组织或宗教团体的合法性、近期活动等；因之，中国佛学会副会长谢健（1883～1960）将访问团计划告知张炽。4月5日，张炽提交了调研报告，内容有二：谢健及中国佛学会的计划，以及社会部"赞助'佛教访问团'的办法"。张炽录谢健原话：

> 该会副理事长谢健谈："现在进行之工作，组织'佛教访问团'，往东方缅甸、暹罗、安南、印度、锡兰等佛教国家，作国外宣传，借使东方各友邦，知我抗战之真正意义，而免敌人造谣煽惑，演成误会。"②

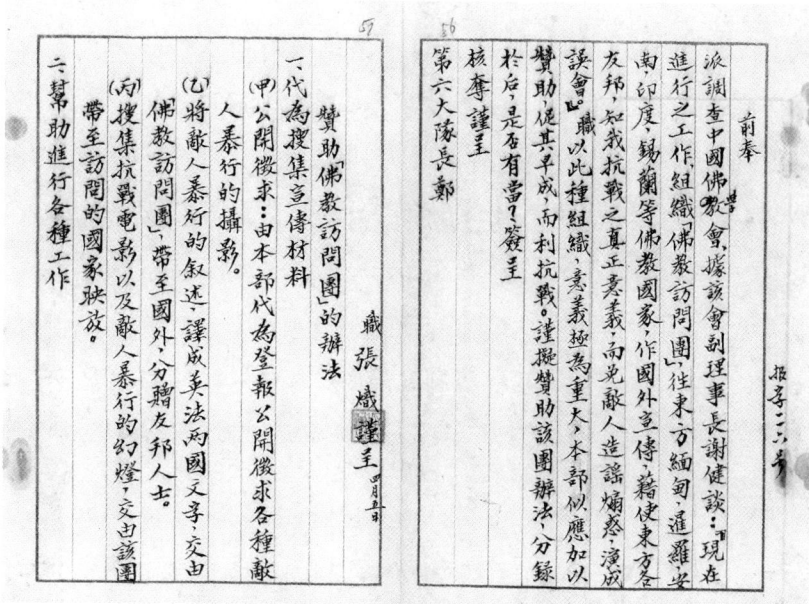

图 1　张炽奉派调查"中国佛学会"之后所写调查报告

资料来源：中国第二历史档案馆，档案号及电子页页码：11（2）-02051，0039。

---

① 按，根据图 1 的涂抹可知，社会部的职员对"中国佛教会"和"中国佛学会"的区分比较模糊。这似乎也导致了社会部在决策是否组织"佛教访问团"的时候，出现众多的人选，比较之后认为太虚比较合适。

② 中国第二历史档案馆档案，卷宗号 11（2）、案卷号 02051、电子页 0039，以下均简为如此格式："11（2）-02051，0039"。

从行文语气以及后文"赞助'佛教访问团'的办法"来看，可以肯定一个事实：谢健及太虚所主导的中国佛学会，已经自发地开始筹备"佛教访问团"；恰逢社会部派员来调查，于是乘机告知计划，提出协助要求。同时，调查员张炽也认为"本部应加以赞助"。由此可见，发自民间的一起"民众运动"，逐渐转为国家层面的一件公共事务。

那么，谢健是谁？为何突然提出"佛教访问团"计划？这仍需澄清。

谢健即谢铸陈，他是"太虚僧团"① 中最为虔诚的俗家弟子之一，曾与太虚一起退出"中国佛教会"，重组"中国佛学会"。谢与蒋介石、陈立夫、朱家骅等过从甚密。1938 年之前，他分别任职于南京国民政府文官处印铸局、司法部和考试院等处，后赴台，晚年有《谢铸陈回忆录》。据该书可知，1938 年春，谢卸任南京国民政府司法行政部常务次长；1938 年 7 月 1 日第一届国民参政会第一次会议于汉口召开时，他因蒋介石推举而被选为"驻会委员"，任期至 1942 年 9 月止。② 《回忆录》载，"组织佛教访问团"是其在任参政会委员期间"自觉值得一述"的两项（另一为"通缉汉奸汪精卫案"）提案之一：

> 第二，是促组佛教访问团案，这一案动机的引起，是一位朋友（只记得姓王，不知是否王礼锡）从新加坡归来，在私人谈话中，他

---

① 笔者尝试使用"太虚僧团"这个概念来研究太虚及其弟子的社会运动。因为，太虚法师区别于传统及同时代僧人，矛盾地纠缠了传统风采和现代精神，对未来也颇有影响；从而被视为近现代中国政教领域中的"复杂现象"：他以"革命僧"、"政治和尚"和"宗教改革的马丁·路德"的鲜明形象和明确理念，依靠弟子、信众的网络，援引政要的权力，组织各种实体机构，乃至借用敌人的存在与反侵略的契机，形成一个有机的僧俗系统，深刻地介入到民国时期的内政与外交当中。对于这种现象，笔者尝试将之概念化为"太虚僧团"，以这个特殊个案来梳理民国宗教史、宗教制度，乃至反思近代中国与世界的同构关系。恰好，由本文的案例也可以反证：其一，太虚的很多想法，并非其原创，而是来自"同调"；其二，以太虚领衔的许多社会运动，也因弟子或信众的推动而得以实行；换言之，将太虚视为一个单独的个体，并不足以承担所有加之他名下的事件。

② 谢健：《谢铸陈回忆录》，沈云龙主编《近代中国史料丛刊》第 91 辑，台北，文海出版社，1973，第 115～116 页。

说，日本对东南亚一带宣传，把在我国的侵略，歪曲为一场圣战。其理由为中国政府首脑，均为基督徒，则中国将变为基督教国家，日本与东南亚，均为佛教区域，应共为护教而战。我深恐积非成是，二十八年九月一日提案于参政会，促速组织佛教访问团，赴东南亚一带，以破除日本军阀的妄说。本案幸获通过，于是同年十一月底，太虚大师率领佛教访问团出发，遍访缅印锡兰马来新加坡各地，直到第二年五月才回国。[①]

由此可知几个要点。

其一，来自王礼锡（1901～1939）的偶然启发。从想法来源看，启发谢健动机者，大约为王礼锡。笔者认为，尽管只是"大约"，但王礼锡这条线索很重要。按，王礼锡为"国际反侵略大会""伦敦反侵略大会"成员，1938 年在伦敦活动，以反侵略为主旨，号召国际支持中国的抗战。1938 年 12 月，王礼锡从伦敦回国，是否经过新加坡则未知。但不管怎样，"佛教访问团"的理念、任务被引导到以王礼锡为线索的另一个情景——"国际反侵略大会"——当中；相应地，也让"访问团"从"佛教"组织转向其他类似的或者更广范围的因素——它们就是遍布各行业、各社团、政党的"国民外交"运动。"太虚–佛教访问团"应该被置于这种具有普遍性或结构性的局势中，才能获得深入的探讨。

其二，时间的奥秘。"1939 年 9 月 1 日"才"提案于参政会"，"促速组"，"获通过"。这比张炽录文日期"4 月 5 日"要晚五个月；这反过来说明，筹组"佛教访问团"，无论对"太虚–中国佛学会"还是南京国民政府来说，都不容易。由此，其筹组过程值得探讨；因为，它涉及目的、影响、方式、组织、纪律、任务、经费、成效等问题。换言之，访问团的性质、主导者、意义等都将在流动中有所兴废、改变、跃迁，而不能

---

① 谢健：《谢铸陈回忆录》，沈云龙主编《近代中国史料丛刊》第 91 辑，第 117 页。

用静态的、已经定型了的"印象"、单向度地"赋义"于某个民间组织、特定个人或公权有司。从方法论来说，很多相关的研究，不管是历史的还是思想史的，正是对系统、流动、差异的材料缺乏严格的分析，而仅着重于静态"印象"，才导致了（尤其是"思想史"研究）"过度想象"、"意义增溢"乃至无中生有。

其三，职权的分属。从职官和所属来看，谢健所任职的"国民参政会"与"中执委"有别。"国民参政会"融合了以国民党为多数的各党派（包括共产党）。该会初期，汪精卫（1883～1944）任主席。"国民参政会"之设，不妨视为国民政府在"抗日统一战线"观念下的一种举措。但《陈立夫回忆录》的"一家之言"则认为是为了安置汪精卫：1938 年 3 月 29 日，临时全国代表大会开幕，大会选举蒋介石为总裁——他也是国民党总裁，对此，资历更深的汪精卫（被选为副总裁）还"不太满意"，希望组织所有党派参政，自己成为"各党各派的领袖"；因此，1938 年 7 月所成立的"国民参政会"，就是为了缓和汪精卫的情绪、满足其愿望而已。[①] 就职权来看，设置之初，汪精卫对"国民参政会"和"国民党中央执行委员会"的权限侧重有所划分：两者差不多平行，后者权力稍微高一点，类似美国参议院，前者则相应地类似众议院。参政会主席为汪精卫——如陈立夫所言的"领袖中的领袖，担任各党派的主席"，而中执委总裁为蒋介石。[②] 尽管汪精卫于 1938 年 12 月后叛变，但此后的许多大事，在表面上或程序上仍需要在"中执委"和"参政会"之间协调。抗战特殊时期"参政会"与"中执委"的职权分属关系，就造成了这样一个复杂局面：参政会谢健所提的"佛教访问团"，尽管早已在行政院内政部立案（下详），仍进展缓慢；反过来，即便该团已在内政部或中执委立案，却仍需提案于参政会。简言之，谢健所筹措的"太虚－佛教访问

---

① 陈立夫：《陈立夫回忆录：成败之鉴》，台北，正中书局，1994，第 220～221 页。
② 陈立夫：《陈立夫回忆录：成败之鉴》，第 220～223 页。

团"，逐渐与党务（中执委）、行政（行政院）、民意机关（参政会）挂钩；这种复杂关系导致了访问团性质上的不单纯。

其四，任务与目的。"佛教访问团"的目的在于抵消日军的"圣战"宣传。日军宣传的要点是：侵华性质为宗教战争，是"圣战"；攻击中国政府首脑为基督徒，中国将变为基督教国家。问题在于，这种过于形而上的话语，不足以使国民政府有所行动，从后文可知，真正促使蒋介石等派出访问团的因素，是"中缅交通"面临威胁。换言之，访问团初期的任务和目的，与1939年六七月之后的设想差别甚大。

综上，不管"谢健－中国佛学会"是否继续私下运作"佛教访问团"；中执委社会部都已经以"赞助"的方式与访问团发生关联，但要特别注意的是，此时尚未作为自身的职责和任务而提上日程。中执委真正意识到问题的严重性从而介入，是由别的要素促成。（下详）

谢健既然提到王礼锡，我们仍有必要进一步探讨之。

2. 王礼锡与苇舫

谢健、王礼锡是否贡献了"佛教访问团"的构想与行动？我们从苇舫《访问团日记》中也可以获得佐证。他说：

> 这所谓文化界的启发，如王礼锡君在《大公报》上的论文，参政员谢健等的提议，皆不过其近因。（按，苇舫主旨在于强调"远因"——太虚从1920年代以来的构想）①

又，印顺《太虚大师年谱》中也有所交代：

> 九月一日（十八日），大师组织之"佛教访问团"，大体决

---

① 苇舫：《佛教访问团日记》，《太虚大师全集》第30册，印顺文教基金会光碟版，2005，第506～507页。

定。……访问团之组织，初以今春王礼锡发表《论国民外交方针》
于《大公报》，主从速组佛教、回教访问团。大师时作《占海南岛之
威胁与对佛教国之诱略》（按，太虚此论多空文，与报刊所见时论差
别不大，且未提访问团事），唤起全国上下及佛徒之注意。谢健等提
案于参议会；《海刊》本年二期，亦有"应从速组织佛教访问团"之
时论。由于西南国际路线之日形重要，终得朝野重视赞助，由政府函
聘为佛教访问团团长，拨予费用，以佛教徒自动组织名义而成立。①

　　由此可知，谢健所见的"朋友（只记得姓王，不知是否王礼锡）"应该
就是王礼锡。王是江西安福人，社会活动家、诗人。1938 年 10 月前后，王礼
锡在伦敦参加乃至组织"反侵略大会"，以帮助中国抗战，获得巨大反响。12
月回国后，他任国民政府立法委员、"国民外交协会"常务理事等。

　　1939 年 2 月 15 日，王在《大公报》发表《论国民外交方针》。文章
分三部分。第一部分提出，"为了世界的正义、和平与文化"，要把中国
人民的抗战与世界人民、民族联系起来，"动员全世界人民，联合世界上
以平等待我之民族，共同打击侵略者"；第二部分提及印度和缅甸的情
形；第三部分论及与英、美、法、苏俄的国民外交工作。② 有关印度和缅
甸情形，他提出几点：

　　其一，"东方"（安南、缅甸、印度、锡兰）的民族，历史上长期以
来与我国比较友好，另外，印度的民族领袖甘地和国民会议党，都"坚
决地像兄弟一样站在中国方面"。其二，印度的情况是："除印度以外，
日寇在东方的一切民族中用种种方法在煽动。"比如，在回教民族中，每
日有阿拉伯文的播音宣传，还有小册子。不过，自"回教近东访问团"
归来后，发现该地仍旧不太受日本宣传的影响。其三，在南亚，日本煽动

---

①　印顺：《太虚大师年谱》，1939 年 9 月 1 日条，《印顺法师佛学著作全集》第 13 卷，印
　　顺文教基金会光碟版，2005。
②　王礼锡：《论国民外交方针》，《大公报》1939 年 2 月 15 日，第 4 版。

说：中国政府打压佛教、准备以耶教替代佛教；他们宣传以"圣战"为理由，抵制耶教，保护中国佛教免受压迫。其四，锡兰的情况是，"锡兰高僧奈拉达（Narada）说'他们只接到日本佛教徒的宣传没有接到中国佛教徒的宣传，所以真相不明'"。其五，缅甸的情况更加复杂且重要："缅甸几次仇华行动"对"我们目前主要的国际交通线是一个潜伏的威胁"。[1] 因此，王礼锡建议："我觉得在东方的许多佛教回教的国家，我们应当动员中国的佛教回教徒，和他们建立'经常的通信，使敌人在东方不能售其欺骗之术'"，效果是"小则减少日货的市场，消灭他们对我们国际交通线潜伏的威胁，大则为将来东方永久和平建立一个基础"。[2]

与此同时，苇舫在《海潮音》第20卷第2期发表了《应速组织佛教访问团》，是首篇文章。[3] 尽管版权页写明"民国二十八年二月十五日出版"[4]，但苇文应在2月15日后才印刷面世；因为，对比可知，署名为"苇舫"的文章，只不过是王文的部分摘抄，并没有提供任何独立的史料、论述和证据。

不过，笔者认为，尽管苇舫只是摘抄，但他和太虚可能一直在关注着王礼锡，也关注着共同的事件或社会运动。比如，1938年2月7日，苇舫在世苑（即重庆汉藏教理院）写出《佛教徒的反侵略》，开篇就提到，"本月（按，2月）12日国际反侵略大会，在伦敦举行全世界抵制日货、援华特别会议"；同时，"我国分会与国民外交协会，为相应起见，发起国际反侵略宣传周，其第一日——六日为宗教日"。[5] 事实上，1938年12

---

① 王礼锡：《论国民外交方针》，《大公报》1939年2月15日，第4版。
② 王礼锡：《论国民外交方针》，《大公报》1939年2月15日，第4版。
③ 苇舫：《应速组织佛教访问团》，《海潮音》第20卷第2期，1939年2月15日，转见黄夏年主编《民国佛教期刊文献集成》第199卷，全国图书馆文献缩微复制中心，2006，第323页。
④ 《海潮音》第20卷第2期，1939年2月15日，转见黄夏年主编《民国佛教期刊文献集成》第199卷，第381页。
⑤ 苇舫：《佛教徒的反侵略》，《海潮音》第19卷第3期，1939年3月，转见黄夏年主编《民国佛教期刊文献集成》第198卷，第100页。

月回国前，王礼锡正在伦敦，其所从事者，正与"国际反侵略大会"相关。

又，太虚曾被推举为"国际反侵略大会中国分会名誉主席"，这发生在 1939 年 6 月。① 也就是说，迟至此时，太虚才在国际反侵略运动中获得正式的身份。其率团出发前，国内团体中，正是该会为之举行最为盛大的欢送会。在当时新闻宣传的情景中，太虚也以"国际反侵略大会中国分会主席"作为主要头衔：

> 中央社讯：反侵略中国分会名誉主席太虚法师，近组织佛教南洋访问团，访问南洋各地，该会以法师出国在即，特于昨日（按，10月 22 日）下午三时，在漱庐该（按，应为开）会，延请有关佛教、侨务、国际宣传各方名流，茶会欢送。到（按，疑排印有缺漏）太虚法师，邵力子，陈铭枢，吕超，□世明等三十余人。闻茶会时，诸氏于佛教、侨务、国际宣传，曾详细交换意见。②

由王礼锡和苇舫之间的线索可知，谢健所提议之"佛教访问团"，其思想和行动，最早应该源自王礼锡及"国际反侵略大会"，它因此也与"国民外交协会"这个组织相关。从后文可知，"太虚 - 佛教访问团"出访所使用的由头或合法性，恰恰是"国民外交"。不过，这仅仅是表象，或者说是政治伪装。因为，在"佛教访问团"正式出发前，10 月 22 日下午 3 时，尽管"国民外交协会"、"国际反侵略大会中国分会"为之送行③、"详细交换意见"④；但事实是，"访问团"的真正目的和任务，经

---

① 印顺：《太虚大师年谱》，1939 年 6 月 31 日条。
② 《佛教访问团消息》，《海潮音》第 20 卷第 12 期，1939 年 12 月 1 日，转见黄夏年主编《民国佛教期刊文献集成》第 199 卷，第 552 页。
③ 太虚：《己卯日记》（九月初十，10 月 22 日），《太虚大师全书》第 30 册，第 498 页。
④ 《佛教访问团消息》，《海潮音》第 20 卷第 12 期，1939 年 12 月 1 日，转见黄夏年主编《民国佛教期刊文献集成》第 199 卷，第 552 页。

由中宣部、中执委社会部等的面授机宜①，已经脱离了酝酿期的设想，也脱离一般意义上"国民外交"的范畴了。此事暂且按下不表，我们继续按时间线索来看"中执委社会部"的意见和行动。

3. 有司商议

对于"佛教访问团"的建议，社会部认为可行，也按自己需求，提出了"赞助'佛教访问团'的办法"：

一、代为搜集宣传材料

（甲）公开征求：由本部代为登报，公开征求各种敌人暴行的摄影。

（乙）将敌人暴行的叙述，译成英法两国文字，交由"佛教访问团"，带至国外，分赠友邦人士。

（丙）搜集抗战电影以及敌人暴行的幻灯，交由该团带至访问的国家映放。

二、帮助进行各种工作

（甲）派遣本部服务团团员，帮助该会进行组织"佛教访问团"的工作。

（乙）"佛教访问团"的组织进行方面，如有困难，本部在可能范围内，给予相当的帮助。②

上文谢健的提议和此处社会部的"办法"，是目前档案史料所见最早③有关"佛教访问团"的酝酿，内容简单，毋庸赘述。本小节所关注的是它所表达的民间运动与主管部门的关系："中执委"不主导，而内政部为之立案。

---

① 对照档案以及太虚《己卯日记》"九月初四至初五日"所见的部委及主官，可见一斑。

② 档案号：11（2）– 02051，0039 – 0040。

③ 按，由于档案的残缺及开放程度等问题，我们仍旧无法确定此事的"起源"。从后文档案可知，内政部和蒙藏委应该存有早于 4 月 5 日之前的申请材料，但目前未见。

1939 年 4 月 18 日，社会部干事杨琪等对张炽的报告做出说明和回应（见图 2）。要点有二。其一，证实"中国佛学会"所组织的"佛教访问团"，"已呈请内政部、蒙藏委员会核夺成立"；其二，"似可策动各对外宣传团体，尽量供□材料"。① 由此可知，尽管"中执委社会部"认为可以协助，但并不认为"佛教访问团"应该由该部门负责筹备。另一方面，内政部与蒙藏委的举动说明，谢健所提议的"太虚－佛教访问团"，已由民间的、自发的（按，印顺所说的"以佛教徒自动组织名义而成立"正是此意，但并不是事实的全部）"民众运动"，或"民众组织"，转向了由政府审批乃至主导的"公共事务"。内政部礼俗司和蒙藏委的相关档案暂时未见，不知其意见、决定如何。

这种"转向"，事实上有着非常严格的时间界限。比如，正式建档程序的存在，使我们可以从另一份档案页面的起止日期（见图 3）中证实："中执委社会部"之介入"中国佛学会"，使得"佛教访问团"成为该部门的公共事务，应该从 1939 年 6 月起到 1940 年 4 月止。另外，在这个时间差中，我们也可以发现另一个奥秘：访问团筹备早期，各部委之间实际上各有自己的算盘，访问团更像是一个尚未定性的棋子；而真正落子定准的，则是蒋介石。

4.6 月 16 日前后"中执委"介入：因蒋介石关切，所以陈立夫、朱家骅执行

6 月 16 日，时任"中执委社会部"部长的陈立夫，函中执委秘书长朱家骅，该函暂时未见，但从 6 月 21 日朱家骅复函（见图 4）可见一斑：

　　　立夫吾兄台鉴：接奉十六日惠复，备悉一二。中缅邦交，关系甚巨，敌人在彼间活动至力，近更收买报纸，对我作种种不利宣传，故总裁对此弥见关切。尊拟进行步骤三项，其中以佛教访问团最为重

---

① 档案号：11（2）－02051，0016。

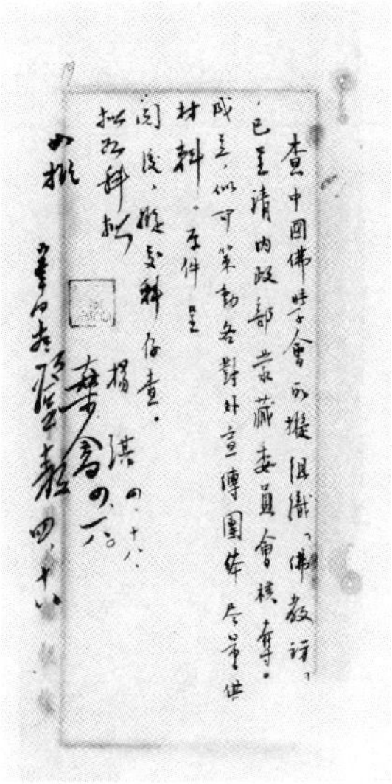

图2　社会部干事杨琪对张炽调查报告的回复

资料来源：中国第二历史档案馆档案，档案号：11（2）－02051，0016。

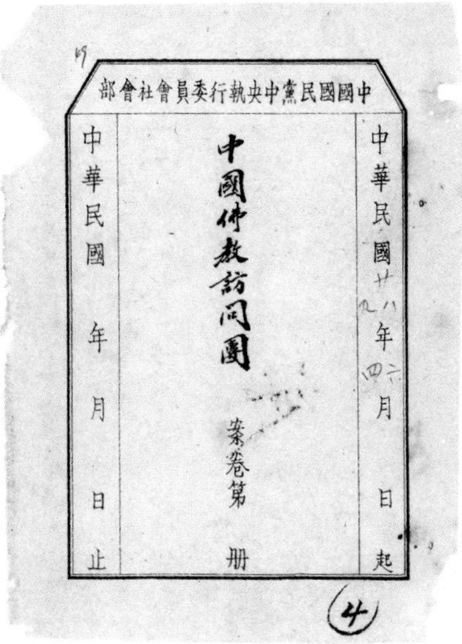

中國國民黨中央執行委員會社會部

中華民國　年　月　日止

中國佛教訪問團

案卷第　冊

中華民國廿八年四月　日起

图3　中执委社会部对“佛教访问团”事的建档封面

资料来源：中国第二历史档案馆档案，档案号：11（2）－02051，0034。

要，务请提前进行，能于最短期内出发尤妙。专复顺颂　公绥。

弟朱家骅拜启（朱家骅章）

六月廿一日[①]

收到朱家骅函后，陈立夫的秘书室立即指示社会部干事杨琪与社会部主任秘书李中囊负责此事（见图5）。[②] 从档案来看，杨、李两人全程操办了“佛教访问团”的前期筹备、出发后的监管，以及回国后的总结。[③]

① 档案号：11（2）－02051，0006。另见中国第二历史档案馆《抗战初期佛教徒参加抗日救亡活动史料选（上）》，《民国档案》1996年第3期，第38～39页。按，《抗战初期佛教徒参加抗日救亡活动史料选（上）》录文有三处错误。

② 档案号：11（2）－02051，0005。

③ 档案号：11（2）－02051；11（2）02052；718（4）－00276。

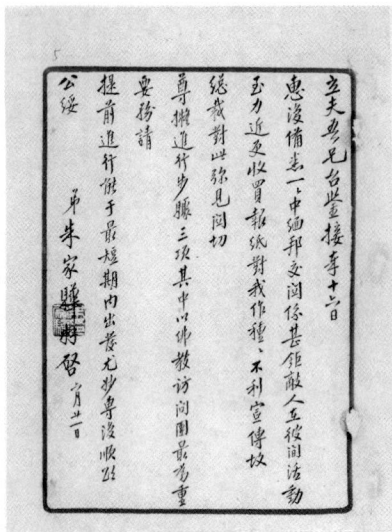

图 4　朱家骅致陈立夫函
资料来源：中国第二历史档案馆档案，
档案号：11（2）－02051，0006。

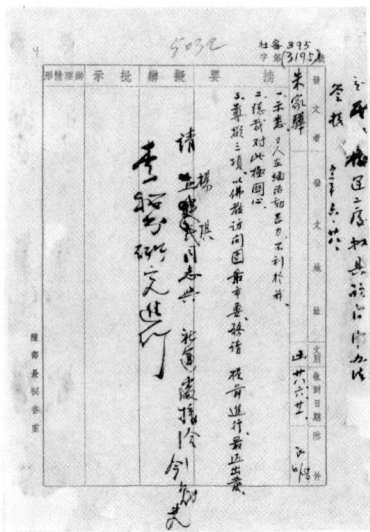

图 5　社会部经办人：杨琪与李中囊
资料来源：中国第二历史档案馆档
案，档案号：11（2）－02051，0005。

由信函可证，日本在缅甸的策反活动，动摇了中缅邦交。正是这个具体的、触动现实利益的事实，而非宽泛的文化、宗教等宏观的问题，导致蒋介石“弥见关切”，从而有中执委的行动。

又，从历史事件的细节来看，中执委所主导的“佛教访问团”事务正式提上日程，是从 1939 年 6 月 16 日陈立夫函朱家骅开始，而不是众所周知的 6 月 21 日。进一步来看，4 月的提议仅仅是“谢健－中国佛学会”与“社会部”之间的筹划，到了 6 月中旬中执委社会部长陈立夫与中执委秘书处秘书长朱家骅的函件往来中，则突然演变成“总裁对此弥见关切”；也即，民间社团的提议，至此才演变为最高行政机构及主首的战略计划。

不过，中执委社会部的“拟策动组织中国佛教访问团”非常拖沓，公文往返讨论、修改、审批等，耗费了两个多月，具体过程，下详。

综上四点可知，谢健所组织的“太虚－佛教访问团”，本来属于一项自发的民众运动，却逐渐与三个相互独立的单位关联：

第一，党务系统。4月5日前几日至18日，该团与国民党中央执行委员会（社会部）发生关联，后者拟"赞助"之；但从6月起，事情起了变化，中执委（社会部）拟介入，乃至主导之。这部分档案史料较多，下拟详细分析。

第二，行政系统。4月5日前某日至18日，该团为南京国民政府行政院内政部所"核夺成立"。内政部隶属国民政府行政院。1938年1月1日至1939年12月11日，行政院院长为孔祥熙，此后则为蒋介石，任期至1945年5月31日止。此处材料不足，大部分仅夹杂在中执委的档案卷宗当中，下文将附论之。

第三，民意系统。1939年9月1日，访问团也因谢健的提案而在参政会获得通过，具有合法性。此时的国民参政会议长是蒋介石（第一任是汪精卫，此时已经叛变）。参政会包括共产党在内的多党、无党派等人士，是一个全民性质的参议机关，因此，访问团在法律上或者政治上代表了"国民参政"的意义。此事仅谢健提及，目前尚未发现更多史料，略去。

接下来，我们将继续讨论中执委的筹备和顾虑，顺及行政院的安排。

二　烦琐的筹备工作：独立主办或并案合流

1. 中执委秘书处与中执委社会部的初步筹划

到了7月5日，杨琪才草拟了基本的设想（见图6）：

查缅、越与我为近邻，亦为日前国际交通孔道，自抗战发生以来，对外宣传工作，大致注重以欧美为对象，而于西南邻邦各族，不免忽略，致被敌人利用此种弱点，于缅甸、暹罗一带极力进行种种不利于我之活动，情形极为可虑。以前佛教人士倡组佛教访问团，或系限于人力财力，迄无成就。为仰体总裁关切之意，似应由中央极力促成此项组织，俾克发挥国民外交精神，获取缅越各族对我抗战之同

情，以破敌人狡计。兹谨拟具《中国佛教南亚访问团组织办法大纲
草案》，是否可用？敬祈核夺。

杨琪　七，五①

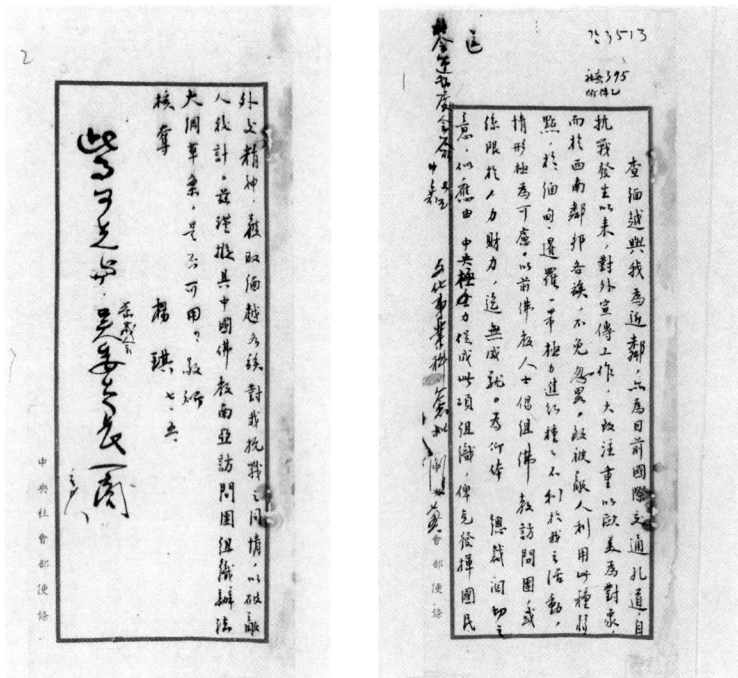

图 6　杨琪所拟有关策动"中国佛教访问团"意见

资料来源：中国第二历史档案馆档案，档案号：11（2）－02051，0002~0003。

通过辨认档案中的批注、签名等可知，司科涉及了"社会运动处"
"民众组织处""文化事业科"等；最后的"批示"认为，应将此事归于
"民众组织处"之"特种社团科"来办理。② 同时，陈立夫还批示"此事
可先与蒙藏会吴委员长一商"。③ 也就是说，分配任务本身与事件性质相

---

① 档案号：11（2）－02051，0002~0003。

② 档案号：11（2）－02051－0002。

③ 档案号：11（2）－02051－0003。

关。看起来，陈立夫等人的考虑有两个方面。其一，主要是将该团的性质定义为"民间""人民""国民"，从而将政治意味降到最低，同时，也与"国民外交"中的命名与意涵相符；其二，部委之间需要联动。

很快，社会部草拟了方案（见图7）：

策动组织中国佛教南亚访问团办法大纲草案

一　为对缅甸、暹罗、安南、印度、锡兰各地佛教流行区域，进行抗战建国之宣传，弘扬我国文化，（√①宣示日寇暴行，揭破敌方之阴谋，阐明中华民族抗战之神圣意义，）由本部策动佛（√教）人士组织中国佛教南亚访问团，前往上列各地工作。

二　参加该团人员由本部遴选，呈请中央执行委员会通过后，再行策动组织，并依法向各主管机关履行备案手续。

三　该团人选标准列左：1. 富有声望之佛学者。2. 德望隆著之佛教徒。3. 与访问地区佛教人士交谊密切之佛教人士。4. 办理国民外交富有经验、熟习访问地区情形，并通晓访问地区语言、同情佛教之人士。

四　该团工作概列如左：1. 宣传抗战与建国要旨。2. 宣传敌人大陆政策对亚洲各民族国家之影响。3. 征集敌人破坏文化机关及佛寺庙之事实，向各访问地区宣布之。4. 宣传敌人违背人道之暴行。5. 宣传我英勇抗战之事迹。6. 宣传我国努力建设之成绩。7. 联络各访问地区佛教及社会人士之情感。8. 设法增进各访问地区政治当局对我之同情。9. 征集救济难民捐款。10. 搜集敌人在访问地区进行活动宣传之材料，并拟具对策。11. 举行佛学讲演。12. 举办抗战宣传展览。

五（√六）该团经费，由本部核定其（√会同有关机关拟具）预算，呈请中央执行委员会筹拨之。

六（√七）　该团办理事务之人员，由本部商请有关机关调派

---

① 按，括号与√表示插入，具体见图。

充任，并由本部派定书记一人，综理该团事务。

七（√五）关于该团筹备之进行，由本部与（√蒙藏委员会、）内政部、外交部、中央宣传部、（√中央涉外部）会商办理。①

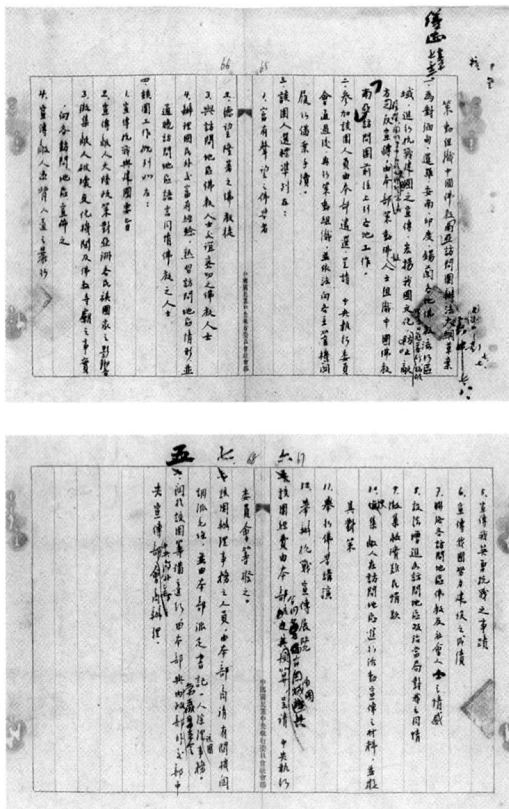

图 7 《策动组织中国佛教南亚访问团办法大纲草案》

资料来源：中国第二历史档案馆档案，档案号：11（2）－02051，0046～0047。

我们从档案右下角可以看到：7 月 7～8 日，李中囊、林翼中（1887～1984）分别署名；文字、序号等亦有涂改。② 涂改告诉我们，中执委社会

---

① 档案号：11（2）－02051，0046～0047。

② 档案号：11（2）－02051，0046。

部在考虑这些问题：名实、有针对性的宣传任务、经费预算及支付方、合作诸部委等。它们在十天后才形成统一的意见。

2. 中执委知晓了中宣部同时在独立组织"佛教访问团"

7月13日上午10时，李中囊以"便笺"的形式函告朱家骅，说明"中国佛教访问团"之赴缅甸、越南一带的组织办法已经拟定，与蒙藏委洽商即可。[①] 这也就意味着，中执委的"中国佛教访问团"（访问缅甸和越南）计划，尚未完全会核允准。但是，他也提醒朱家骅，"中国佛学会方面，前此所拟佛教访问团组织办法，闻顷由中央国际宣传委员会审定呈核"，为此由请示朱"为免重复，似可归并办理"。[②] 不过，从公文往来中可见，此后一两个月内，中宣部国际宣传处和中执委秘书处及社会部仍旧独立执行"佛教访问团"计划。

3. 中执委的顾虑、继续筹备以及核准

前面已提及并案办理事宜；但是，事实上，并非中宣部和中执委两个部门私下就能协商解决，反而是，它们之间似乎出现了分歧或分治。这从中执委有司的审议中可以看出来。

审议集中在7月19日（见图8），主要有三点，均为社会部民运处处长李中囊的意见。第一，朱家骅托李姓秘书交来函件，认为访问团仍需"向中央正式呈报"，李中囊也同意"向中央呈请核定组织，以利进行"；第二，李中囊和杨琪[③]均建议"删去'南亚'两字"，理由是"'南亚'二字似属妥切，惟地理名词，最忌创造，不如删去"；第三，与蒙藏委尚未完全接洽完毕，拟加快速度：一面接洽，一面呈报中央。[④] 也就是说，中执委似乎有意与中宣部争夺对"佛教访问团"的掌控权，措施就是"呈报中央"，让蒋介石裁决。换言之，访问团事，已由部委之间的事务，上升到最高层面的决策。

---

① 档案号：11（2）－02052，0021。
② 档案号：11（2）－02052，0021～0022。
③ 档案号：11（2）－02051，0045。
④ 档案号：11（2）－02051，0041。

中执委拖沓，原因何在？我们或可从 7 月 19 日朱家骅函林翼中的一份信函中找到答案。该函右上角有"送李处长"字样（见图9），同时，对比李中囊说"顷由主任秘书交来朱秘书长来函"（见图8），可知，中执委的行动策略、所拟行动级别等，与情报及"中央"的决定相关。朱家骅函林翼中：

> 翼中同志兄鉴：顷接手书，诵悉"关于佛教访问一事，前据沙国珍同志建议，拟组织缅甸朝佛团，当以沙同志现正奉派赴缅办理宣传联络事宜，所拟朝佛团一节，俟该员回国后，再行核办"等语，复知在卷，此外尚未有以佛教访问团组织办法呈核者。此复顺颂　时祉。
>
> 　　　　　　　　　　　　　　　　　朱家骅启　七月十九日①

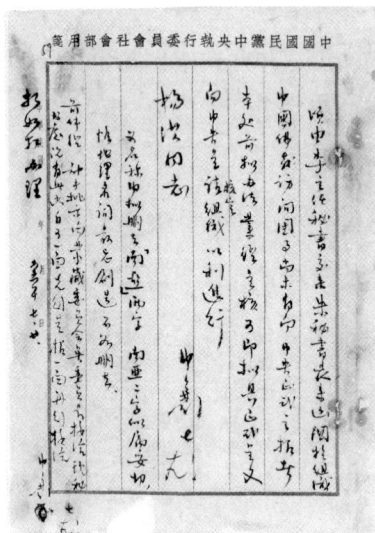

图 8　民组处长李中囊的三个建议

资料来源：中国第二历史档案馆档案，档案号：11（2）－02051，0041。

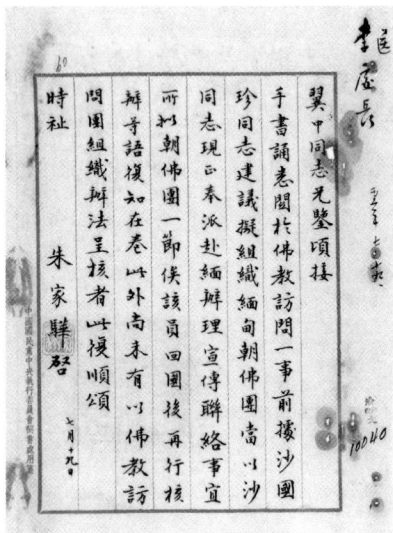

图 9　朱家骅函林翼中

资料来源：中国第二历史档案馆档案，档案号：11（2）－02051，0042。

---

①　档案号：11（2）－02051，0042。

这里有两点值得注意。其一，林翼中（1887～1984）当时是中央团部干事兼蒋外团务计划委员会主任委员，后又受命于中央训练团党政训练班，任指导员、训育干事、驻队干事等；因此，朱家骅正通过林翼中而获得缅甸方面的情报。其二，沙国珍应该是受林的管辖或委派而赴缅。由此，中执委的拖沓，恰恰是由于情报不确定；而朱家骅所等待的，应该是蒋介石方面的进一步指示。换言之，除了王礼锡等人带回的海外情况外，蒋介石方面也积极通过特定情报系统来了解缅甸的情形。据此，"佛教访问团"是否成行，决定权在蒋介石以及缅甸方面的实际状况，而非仅仅民间舆论可以左右。

按照李中襄的指示，杨琪继续筹备。7 月 19～21 日下午 6 时，由干事杨琪等拟稿，民组处长李中襄、副部长潘公展等批准，社会部形成了正式的访问团计划，于下午 6 时发出，呈中执委秘书处审核：

> ……拟即策动国内佛教人士组织中国佛教访问团，前往缅甸、暹罗、安南、印度、锡兰各地，进行抗战建国之宣传，宏扬我国文化，揭破敌方阴谋，借收国民外交之功效。[1] 兹经拟具《策动组织中国佛教访问团办法大纲草案》，是否可行？理合具呈，敬祈鉴核示遵！谨呈中央执行委员会。
>
> 附《策动组织中国佛教访问团办法大纲草案》3 份。[2]

该计划形成之后，"七月十六至二十二日中央社会部工作周报"在《中央党务公报》中刊发了纪要，由"中执委"更进一步，"呈请中央核示"：

三　筹组中国佛教访问团往缅甸暹罗等地宣传抗战

查缅甸、安南、暹罗等□[3]，与我为近邻，迭据各方报告，敌人

---

① 档案号：11（2）－02051，0043。
② 档案号：11（2）－02051，0044。
③ 按，此处缺一字，为印刷所致，今以□替代。

在上列各地作种种不利于我之宣传活动，进行甚力，情形可虑。本部有鉴及此，拟即策动国内佛教人士组织中国佛教访问团，前往缅甸、暹罗、安南、印度、锡兰各地，进行抗战建国之宣传，宏扬我国文化，揭破日敌阴谋，借收国民外交之功效，现已拟具《策动组织中国佛教访问团办法大纲草案》，呈请中央核示。①

7 月 27 日，"中国国民党中央执行委员会秘书处"函社会部，批准了《策动组织中国佛教访问团办法大纲草案》；同时提出："人选与经费似宜先行筹划"，"拟请贵部先行物色妥员二三人，并拟具经费预算，以便一并呈核"。②

7 月 28 日，有司制定了预算："旅费 31105 元、活动费 11500 元、邮电费 2000 元、装备费 2000 元、预备费 5000 元，总计 51605 元"；又，"本预算系以法定价格折换外汇为标准"。(见图 10)③

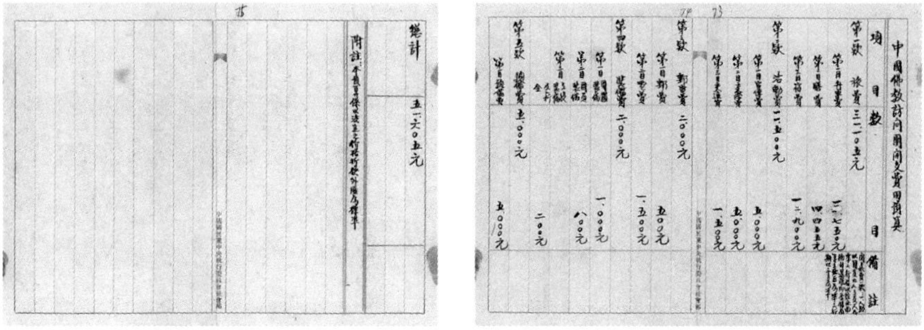

图 10　社会部所拟"佛教访问团预算"

资料来源：中国第二历史档案馆档案，档案号：11（2）－02051, 0051、0052。

---

① 《筹组中国佛教访问团往缅甸暹罗等地宣传抗战》，《中央党务公报》第 1 卷第 4 期，1939 年，第 22 页。该内容属于《公报》中"工作导报：社会（七月十六日至二十二日中央社会部工作周报）"栏目。另，标点为笔者重新处理。
② 档案号：11（2）－02051, 0049。
③ 档案号：11（2）－02051, 0051～0052。

4. 中执委社会部的选贤任能与困难

8月2日，社会部将此事交给"民组处""特种社团科"来办。① 到了8月3日，杨琪等再次斟酌人选标准、团员多寡及经费预算等具体问题。8月9日，李中囊等呈社会部长陈立夫，提出几点建议（见图11）。第一，人选以僧人为宜，但在中国佛教的众多派系中，"似以太虚法师较为适当"。第二，约请太虚推介同行者。第三，再选择党政部委中有能力、有佛学根基、能识国际形势之人陪同"以发生党国作用"。第四，该人选提名侍从室第三处的万君默。第五，如果认同，即请陈立夫呈报中央，请总裁核示。② 对此，陈立夫批示"可"。③

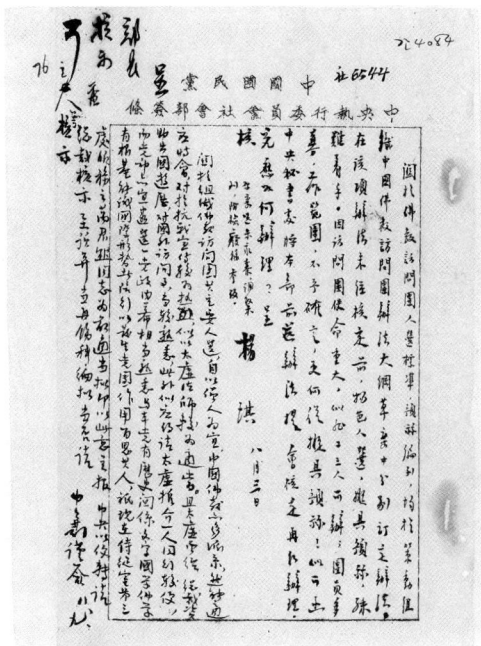

图11　杨琪、李中囊、陈立夫之间的商讨

资料来源：中国第二历史档案馆档案，档案号：11（2）－02051，0053。

---

① 档案号：11（2）－02051，0048。
② 档案号：11（2）－02051，0053。
③ 档案号：11（2）－02051，0053。

从 8 月 19 日到 22 日，社会部在艰难筹备过程中，也了解到中宣部的动向，以"最速件"的方式迅速报告、商讨。信息主要是负面的（图12）：中央国际宣传委员会派太虚率领团员三人、工友二人出国，但"太虚尚未接受"。原因之一（次要），总经费 2 万元，经费不敷。原因之二，"由僧人参加，不谙外交以及政治、军事、经济情况"。原因之三，"僧人不便作政治活动，以太虚之声望学识，领队讲学，均无问题，作实际工作，非其所长"。① 但是，"总裁深为关切"，所以访问团要加紧组织。对于人员安排，杨琪、李中襄等建议：团员可九人，僧人四名可由太虚选定，另外五个人须党政任职者且为在家佛教人士；建议太虚任团长，万君默为团员兼秘书，另还特别说明李基鸿自荐（按，李为太虚弟子，时任中央禁烟委员）。②

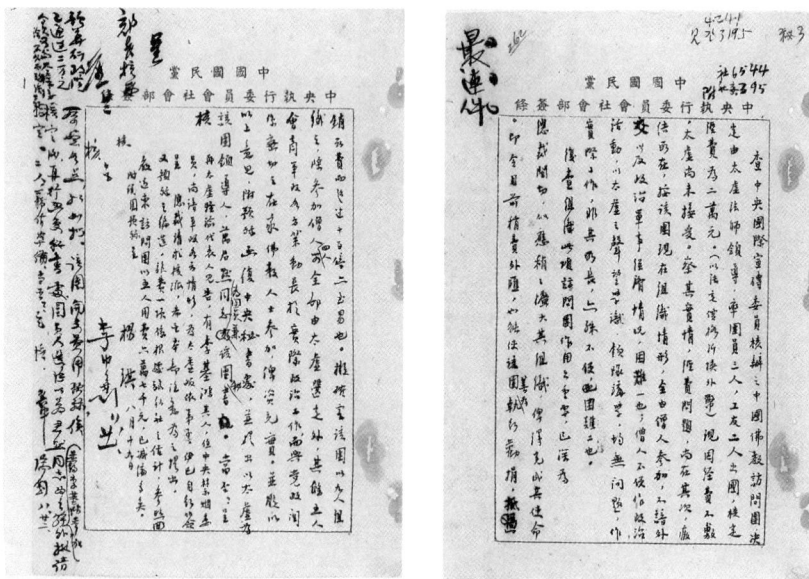

图 12　社会部应对国际宣传处的负面信息

资料来源：中国第二历史档案馆档案，档案号：11（2）–02052，0002～0003。

---

① 档案号：11（2）–02052，0003。
② 档案号：11（2）–02052，0002～0003。

5. 中宣部已经独立筹备就绪，中执委仍旧希望合流

问题在于，当中执委秘书处和社会部尚在犹豫之时，中宣部于 8 月22 确定了访问团事宜，并且于 23 日由行政院孔祥熙下达训令，"命令财政部、外交部、交通部、侨务委员会等给予协助。也就是说，佛教访问团最终获得行政院的批准并获得款项"。① 这是中央国际宣传委员会的情形。

国民参政会也正是 9 月 1 日通过了"佛教访问团"的提案。而迟至 9月 1 日，社会部才确认，中宣部的"太虚－佛教访问团"，"已在办理领款和签发护照手续，定期出国"②；但社会部仍在筹备自身的访问团事宜。社会部杨琪等提出：其一，仍向中执委秘书处提出预算及人选，将太虚所组织者包括在内，既不重复，也可以增进该团的工作效能与意义，该项提议，社会部希望中执委秘书处裁定；其二，撤销社会部的原定访问团事项。③ 据此，社会部民组处处长李翼中认为按第一项建议办理为妥，并请朱家骅电话通知国际宣传处。④ 也即，中执委仍旧希望自己的计划能与中宣部合流。

三　中执委与中宣部的分治与合流

1. 中执委与中宣部共同探讨"佛教访问团"的性质、工作方式及合并可能性

9 月 2～5 日，经过考虑，中执委的"佛教访问团"计划和中宣部批准的"太虚－佛教访问团"，已开始合流；但还是三个同样的问题。其一，该团的任务与身份是否要带有政治意味，也即是否全由僧人组成？还是由僧俗组成？社会部建议后者；其二，团员人数是中宣部的五人还是中执委所拟的九人，这也是需要考虑的问题；其三，提议除了中宣部的僧人

---

① 纪赟：《旧材料、新视角：新加坡本土报章中的太虚》，王颂主编《北大佛学》第 1 辑，社会科学文献出版社，2018，第 51～53 页。

② 档案号：11（2）－02052，0004。

③ 档案号：11（2）－02052，0004。

④ 档案号：11（2）－02052，0004。

四人外，社会部另组五人，整合为九人团。①

　　9 月 5 日，陈立夫函朱家骅（6 日收到），告知社会部对"佛教访问团"的建议，请给予定夺。要点如下（图 13）。其一，所嘱任务"策动组织中国佛教访问团""物色二三人""拟具预算"等，已经办理完毕。其二，"太虚等前呈组织中国佛教访问团，已经中央国际宣传委员会核准，惟参加该团团员全系僧人，不甚谙悉外交及政治军事经济情况，实际活动，碍于宗教习惯，亦深有不便"。其三，访问团"意义重要""总裁关切"，"似应稍加充实，俾克完成其使命"。其四，建议确定该团员九人，僧人四人，全部由太虚选定；其余五人，会商军政各方、策动具有实际政治工作经验、与党政关系密切之在家佛教人士参加。其五，询问：太虚为该团领导，万君默同志为该团团员兼书记，是否可行？②

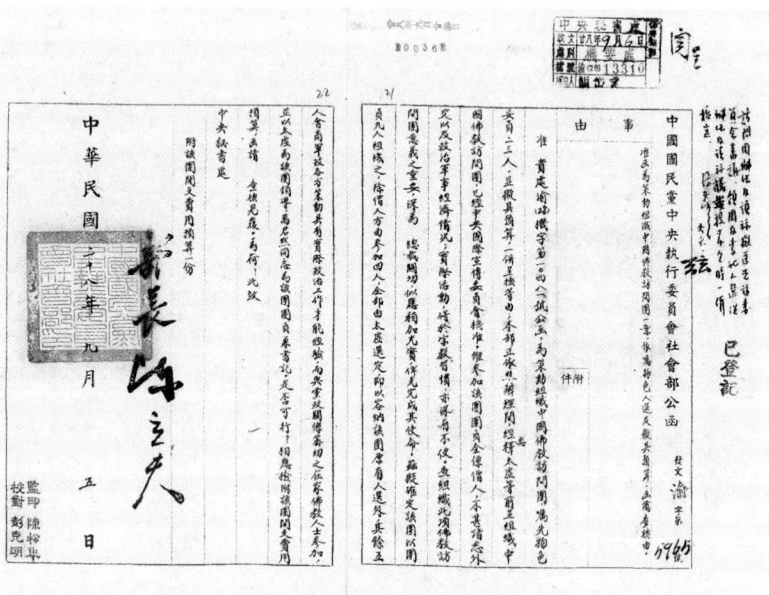

图 13　陈立夫公函朱家骅

资料来源：中国第二历史档案馆档案，档案号：11（2）－02052，0015。

---

　　①　档案号：11（2）－02052，0005～0006。
　　②　档案号：11（2）－02052，0015。

但是，9月11日，中执委批复（图14），认为还是原定二三人较为合适。[1] 直至21日下午4时，社会部几经斟酌，才确定了人选，除了中宣部的访问团外，社会部另派三人参加，即"万君默，现任军事委员会委员长侍从室人事处专员；李基鸿[2]，中央禁烟委员会委员；谭云山，中印学会主干、印度国际大学中国学院主持教务"，提请中执委秘书处批准。[3]

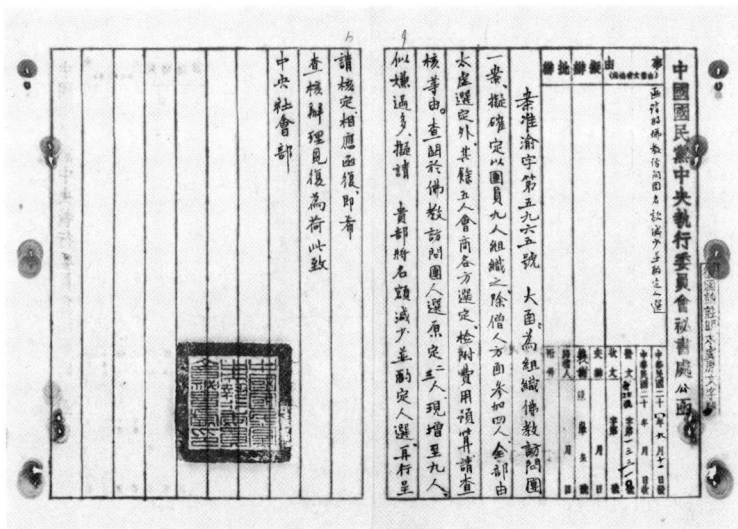

图14　中执委秘书处复函社会部

资料来源：中国第二历史档案馆档案，档案号：11（2）-02052，0008。

2. 太虚的建议，以及中执委与中宣部的最终协调

与此同时，9月20日，太虚至少也知晓了中执委与中宣部的合流。太虚函中执委，提议：其一，请总裁蒋介石担任"佛教访问团名誉指导委员长"——事实上，太虚在9月6日也曾函行政院，希望孔祥熙担任该

---

[1] 档案号：11（2）-02052，0008。

[2] 李基鸿（1881～1973），为同盟会会员，1937～1939年任广东禁烟特派员，此时仍为此职。在佛教界，他是太虚弟子，曾任佛教正信会会长、武昌佛学院院护、汉藏教理院院董等。事迹简要可见胡文《辛亥革命前后的李基鸿》一文。

[3] 档案号：11（2）-02052，0010～0011、0016～0017。

团"指导委员"①；其二，"拟征集珍品，供献仰光大金塔、印度菩提场、锡兰佛足山等"②。9 月 21 日，社会部建议：其一，请总裁出任名誉指导，系示敬之意，不予批复；其二，要求该团以国民外交之姿态工作，不要求党政要员担任职务；其三，征集珍品事，拟请总裁检赐一二（见图 15）。③

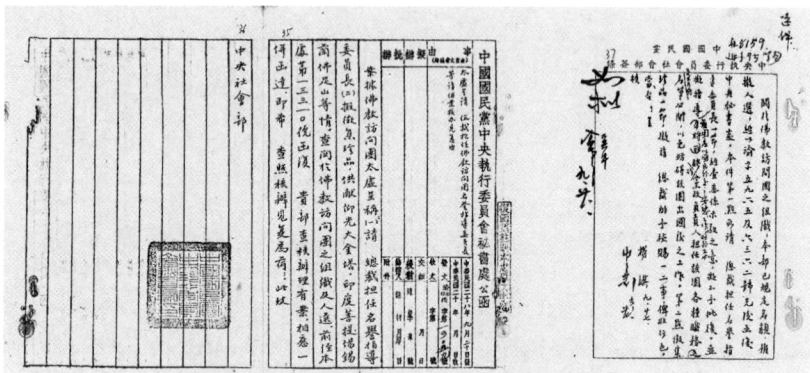

图 15　太虚拟请蒋介石担任访问团名誉指导及社会部的答复

资料来源：中国第二历史档案馆档案，档案号：11（2）－02052，0024~0025。

不过，尽管部委之间尚未完全商议完毕，但太虚已经对外发出了公告。《申报》载：

佛教访问团　　出发在即

　　重庆　太虚大师领导佛教访问团，前往缅、印各地；顷以出发在即，昨特通电全国同胞、海外侨胞、暨全世界佛教徒报告。（二十七日电）④

---

①　纪赟：《旧材料、新视角：新加坡本土报章中的太虚》，王颂主编《北大佛学》第 1 辑，第 54 页。

②　档案号：11（2）－02052，0024。

③　档案号：11（2）－02052，0025。

④　《佛教访问团　出发在即》，《申报》1939 年 9 月 28 日，第 6 版。

至于通电的内容，我们可以在《海潮音》中找到：

> 顷太虚大师已发出通电云："各通讯社，各报馆，转全国同胞、海外侨胞暨全世界佛教徒公鉴，太虚等顷因国中文化界之启发，佛学人士之赞助，及海外各地佛徒之吁请，爰组织成立本团，将赴缅甸、锡兰、印度、暹罗等处，朝拜佛教诸圣地，访问各地佛教领袖，借以联络同教之感情，阐扬我佛之法化，并宣示中国民族为独立生存与公平正义之奋斗，佛教徒亦同在团结一致中而努力，因此佛教愈得全国上下之信崇，随新中国之建成，必将有新佛教徒之兴立，堪以奉慰吾全世界真诚信仰佛教之大众洎崇拜赞扬东方道德文化者之喁望。兹者本团已恭请林主席为指导委员长，蒋总裁为名誉指导委员长，孔院长、孙院长、居院长、戴院长、于院长、叶部长、王部长、周部长、何部长、陈部长、张部长、翁部长、吴委员长、陈委员长、云南龙主席、驻日许大使等为指导委员，热振呼图，章嘉国师，印光法师为名誉导师，安钦呼图、虚云和尚、多杰格西、转道和尚、喜饶格西、圆英（按，原文如此）和尚、贡噶呼图、昌圆和尚、圣露呼图、安定和尚为名誉团长；取道滇缅公路，出发在即，敬布衷诚，伫闻明教。佛教访问团导师兼团长太虚率全体团员叩晧。"①

从前后档案可知，太虚的这则"通电"纯属个人意见。不过，部委有司并没有受到太虚通电的影响，9月28~29日，中执委秘书处函社会部，指示社会部就访问团一事与中宣部商讨，并案办理。②

---

① 《海潮音》第20卷第9期，海潮音社发行、昆明中央日报社印刷、昆明佛学书局发行，民国28年（1939）9月15日出版，第13（222）页，见黄夏年主编《民国佛教期刊文献集成》第199卷，第499~500页（版权页）。另，引号为笔者所加。按，本期《海潮音》的真正面世，应该在9月27日之后。

② 档案号：11（2）-02052，0013~0014。

四　"佛教访问团"出发前的会议：中执委
与中宣部对太虚的"面加指示"

　　1939 年 10 月 7 日，中宣部函社会部，告知"佛教访问团"已经筹备就绪，即将出发，拟邀请社会部派员，于 9 日上午 10 时到中宣部会议室开会，商讨该团工作方针。① 邀请社会部的根据在于，"该团对外系人民团体性质"。② 社会部派杨琪参加了会议。③（见图 16）

　　按照杨琪的汇报，9 日的会议，大致是婉拒了社会部原定访问团的各种提议，如派俗家人士参加该团的建议，唯接受"该团以国民外交之姿态出国，不必聘请党政负责人员担任团务"，理由在于重新申请经费需时过久，拟"将来对此特加补救"等（事实上，补救措施也是存在的。1940 年，社会部再次组织了步行队，赴缅甸等地宣传）；另外，杨琪还说明，会议"进加研讨结果，决定令太虚来渝一行，以便面加指示"。④（见图 17）

　　10 月 16 日，中宣部函社会部，确定了邀请太虚来渝商讨的时间。18 日，杨琪在中宣部会见了太虚。太虚也请杨琪转告，希望拜访陈立夫。陈决定，25 日下午 5 时，在教育部办公室会见太虚。⑤

　　至此，各部委通过面授机宜的方式，向太虚传达了"佛教访问团"的应该姿态、对外形象以及真正目的；而太虚必须为此代言。

　　最后，10 月 28 日，中宣部部长叶楚伧函中执委，以公文的形式概述了"佛教访问团"组织经过：人员经费和组织，仍旧照中宣部的原定计划办理；但具体的访问工作，则采纳了中执委社会部的意见；两者合流的

---

　　① 档案号：11（2）－02052，0026。
　　② 档案号：11（2）－02052，0027。
　　③ 档案号：11（2）－02052，0026。
　　④ 档案号：11（2）－02052，0028～0029。
　　⑤ 档案号：11（2）－02052，0033～0035。

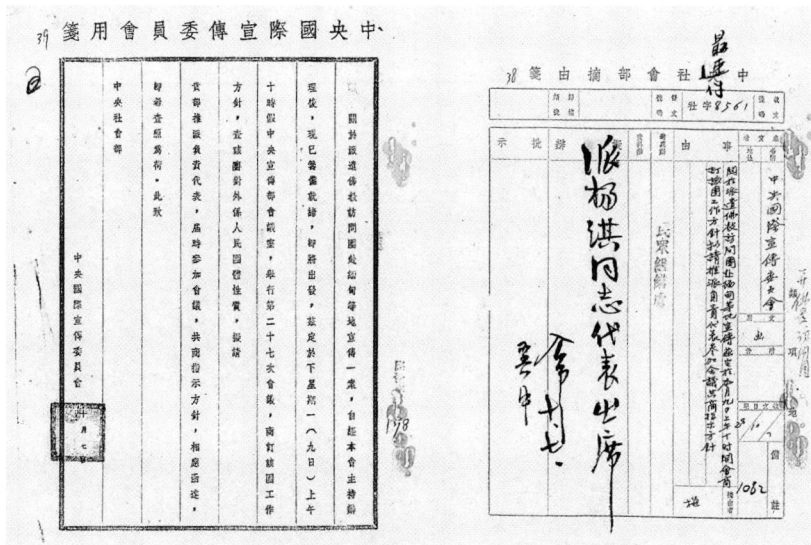

图 16　中央国际宣传委员会与社会部的会议邀请

资料来源：中国第二历史档案馆档案，档案号：11（2）－02052，0026～0027。

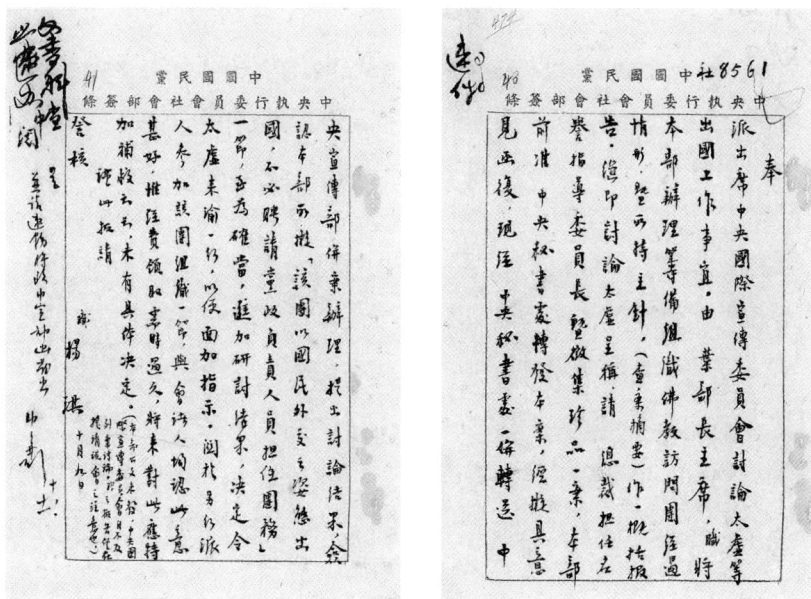

图 17　杨琪参加中宣部会议后的反馈

资料来源：中国第二历史档案馆档案，档案号：11（2）－02052，0028～0029。

结果或目的，是为了该团绝对避免政治意味，同时发生政治之作用。①
（见图 18）

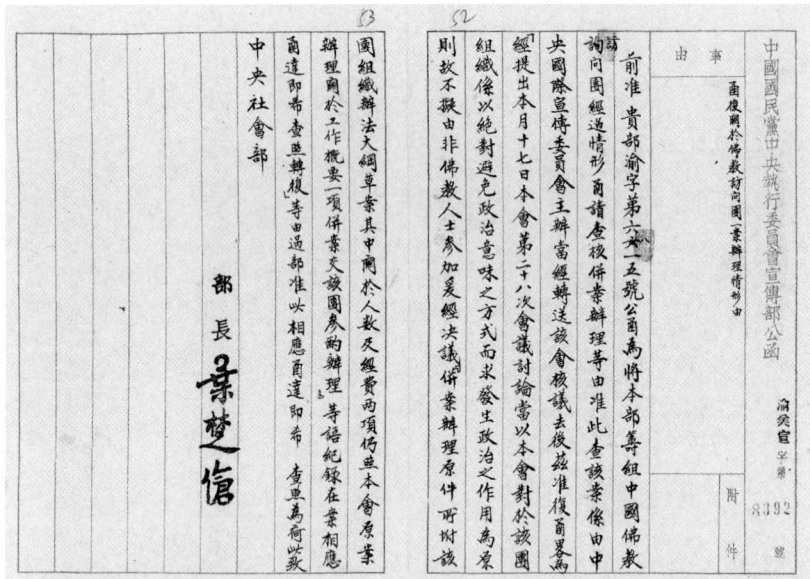

图 18　宣传部长叶楚伧函中执委说明对"佛教访问团"的最终决定

资料来源：中国第二历史档案馆档案，档案号：11（2）－02052，0037。

五　结语

对"太虚－佛教访问团"的背景和组织经过的分疏，可以简约为如下几个要点。

第一，由于中宣部部分档案的缺失，我们仍旧难以确定中宣部的具体筹备过程，仅知中执委的筹备细节，因此，对"事件整体"的复盘目标而言，仍是不完满的。

第二，尽管两部委就此事合流，但从档案的措辞也可看出，"太虚－

---

① 档案号：11（2）－02052，0037。

佛教访问团"的一切任务和目的均由中宣部所确定；而中执委后期的合流、参与及建议，所起的实质性作用很小，主要是去政治化的伪装。

第三，通过整理筹备期的公文往来，我们可以确定：推动此次事件的真正力量、性质、目的和顾虑——它们都出自南京国民政府，而"太虚僧团"本质上是执行者，或者代言人，在纪律上没有自由表达的权利。

第四，正是由于时间变化、不同力量介入、目标转移、任务变迁等，造成了一种"流动的意义"，这是理解历史事件的基础。冗长的分析，目的在于揭示超越个人认知的一些事类结构、整体性质和支配力量——它们将是一把"奥康的剃刀"，一方面消除事件主体的"过度的自我叙述"，另一方面也剔除长期以来对"太虚僧团"及其自述的"多余的想象"。

第五，在"太虚僧团"之外，我们可以发现沉寂在公文字缝中对此事件有贡献的关键人物——谢健、王礼锡、沙国珍、朱家骅、陈立夫、杨琪、李中囊、李翼中、叶楚伧、孔祥熙、蒋介石等——他们不是"太虚–佛教访问团"的缺席者，而是真正的主导者。要理解太虚或"太虚僧团"，这些幕后的人物是必不可少的条件。

资料整理

《北大佛学》第 2 辑
第 451～487 页

日本爱知县净圆寺所藏民国佛教
珍稀资料目录及提要[*]

赖岳山　　邵佳德

编者按　国内学界近年影印出版了一批近现代中国佛教报纸杂志，主要是黄夏年教授所主编的《民国佛教期刊文献集成》（正编、补编、三编）和《稀见民国佛教文献汇编（报纸）》。另外，还有瑞华主编的《民国密宗期刊文献集成》以及田奇选编的《民国时期佛教资料汇编》。这些资料尽可能汇集了国内图书馆所藏，但仍有部分缺断。幸运的是，日本爱知县净圆寺保存了一些所缺文献，它们属于海内孤本或稀见本。

净圆寺现住持藤井宣丸先生，其父为藤井草宣（1896～1971）。藤井草宣当年广泛结交中国僧界、政界要人，尤其与太虚法师往来密切。因此之故，藤井草宣收集了当时教界的诸多出版物（报纸杂志、僧团宣传册、僧人著作等），数量不少。这些史料，保存妥善、品相完好，可补民国佛教史料之空白：一方面可补"集成"等之缺；另一方面，手稿、题赠等，则非常具体地反映了当时僧界的一些重要往来。

日本爱知大学坂井田夕起子教授及其团队早已调查完净圆寺史

---

* 本文为国家社科一般项目"'太虚僧团'新史料辑佚与近现代中国政教结构新论"（19BZJ006）的阶段性研究成果。

料，制作了目录，拣选出国内出版物所未曾收录者（见其论文《藤井草宣所藏民国佛教资料与太虚》，王颂主编《北大佛学》第 1 辑，社会科学文献出版社，2018）。2019 年 8 月，王颂教授带领"太虚法师研究"团队（何燕生教授、坂井田夕起子教授、邵佳德、赖岳山）赴净圆寺影印所缺报纸杂志及与太虚相关的资料，总共约 9000 页。按照预定工作流程，我们先将所影印的资料撰写简单提要，分类排列，提交学界，出版则待后。

这些工作能够顺利推进，应归功于藤井宣丸先生的热心帮助，我们对此谨致以诚挚的谢意。

缩略语及体例

（1）《汇总表》：《附录：民国佛教期刊尚缺期数汇总表》，见黄夏年主编《民国佛教期刊文献集成》（三编）。

（2）《期刊速查》：《民国佛教期刊速查》，见黄夏年主编《民国佛教期刊文献集成》（三编）。

（3）我们将在提要中突出这些信息：时间起止、出版者、出版地、题署、主要栏目、重要文章及作者，与《民国佛教期刊文献集成》（正编、补编、三编）对比收录情况，其他考证以及注意点。

（4）所影印的资料分为报纸杂志、宣传单册、编著函扎三类，按字母顺序排列。

作者简介　赖岳山，华南师范大学哲学与社会发展学院讲师；邵佳德，南京大学哲学系宗教学系助理研究员。

一　报纸杂志

B

《宝慈月刊》

创刊于 1928 年 5 月，月刊。该刊为成都宝慈佛学社所设，设址于成都南门磨子街护国庵内，朱幸觉、邱莲午、孙质诚等分别为经理、编辑和发行人。主要刊载佛学社（包括社中恤嫠团）社务、因果征信录、佛法问答等内容。《汇总表》《期刊速查》无，《全国报刊索引》收录 1929 ~ 1934 年共 22 期（中间有缺期），净圆寺所收为 1931 年 3 月 15 日出版的第 4 卷第 34 期。

《北平佛化月刊》

创刊于 1932 年，月刊。由南口居士林、张家口居士林、北平佛化居士林合办，地点在北平西直门外博物院路九十二号佛化居士林内。第 29、31 期为太虚题署刊名。内容包括讲经说法、通讯公牍、各地要闻、林务公开等。第 51 期为现明题署刊名，主编人刘显亮，发行人广济寺佛教临时救济会，印刷者中央刻经院。《喜报》曾提及现明法师及佛教临时救济会相关信息早期在《佛化月刊》披露，应即为《北平佛化月刊》之简称。查《北平佛化月刊》第 50 期为 1937 年 6 月出版，刘显亮等亦为重要参与者和供稿人。《佛化月刊》"佛教临时救济报告专号"为 1937 年 8 月出版，在栏目设置和文章刊载上与《北平佛化月刊》均有接续，当可确定为同一刊物。北平佛教临时救济会系卢沟桥事变后，由广济寺现明长老等发起成立的救济组织，该专号除继续刊载原有栏目外，还增加了救济会的章则、成员、救护报告、收支报告等内容。《汇总表》显示"缺：1 ~ 19，24，26 ~ 27，29 ~ 32，34 ~ 38，41，43，47，49"。《期刊速查》显示

《正编》第 29 卷所收为"20（1933）、21～22（1934）"，第 137 卷所收为
"40（1936）"；《补编》第 40 卷所收为"23（1934）、25（1935）、28
（1935）、33（1935）、39（1936）、42（1936）、44～46（1936）、48
（1937）、50（1937）"。净圆寺所收为第 1935 年第 29、31 期以及 1937 年
第 51 期（"佛教临时救济报告专号"）。

C

《慈航》（创刊号）

《慈航》（创刊号），1929 年 4 月 1 日，编辑出版者为慈航月刊社，经
理者为莹照和尚（普陀僧），发行者为上海广西路报本堂。张人杰题写刊
名。封二及版权页特别说明，该刊由"太虚法师审定，宗旨正大、言论
公开"。创刊号栏目分为卷首语、祝词、图画、时评、狮吼、论坛、著
述、艺林、杂徂、商兑。主要人物或作者涉及尚慕姜、莹照，作者有志
圆、印光、于右任等人。重要内容有：普陀山禅院、事务等简介，组织普
陀佛教会文件，国府江苏等政令。该刊与太虚关联密切，提倡佛化、新僧
运动等。《汇总表》显示，有《慈航》、《慈航》（仰光）和《慈航月刊》
三种名称类似的刊物，其中"《慈航》缺：1，3～？"。《期刊速查》显
示，《慈航》收录于"补编"第 38 卷，为"2（1929）"。

D

《大乘》

创刊于 1939 年 6 月，月刊。厦门大乘佛教会出版，设址于厦门公园
东门妙释寺内。大乘佛教会成立于 1939 年，主要成员有李思贤（伪厦门
特别市市长）、施范其、释觉斌、金馥生、张晋、辛慧晋、横山长治、岩
崎闻号、友松谛道等，他们政治立场鲜明，鼓吹汪伪政府、中日两国亲

善、新东亚秩序等。江亢虎曾题写刊名。《汇总表》显示《大乘月刊》（厦门）（另有一份台南出版的《大乘月刊》）"缺：1：1，4～6，8～?；2：1～3，9～?；3：1～11，13～?"。《期刊速查》显示《正编》第 131 卷所收为"1：2～3（1939）、7（1940）"，《三编》第 25 卷所收为"2：4～8（1941）和 3：12（1943）"。净圆寺所藏为第 1 卷第 9、10 期（1940），第 2 卷第 2 期（1941）、第 9～11 期（1942），第 3 卷第 1、2 期合刊（1941）、第 3～4 期（1942）以及（新年）特刊（1942），共 10 期。其中第 2 卷 9～11 期及 1942 年新年特刊为报纸，其他期数均为册装。内容包括鼓吹佛教在时局中的作用、佛教学术研究、大乘佛教会会务等。

F

《佛化新青年》

创刊于 1923 年正月，月刊。最初总发行处为汉口古栖隐寺街佛化新青年会出版股，第 1 卷第 4 期（1923 年 7 月）开始署名编辑者宁达蕴，发行处改至北京宣内象坊桥观音寺的佛化新青年会。该刊系"佛化新青年会的出版物，全用科学的方法，阐扬佛化的精神，本慈悲的宗旨，行拔苦的工作"，宗旨在于接引初机青年，大施佛法于青年，将其脑筋从根本洗刷干净，欲世界有个办法，绝对不能因此立言，不求高深持论务期普及。设有言论、著述、论坛、批评、商兑、杂集、文苑、随感、通讯、报告等栏目。佛化新青年会是民国佛教史上重要的组织，一度会员众多，获得各方支持，该刊是了解 20 世纪 20 年代佛教历史和佛化新青年会的重要史料。《汇总表》未收录。《期刊速查》显示《正编》第 13～14 卷所收为"创刊号－7（1923）"，《补编》第 3～4 卷所收为"1：8（1923）和 2：1～8（1924）"。《期刊速查》目录中标识该刊"收全"，实仍有遗漏。净圆寺所收为 1923 年 12 月 11 日出版之第 1 卷第 9、10 期合刊，以及 1924 年 1 月 15 日出版之第 1 卷第 11、12 期合刊。编者在第 1 卷第 9、10

期合刊声明因时间紧迫，不得已将当年最后几期合号，第 11、12 期合刊更是拖延到第二年才得出版。

《佛化周刊》

初设通讯处在江苏泰县佛经流通处，1927 年初泰县佛教居士林成立后，迁址居士林内编行，由江苏第二监狱署印刷科代印。1926 年 11 月创刊，周刊，初为一期二版，后改为一期四版。该刊以宣扬佛化而挽救末劫之人心为旨，以接引未知佛法者使知皈信、导引初知佛法者使崇正信、辅助既知佛法者使生坚信为责任。内容主要包括各类与佛教相关的重要法令电文、讲演说法、各地新闻等。泰县佛教居士林前身为太虚 1924 年访泰县时成立的泰县念佛社，太虚的学生常惺亦曾在泰县驻锡，《佛化周刊》也刊载过不少太虚、常惺等人的文章，后来《海潮音》办理出现困难时，一度也依靠泰县居士支持得以延续。《期刊速查》显示《正编》第 18 卷所收为 "79 ～ 81（1928）、84 ～ 85（1928）、86 ～ 103（1929）、121（1929）、123～125（1929）、128～129（1929）、131～132（1929）、134（1929）、136（1929）、139（1930）、142 ～ 145（1930）、147 ～ 156（1930）"，《补编》第 15 卷所收为 "66（1928）、78～79（1928）、137（1929）、138（1930）、140 ～ 141（1930）、146（1930）、157 ～ 164（1931）"。净圆寺所藏为 1926 年 11 月 21 日及 1927 年 1 月 2 日两期，由吴怀仁题署刊名；1928 年 2 月 26 日至 4 月 15 日共 8 期，由王宗炎题署刊名。

《佛化青年》（圣诞专刊）

1928 年 5 月 26 日（即四月初八佛诞节）出版，出版者为闽南佛化新青年会，编辑者为新青年会宏（按，非弘）法部，焕文印书馆代印。作者大致为该会僧人和居士，内容主要是对佛陀的纪念和感言。值得注意的是，开篇《二九五五年释迦牟尼佛圣诞发刊宣言》，将纪念佛诞与革命联系起来，期待革命早日成功，践行真正自由平等的路线；封底则印有《本会对于世界人类所负的八大使命》。《汇总表》未提及《佛化青年》，或因该刊为临时增补之故。《期刊速查》显示，《佛化新青年》收录于《正编》第 13～14 卷，从"创刊号–7（1923）"；以及《补编》第 3～4 卷，"1：8（1923）和 2：1～8（1924）"。按，"佛化新青年会"分属多地，有汉口、北京、厦门等，其会刊《佛化新青年》亦多地出版。《正编》出版者为汉口佛化新青年会，《补编》为北京佛化新青年会，《佛化青年》（圣诞专刊）则为闽南佛化新青年会。

《佛化报》

汉口古栖隐寺街佛教会发行，旬报，每期四页，创办时间不详，约为 1923 年前后。黄夏年曾提及《佛化报》是近代最早的佛教报纸之一，其发行与太虚对汉口佛教会的指导有关，但其当时未发现该报［《稀见民国佛教文献汇编（报纸）》序言第 3 页］。该报设有言论、文艺、新闻、通讯、专件等栏目，刊载时事文论、地方新闻、信件往来等内容。其分发所遍布北京、武汉、长沙、宜昌、重庆、成都、安庆、汕头、厦门、西安，以及新加坡、缅甸、印尼等海外地区，有一定影响力。《稀见民国佛教文献汇编（报纸）》未收。净圆寺所藏为 1925 年旧历七月初八日出版之第 77 号。

《佛教日报》

1935 年 4 月 10 日创刊，从第 30 号起由张人杰题署报名。太虚大师在沪曾作"发刊辞"。根据《太虚大师年谱》，1934 年大超（曾任中国佛学会干事）与邓慧载，承太虚意，于上海《市民报》编"佛教特刊"。迨停顿，太虚乃促组成《佛教日报》，并任社长，范古农任总编辑，邓慧载主其事（后改胡厚甫主持）。由佛教日报社出版，社址为上海闸北新疆路和民坊五号。该报宗旨为指导世俗人士认识佛教，警策佛门弟子修行，宣传各宗教义，联络佛教团体，促进佛教教育，消融新旧意见，主张万善同归。主要内容有新闻、社会消息、专件、评论、格言、人范、文苑等。除社会消息外，其余都要求与佛教相关。而"社会消息"栏目则"凡国家行政及外交暨社会慈善团体等消息举要登载"。1936 年 7 月起，登载有关中国佛教会问题讨论文章。1937 年 8 月 23 日起，因抗日战争全面爆发，改为四日合刊一张，同年 12 月 28 日停刊。《稀见民国佛教文献汇编（报纸）》所收为 1935 年 4 月 14 日、1935 年 11 月 12 日、1936 年 1 月至 1937 年 7 月的数百期（间或有缺）。净圆寺所藏该报期数为 1935 年 4 月 10～30 日、1935 年 5 月 1～30 日（缺 2 日）、1935 年 6 月 1～30 日（缺 23 日）、1935 年 7 月 1～31 日（缺 15 日）、1935 年 8 月 1～11 日。

《佛教新闻》

创刊时间不详，约为 1936 年。据《佛学半月刊》第 139 期介绍，《佛教新闻报》于当年 11 月 12 日问世，由妙性法师、修真和尚创办，初定三天一期，接洽地址为上海赫德路四一八号（即觉园）。查《佛教新闻》业务部设在哈同路八十七号、编辑部设在宁波路阜安里廿二号、发行部设在赫德路四一八号，疑即为同一报纸。内容包括各地新闻、社评、开示、函件、名人传记、小说连载等。《稀见民国佛教文献汇编（报纸）》未收。净圆寺所藏为 1937 年 5 月 20 日出版之第 26 号，由叶恭绰题署报名，共四版。

《佛教月报》第 2 卷第 1、2、3 期合刊

1937 年 4 月 1 日出版，佛教月报社编辑，天津华新印刷局印刷，佛教月报社位于天津法租界四号路。弘一题写刊名。内页有太虚和弘一的题词。本期为"佛学研究法专号"，收录了太虚、大醒、谈玄、茗山、块然等人的文章。杂志前后，颇多书目、佛教报纸杂志以及香料的广告，如《佛教日报》、《日华佛教》、《海潮音》、《净土宗月刊》、《佛海

灯》、《人海登》、"大醒法师著作介绍"等。按，有《佛教月报》（上海）和《佛教月报》（天津）两种。《汇总表》显示，《佛教月报》（天津）"缺1：4~5，12和2：1~3，7~12"。《期刊速查》显示，《佛教月报》（天津）收录于《正编》第80卷，为"创刊号（1936），1：2~3（1936）"，《正编》第139卷，为"2：4~6（1937）"；《补编》第54卷，为"1：6~9（1936），10~11（1937）"。

《佛教月报》第1卷第4、5、12号

第1卷第4号。1936年7月1日出版，佛教月报社编辑，天津华新印刷局印刷，佛教月报社位于天津法租界四号路。大醒题写刊名。主要作者有太虚、大醒、慕修、仁性、周观仁等。主要作品有太虚的《僧尼应参加国民大会代表选举》、大醒的《佛教月报与天津佛教》。第1卷第5号。1936年8月1日出版，佛教月报社编辑，天津华新印刷局印刷，佛教月报社位于天津法租界四号路。大醒题写刊名。主要作者有大醒、谈玄、慕修等，主要讨论佛教相关义理或常识。另有一份《天津佛经流通处经典目录》，总书目约230册。第1卷第12号。1937年3月1日出版，佛教月报社编辑，天津华新印刷局印刷，佛教月报社位于天津法租界四号路。大醒题写刊名。作者有大醒、东初、雨堃、谈玄、慕修、仁性等。文章讨论解行、佛法僧、人生、五蕴、因明等。

《佛事报》

岭南佛教放生会所办，创办时间不详。副编辑为放生会发起人祈慧，通讯处设在香港太平山六祖禅堂。净圆寺所藏该纸天头有"试办"字样，祁慧在《本报启事》中亦说明试办的性质，并延聘正主笔。查1926年香港三教总学会所办的《国粹杂志》已有《佛事报》副刊，祁慧亦曾于该报发表文章，疑为后来脱离《国粹杂志》独立举办。该报内容庞杂，包括小说、诗作、乩文等，乩文疑与三教总学会的性质有关；还刊有不少

朝鲜佛教界来函，疑与朝鲜半岛教界亦有联系。《稀见民国佛教文献汇编（报纸）》未收。净圆寺所藏为 1926 年 8 月 15 日出版之第 7 期，共 10 版。

《佛音》（第3年第2期）

1926 年 3 月 14 日（二月初一）出版，编辑者为闽南佛化新青年会，发行者为闽南佛化新青年会，印刷者为厦门焕文印务公司。按封二照片，该刊主要支持者为厦门南普陀方丈会泉法师、黄谦六居士及庄汉民居士。该刊不分栏目，主要作者有常惺、叶青眼。大部分文章为劝善事略、人物传记以及阐释浅显的佛教义理，间及闽南佛化新青年会消息。另外，佛教事务、信函往来方面涉及张宗载、宁达蕴以及转道和尚等。又，按本册《佛音·本刊启事一》，"本刊创办于民国十三年春二月，该年出齐无缺。十四年仅出三期而止"，民国 15 年（1926）则因星洲善知识补助经费，方得出版。《汇总表》显示，"缺：1：1，3，5～6；2：1，3～12；3：2～3，9～12"。按，第二年仅有第 1～3 期，因此，不存在第 4～12 期。《期刊速查》显示，《佛音》收录于《正编》第 145 卷，为"1：2（1924），4（1924），7～9（1924），10～12（1925）；2：2（1925）"；《正编》第 11 卷，为"3：1（1926），4～8（1926）"。

《法苑》

创刊于 1927 年初，因法苑的设立很快夭折，《法苑》杂志当延续不久，除创刊号外未见其他刊期。编者为法苑教务员释一厂、护法干事慧观，审定者为法苑大众会议，出版者为佛法僧园临时法苑（上海静安寺路一五二号）。《汇总表》《期刊速查》未记录。净圆寺所收即为 1927 年创刊号。内容包括法苑缘起、法苑说明、法苑简章、法苑各部要则、法苑僧规及入苑办法、法苑信徒要则、法苑护法干事要则、附则等。

G

《广长舌》

1930～1931 年由苦行居士（朱石僧）在世界佛教居士林出版，是上海国光印局印刷、上海佛学书局流通的期刊。1930 年的第 1 期收录了印光于 1923 年 10 月所作的序文，故本刊最早发行年份仍待考。各期封面分别由戴季陶、于右任、谭延闿、狄楚青、陈肇琪、姚雨平等军政界、出版界要人题署。主要刊载朱石僧等人关于净土的论述、通信、新闻等。《汇总表》显示"缺：5，8～？"，《期刊速查》显示《补编》第 53 卷所收为"1～4（1930）、6～7（1931）"。净圆寺所藏为 1930 年 10 月（1931 年 2 月再版）第 5 期和 1930～1931 年第 12 期。第 5 期为焦易堂题署刊名，第 12 期由林森题署刊名。

H

《华侨日报·佛学》第1期

此为《华侨日报》"佛学"专栏（创刊），1925 年 11 月 19 日（星期二）第 12 页，应为逢周二刊出，主编者为中国佛学会闽南分会、厦门思明西路厦大旅社。有创刊词、常惺文章、芝峰演讲记录（在中国佛学会闽南分会讲），两文皆与佛教和人生主题相关。《汇总表》《期刊速查》均无记载。

《华侨日报·佛学》第4期

此为《华侨日报》"佛学"专栏，1925 年 12 月 10 日（星期二）第 12 页，主编者为中国佛学会闽南分会，通讯处为厦门大同路二六二号。除了《释因明》和启事之外，所有诗文记叙均与太虚法师相关，尤其登载《皈依太虚大师第三届弟子题名录》一份。《汇总表》《期刊速查》均无记载。

《湖南佛教居士林林刊》

由湖南佛教居士林出版发行，设址于长沙南门外沙河街 60 号。该刊以弘扬佛法、研究教理、灵通各地佛化消息为宗旨，创刊时间不详，原定每月出一期，因编辑既无定员，经费复感困难，未能按期出版。经湖南佛教居士林第二届常务理事会决议改定两月出版一次。内容包括佛法研究、果报事迹、各地消息、本林事务等方面。《汇总表》显示"缺：1～2，4～6，8～14，18～?"，《期刊速查》显示《补编》第 47～48 卷所收为"3（1933）、7（1934）、15（1936）、16～17（1937）"5 期，净圆寺所藏为 1935 年 8 月 31 日出版的第 12 期。

J

《敬佛》

全称《敬佛：家庭修养杂志》，1935 年 10 月创刊，月刊。编辑兼发行人为厦门东本愿寺住持神田惠云，发行所为厦门市水仙路四十四号之东本愿寺教堂。封面刊名为雪丘居士林子白题署。厦门敬佛会成立于 1933 年，设址亦在厦门东本愿寺教堂，以发扬大乘精神、确立公民信念、涵养感恩观念、普及时代文化为目的。而《敬佛》杂志的创办则为净化家庭明灯，发光辉于和平，使涌欢喜之源泉，同时得为教育子女资料，使宗教由殿堂进入家庭。该刊杂以中日两国作者的文章，但均以中文出版，内容主要包括真宗教理历史、名人言论遗训、日台等地佛教新闻、家庭常识等，主张中日两国建立亚细亚联盟，亲日立场鲜明。《汇总表》显示《敬佛》"缺：1：3～?；2：5，7～?"。《期刊速查》显示《正编》第 130～131 卷所收为"创刊号－2（1935）；2：1（1936），3～4（1936），6（1936）"，《补编》第 55 卷所收为"2：2（1936）"。净圆寺所藏为创刊号、第 1 卷第 3 期和第 2 卷第 2 期（其中创刊号和第 2 卷第 2 期多扫）。

《觉世报》

净圆寺所藏为 1928 年 4 月出版之一期，疑为首期，后续是否出版待考。封面刊名为《佛化新教育·觉世报》，附中华佛教华严大学校照片，注明中华佛教华严大学校长释可端编述。内含可端校长、中华佛教华严大学校戒律科开学全体纪念、校董萧唯昇居士等照片，以及国民革命军第二十六军军长陈焯祝词、国民革命军第二十六军军官团常驻团附徐康圣暨教职员题字、中华佛教华严大学校牌匾、江都县长张士仁题字、二十六军司令部秘书长金一衡、国民政府军事委员会兵站总监部二十六军兵站支部部长张岳乔等题字、江都县公安局局长蔡宝璜题字、陈延铧题字。内文主要包括各级批文公牍，以及可端对于佛法觉世的阐述言论，亦收录各类信佛、奉佛的事例和史论。另，黄夏年曾提及 1922 年在北平象坊桥观音寺内出版过一《觉世报》，是最早的佛教日报，该报由觉先任出版人，万空任编辑，亦注重提倡教育［《稀见民国佛教文献汇编（报纸）》序言第 2 页］，但与本报应无直接联系。《汇总表》《期刊速查》《稀见民国佛教文献汇编（报纸）》无记录。

《净土宗月刊》第1集

封面钢笔字题"藤井草宣先生　法舫致启"。命名"集"，是为"册"的汇编，该集内有 12 册，每册 10 余篇文章。该集封面有目录，文章皆从 12 册中挑出部分重要者，共 28 篇，作者主要有太虚、法舫、尘空、法尊、苇舫、东初、大醒、唐大圆、弘一、印光等。第 1 册，1934 年 5 月 20 日（佛诞日）出版；第 2 册，1934 年 12 月 17 日出版；第 3 册，1935 年 1 月 17 日出版；第 4 册，1935 年 2 月 17 日出版；第 7 册，1935 年 5 月 17 日出版；第 8 册，1935 年 6 月 17 日出版。编辑发行者为净土宗月刊社（地点：武昌黄河湾二号），印刷者为汉口中西印刷公司。按，本次扫描漏了第 9 册，而第 4 册黄现年《正编》第 77 卷有。《汇总表》显示，"缺：1～3，7～9"。

《期刊速查》显示，《净土宗月刊》收录于《正编》第 77 卷，为 "4~6（1935），10~14（1935），15~26（1936），27~31（1937）"。

M

《闽院诗刊》《闽院诗钟》

手抄油印本，当为闽院学生课外习作。净圆寺所藏为 1942 年 1 月 1 日之《闽院诗钟》第 2 集，封面题有 "闽南佛学苑课外文艺之一" 字样，所收均为近体诗，封面和页内分别题有 "东中水月兄云在，夏外窗天草寺余""秋空一落花香树，万见林凉竹叶吟" 字样，要求将其嵌入诗作，题材多限于写景。另有 1942 年 2 月 26 日之《闽院诗刊》第 2 集、1942 年 4 月 25 日之《闽院诗刊》第 3 集，封面均题有 "闽南佛学苑课外文艺之二" 字样，近体诗、新诗兼收，题材较为广泛。《汇总表》《期刊速查》未记录。

P

《频伽音》（随刊）第6期

1937 年 7 月 15 日出版，广州佛学会编印，地址为广州宝源北街十六号，式如题写刊名。该刊栏目分图像、撰著、笔记、纪闻、诗歌、书牍和如是我闻。作者有圆超、圆章、常来、刘显亮等人，除了学佛心得文章外，重要者有《广州特别市党部准许本会组织证书》《广州市社会局准许本会注册执照》等公文，纪闻涉及 "护国和平会"、中国佛教会章程、绥蒙各旗寺庙调查、喜饶嘉措在京各大学演讲讯息，书牍中有《戴院长季陶致德浩老和尚书》。《汇总表》显示，"频伽音（随刊） 缺：1"。《期刊速查》有《频伽音》（随刊）和《频伽音半月刊》。前者，《正编》收录第 129 卷，为 "2（1926）"；第 18 卷，为 "3（1931）"；第 136 卷，为 "4，5（1934）"。按，对比可知，《频伽音》（随刊）至少还出版了第 6 期，此后是否还有，则未知。

R

《日华佛教》

净园寺所藏为第 1 卷第 2 期，1936 年 1 月 31 日印刷，2 月 1 日发行，日华佛教学会发行。弘一题写刊名。封二有《中日佛教学会宣言》（1935 年 7 月 11 日），封三有日华佛教学会会长柴田一能照片和太虚法师照片。按，该册为残本，缺后半部分。作者有后藤朝太郎、太虚、铃木大拙、好村春基、藤井草宣等。后藤文章为《日华僧门提携的强调》（日文），太虚文章为《所谓佛学是什么？》（日文，井田启胜译），铃木大拙为《禅宗初祖打磨的禅法》，好村春基为《中国佛教的概要》（日文）。其余文章缺。《汇总表》显示，"缺；1：5 ~ ？"。《期刊速查》显示，《日华佛教》收录于《正编》第 80 卷，"1：2 ~ 3（1936）"，《补编》第 54 卷，"1：1（1936），4（1936）"。

S

《市民报·佛教特刊》

太虚、圆瑛等均题署过刊名。为《市民报》的副刊，《市民报》是 1932 年后在上海创办的日报，英文名作 *The Citizen's Dally，Shanghai*。《佛教特刊》作为《市民报》的副刊于 1932 年 11 月 5 日创刊，创办人为黄慧泉，编辑为邓奠坤。该刊以讨论佛学、弘扬佛教为宗旨，设有论说、演讲、特载、消息、信牍、启事以及中国佛教会专栏等栏目。太虚先前积极推动该特刊问世，并题署刊名，对此报颇为支持。该刊特别在显要位置表明旨趣：不涉党政问题，不分新旧宗派，议论大方记载翔实，皈依三宝宏护正法，推行佛化福利人群。当时刊载过印光、圆瑛、太虚、班禅等诸多法师的文章及新闻。1934 年 6 月 13 日的《佛教特刊》登载了攻击太虚的文章，遭太虚弟子激烈反对，也促使太虚之后另办《佛教日报》。至晚从 1934 年 8 月起《佛教特刊》就改由圆瑛题署刊名，集中刊载圆瑛、黄庆澜等人的言论、文章，同时也设立中国佛教会专栏登载会务活动与重要文件。《稀见民国佛教文献汇编（报纸）》未收。净圆寺所藏为 1934 年 4 月、1934 年 5 月、1934 年 8 月、1934 年 9 月、1934 年 10 月、1934 年 11 月、1934 年 12 月等数月的报纸。其中 1934 年 5 月为配合班禅在杭州开设时轮金刚法会，发行了一系列"时轮金刚法会专号"。《市民报》和《佛教特刊》刊载的广告有很多是与佛教相关的出版机构、书刊和日用品，亦值得留意。《汇总表》《期刊速查》无。

《汕头诚敬善社月刊》第 1 期

1924 年 12 月 15 日创刊，出版者为汕头诚敬善社，该社地址为汕头市新马路新编门牌第九十三号。翟宗心题刊名。该社性质为当地慈善社团。本期内容主要是各种捐赠名录、该社简章及第二届董事会会员名单等。《汇总表》及《期刊速查》均无载。

《山西佛教月刊》

创刊于 1929 年，月刊。编辑社和发行所均为山西佛教会，晋新书社承印。该刊以弘扬佛化、阐发哲学为职志。含法论、研究、丛谈、吟坛、转载、公文、函件、新闻等栏目，内容以佛教时论研究、山西地方新闻、山西佛教会会务为主。停办时间不详，1934 年后山西佛教杂志社出版有《山西佛教杂志》，在内容和体例上与《山西佛教月刊》均有相似处。《汇总表》显示"缺：1：1 ~ ?；2：1 ~ 2，4 ~ 8，10 ~ ?"。《期刊速查》显示《正编》第 135 卷所收为"2：3（1930）"，《补编》第 39 卷所收为"2：9（1930）"。按，从时间顺序上看，《补编》所收的第 9 期当为前一年的第 9 期延迟到 1930 年 1 月所出版，而并非 1930 年 9 月所出。净圆寺所藏为 1929 年 7 月出版的第 1 年第 3 期。

T

《台湾佛化》

1937 年 1 月创刊，月刊，日文刊物，主要刊载日人撰述。由台湾佛化青年会发行，编辑兼发行人为江木生，印刷者为加藤丰吉。该会宣称立足佛陀本怀，以上求菩提、下化众生的菩提道为依据，以台湾民众之佛化运动为目的，追求与台湾民众的共存共荣。内容以日台等地佛教现状、佛教与时局之关系、佛化青年会之新闻等为主。《汇总表》《期刊速查》未记录。净圆寺所藏为 1937 年第 1、3、5、11 号。

X

《喜报》

由北平中央刻经院佛经善书局编印，社址为北平宣外大街红楼中央刻经院内，为半月刊。原名《佛化半月刊》，创刊时间不详。自第 23 期（1934）起更名为《喜报》，取祝阅报者喜气盈门、皆大欢喜之意。栏目名亦用"喜话""喜劝""喜闻""喜纪""喜信""喜事""喜告"等命名，主要刊载各类简明易读之感应故事、劝善文书以及各地佛教消息来信、募印广告等。中央刻经院除刊刻佛教典籍外，也刊印各类善书、宝卷，《喜报》之内容与之亦有所关联（中央刻经院书目参见《三编》第 19 卷）。净圆寺所藏为"佛教临时救济会专号"，江朝宗（北洋时期曾任代理国务总理，抗战时期曾任北平"治安维持会"会长、伪北平市市长）题名，社长万钧、总编辑陈莲森、发行人陈润田。抗战全面爆发后，现明法师等成立佛教临时救济会，其简章、公牍、开支等均在《佛化月刊》披露，1937 年 8 月 16 日起的会务等信息在《喜报》第 67 期刊载。《汇总表》显示"缺：1～22，36～?"，《期刊速查》显示《正编》第 130 卷所收为"23～35"，每期八版。净圆寺所藏为 1937 年 10 月 10 日出版的第 67 期。

《心灯》（创刊号）

1926 年 5 月 19 日出版，编辑者和发行者为佛化教育社出版股，印刷者为盛华印书馆，佛化教育社地址为上海东有恒路，盛华印书馆地址为上海山东路一六九号。该刊为旬刊。创刊号栏目分启事、祝词、社言、纪闻、通讯、广告等。本期涉及的主要人物有丁福保、唐大圆、太虚、圆瑛等。文章主要解释"佛化""心灯"的意涵、佛化教育社简章等，另"纪闻"为介绍时政，如《联军总司令部保护佛教居士林之布告》。《汇总表》显示，"缺：1～10，23～24，26，30～？"。按，创刊号为独立出版，另有《心灯》第 1 期。《期刊速查》显示，《心灯》收录于《补编》第 15～16 卷，为"11～22（1926），25 释尊出家纪念号（1927），27～29（1927）"。

《心灯》第 1～10 期

《心灯》第 1 期，1925 年 5 月 29 日出版。白龙山人题写刊名。该期主要为太虚文章，讨论"东方文化"，以及唐大圆文章，讨论"世界教育"。另有佛教教育社被选职员表。分别是：正社长释太虚，副社长胡瑞霖、吴钟镕，评议员丁福保、唐大圆、木村泰贤、王培荪、刘仁航、梅光羲、释莹照、鸟人垚、李近赠。

《心灯》第 2 期，1926 年 6 月 8 日出版。白龙山人题写刊名。封面印有"请交换"，底部毛笔字行书"世界佛教大学 苏州"。主要文章撰者为太虚和唐大圆。太虚论人与傍生问题，唐大圆论今日教育应决定之宗旨。亦有各地"佛化""佛化教育"消息若干。通讯则刊载各地信众致太虚函或太虚复函，其中有《孙总司令复太虚法师函》（按，孙总司令即孙传芳）。

《心灯》第 3 期，1926 年 6 月 17 日（按，误作"七日"）出版。白龙山人题写刊名。本期主要文章为太虚长文一篇《杭州佛诞纪念之放蝇会宣言》；其余有各地"佛化""佛化教育"消息；社务消息则为太虚与信众等的信函，尤其孙传芳函。另，公告孙传芳接受佛化教育社名誉社长职，公告太虚被选为佛化教育社社长。

《心灯》第 4 期，1926 年 6 月 27 日出版。白龙山人题写刊名。本期有名誉社长孙传芳照片一张、社长太虚照片一张；刊载《佛化教育社宣言》以及太虚长文一篇；文末两篇为孙传芳与刘海粟讨论裸体模特儿是否可行事，以及孙传芳禁美专裸体模特儿公告。

《心灯》第 5 期，1926 年 7 月 7 日出版。白龙山人题写刊名。本期主要文章为太虚《以佛法批评社会主义》，纪闻则有印光在残疾院说法事、苏州东吴大学添辟佛经学课、号召取缔裸体舞以改良社会教育事、取缔美专裸体模特的反响等，其余信函往来亦多与太虚相关。

《心灯》第 6 期，1926 年 7 月 17 日出版。白龙山人题写刊名。本期主要文章两篇，作者为太虚与唐大圆。纪闻介绍佛骨新发现等，另有包括刘仁航在内的函件若干。

《心灯》第 7 期，1926 年 7 月 17 日出版。白龙山人题写刊名。本期主要文章两篇，太虚与帅睿民，前者讨论人生观问题，后者讨论中小学校应否有佛法尝试。纪闻多为浙江省内佛教新闻、教育厅新闻，另有印度泰谷尔大学支那学院征求赞助的新闻。信函往来主要有湖北陆军十八混成旅司令姚荐楠来函，同意入社及缴纳社费十元。

《心灯》第 8 期，1926 年 7 月 27 日出版。白龙山人题写刊名。封面印有"请交换"。本期刊登照片两张，其一为社董陈鲸量居士，其二为太虚与两位副社长合影。论文两篇，讨论佛化教育，以及西藏文化与中国及世界之关系问题。电文、信函大部分仍旧与太虚紧密相关。

《心灯》第 9 期，1926 年 8 月 15 日出版。白龙山人题写刊名。主要文章有唐大圆、张煊对佛化教育的建议。《世界的佛教近闻》译文一篇，描述了英国伦敦佛教与三十年前印度僧人达摩波罗之间的思想关联；其余佛教新闻多与太虚入京说法盛况相关，信函等另及唐大圆、孙传芳、圆瑛、熊希龄等人。

《心灯》第 10 期，1926 年 8 月 25 日出版。白龙山人题写刊名。本期内容较此前驳杂，除了佛学与教育、太虚说法等惯常主题外，佛教新闻等信息涉及国外信众，国内则从江浙一带拓展到两湖地区，从孙传芳等变为唐生智，栏目则增加了诗文。

《新僧》

出版者、编辑者、发行者为武昌佛学院同学会，由汉口群治编印社印刷。同学会由善长、超一、晤一等任总干事，妙空、超凡、梵灯、会觉等为干事，出版组包括机警、迦林、满智、体参等，编辑部有寄尘、善长、哭广等。该刊以阐扬佛化、整理僧伽暨联络在院各同学相互观摩为宗旨，依新僧之意趣定名，计划每年出版四期，内容分为插画、论坛、学理、讲稿、文苑、通讯、杂集等八类，经费除由同人担负、院内津贴和外界劝助等方式构成。主要刊载武昌佛学院及太虚一系僧人的言论主张。《汇总表》无记录。《期刊速查》显示《三编》第 1 卷所收为"1（1925），季刊"。实际所谓"季刊"即第 2、3 期合刊，《三编》所收遗漏此期的封面、目录及封底页。净圆寺所藏为 1925 年 4 月第 1 期，1925 年 12 月第 2、3 期合刊，均为全本。

《现实》

1936 年创刊，旬刊，每期八版。《现实》旬刊编辑部编辑，闽南佛学苑发行，闽院学僧自治会出版。该刊设有小话头、佛学知识、青年座谈、译丛、艺林、随笔等栏目，主要刊载佛教时论、佛理研讨、论著翻译、学僧习作、闽院记事等内容。《汇总表》《期刊速查》未记录。净圆寺所藏为 1936 年第 1 卷第 6～9、11～18 期。

Z

《中国佛教会第一次征求会员特刊》第3期

1935 年 11 月 11 日出版，该特刊编辑主任为常惺，也属中国佛教会主办，总办事处在上海赫德路四一八号。王震题写刊名。该期共四版，内容多样，栏目主要有：会员题名录、公文、分队及队长组织表、函牍、分会改组讯、会议录、中国佛教会总办事处启事、杂录等。公文包括中国国民党中央执行委员会民众运动指导委员会、内政部、中国佛教会等单位的训令、批文或指令。佛教会征求队员以"总队"为基础，如圆瑛总队、绍之总队、超一总队、嘉定县总队、上海市总队、丽水总队等等。由此可见中国佛教会的组织方式。

《汇总表》《期刊速查》无。

《中国佛学》

1928 年 9 月 1 日创刊。出版者为中国佛学会（初期为筹备处），编辑者为中国佛学会文书股，发行者为中国佛学会庶务组，印刷者为上海泰东书局。该刊宗旨为：以融合的态度，希求全国信佛徒众，从速团结共谋解决佛教中一切应兴应革之事宜，故持论不偏于任何一方，而唯以发扬佛陀救世觉人之真义理为依归。内容以讨论寺产纷争、佛教革新等重大问题为主，包括中国佛学会的会务情况，基本是太虚中国佛学会一系僧众的发声平台。《汇总表》无记录，《期刊速查》显示《补编》第 22 卷所收为"1（1928）"，净圆寺所藏为 1928 年 11 月出版之第 9 期（缺封面、封底页）、1928 年 12 月 31 日出版之第 10 期。该刊初为旬刊，第 10 期启事称，因编稿在南京毗卢寺，印刷在上海，致时间不能如期，校对亦多错误，拟行改组，或仍旬刊，或改月刊。

《中国佛教会纪念总理奉安特刊》

1929 年 6 月，中国佛教会刊。内收 6 篇文章。中国佛教会《祭文一》，释谛闲《祭文二》，释太虚《佛学对于现代人类之贡献》，释明道《佛教教义与三民主义之关系》，宁达蕴《佛学与中国民族之关系》，黄忏华《佛教徒参加总理奉安典礼的意义》。《汇总表》与《期刊速查》均无。

《中华佛徒旅行团出发特刊·附西康留学佛教纪事》

1930 年发行，由友声旅行团、东方文化社、世界佛教居士林、中华佛教研究会、《青年之友》周刊社五团体印赠。于右任题署刊名，净圆寺所藏版本封面有手迹书写"藤井草宣 样 释悲观赠阅 二十·十·二十"字样。中华佛教旅行团成员为悲观、体参等青年僧人，有感于中国佛教之腐败黑暗状况，计划赴东亚各佛土旅行，不为游山玩水或托钵行乞，而为视察各国佛教教育事业、佛教徒之思想生活等状况，沟通国内外佛陀文化、联络世界佛教徒之感情，进而为解决国内佛教问题寻求出路。预定三年为期，先赴日本，次及南洋暹罗、缅甸、印度等地。该特刊为旅行团自北平经天津到达上海后发行，内容包括王震、叶恭绰、于右任、蒋维乔、章太炎、胡适、丁福保、太虚等人之题字及对旅行团的寄语，以及沪上黄顽警、周瘦鹃、胡伯翔、胡伯洲等人对旅行团的关照接待。离沪后旅行团实际先抵暹罗，后悲观、体参二人似分道扬镳，悲观继续访问缅甸、印度、锡兰等国，体参则入印学习梵文。1931 年 9 月悲观等从南洋回南京。该刊另附留学西康佛教团报道，以及世界各地的旅行团、步行团等新闻。

《浙江全省佛教会旬刊》第5期

1928 年 9 月 30 日出版，具体出版者、出版信息不详。主要栏目有论文、令文、呈文、函件和补录。令文为内政部通令颁发庙产登记条例，浙江省党部通令各县党部宗教团体应受党部监督文等；呈文为各地县市成立佛教会请立案事；函件主要是要求某政府保护佛教寺院财产等；补录为《欧阳居士致蔡院长函》。《汇总表》显示，"缺：2～?"（按，应为1929），以及"1～3，5～8，10～?"（按，应为1928）；《期刊速查》显示，《浙江全省佛教会旬刊》收录于《补编》第 33 卷，为"4（1928），9（1928）"以及"1（1929）"。

《政教新论》（第20卷第11号，东亚佛教大会号）

1925 年 12 月 20 日发行，发行所为佛教联合会，地址为东京市芝区新堀町三十六番地。刊物为日文。要目有：东亚佛教大会记事、东亚佛教大会部会记事、东亚佛教大会中央及地方见学状况、20 世纪的文化及任务、中华全国佛化青年会、宗教法规、宗教教育、佛教联合会评议员会记事等等。另有中华佛教代表太虚、道阶等的中文启事。《汇总表》《期刊速查》无。

《宗教维新》第12卷第13号（临时号　中华版）

1941 年 11 月 30 日（昭和 11 年），宗教维新社出版，地址位于东京市王子区赤羽町三丁目一一一五番地。该刊原为日本本土刊物《光轮》，后改题《宗教维新》。该刊主要由日本佛教钻仰会主办，宣扬日本的使命，要求佛教服从天皇，用于战争，共同建立"东亚佛教圈"。封面主推两篇文章，一是陆军大将松井石根的《战争与宗教》，二是"中华民国大使"（汪伪政权）褚民谊的《参列盂兰盆会感想》。《汇总表》与《期刊速查》均无。

《中流》

1942 年创刊，月刊，主办者为焦山佛学院。抗战期间，坚持不谈政治与时事成为刊物戒条，内容以焦山佛学院院务及学僧研究为主，第 4 卷第 1 期（1945 年 1 月）后因经济原因停办一年多，第 4 卷第 2 期复刊时为 1946 年 2 月，抗战已获胜利。随着太虚等人组织中国佛教会整理委员会，《中流》也成为江苏省分会整理委员会附刊，登载抗战后佛教整理的新闻事务，并出版有"中国佛教会会务人员训练班专刊"（第 4 卷第 7、8 期合刊），成为抗战后整理佛教、培训新人的重要舞台。芝峰、圣璞、雪烦等分别担任社长、编辑人、发行人，第 4 卷第 9 期（1946 年 9 月）起茗山、惠庄成为编辑人，第 6 卷第 2 期（1948 年 3 月）后茗山成为唯一编辑人。《汇总表》显示《中流》月刊"缺：1：1～?；2：1，11～?，3：11～?；6：10～?"。《期刊速查》显示《正编》第 98 卷所收为"5：1（1947）、6：6－7（1948）"，《补编》第 75 卷所收为"2：2～10（1943）、3：1～8（1944）、9～10（1945）"，《三编》第 27 卷所收为"4：1（1945）、2～12（1946）、5：2～12（1947）、6：1～5（1948）、8～9（1948）"。净圆寺所收为 1942 年 8 月 11 日出版的第 1 卷第 5 期，当时为焦山佛学院同学会主编，内容以焦山佛学院和僧青年教育为主，亦刊登研究文章和周边佛教新闻。

《中日密教》

由中日密教研究会发行。九一八事变后该会成立，在华会址设在天津，获孙传芳、王揖唐、齐燮元、高凌蔚、孙润宇等的支持，1936 年后迁址北平阜成门内四十八号，政治目的较强，具有所谓"中日亲善"性质。该刊编辑人为安原贤道，发行人为吉井芳纯，印刷人为朱凤栖，印刷所为天津日本租界内的华北第一印刷局。内容以密教研究会事务、高野山真言宗历史教旨、中日密教交流等为主。《汇总表》显示"缺：2：4，6～11"，《期刊速查》显示《正编》第 45 卷所收为"创刊号－2（1934）、2：1～3（1935）、5（1935）、12（1935）"。净圆寺所藏为第 2 卷第 12 期（多扫），1936 年 3 月 20 日出版之第 3 卷第 3 号（两份不同，中日文各一）。该刊中文、日文文章同时登载，自第 3 卷第 2 号起变更体例，以中日两文分别刊行，每年另印行单行本三四种。第 3 卷第 3 号为王揖唐题署刊名。

二　宣传单册

A

《安徽省佛教会第二届全省代表大会记录》

1930 年 12 月刊印，安徽省佛教会发行。内有大会记录，黄健六、容虚法师、记者、居士等人的演讲词,《寺庙登记细则》《附录》(各种机构的名单),《十二月十二日第一次常务委员会》记录、委员就职辞,《监督寺庙条例》,《中国佛教会各省县佛教会组织纲要》,《国民政府新颁中华民国刑罚第十七章第二百六十一条》。

D

《东亚佛教大会纪要》

由中支宗教大同联盟、中日文化协会、日华佛教联盟主办,1941 年印行,伪南京市市长蔡培题署刊名。该纪要内容包括大会秩序、大会记录、大会前后、收支计算表等。净圆寺所藏版本封底有手迹,杂乱记录了褚民谊、孙叔荣(曾任伪南京特别市秘书长)、程中将、大谷智子、金陵女子技艺学校、东本愿等字样。此次东亚佛教大会于 1941 年 4 月 8 日在南京国民大会堂召开,由赵正平(曾任汪伪政府教育部长)、褚民谊、蔡培、竹津义圆等分任正委员长、副委员长职务,该会旨在"以至诚至大宏愿发扬佛教无上真谛,祈求中日全面和平早日完成,俾达东亚黄种民族共存共荣"。大会开会前召开过四次筹备会议,会议期间的主要活动为奉迎名古屋十一面观音于毗卢寺,举行游艺大会、拜谒总理陵园以及观看佛教电影。

F

《佛法僧园法苑宣言》

1927 年 1 月印行,共 2 页,分别为中、英文版。该宣言阐述了法苑本于当时世界和佛教的诸种弊端,而建立之旨趣,主要包括四端:弘扬佛化、实行佛事,使存者生活裕如、逝者往生净域,而共得精神之安慰;阐发我佛大雄无畏之旨,起平等普度之行;依释尊之遗规,参以时机之适应，确立住持佛教之僧格；斟酌时势之变迁，绳纠世界之风习，为信徒广辟皈依佛法之信门。

《佛学书局第二次股东大会记录》

佛学书局印行，是 1931 年 1 月 11 日召开的佛学书局第二次股东大会的纪要。大会议程包括常务董事李证性报告营业状况、经历沈彬翰报告账略、对账略之表决、选举董事监察、讨论股东提议等。当选董事为狄楚青、王一亭、丁福保、李证性、张箫云、朱石僧、诸广成，当选候补董事为田少梅、聂云台、李圆净；当选监察为江会林、唐守尧，当选候补监察为朱石僧。

G

《改造中国佛教会之呼声》

约 1936 年 9 月中下旬印，苏、川、湘、豫、黔、皖各省佛教联合会印行。封面有钢笔字题"敬赠 藤井先生惠存 玉山 超峰 雨昙赠"。该册子正文共 172 页，收文 33 篇。作者有内政部蒋部长、民训部有司、记者、苇舫、太虚、法舫、大醒等。除了录载《中国佛教会章程草案修正本》之外，其余文章都是对民训部 1936 年 6 月《修订中国佛教会章程草案》的意见，文章各有侧重，但总体是拥护中央或民训部对中国佛教会和中国佛教的改革。《期刊速查》显示，该刊收录于《三编》"第 23 卷专刊（1936）"。

H

《宏慈佛学院第一班毕业同学录》

1926 年夏印制。北京宏慈佛学院创办于 1924 年，是北京最早开办的佛学院。现明、显宗等先后任院长，空也任都讲，为太虚的追随者。该同学录含佛学院教职员及学僧名单、训词、学僧文录，另夹页含学院的志愿书、招生布告、课表、章程、规约等。

M

《密教学院规程》

册页装，印行时间不详，封面有"密教学院之印"，内文记录了密教学院二十六条规程。密教学院由中日密教研究会设立，用以教授真言密教之教义、佛教全部之要旨以及其他求法宣化所必需的学科。学院设在天津明石街中日密教研究会内。该规程介绍了学院课程分类、入学资格、收费情况、考核方法、毕业去向、人员设置等。

N

《南洋佛教联合会宣言及建设大纲》

石叻春源印。南洋佛教联合会，地址为南洋新嘉坡直落亚逸街天福宫内。册页内有《南洋佛教联合会宣言》、《南洋佛教联合会建设大纲》以及《南洋佛教联合会筹备处征求发起人》（表格）。《汇总表》与《期刊速查》均无。

Q

《祈祷全国和平统一普利大会》

1931 年 4 月，由中国佛教会、中华道教会、华北慈善联合会、联义善会、上海慈善团体联合会、普善山庄、世界红卍字会上海分会、辅化慈善会、中国红十字会、佛教净业社、中国济生会、中国道德总会共同发起。封面由王一亭题署，扉页载其观音画像及书法。该会主要为超度近年阵亡将士、路毙之人之无依精魂，定于 1931 年 4 月 8 日起至 5 月 24 日止，号召各地在此期间自由启建功德，并汇集记录寄回中国道德总会或中国济生会。册页末有太虚遵王一亭所嘱题写之寄语。

《全国佛教徒代表大会代表须知》

1931 年现代僧伽社印行，1931 年 4 月出版之《中国佛教会报》已收录（《补编》第 27 卷）。净圆寺所藏为单行本，文末另多一则"附告"，为现代僧伽社全体社员告知全国佛教徒代表大会代表的三项注意点。该须知主要内容为征引当时政教界各方言论，对即将召开的第三次全国佛教徒代表大会提出要求、期望。现代僧伽社以大醒等青年激进僧人为主，改革整顿佛教的立场鲜明。

S

《世界佛教居士林佛学图书馆成立报告册》

1933 年 11 月发行，王震题署书名。内容包括图书馆开幕式流程和照片、图书馆的历史和未来计划、图书馆章程、职员及图书状况、捐款和收支报表等。世界佛教居士林图书馆，原为居士林内图书室，1930 年秋另建房屋扩建，"一·二八事变"中幸得保存。1933 年春林锦华逝世后遗命捐洋二千五百元扩建图书室成图书馆，经多方募集后添建七间房屋，于当年 9 月竣工，主任为张大樑。当时馆内收藏图书四千余种一万余册，计划继续扩充佛教类馆藏，并特设儿童部，搜集儿童读物百余种，培养儿童的阅读习惯和佛学因缘。

《世界佛教居士林林务特刊》

上海世界佛教居士林发行，世界佛教居士林编辑处（主任为显荫法师、丁福保）编辑，国光印书局印刷。《集成》《补编》收录有《世界佛教居士林林刊》多期，净圆寺所藏为 1925 年 3 月的特刊，封面由胡伯洲作画，退闇题署刊名。内容包括居士林宣言、组织纲要、职员照片简介、林务公开等，其中包括太虚小影一张，注明为武昌佛学院院长、世界佛教居士林名誉讲师，另有太虚赴居士林讲法合影一张。

《上海佛学书局股份有限公司第一届报告书》

刊载 1929 年 9 月至 1930 年 6 月底佛学书局办理情况。内容包括书局简介、工作总结及展望、财务明细，以及佛学书局印书功德基金会、赠书会缘起和章程等。

《上海佛学书局股份有限公司第四五六届报告书》

刊载 1932 年 7 月至 1934 年 12 月佛学书局办理情况。内容包括经理报告书、资产状况、图书印数和分类、分销处列表，以及佛学书局播诵大乘佛经法会、放生宏法基金会、印书功德基金会的简章及缘起等。

《世界佛学苑汉藏教理院开学纪念特刊》（赠品）

1932 年 12 月 1 日发行，汉藏教理院编辑发行，上海佛学书局印刷，分发行处有嘉定岛尤寺、武昌佛学院、重庆佛学社、成都文殊院、闽南佛学院、上海佛学书局。满智题写刊名。封二之后正文之前，有太虚、刘湘个人照片，以及汉藏教理院开学合照、汉院学生自治会合照、世苑图书馆照片等多张。全刊 180 余页，分院训、发刊词、祝词、演讲词、纪事、文件、附录、院务、杂俎、章则、试卷、编后记。《汇总表》《期刊速查》无。

《世界佛学苑设备处报告书》

1932 年 6 月 1 日出版，世界佛学苑北平通讯处编辑，华北居士林发行，光明印刷局印刷。按刊内说明，世界佛学苑设备处，原设北平柏林寺，后迁移于北平中山东路万寿寺内，其北平通讯处则设于西安门外大街华北居士林。妙观题署刊名。该报告刊载资料有：（1）南京总苑苑址立案文件；（2）通讯；（3）世界佛学苑修正简章；（4）最近发起人住址通讯处；（5）收支报告。又，通讯分国内部分和国外部分，国内有于右任、刘文辉等人的函件，国外则有英、德、法人士来函。英国大菩提会来函为英文，太虚复函亦为英文译件。《汇总表》《期刊速查》无。

《世界佛教联合会通告全世界佛教徒书》

时间无法完全确定，约在 1924 年 8 月后，主导者为太虚。封面右上有私章"太虚"。内容有世界佛教联合会宣言，简章（第三年大会修正），世界佛教联合会之功令［包含内政部训令（民国 13 年 8 月 8 日）、外交部训令（民国 13 年 7 月 17 日）、两湖巡阅使指令等］，世界佛教联合会重要函电、人员题名录等。按名录可知，该会会长为太虚，名誉董事有段祺瑞、梁启超、佐伯定胤、木村泰贤、印光、谛闲、欧阳渐、程德全等人，永久会董有汤芗铭、李开先（按，原文如此，非侁）、太虚等。又，职员表中，文书一栏铅笔划去释大醒，而将庶务一栏中的释大胜之"胜"改为"醒"。据此可知，该册页为太虚所有，并亲自赠送给藤井草宣。《汇总表》《期刊速查》无。

《僧界救亡的一个新建议：敬告全国诸山长老采择施行》

时间未知，作者自署"雉水沙门常惺谨拟"。全文分两部分："救亡方案的提纲"及"附释疑及申明"。前者又具体为六点：一是佛法救世之真价，二是佛教住世之立点，三是今日僧徒之现象，四是腐化不振之原因，五是具体整理之方案，六是江浙长老之责任。按，第六点缺末尾小部分，"附释疑及申明"全缺。《汇总表》及《期刊速查》无。

T

《太虚法师赴欧美讲学纪念特刊》

1928年8月10日之前不久某日，时报馆代印，警顽题写刊名。该刊形态如报纸，一张正反两面。内容有：太虚照片一张、《公宴太虚法师赴欧美讲学》（王一亭、张君劢、黄警顽等发起，时间为八月十日午时）、《太虚法师略史》（陈维东）、《太虚启事》，以及太虚的《以大同的道德教育造成和平世界》。《汇总表》《期刊速查》无。

铁禅《重修六榕寺花塔缘起》（附件四件）

又作《解行精舍特刊》第1期，编撰和出版者就是铁禅和解行学社，时间不详。内容如下：

（1）重修六榕寺花塔缘起（铁禅）；

（2）发起重修六榕寺花塔章程一件；

（3）重修六榕寺花塔委员会组织章程一件；

（4）重修六榕寺花塔工程设计图案一件；

（5）重修六榕寺花塔工程费概算表一件。

Z

《整理僧伽进行计划书》

1928年印行，中国第二历史档案馆有藏，净圆寺所藏为手书油印本，这是南京国民政府成立后政教二界关于佛教改革的重要讨论文书。1928年5月，江浙佛教联合会召开会议，推选若干委员组成整理僧伽委员会，拟定

《整理僧伽进行计划书》，提出"自行""利他"两大类措施，具体包括"限制剃度传戒""砥砺各宗行持""设立各宗学院"等治本之法，以及"限制滥挂海单""约束无归僧众"等治标之法，对"利他"则提出教育、弘法、慈济三大要求。该计划书呈请国民政府查核备案，国民政府秘书处随即转交大学院、内政部办理。7 月 3 日，大学院院长蔡元培、内政部部长薛笃弼向国民政府提出了具体的处理办法：（1）整理僧伽委员会应为地方性的民众团体，委员中应有所在地党部政府及教育行政机关之代表加入，并应将组织情形呈请所在党部审核备案转交同地方行政机关立案；（2）该整理僧伽委员会原计划书内应规定僧众职业，使僧人于修持之外从事工作，衣食有所自给。盖僧众不能不有衣、食、住、行，斯不能不有正当职业，彼回耶教民各有职业，固丝毫无妨于信仰也；（3）各地方慈善或教育事业之财产综合利用，组织该项事业财产委员会妥为保管外，并应受该地方政府及教育并公益行政机关之监督与保护，此项规定在各整理僧伽委员会、各寺庙所办之慈善教育事业当然适用之；（4）工厂学校及其他社会教育等事业的办理，应参照大学院民众教育方针，并受该地有关系之行政机关之严格指导；（5）大学院或内政部所颁关于公益及教育之各项法令，各僧伽委员会各寺庙办理该事业时应遵守之；（6）各僧伽委员会各寺庙不得提倡迷信及反革命思想；（7）原计划书内整理方针应改为整理方案。

《支那内学院成绩品目录》

1925 年 5 月，支那内学院编。分两部分：

（1）支那内学院成绩品总目。此部分类序言与各类要旨或提要。

（2）支那内学院成绩品细目。按，主要是所出版的书目，"成绩总计凡五门十九类一百三十种一千二百二十九卷二纸"。

《支那内学院院录》

1925 年 9 月，支那内学院出版。

（1）内学院院舍照片一张。

（2）支那内学院院录（民国 14 年 9 月）。

（3）沿革。

（4）组织大纲。

（5）现在组织一览表。

（6）现况一览表。

（7）现任教职员一览表。

（8）在学人数省别统计图。

（9）成绩品数量统计图。

（10）今后四年计划书（民国 14 年 1 月拟）。

三　著作函札

（一）太虚论著单行本

（1）《建设人间净土论》

（2）《太虚法师之佛学一斑》

（3）《现实主义》

（4）《整顿僧伽制度论（甲子春季再版)》

（5）《组织佛教正信会为在家众之统一团体（1930.5)》

（6）《般若波罗蜜多心经述记》

（7）《佛法僧义》

（8）《佛说十善业道经讲要》

（9）《佛学的将来》

（10）《文化建设与佛学》

（11）《阿弥陀经的说明》

（12）《佛说善生经讲录》

（13）《创造人间净土》

（14）《从世界危机说到佛教救济》

（15）《人生观的科学》

（16）《唯识三十论纪闻》

（17）《往生安乐土法门略说》（附中国人在口头上心头上的阿弥陀佛）

（18）《宗教玄学科学哲学含义之审定》

（19）《真实义品讲要》

太虚著，厦门慈宗学会出版，闽南佛教流通处发行，厦门风行印刷社印刷，1933 年 5 月初版。题写书名者为"荫云愚　（虞愚章）"。封面有"藤井草宣博士　太虚赠"。

（20）太虚：《以大同的道德造成和平世界》，英文题为 *To Creat World Peace by Cosmopolitan Moral Education*。

太虚著，译者不详，佛化教育社印行，出版时间不详。篇内文章和照片依次如下。

①To Creat World Peace by Cosmopolitan Moral Education.

②以大同的道德教育造成和平世界。

③民十佳住持净慈寺（照片）。

④民十一创办佛学院（照片）（按，此为学院平面图）。

⑤民十一住持大沩山（照片）（按，照片题"抑凡性修二监院在沩山灵杏下摄影　太虚"）。

⑥民十二创办大林寺世界佛教联合会（照片）（按，此为建筑正面远景）。

⑦民十六住持南普陀寺任闽南佛学院长（照片）（按，同仁在塔状建筑物台阶上的大合照。底有说明：厦门各界在南普陀欢迎世界佛教联合会总会长太虚大法师纪念　民国十六年□寅□月十五日）。

⑧民十四出席东亚佛教大会（照片）（按，大合照）。

⑨民十五讲学南洋星洲（照片）（按，大合照，上有说明：星洲全侨

在中华总商会欢迎太虚法师摄影，十五年九月五日）。

⑩民十五讲学北京中央公园（照片）（按，大合照）。

⑪A Statement to Asiatic Buddhists.

⑫Correspondence with Tai Hsu.

⑬Buddhist Ceremony at Central Park.

（二）其他人著作单行本

仁山法师与某人《仁山与某人笔谈手稿》

时间为 20 世纪 40 年代初期，疑为仁山与藤井草宣的笔谈。他们论及当时僧界情况，认为在谛闲、印光逝世后，比较重要的法师有圆瑛、仁山、太虚、虚云、倓虚这几人，尤以仁山"活力最大"。另还谈及光绪三十四年（1908）仁山与太虚在杨仁山处求学的情形。

仁山法师著《仁山法师文集》

1924 年再版，其余出版信息被一张写着七律诗的白纸所遮盖，未详。王震题写书名。封面有"藤井先生雅正　仁山敬赠"。文集目录分为仁山近影并赞、仁山传略、时论、函札、序传塔铭、记跋疏文、法语、诗偈。

封二有手稿一页，中文，题为《募化讲法华经资粮启》，落款为"日华佛教联盟南京佛教会发起人募"。正文有"值此日华事变"，又有"特请仁山法师，在南京……宣讲妙法莲华经，自国历十月二十七日起，至十一月二十四日止"。封底有题签，事为日华佛教联盟南京总会邀请仁山讲法华经的时间、地点等，落款时间"民国二十九年十月"，因此，该书为仁山于 1940 年 10 月 27 日前赠送藤井。版权页所贴七律诗："止杀宝刀称至仁，誓君经略恤新民；功［攻］城不若攻心捷，莫道孙吴是古人。"

昭三法师编《苏州报恩寺木渎无隐庵古迹摄影合册》

1929 年 12 月（己巳仲冬），昭三和尚编辑，苏州中新印刷公司承印。内容分两部分：其一，诗文及题词；其二，照片。共收照片 34 张。每张照片的命名由中文和英文组成。大部分照片均有一白须老僧，部分照片有题词或说明。从"（14）昭三墓"照片和"（23）戏弥陀"可知，白须老僧为昭三（1871～1955）。查报恩寺历史，清末到民国年间，昭三付出毕生精力，重建北塔报恩寺。又，此期间，曾在寺西后花园北斗山下建衣钵塔，塔成后，昭三立于墓穴前右，拍照一张（目录作"［十四］昭三衣钵塔"）；墓台正中石碑刻有"传天台教观第四十二世中兴报恩堂上第三代上昭下三一公老和尚之墓"。第 23 张照片（1922 年）为"昭三戏弥陀"，照片上题"既发菩提心且作菩提相　壬戌六月题昭三上人玉照　云庵"。另，封底空白页有日文题记一篇。

《厦门佛经流通处致藤井信札》

厦门佛经流通处致教友新闻社藤井草宣函，一纸，及信封正面，时间为佛历二九五三年三月十四日。内容是咨询藤井有关《缩刷一切一经》是汉文还是日文，如汉文，拟购买一套。

《赵朴初致藤井函》

1927 年 8 月 26 日，赵朴初复函藤井。该函书于《中国佛教会公报》第 1 期（1929 年 7 月）的封二。该函客套、寒暄，无实际内容。

了余法师记，太虚订正《佛法引道（导）论》

王国琛刻，1916 年（农历）12 月。刻本，线装，共 12 页。封面题"佛法引道论"，刻本正文作《佛法引导论》。书名下署"南海普陀山沙门了余记"，文末署"民国丙辰嘉平月无我庐主印"。该书为问答体，主要阐述大小乘区别及佛教基本知识。①

---

① 作者、时间、刊刻者附考：

民国丙辰即 1916 年，嘉平月即农历十二月；1916 年 12 月 25 至 1917 年 1 月 22 日为 1916 年农历十二月初一至三十（除夕）。因此，该书或印于 1917 年 1 月。

那么，谁是"了余"？太虚在光绪三十年（1904）十一月在天童受戒之时，"戒和尚寄禅，教授阿阇梨了余，尊证阿阇梨道阶，开堂师傅净心"（印顺：《太虚大师年谱》，光绪三十年十一月条，《印顺法师佛学著作全集》第 13 卷，印顺文教基金会光碟版，2005，第 25、47、76 页）。又，"大师往普陀山度夏。寓锡麟堂……锡麟了老，为大师教授阿阇黎，遇之甚厚，十余年间，常多资助（自传八）"（印顺：《太虚大师年谱》，"宣统三年五月"条，《印顺法师佛学著作全集》第 13 卷，第 25、47、76 页）。再，"是春，了老任普陀山普济寺（前寺）住持，大师每为主文稿（自传八）"（印顺：《太虚大师年谱》，"民国四年春"条，《印顺法师佛学著作全集》第 13 卷，第 25、47、76 页）。据此可知，"普陀山了余"就是太虚的师傅之一。

1919 年，太虚答王蓉清居士问时，附论及普陀一带高僧，认为"沙门之高行，姑就普陀言：净有印光法师，禅有昱山禅师。印师之近刊信稿，即附奉览。又佛法引导论一卷，于大小乘禅教律净，颇有论列，尝与订正其辞，亦足以见余怀之所存也"。（见《太虚大师全书》第 17 编《酬对·函电·答王蓉清居士书》，另外，太虚此文曾刊载于《觉社丛书》第 4 期，1919 年）对比书中问答、太虚所归纳之内容，以及太虚答王蓉清全文，内容颇为一致。

问题在于，太虚所论"普陀"中有"高行"的"沙门"，显然不会将自己包含在内；那么，显然该书另有作者，他是与印光、昱山等地位相当的人物，即了余。对于该书，太虚自谓"尝为订正其辞"，也即太虚自认为参与了该书的修改、润色。因此，《佛法引导论》为太虚师傅了余的著作，而太虚曾做订正。

又，"无我庐主"是谁？

《觉书》第 2 期有："今春（按，1919 年）、晤陈子元白于汉皋，与谈佛理，顿发信心。随偕李隐尘、陈杏伯、黄葆苍、蒋雨岩诸君，往游匡庐、浙杭、普陀各古刹，始识沙门，尽有高贤。闻太虚名，惜未遇！迨元白归自沪，亟赞太虚法师理趣圆融，功行深妙；组立觉社，发弘教大愿。乃相约礼延来汉，讲授兹论，权设讲坛于杨子街寄庐，自九月四日起，十九日讲讫；虽为略说，参之先德各疏，已无剩义；提挈纲要，别有发明，令人善解易入，不论曾习初闻，皆得顿醒尘梦，善根增长。因更请编订所讲大义，待公同好，广利群迷。琛既为写稿竟，特书其缘起如此。终讲与俱者，黄冈李开生、宜昌陈裕时、全敬存、王道芸、马中骥、黄安阮毓崧、松滋王国琛，共七人。慕法来听者，尚有比丘四五人，居士六七人。他日广以上因缘，复请普济大众说法于安徽会馆，得接法缘者，更五六百人焉。戊午（按，1919 年）十月朔，白妙山人王国琛诚斋甫，记于汉上之无我庐。"（见《太虚大师全书》第 19 编《文丛》之"太平起信论略释缘起"，第 937 页）

查其他资料可知，"王国琛（1877～1922），字澄斋，湖北松滋人。年少求学于国子监、京师大学堂，后东渡日本，就读法政大学，任该校留日学生筹设总会馆干事长。归国后，1906 年协助吉林巡抚陈昭常处理边务。之后担任吉林抚署秘书长兼总提调、吉林审计处主任、广东审计处长兼国税厅长等职，在各地财政、税收建设上多有建树，并参与外蒙边务和湖北赈灾"。见 https：//www.7788.com/zz_ product/detail/？id=14127。

因此，刻印者"无我庐主"，应该就是白妙山人王国琛。

《北大佛學》第 2 輯
第 488 ~ 502 页

東游記*

麓山寺沙門　芳圃笠雲著　沈　庭點校

點校記

　　釋芳圃（1836 ~ 1908），字笠雲，江寧人，俗姓陳，幼年即在長沙黎仙庵剃度，后掌管湖南名寺長沙麓山寺，工書法，喜賦詩，與湘中名宿王闓運、郭嵩燾等皆常酬唱往來，是晚清時期頗富名氣的一位詩僧。據民國喻謙《新續高僧傳·清長沙麓山寺沙門釋芳圃傳》記載，笠雲曾於乙巳（1905 年）春天，在日人水野梅曉的勸説下，率門人筏喻、道香遊歷日本，可謂晚清僧界最早"開眼看世界"之先驅人物也。而且他與水野梅曉在湖南創辦僧學堂，開近代佛教教育之先河，又是那清末著名的詩僧八指頭陀的師父，所以芳圃在近代佛教史上實有重要之地位，不容忽視。

　　其回國后著有《東游記》，"凡所經見東西兩京佛寺僧學及扶桑風景、政教、習俗，莫不言之甚悉，而與倭人題跋、詩篇甚富，索書者，紙素滿前，日不暇給，方訊歸期而倭僧百十相留，不捨，及將別時，請其敝屨存爲遺蹟"（《新續高僧傳·清長沙麓山寺沙門釋芳圃傳》）。但是，該文的原版在中日兩國都較爲罕見，以何燕生教授和筆者在中日兩

＊ 本文为教育部人文社会科学研究青年项目"支那内学院与近代佛教知识的创生和发展研究"（20YJC730006）的阶段性成果。

國搜集的情況來看，目前僅發現北京大學圖書館、日本水野梅曉紀念館以及茨城大學圖書館藏有其刻本。現以何燕生教授搜集的日本茨城大學圖書館所藏刻本作底本點校。其封面有篆書“光緒乙巳秋月梓于長沙道香署”，説明出版時間爲 1905 年秋天，也即笠雲回國后不久，長沙道香署則爲出版機構。另有兩個印章在篆字之后，其中一個爲“石林山人”，另一個爲“宗學”。

《東游記》以日記體的形式詳細記載了笠雲及其同伴的此次日本之行，是晚清中日文化交流領域的珍稀史料。

光緒壬辰①夏，余自金陵游，老嬾菴居，憚於遠出者十有三年。乙巳②之春，日本僧梅曉法師③，歸國要余同往，初未應也。繼而明果和尚諸人慫恿，遂於三月二十八日，挈筏喻、道香兩退間，附沅江輪下駛。

二十九日抵漢皋④，未早餐即登岸至日本福宮客館，素飯，飯后索書數紙，用點心，幾次旋登保和輪。

四月初三日至申江，聞日輪已至，隨上海船，猶平穩，至大洋則播蕩不止，坐臥不甯，飲食難進，進亦嘔吐。得七律一首，云：“七十年人東海游，偶扶衰病上船樓；不辭浩瀚風濤惡，來覓蓬萊清淺流。故國回看猶在眼，孤燈挑盡獨成愁；近聞遼瀋方酣戰⑤，糜爛天心何日休。”

初五日抵長崎岸，即有諸寺院僧尚人至海濱相接，聞中有從五百里乘

---

①   光緒壬辰，1892。

②   乙巳，1905。

③   梅曉法師，即水野梅曉，別號“六休上人”，日本僧人，后還俗，還俗后仍持戒。曾於 1903 年進入湖南，致力於古跡保護，在長沙開福寺創辦湖南僧學堂，與王闓運等湖南名士酬唱往來甚密，曾資助王闓運、郭嵩燾在開福寺建碧浪亭，后爲著名的“碧湖詩社”之根據地；并曾在日本購得鐵眼和尚所刻明北藏本藏經五千七百餘卷，贈送南嶽南臺寺。詳見《衡湘文獻錄》（《中和月刊》，1942 年 12 月）。

④   漢皋，即漢口。

⑤   遼瀋方酣戰，應指 1904 年至 1905 年間日本與俄國在中國東北、朝鮮等地爲爭奪殖民地而進行的戰爭。

汽車來者，可感也。隨至海雲山皓臺寺①，入寺者皆席地跣足而行，列子云："户外之履滿矣。"中土今皆高坐，自佛法東行已然也。茶次，餅食亦極豐備，主人爲金峰長老，名霖玉仙②，極爲慇懃。筱師病重，即留寺中，予等旋歸綠屋，旅館亦幽靜雅潔，院落疊置花石，有琴石居士送詩一首。先泊長崎時，予有詩云："早聞方外有蓬萊，仙侶移舟泊海隈；世界琉璃天不夜，和甘風雨國無雷。紛紜事局趨新日，花竹人家隱異才；大地盡教成樂土，寶珠如意璨成堆。"

初六日又至海雲山午齋，寓館寺中，兩處索書者甚眾。

初七日有信心長者，家營齋，琴石居士在座。飯後索書，予隨筆五疊居士韻，云："所至如歸即是家，佛門廣大再無加。從他隆替滄桑變，秋菊香蘭不斷花。""無家客已久忘家，遇著山門興自加。多謝維摩老居士，講筵親手散天花。""不二門中亦有家，本來無滅亦無加。衣珠覓得恒如意，況值新開芍藥花。"其二詩則予忘之矣。長者家素封書籍、古玩與吾湘周笠、樵垮。其先主人小曾根乾堂③，工秦漢篆文，并善刻印章，云台灣定約時，主人亦與焉，故其家有李傅相④之字，至供奉之誠。上菜者皆子女奉獻，莊舍是其賜園，宮室既美，飲食亦精，主人有四子，長者皆入學堂，只幼子年八齡，居恒入小學堂，時以請客回家。家資百萬，赤脚從事，日人之樸，類此。

明日又有長崎居士請齋者，有諸山相迓⑤者。以尾道諸山電催甚急，概未應許，即於本日下午六點鐘乘汽車至尾道。沿路見海水澄綠，民屋清幽，雖小家亦蓄花木，周以枳籬，剪齊方正，有若圍垣，汽車之捷，奔馬

---

① 皓臺寺，日本曹洞宗寺廟。
② 霖玉仙，日本曹洞宗僧人，曾任曹洞宗大本山"台灣別院"第六任院長，任期自 1911 年 4 月至 1913 年 8 月。
③ 小曾根乾堂，即小曾根榮，字乾堂，善隸書，得漢魏遺意，又精賞鑒，於金石文字頗能辨其源流。參見賴毓芝《從〈墨林今話〉的編輯看明治初年中日書畫圈的往來》，《美術史研究集刊》第 27 期，2009 年，第 215 頁。
④ 李傅相，即李鴻章。
⑤ 迓，迎接。

不及，凡有山阻皆隧而通之，秦皇之金牛峽①不足道也。約計十里皆有車站，居民上下無甚行李，只一提包，亦甚便也。至鄉間，電線鐵道如織，四處青峰疊嶂，皆無童，山田亦肥饒，時爲刈麥分秧之候，男女力作，路無閒人。

初八日至尾道，先百里遠，即有梅曉之師叔，水野虎溪上人來接。及至停車場，則諸山長老數十人相候。予等即著直裰，掛珠搭衣，與諸僧乘東洋車，聯隊而進，衣物一切皆委之荷夫。聞之道不拾遺，夜不閉户，風俗可愛。山寺曰天寗，皆下車，草席鋪數十丈遠，跣足同上。佛殿浴佛，隨謁方丈仙室及諸職司僧畢，然後晚齋。所居亦極開雅，皆有竹石花木之供。是夜，尾市信心居民求説法開導。即命道香分座，梅曉繙語，諸人樂甚。

次日亦然。予親演講一次，下午求書接踵，隨意應之。

初十日上午游千光寺，有題剛千仞②文記後詩，云："千仞何由識名姓，天童八指爲余言；千光寺遇神交友，千仞文光照寺門。"下午渡海汊，登對岸山，于龍松花園，遇有東京畸人，名觀心泰者，工真草篆隸四體書，并能詩，其婦琴松女史善畫，稱爲三絶。

十一日三點鐘，微雨，夫婦攜書畫來訪，婦畫有禿尾③横松，索題，予信筆書云："神龍見首不見尾，此松得無近是耶？我亦龍頭加墨點，留作龍珠到處誇。"又畫鶴，題云："自從不見江南鶴，夢想留連十四年；今日披圖逢羽士，雙雛無恙喜翾翽。"

十二日，游牟尼山西國寺④及各高等男女小學堂，條次井井，自不必説，而西國寺之工程壯麗，云爲親王建造，竹林祇樹，不過如斯。遂謁方丈，引至客堂，花石廊榭，皆極盡曲折，方丈即款留午齋。有無塵樓索

---

① 金牛峽，又名石牛道，是古代關中、漢中通往巴蜀的道路之一。傳説秦國欲滅蜀國，但道路險阻，故命人造了五頭石牛送蜀王，謊稱其石牛能糞金，貪財的蜀王中計，命五丁力士開路，迎石牛。秦國循此道，進攻蜀國，蜀國滅亡。

② 剛千仞，日本漢學家，曾於 1884 年至 1885 年間來到中國遊歷，走訪了上海、杭州、天津、北京、廣東、香港等地，結識不少社會名流。

③ 禿尾，鱧、鱒等類魚的俗稱。杜甫《觀打魚歌》："徐州禿尾不足憶，漢陰槎頭遠遁逃。"錢謙益注："徐州謂之鱧，或謂之鱒，殆所謂徐州禿尾也。"

④ 西國寺，爲日本真言宗西國寺派本山。

題，予賦云："牟尼上上净無塵，況作無塵樓上人；我愧緇塵滿胸意，意塵撲去眼塵新。"

十三日上午，寫字，西國寺方丈寶洲來候。

十五日，游净土寺，從者月橋居士、西原君、鶴秋居士。鶴秋姓宇都宫，名矯，精内典，工詩，尾道之卓卓者。來游有詩，予次韻云："颸檻深集水雲重，青送牕前隔岸峰；畫静日斜人不覺，清齋已過午前鐘。"下午再游千光寺，遇雨不果。

十六日，又再游，有詩次鶴秋韻云："懸梯步步陟崔嵬，到眼煙雲一望開；喚雨鷓鴣號複嶼，迎暄翡翠集曾臺。壯懷大寫憑詩筆，老衲深情藉酒杯；倘得錫盂長駐此，山中不厭幾回來。"此山名大寶山千光寺，又踞一山之勝，愛不忍置，因命道香篆奇觀二字，字高七尺二寸，予從而跋之。地紳柏原貞助，欲摹刻山石以志來因。

十七日，筏師仍病留，予與梅、道三人過海，至伊豫郡瑞應縣角野村佛國山寺，亦名瑞應，爲日本富人住友家所建，東南輪船車道皆其所有，又有別子銅山，爲日本三等富家，家資有七千五百萬，營造寺院不止一處。

十八日，爲方丈正入院日，方丈名高田道見，系日本名僧，予賀以詩云："國人争頌主翁賢，萬里何因與法筵；知是靈山同學侶，相逢一笑證前緣。"是夜居民遮予請開導，梅曉繙譯，皆拍掌稱快，又尾道詩人鶴秋居士郵寄見懷詩，予和云："圃耶南北復東西，客路經過意不迷；我正憶君君憶我，杜鵑花落杜鵑唬。"

十九、二十兩日，雨，皆被主人堅留作書，於中得遇道圓方丈，亦有名老宿也。

二十一日，啟行時，方丈率眾僧送至停車場，開車時喧呼清國老僧萬福而別。七點鐘時，仍回天甯寺，晤太和敬一郎，字敬直，號恕堂者，與吾友章伯和爲莫逆交。伯和至尾道，主①其家，病中一切皆恕堂照應，又

---

①　主，疑爲"住"。

爲釀金數百以爲行資，氣誼敦厚，不減古人。見予亦如舊識，贈詩三首，予和均云："聞與伯和交最深，偶談亡友淚盈襟；大文披看臨行記，知是雷陳交際心。""率爾來從上國賓，天涯萍水亦交親；知爲重義輕財友，即事章君尤感人。""十日天甯與講筵，靈山人盡有前緣；茫茫海水東西綠，相望相思終百年。"

二十二日留住作書。

二十三日六點時鐘，發行眾僧亦如前送車，下午六點至大阪，寓星野旅館。

二十四日亦留作書，并游各寺及自來水局，造玻璃廠。

二十五日六點鐘，至西京①，早有梅師師弟義成，至停車場相接，隨至第三橋側，寓萬屋旅館。第三橋爲西京有名橋也，開牕相對，甚有可觀。時日俄開戰，日本戰勝，大小男女動以萬計，皆執紅燈大呼："帝國萬歲！"名爲祝捷，聲動山岳，金鼓相隨，亦奇觀也。

二十六日，晤高林泉老人，年七十，梅曉太祖也。居大德寺②西，能詩善畫，請齋備致殷勤。次日宗仙寺，請齋寺爲久我和尚，新營亦極幽致，并約回時主③渠處。

二十八日，大德寺主廣州和尚請齋，初至西京時，晤有姓近藤，號黃山，名龍三郎人。最爽快，攜有東翁楊津君詩，索和，予隨筆云："驛道風塵撲帽簷，朔風寒氣斗然添；山人適館貪風景，夜看街燈不下簾。"

五月初一日至永平寺④，先有副寺師於四十里驛亭相迎，連雨不止，七點鐘時始入寺中稍息，悟長老即有詩。予和云："彌勒樓臺面面開，經行屐齒印莓苔；喬松古檜綠相映，白鳥一雙時下來。"其寺佛殿莊嚴，僧療整飭，池臺廊樹無不盡其妙，真一方福地也。留住四日作詩寫字，暇則

---

① 西京，即今京都市。
② 大德寺，在今京都市北區。
③ 主，疑爲"住"。
④ 永平寺，日本曹洞宗兩大本山之一。

游賞爲樂，寺在山中，亦有後山高不知極，林木陰翳，大有數十圍者，真可愛也。中晤有惟安師爲穆山國師之高弟子，詩頗佳有，贈予五律三首，予和韻云："故鄉辭萬里，異地問三乘；松殿承陽祖，雲堂入定僧。長眉親壽佛（以悟長老長眉故也），短榻接高朋（日人皆席地坐以中人不慣故特爲置榻）；列祖傳燈席，繩繩無廢興。""出岫雲無意，居山僧有情，菩提成佛子，鑪鉢化入城，花落杜鵑老，春歸鷓鴣鳴，隨身一輪月，依舊有虧盈。""久客真成計，忘歸懶寄書；發程三月暮，興覺午晴初。磊磊石千點，盈盈水一渠；倘能去鄉國，長願此中居。"初五日留別永平寺及諸師，有詩云："祇園諸佛舊同侶，詎意相逢蓬島間；四日句留成小住，千生因果種靈山。池臺欲別難爲語，瓶鉢臨行亦慘顏；萬樹松杉雙徑合，幾回回首望煙鬟。"悟長老年七十餘，鶴髮童顏，真壽者相，瀕行依依不捨，以振佛法爲囑，親率眾職，送山前至上小車爲別。長老名悟由，號大休，敕賜性海慈船禪師，一方持世佛也。至職事僧仍送至車站，一路見居民家青蒲綠艾，懸插屋際，與中土大同小異，只不休工作。六點鐘至妙嚴寺①，寺宇莊嚴，與他殊異。

初六日七點鐘至秋葉山，可睡齋晚餐，到處皆有諸山僧迎送，時日人征俄戰勝，秋葉山瀑布居人以萬歲名之紀事，索題，予賦云："破虜曾聞祝捷聲，窺邊膽讋②北胡兵；從茲帝國安磐石，飛瀑都稱萬歲名。"

初七日十點鐘至靜岡縣機場客棧，宿食一日。橫濱西有寺，早有方丈仁齡和尚與眾執事僧，穆長老之眾皈依弟子，均在車站迎候。同乘小車到寺，至佛殿禮畢，隨謁穆山，長老出見，相道契闊。年八十餘，時在病中，尚情致纏綿，相見恨晚，晚間予贈詩云："尊宿東方今壽佛，早從山海仰高深；布金現在成祇樹（西有寺爲長老開山，多皈弟子爲之布金，營造方丈即其上首），飛錫曾經住竹林（長老前住秋葉山）。青笠乍將迎

---

① 妙嚴寺，屬於曹洞宗。

② 讋，喪膽、害怕。

化雨（到寺時小雨），白榆新種仁清陰；祥輪永駐無上士，造化小兒何足侵（園林初闢，花木新栽）。"予等在樓上作書，憩息，長老每日扶病上樓，幾次敍候，真多情也。

初九日，雨，下午至真宗下院説教。

初十日，禮別穆山長老，長老亦送山下，臨別彼此不盡依戀。長老號穆山，忘其名，敕賜直心靖國禪師，現已卸職，別封有國師。然穆翁雖老，猶以宗教爲己任，與悟老兩人爲日本法門之領袖也。橫濱爲東京門户，相距只六十里，上午十一點至東京新橋停車場，早有合京諸山僧及曹洞學堂各學生數十相接。隨傕東洋車亦數十輛，聯行兩街，觀者如堵墻。偕入青松寺小憩，彼此問訊進茶，茶果豐美，復隨諸僧送至芝區愛宕町一丁目十六番地，佛教新聞館。管事僧探底，時有足病，亦先扶杖至車站，相接之人其館爲東京各寺公地諸僧。皆情意隆厚，飯菜皆仿湖南辦法，亦甚適口，到寓即以電話知照黃績宣①，越日即偕陳師曾②來會。近寓地有愛宕名山，爲東京勝處，上有番菜館，績宣邀爲素酌，予與道香不能下箸，績宣茹葷，滿口大嚼，亦豪快也。

十一日，青松寺爲歡迎會畢，方丈鐵額長老贈以截句四疊，其韻中亦頗有可誦者，予爲五疊韻，多不記憶，只錄得云："舊是空山麋鹿羣，來霑香界百花薰；桃源仙子知多少，忙殺人間出岫雲。""負識含靈總樂羣，爐香法界普蒙薰；上方適我忘歸去，西指長沙望白雲。""送迎尊宿絶人羣，況有名香四座薰，報謝自慚無別物，清詩一紙薄如雲。"

十二日青松寺請齋，齋供甚豐，果食皆送寓所，中間求書者紛紛不絶。

十三日，雨，下午游增上寺③。

---

① 黃績宣，漢陽人，爲清末官派留學生，閻鎮珩的老師都轉先生之孫。閻鎮珩撰有《送黃績宣遊學日本序》，見氏著《北岳山房诗文集》，嶽麓書社，2009，第 77～78 頁。

② 陳師曾，生於 1876 年，卒於 1923 年，原名衡恪，字師曾，號朽道人、槐堂，江西義寧人，近代著名美術家、藝術教育家。其祖父爲湖南巡撫陳寶箴，父親爲晚清著名詩人陳三立，1902 年東渡日本留學，1909 年回國。

③ 增上寺，位於今東京市，屬於净土宗。

十四日，在曹洞永平下院，午齋。

十五日至宏虎童家午齋，虎童家宮室高美，古玩甚夥，浴室净潔，營造尚新，均在此沐浴。晚間白岩子雲招集偕樂園，室亦修潔，子雲索詩，余謾題云："臺池鳥獸與民同，偕樂公園見日東；縱少禽魚今亦樂，故人尊酒故情隆。"席間晤有佐佐木者，爲日本善爲歌曲之人，其名最著出，有歌本，屬爲題，敘中有和文，予不能解，謾爲敘云："詞者，詩之餘，歌曲亦然，中國故稱蘇辛①。我朝乾嘉間蔣心餘②者，亦著有詞曲多種流傳海內，有由來矣，昨日偶偕同衣漫遊日本東京，得晤白岩子雲。白岩者，湘南輪船公司之船主也。相識有年，異地親交，招集素酌，時佐佐木君、信綱者，亦與焉。席間出其歌本，觀其發聲，語助均間和文，惜予不解，殆其間若斷若續，有引商刻羽之妙不可名言者。佐佐木君聞瀟湘山水之勝，屢欲爲荊楚之游，予感其意，爲贈律言一章，以題歌什，但其厝詞之雅，用意之微，非淺人所能深解者，詩云：汗漫游萬里，聽潮東海隅，故人一尊酒，邂逅與君俱，鐸舌九衢路，歌喉一串珠，千秋標姓氏，佐佐木名儒。"

十六日，陳師曾請齋席間晤楊晳子③、劉耕石④、張次勛，晳子有詩，予次韻云："淡心旅館傾歡日，握手天涯痛哭時；現在誰爲持世佛，未來還望度生期。四恩三有心長系，故侶新交醉莫辭；從古富強惟實業，振興家國自君知。""看山觀水信車舟，汗漫從人東海游；出沒生死聊一樂，別離家國且拋愁。列強環伺影猶射，舉世膏肓病未瘳；衰老自憂憂未了，垂堂⑤還重後來憂。"

---

① 蘇辛，指蘇軾和辛棄疾。

② 蔣心餘，與袁枚、趙翼並稱爲"乾隆三大家"，名士銓，江西鉛山人，著名詩人、戲曲家。

③ 楊晳子，即楊度（1875～1931），原名承瓚，字晳子，湘潭縣人，1905 年楊度正好在日本留學，曾抗議日本文部省頒布的《取締清國留日學生規則》。

④ 劉耕石，與楊度都曾擔任中國留日學生湖南同鄉會會長。

⑤ 垂堂，意爲靠近堂屋屋簷下，因瓦掉落可能傷人，故以喻危險境地。

十七日，上午偕游淺草公園，并游上野博物院諸處。下午五點鐘赴王文育之請，晚間細川道契出有真宗之宗演[①]禪師《降魔日史》，予題云："我適日東時值晚，緬懷開士思無窮；一編史紀三乘法，竟歲鵬游萬里風（時禪師美人接去歐美地開通佛教）。伏虎昔人真手段，降魔今佛大英雄；金繩聞向歐西引，五印宗風屬乃公。"

十八日，雨，赴總持下院[②]新國師之請，國師號素童，因穆山國師退間，新舉素長老充當，敕封大圓玄致禪師。齋品甚豐，贈儀亦厚，齋畢移寓京橋南金區六町十番地西澤旅館，便梅曉會客故也。

十九日，雨，游本願寺及觀音寺[③]看海中動物園。

二十日，始晴，游大倉家，瞻謁佛像及各古玩，佛像之多甲於各大寺院，不知從何處得來，輪奐之美，林園之盛，主人皆導引游賞。茶點後斟酒兩次，極盡殷勤，款聞爲中年起家，是日急往西京，予等亦赴白岩子雲邀，集星岡茶寮作同文會，若長岡子爵，森槐南[④]，永井禾原[⑤]，手島海雪，大久保湘南，山田湖南，横尾幽石，岩溪裳川，方外則賢，宗孝道（前後兩集，名目皆梅曉補記，滲漏與否，圃不知也）。東京名下士俱在焉，中有謂森君槐南爲文人之最，長岡子爵亦富且貴者，詩筆亦甚豪雅。子爵名護美，號雲海。槐南名大來，在會諸君皆情意款洽，即席有詩，予次，裳川君韻，云："路復山回别一天，林間日暖石生煙；緇衣似我心多襍，妙思如君智亦圓。西印可憐論異種，東瀛猶自有高禪；仙源住久忘歸

① 宗演，也即釋宗演，曾于1893年代表日本佛教界參加美國芝加哥舉行的"世界宗教大會"，鈴木大拙擔任其翻譯及助手。

② 總持下院，即日本曹洞宗兩大本山之一的總持寺。

③ 觀音寺，即東京淺草觀音寺。

④ 森槐南，名公泰，字大來，通稱泰二郎，著有《槐南集》等，明治後期著名漢詩人。參見高平《南社詩人郁華留日詩歌考論》，黄霖主編《中國文學研究》第20輯，復旦大學出版社，2012。

⑤ 永井禾原，别號來青，尾張愛知縣人，著名小説家永井荷風之父，曾赴美學習，也歷任工部、文部省諸官。曾于1897年至1900年擔任日本郵船上海支店長，其間與中國詩人廣泛唱和。著有《西遊詩稿》等著作。參見高平《南社詩人郁華留日詩歌考論》，黄霖主編《中國文學研究》第20輯。

去，失却來時洞口船。""峰近星岡尺五天，摘星足下起風煙；西方祇樹
株株秀，東海明珠顆顆圓。訪有天童洞宗派，知承如淨祖師禪；未來千佛
諸君是，普願同乘大願船。""置身如在梵王天，落日人家萬點煙；雲樹
虬松千尺繞，星岡螺髻一峰圓。童男童女雙雙影，乘鹿乘牛刹那禪；此地
人文稱極盛，恍如書畫米家船。"裳川君姓見《檀欒集》中。

二十一日，長岡子爵集嶋津伯爵、榎木子爵、伊澤修二、池邊吉太
郎、嶋田蕃根、恒屋盛服、柏原文太郎、安宅良孝及余與梅曉、筱喻、道
香於無極亭，又名不忍池。子爵有詩，予次韻云："浪跡天東海一涯，匪
偕山麓即江湄；時時勝地成佳集，處處新交若舊知。名刹多逢僧是佛，耆
年都以德爲師；嗟予養病湘城僻，顧曲無人早廢詩。""應供昨宵有夙期，
登壇老將最能詩；萬殊奔赴樓三面，百感沈冥酒一卮。飛雨撲窗助吟興，
唬鳥催客動歸思；恍如洛下耆英會，每逐先生杖履歸。""老嬾關河早倦
游，豈期挹袖遇浮邱；營巢處處誰非燕，泛海飄飄我亦鷗。高會羣仙難再
得，粗娛暮齒是無求；贈章留作還鄉錦，歲歲思公春復秋。"

二十二日，雨，禾原君復寄予次韻，云："江閣寒深五月天，萬家溟
漠幕輕煙；已逾大海千里遠，曾見明蟾兩度圓。得酒藉攄湘楚思，喫茶能
解趙州禪；羨君百日游歐美，博望槎輸日本船。"禾原君姓永井，名久一
郎，常居上海，屢游中國，均有詩集紀，游至長沙曾謁曾文正祠，初未識
也。又善游，今年曾游歐美，并呂宋各地，計其程，曰只百日耳，有
《雪炎百日吟稿》。五時鐘至永坂石埭①家，至則歡迎門宇，有如舊識，家
有玉池仙館，星舫碧廊，祭龕、斜菴、夢樓諸勝，善詩兼善畫梅，置梅花
榻，設梅花窗，愛梅自比吳蘭雪②，云又善國醫之術，名躁海內，乞診者

---

① 永坂石埭，生於 1845 年，卒於 1924 年，字希莊，本名周、德彰，名古屋人。世代以醫
　爲業，曾任東京帝國大學醫學教授。擅長漢詩、書畫及篆刻，有詩書畫三絕之雅稱。參
　見高平《南社詩人郁華留日詩歌考論》，黃霖主編《中國文學研究》第 20 輯。
② 吳蘭雪，生於 1766 年，卒於 1834 年，名嵩梁，號澈翁，別號蓮花博士、石溪老漁，江
　西東鄉人，是清代著名詩人。道光十年任黔西知州，后官至內閣中書。

門前成市，酷嗜中國園亭古玩書畫，故園林佈置，器物陳設，皆有中人之式。在坐者禾原、海雪、白岩子雲、梅曉、道香與予并主人，七人而已。筱喻病在寓所，未能偕來，主人與海雪均有詩。海雪者，姓手島，名知德，榷鹺務，亦隱於魚鹽者也。主人居神田，姓永坂，名周，石棣其字也。賦七言古詩一首，云："主人愛梅兼愛竹，千个琅玕①冷階玉；碧廊星舫祭詩龕，古器縱橫周四屋。圓水一泓名玉池，繞池山石自參差；長延墨客時中酒，每致騷人一賦詩。愛梅深得畫梅法，清淺橫斜縱開合；古人不見金冬心②，欤歔嘿坐梅花榻。我來觀畫逢故人，就中俞（蔭甫樾）陶（榘林森甲）③交最親；道溪④聯書思舊社（文廷式爲碧湖詩社中人），況復緇流得寄塵（有湘僧寄塵書聯）。⑤鋪陳每合中朝式，中朝名畫兼文字；小坐閑行亦自佳，宛如故國論文地。飽餐盂缽醉飛觥，天爲幽人滿放晴；梅窗齋畢斜菴坐，瓦礶磨茶似配擎。大名不獨詩文筆，國醫兼擅活人術；別何匆遽見何遲，善保千金履貞吉。揖謝神田石棣君，并將斯意告同文；絳蠟有情抛不得，淚珠如迸泣離羣。"先鷺洲伯爵以病未與不忍池之會，亦寄詩素和，予次韻云："小有西湖半日賓，天涯文字總能親；不知天上神仙侶，尚有山僧未見人（不忍池又名小西湖）。讖游疑假復疑真，疑是南柯夢裏身；十二萬年都號佛，靈山原有再來因。"旋師曾亦來詩贈別，予和云："篤實承家學，君才本自雄；憂時深厝火，懷舊遞郵筒。鄉味探

---

① 琅玕，傳説中的仙樹，其果實似珠。

② 金冬心，即金農，清代著名書畫家，"揚州八怪"之一。

③ 俞（蔭甫樾），即俞樾，字蔭甫，自號曲園居士，浙江德清人，清末著名學者，著有《群經平議》，《諸子平議》等。陶（榘林森甲），即陶森甲，字榘林，湖南寧鄉人，曾協助新疆軍務大臣劉錦棠辦理營務，後調福建軍營差委，光緒十三年出使德、俄兩國，光緒十六年遊歷英、法。回國后，經洪鈞保奏，請以道員即選，加二品銜，詳見秦國經主編《清代官員履歷檔案全編》第5卷，華東師范大學出版社，1997，第200頁上。

④ 道溪，即文廷式（1856～1904），字道希，亦作道義、道溪，江西萍鄉人，近代著名愛國詩人、學者，在甲午戰爭時期主戰反和，積極參與維新變法運動，1898年戊戌政變后，出走日本。

⑤ 寄塵，湖南湘鄉人，能書，工畫蘭竹，敗荷殘菊，活躍於廣州，城中達官貴人無不識者。雖爲僧人，但摒棄誦經茹素之虛文，留客每有豐美佳餚。

言外，羈情喻客中；一尊銷百感，煙水尚溟濛。""相逢三島地，殊域更交親；經國才原大，匡時學最真。更期澄駭浪，深望淨犀塵；與子一爲別，兩情多未伸。"

二十三日，至巢鴨看監獄處，獄中净潔無比，諸囚均各習一業，聞之每日能獲錢三百文，皆監獄官爲之掌理，罪滿時出獄即作資本，可謀生理，用意甚善。居恆常住五僧，爲講開示，又看古和礦局，皆有圖贈。日本工廠及各局逢禮拜日請僧人演講開示，到處皆然。下午遷東京郊外上野品川旅館，樓牕面海，風景可觀。

二十四日，至鎌倉長谷旅館，小住三日，中間瞻禮大佛，佛高六七丈，腹内數層，供有神龕，游人可梯而上，兩肩開有銅窗，亦奇觀也。又至佛左菴，此菴爲悟由長老退居之所，係其皈依弟子所營，亦間静之地。次日，宏園子又約游江島，有陸可通，園子已乘車先候矣。園子亦悟由老之皈依弟子，於是梅曉買舟相候，同人上舟，先猶喜其一葉，之游，安如磐石，盪至中流，幾爲風潮所覆，面面相覷，似無生理，幸潮頭於舟頂飄過。同游者，梅曉、筏喻、道香、續宣及予。五人衣履盡濕，水已載半船矣，皆懊惱欲返，舟人只顧前盪，亦好聽之。須臾得岸，人皆狼狽，覓路至金龜樓旅館，園子早在迎候，顧而笑之，相率沐浴矣。呼下女借衣更換，然後進食，景致甚佳，令人忘險。薄暮覓路歸寓，作詩紀事，云："旅居甚聊賴，言尋海上嶼；漁舟一葉輕，理楫候沙渚；同行四五人，中流盪容與；風潮驀地來，篙師厝無所；人人面相覷，衣履如沐雨；不死神扶持，舟入潮隙處；斯須得彼岸，回頭失艱阻；拖泥帶水人，蒙首竄如鼠；窮途得廣廈，宏媼迎笑語；沐浴更異服，組織勞下女；軒窗兩面開，奇境快先睹；濤頭噴若龍，山足踞如虎；蔬肴充圓方，進食日斜午；歸覓沙際路，聯車挈同侶；休暇邈泡幻，瞬目知幾許。"

二十七日，至西京，早有高林泉令徒孫車站相接，仍寓第三橋萬屋旅館。近日雨多，橋下水漲，比前清冽，不禁悽愴，爲賦詩云："兩京來往夾旬間，旅館仍尋萬屋安；惆悵第三橋下水，不勝清冽改前觀。"

二十八日，兩梅師師弟義成上人於常住請齋，林泉長老亦在座，有詩

送別，予次韻云："行脚憨山久未歸，故山雖在素心違；高人莫謾河梁①
感，不阻重深有夢飛。""四十休官隱姓名，逃禪來聽木魚聲；從茲歡喜
安眠食，別莫思量累物情。"前在西京屢次唱和，多不記憶，僅存二絶，
以志高躅，即日下午於西京啟行。

二十九日以後，而大阪，而尾道，一路山川不勝依戀。

六月初三日，始至長崎停車站，與金峰長老相遇，具道盼望相慕之
情。下午在寓檢點行李，晚間至萬福山應供，有國醫大橋蒲陵來山聯句，
仿柏梁體，無稿。萬福山爲中華隱元禪師所建，後遺傳日本徒眷，現住職
爲確志長老。予先在尾道，金公寄詩，予和云："三日作客三日雨，一日
辭行一日晴；晴暉十丈照行客，不及金公送我情。"

初四日，至浩壽寺午齋。寓館及寺中兩處，稍爲作書，復作詩，留別金
公，云："會無多日別難支，海水東西綠更滋；萬里我遺將去稿，百年誰定再
來期。講筵花雨思前度，禪悅酥酡記此時；遄返迅輪無十日，定將芳訊報君
知。"自長崎至東京，緇素兩門款接之誠，贈遺之厚，稠情古誼心不能忘，惟
有日祝中日兩國，上下聯交，同禦外侮，共享和平，斯願足矣。即日下午上
日本海輪，來去皆嘔吐，不進飲食，將抵吳淞口，百里外始就平復。

初六日六點鐘，至滬上，梅曉與績宣寓日本常盤旅館。予與筏、道三
人居茅山下院，得晤静密法徒，情意周至，有如家人。

初七日晚間，日人西田龍泰請齋於四馬路一品香館，九點鐘即赴日本江輪。

初九日薄暮始抵漢皋，聞湘江輪已至，予與梅、筏、道四人隨即過
船，績宣則渡江探望乃兄去矣。登舟所遇，馬松亭、張芝岑、張少琴皆系
舊識，并晤有朱德裳，號師晦者，湘潭秀才，亦一通品，警察卒業，由日
本回國，同鄉七八人，一路笑言，頗不寂寞。

十一日六點鐘，抵湘。七點鐘，始回祠矣。各處題跋，詩句酬應之作

① 河梁，指生死離別。漢代李陵《與蘇武》詩："攜手上河梁，遊子暮何之。徘徊蹊路側，
很横不得辭。"

約有百餘，皆未存稿，不能記憶存者十分之五，亦不足觀留以覆韻可也。識者諒之。

《東遊記》封面

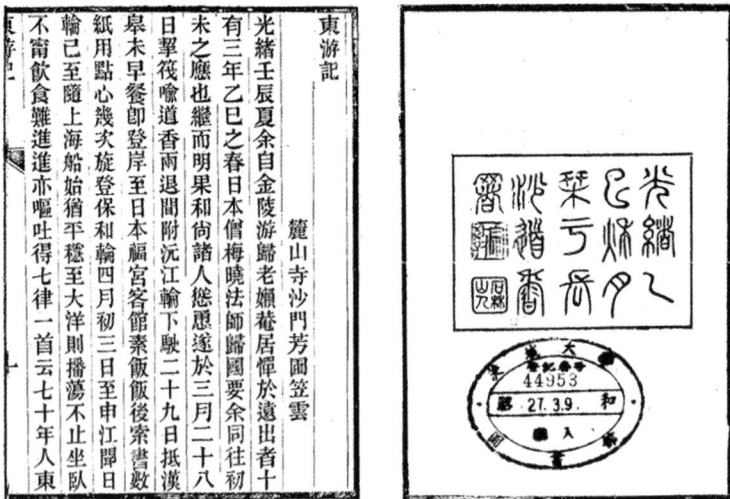

《東游記》刻本首页

《北大佛学》第 2 辑
第 505～506 页

第二届"太虚与近代中国"国际学术研讨会在北京大学召开

2019 年 11 月 2～3 日，北京大学佛教研究中心和闽南佛学院联合举办的第二届"太虚与近代中国"国际学术研讨会在北京大学隆重召开。

本次会议是北大佛教研究中心与闽院合作项目"太虚大师研究"的阶段性成果展示，来自中国、日本、韩国、美国、德国、新加坡的 35 位学者出席会议并发表了论文，来自北京大学等在京高校的师生和中国佛学院等佛教院校的学僧旁听了会议。

中心主任王颂教授主持了开幕式并介绍了项目进展情况，闽院教务长弘来法师代表则悟院长和闽院致辞。日本驹泽大学石井公成、中国人民大学何建明、韩国东国大学朴永焕教授发表了主题演讲。之后，在两天的紧张日程里，美国迈阿密大学芮哲（Justin R. Ritzinger）、德国马克思韦伯学院胡海燕（Haiyan Von Hinueber）、日本龙谷大学野世英水、日本新潟大学柴田幹夫、日本爱知大学坂井田夕起子、新加坡佛学院纪赟、武汉大学何燕生、江南大学邓子美、中国人民大学张雪松、湖北大学郝祥满、华南师范大学赖岳山、南京大学邵佳德、东南大学张佳、武汉大学沈庭、南京理工大学李羿、上海中医药大学李铁华等学者和闽院普正、演意，中国佛教文化研究所能仁、振冠等法师，分为 10 组发表了与太虚研究相关的论文。

会议论文议题广泛，涵盖太虚思想、太虚相关文献、太虚参与的佛教社会事业、太虚与政治外交的关系、太虚的艺术美学思想、太虚与在家修行、太虚与西方现代哲学心理学等研究领域，成果丰硕。其中一些论文如何建明《中国现代佛教史的开端与主要问题》、朴永焕《太虚弟子玉观彬的祖籍及其宗教游历考察》、坂井田夕起子《太虚与大醒如何看待日本佛教》、何燕生《在日本发现太虚系列》、纪赟《从档案看太虚与国民政府时期的边疆经营》、胡海燕《德语国家太虚研究简介》、邵佳德《太虚在北伐前后与政界的交往》、芮哲《太虚的〈世界三大罪恶〉》、能仁与振冠法师《太虚的"佛教宗教师"理念》、张佳《太虚对扶乩"迷信"的批判与受容》、李羿《太虚与道德新运动》、裴勇《佛教圆融传统与现代的"太虚法则"》、徐诚《太虚主办佛教期刊的涵化与亚涵化作用》、赖岳山《抗战时期太虚佛教访问团事件考论》、沈庭《民国时期武昌佛学院在南洋地区的"佛教外交"活动》、张雪松《中南海里的疗养院：〈北平佛教疗养院致书太虚法师〉考》、李铁华《太虚论佛法与医药卫生》引起了与会学者的热烈讨论。会议期间，何燕生教授和芮哲教授还分别在北大做了"故纸寻珍：日本外务省保存的民国佛教史料综述"和"现代性的崇拜：太虚大师的弥勒思想与实践"公开学术讲座，北京大学历史系王奇生教授和哲学系王颂教授分别主持了讲座。

　　"太虚大师研究项目"自 2017 年正式启动以来，已经召开过一次国内学术研讨会和两届国际学术研讨会。学术集刊《北大佛学》也出版了"太虚研究"专号。本次会议召开之际，正值项目组成员刘泳斯、张雪松、纪赟教授整理的《太虚大师新出文献资料辑录·民国报刊编》正式出版，全体与会学者获得了赠书。

《北大佛学》第 2 辑
第 507～509 页

《太虚大师新出文献资料辑录·
民国报刊编》出版[*]

太虚大师（1890～1947）不仅是近代爱国爱教的佛教领袖，还是活跃于民国宗教界、文化界、思想界乃至政治、外交领域的风云人物。研究太虚，不仅对佛教学界、教界有重要意义，对近代研究也有诸多价值。我们可以通过太虚思考中国佛教的历史经验与未来走向，探讨宗教在现代化进程以及东西方文明交会过程中所扮演的角色、发挥的作用。

"如人远行，必备资粮"，资料是一切研究的基础和保障。太虚大师的相关著述尽管大部分已经为前人所整理，代表作为大师弟子、旅居台湾的印顺法师（1906～2005）主编的《太虚大师全书》，但远远谈不上网罗殆尽。由于《全书》编纂于大师逝世后不久，其后内战爆发，编纂人员和书稿几经周折，未能全面搜集大师本人的著述，与大师相关的他人著述资料更未能获得系统整理。这严重制约了相关研究的进展。2016 年夏，我有幸与厦门南普陀寺方丈、闽南佛学院院长则悟大和尚结识。几次促膝长谈后，我为大和尚支持佛教学术事业的诚意所感动，特别是他的一番话打动了我：闽南佛学院作为太虚大师创办的有代表性、有影响力的佛学院，理应弘扬大师思想，在大师研究方面投入力量。于是我们一拍即合，决定以北京大学佛教研究中心与闽南佛学院为平台，合作开展有关太虚大

---

* 王颂主编，刘泳斯、张雪松、纪赟整理《太虚大师新出文献资料辑录（民国报刊编）》，宗教文化出版社，2019。

师的研究项目。短期目标是搜集、整理迄今为止未被发现和未能引起关注的文献资料，长期目标是力争编纂出一部全面、可靠、好用的《太虚大师全集》。

为此，我们迅速组建了由北大、闽南佛学院、人大、民大、中大等学术机构的专家所构成的编委团队，并于 2017 年 3 月在闽南佛学院举行了项目的正式启动仪式，同时举办了编委会的第一次工作会议暨学术研讨会，编委会成员及特邀学者 20 余人参加了会议。自 2017 年初开始，我们组织人员搜集原始资料，校勘迄今为止已经出版的太虚大师著作，同时尽可能地搜集大师本人的散佚著作以及有关大师的重要文献资料。在此过程中，阶段性成果不断涌现，新资料、新视野、新方法的研究方向逐渐明晰。2018 年 3 月，我们又在北京大学举办了第二次编委会工作会议暨首届"太虚与近代中国"国际学术研讨会，会议取得了丰硕的研究成果，部分精选内容已经正式出版（《太虚——近代中国与世界》，《北大佛学》第 1 辑，社会科学文献出版社，2018），并在学界引起了一定的关注和影响。今后，我们还将不定期地组织研讨会等学术活动，公开研究成果。

出版《太虚大师新出文献资料辑录·民国报刊编》，就是上述计划的一部分。目前，尽管学界已经注意到了民国佛教报刊资料的重要价值，陆续出版了多种大型文献资料集成，但尚未能系统关注、利用佛教系统之外的报刊资料，这不能不说是一大缺憾。纪赟、刘泳斯、张雪松三位学者不辞辛劳，从新加坡《南洋商报》和《申报》入手加以搜集整理，可谓有开创之功。

事实上，佛教系统之外的近代佛教研究资料，数量浩繁，内容丰富，有待发掘。除了我们项目团队的努力之外，还需要学界、教界广大有识之士的共同参与。通过研究，我们深深感到，这一工作远比我们当初预想的还要艰巨。越是搜集，我们越感到尚未发掘的富矿还有很多，距离满意结项，路阻且长。好在结项不是我们的目的，这一点得到了以则悟大和尚为首的闽南佛学院的充分理解和支持，大家就工作方针取得了实事求是、持之以恒、不设时限、保证质量的共识。在此，我要向大和尚暨闽院的远见卓识表达敬意，同时也要向我们项目组的同事们表示由衷的感谢；作为一个近代佛教研究领域的外行，没有你们的专业奉献，我很难想象如何将项目进行下去。我一再表示，希望将项目打造成一个开放的学术平台，在凝聚成一个相对固定的学术团队的同时——这一点我们已经实现了——不断吸纳新的成员加入，在取得预期成果的同时，壮大近代佛教的研究队伍、凸显其研究价值。借此成果付梓之际，特广谕有识，以期共襄盛举。

　　是为记。

王　颂

2019 年 4 月 25 日于燕园

图书在版编目（CIP）数据

北大佛学．第2辑/王颂主编．－－北京：社会科学
文献出版社，2020.10
ISBN 978－7－5201－6892－2

Ⅰ．①北…　Ⅱ．①王…　Ⅲ．①佛学－文集　Ⅳ.
①B948－53

中国版本图书馆 CIP 数据核字（2020）第 128107 号

北大佛学（第2辑）

主　　编/王　颂

出 版 人/谢寿光
责任编辑/李丽丽
文稿编辑/王　娇　徐　花

出　　　版/社会科学文献出版社·历史学分社（010）59367256
　　　　　　地址：北京市北三环中路甲29号院华龙大厦　邮编：100029
　　　　　　网址：www. ssap. com. cn
发　　　行/市场营销中心（010）59367081　59367083
印　　　装/天津千鹤文化传播有限公司

规　　　格/开本：787mm × 1092mm　1/16
　　　　　　印张：32.25　字数：456 千字
版　　　次/2020 年 10 月第 1 版　2020 年 10 月第 1 次印刷
书　　　号/ISBN 978－7－5201－6892－2
定　　　价/168.00 元